本书系2019年度教育部人文社会科学研究青年基金项目"抗战时期国立中学大后方办学研究（1937-1945）"（19YJC880042）

　　2022年度陕西理工大学人才启动专项项目"抗战时期教育著述整理与研究"（SLGRCQD2212）最终成果

光明社科文库
GUANGMING DAILY PRESS:
A SOCIAL SCIENCE SERIES

·历史与文化书系·

战时仍闻弦歌声
国立中学大后方办学研究
（1937—1945）

李 力｜著

光明日报出版社

图书在版编目（CIP）数据

战时仍闻弦歌声：国立中学大后方办学研究：1937—
1945 / 李力著. -- 北京：光明日报出版社，2024.9.
ISBN 978 - 7 - 5194 - 8311 - 1

Ⅰ. G637

中国国家版本馆 CIP 数据核字第 2024XM3822 号

战时仍闻弦歌声：国立中学大后方办学研究：1937—1945

ZHANSHI RENG WEN XIANGESHENG：GUOLI ZHONGXUE DAHOUFANG
BANXUE YANJIU：1937—1945

著　者：李　力			
责任编辑：杨　茹		责任校对：杨　娜　李海慧	
封面设计：中联华文		责任印制：曹　净	

出版发行：光明日报出版社

地　　址：北京市西城区永安路 106 号，100050

电　　话：010-63169890（咨询），010-63131930（邮购）

传　　真：010-63131930

网　　址：http：//book. gmw. cn

E - mail：gmrbcbs@ gmw. cn

法律顾问：北京市兰台律师事务所龚柳方律师

印　　刷：三河市华东印刷有限公司

装　　订：三河市华东印刷有限公司

本书如有破损、缺页、装订错误，请与本社联系调换，电话：010-63131930

开　　本：170mm×240mm

字　数：476 千字　　　　　　　印　张：26.5

版　次：2025 年 3 月第 1 版　　　印　次：2025 年 3 月第 1 次印刷

书　号：ISBN 978 - 7 - 5194 - 8311 - 1

定　价：99.00 元

序

古有庠序，今有中小学，名称虽异，其育人功能却一脉相承。作为新制教育机构，我国中学的创建仅有130年，历经艰难曲折，为国家和社会培育出一代又一代人才。中学阶段是学子读书、成长的黄金岁月，奠定了个体发展的根基。钱学森曾深情回顾："五十多年前在师大附中所受的教育是终身影响着我们的。六年师大附中学习生活对我的知识和人生观起了很大作用。"马大猷回顾自己的中学教育，学习范围很广，效果很好，"附中六年，终身受益"。回望历史，北师大附中是那个时代中学生活的一个侧影，南开中学、耀华中学、扬州中学、常州中学、上海中学、杭州一中、春晖中学等名校，也创造了非凡的育人业绩。

全面抗战时期，教育部为救济战区撤退的中等教育机构师生，在抗日大后方陆续设立了34所国立中学。国中在川、滇、陕、甘、湘、赣、豫、皖等省边地办学，与其他普通中学一起，担负着抗战育人的职责，在近代教育史上具有特殊性和重要地位，被载入顾明远主编的《教育大辞典》。傅国涌编选的《过去的中学》（初版及修订版），收录了64篇有关中学的回忆文章，其中包括聂华苓的《嘉陵江上的国立十二中》和张思之的《绵绵师魂谁继？——追忆战时中学生活片段》两篇。多年来，我国（包括台湾、香港地区）出版国中学子撰述的口述史、回忆录和传记，数量众多，保存了国中学习生活的更多记录与评价。张岂之回忆抗战时期在陕西城固师大附中艰苦的读书岁月，晚自习用的是自制的小油灯，"微弱的光却锻炼了我们的意志"。这些生动的历史记录感人至深，弥足珍贵。

国立中学的办学活动、成就与影响也受到校史和教育史研究者的关注。迄今已有数所国中校史编委会或校友会编辑出版了本校校史、校史资料汇编、纪念文集和校友通讯等文献；一些研究者发表了相关论文。不过，总的来看，学术界对于国立中学的办学活动、文化特色、教育经验及广泛影响还缺少全面深入的整体研究。

李力博士长于教育史研究，思维缜密，勤奋探索。其博士学位论文《"培育一种文化生活"：中国近代大学校园文化之形态与功能研究》（上、下），曾收入"民国历史与文化研究"丛编，2016 年由台湾地区花木兰文化出版社出版，颇受好评。其后研究旨趣自高等教育史延至中等教育史、由大学校园文化扩展到中学校园文化，今撰成《战时仍闻弦歌声：国立中学大后方办学研究（1937—1945）》。从某种意义上说，这部新著可谓其博士学位论文的姊妹篇，拓展并深化了抗战时期中等教育史的研究领域，填补了国中校园文化研究的空白。其研究具有如下显著特色：

学术视野开阔，涉猎广泛，资料丰富翔实。作者从教育文化的视角，系统梳理和总结国立中学研究的学术史，全方位探究国中创建的原因与过程、办学源流、教育活动、师生生活、校园文化与教育影响，展现国中在极端艰苦环境下办学的生动事例和学子的人生际遇，勾勒出国中教育的全景图。

研究内容广博，结构严谨，脉络分明。全书构建的"发现国立中学""前传""弦诵""撷英""评价"各篇章，融会贯通，连为一体。既从制度、文化层面，对国中的校务管理、招生考试、教导和训育制度以及校训、校歌、校徽、校外活动和学生自治进行整体研究，也选择八所国中作为案例，深入考察其办学活动及师生学习生活，并从育人和精神两个维度，全面、客观地评价了国中办学的突出贡献和重要地位。

研究方法多样，叙事生动，文情并茂，引人入胜。作者综合运用叙述研究、文献分析、理论阐释等方法，史论结合，揭示了国中育人的一般规律；总结和阐释了国中办学的四大文化精神——爱国主义精神、艰苦奋斗的精神、全面发展的精神和团结友爱的精神。这种优良的学风、校风，孕育了国中学子的坚强人格、全面发展和多才多艺。

每一所国立中学的背后都有才华出众、爱校如家的校长、教师和勤奋好学、友爱互助的学生。校长如周厚枢，周邦道，查良钊，葛为葇，张国瑞，邓季宣，俞钰，许逢熙，陈颖春，方永蒸等；教师如杨宪章，薄成名，陈前三，黄贤汶，胡以群，刘天浪，魏庚人，赵慈庚等；学生如师昌绪，赵璧如，陶诗言，吴良镛，王元，戴元本，刘国光，冯纯伯，邓玉祥，李畹，李泽民，肖秋，张寿岑，章开沅，李洪山，汪嘉平，王火，汪耕，邓稼先，任继周，席泽宗，王浩，路见可，朱镕基，唐德刚，姚桐斌，王梓坤，钟立民，万绳楠，徐有守等。国立中学走出来的科学家、院士、教育家、抗战志士、作家、律师、翻译家、作曲家、记者等杰出人物，书中不胜枚举。

国立中学是抗战时期艰苦办学的历史见证，承载着中华民族的苦难与不屈精神。国立中学虽是"逝去"的中学，但那些人和事却积淀在民族的记忆深处。

作为海峡两岸校友的共同印记和珍贵文化遗产，国中的文化精神激励着后来者继续前行。细品国立中学的办学历史，对于什么是教育、怎样办学、中学与人的培养之密切关系，无疑会有更透彻的感悟，获得新的解答。这正是本书的价值所在。

是为序。

张亚群

2024年立春日于厦门大学

目 录
CONTENTS

引 子

2020年2月20日，著名生态学家，我国景观生态学奠基人之一，北京大学城市与环境学院教授陈昌笃，因病在北京逝世，享年93岁。①

2020年9月26日，中国科学院院士，著名理论物理学家、粒子物理学家，中国科学院理论物理研究所研究员戴元本，因病在北京逝世，享年92岁。②

2020年11月7日，中国工程院院士，天津市农业科学院原副院长、名誉院长，著名黄瓜育种专家侯锋，因病在天津逝世，享年93岁。③

2021年2月7日，中国科学院院士，著名化学家、化学教育家，南京大学教授程镕时，因病在广州逝世，享年93岁。④

2021年5月14日，中国科学院院士、著名数学家、中国科学院数学与系统科学研究院研究员王元，因病在北京逝世，享年91周岁。⑤

2021年5月28日，享誉海内外的历史学家、教育家，华中师范大学原校长、人文社科资深教授，华中师范大学中国近代史研究所创建人章开沅在武汉逝世，享年95岁。⑥

2021年5月28日，著名历史学家、思想文化史学家、翻译家，清华大学人文学院教授何兆武在北京逝世，享年99岁。⑦

2021年6月16日，中国工程院院士，中国建筑科学研究院有限公司顾问总工程师、研究员黄熙龄，因病在北京逝世，享年94岁。⑧

---

① 著名生态学家陈昌笃逝世［EB/OL］．光明网，2020-02-21．
② 戴元本院士逝世［N］．光明日报，2020-09-27（2）．
③ 侯锋院士逝世［N］．光明日报，2020-11-09（4）．
④ 程镕时院士逝世［N］．光明日报，2021-02-09（4）．
⑤ 王元院士逝世［N］．光明日报，2021-05-15（2）．
⑥ 夏静，张锐，晏华华．章开沅：史学浩海的远航者 桂子山上的传灯人［N］．光明日报，2021-06-01（16）．
⑦ 徐悦东，何兆武．"能在思想里找到安慰，就足够了"［N］．新京报，2021-05-29（7）．
⑧ 黄熙龄院士逝世［N］．光明日报，2021-06-17（4）．

2021 年 9 月 22 日，中国科学院院士，著名微波电子学家、光纤专家，上海大学教授、名誉校长黄宏嘉，因病在上海逝世，享年 97 岁。①

2021 年 10 月 7 日，中国科学院院士、土壤微生物学家、中国农业大学教授陈文新，因病在北京逝世，享年 95 岁。②

2022 年 4 月 19 日，中国科学院院士、著名焊接专家、清华大学教授潘际銮，因病在北京逝世，享年 95 岁。③

2022 年 7 月 12 日，中国科学院院士、我国发光学科奠基人、物理学家、北京交通大学教授徐叙瑢，因病在北京逝世，享年 100 岁。④

2023 年 1 月 13 日，中国工程院院士、著名农田水利学家、武汉大学教授茆智，因病在武汉逝世，享年 91 岁。⑤

2023 年 12 月 28 日，中国科学院院士，著名昆虫学家、土壤动物学家，中国科学院分子植物科学卓越创新中心研究员尹文英，因病在上海逝世，享年 101 岁。⑥

2024 年 5 月 8 日，中国科学院院士，著名电机设计与制造专家，上海电气集团上海电机厂有限公司原副厂长、副总工程师汪耕，因病在上海逝世，享年 96 岁。⑦

之所以要逐一缅怀近五年来离开大众的诸多学术大家，不仅是因为他们在学术研究与创新发展方面贡献突出，成就卓著，影响深远，受人景仰，更是因为他们在自己的少年时代都曾经拥有过一个共同的特殊身份，而这个身份由于时间久远，世事纷扰，已经不为后世所了解，但为上述耄耋乃至期颐老人深深认同，以至于时隔数十年，他们仍然对这个身份珍视有加，这个身份就是抗战时期国立中学学生。

陈昌笃高中毕业于国立师范学院附中，戴元本初中就读于国立第二中学，侯锋在国立第七中学和国立第二十二中学度过了自己的中学时光，程镕时高中考入国立第十四中学就读，王元在国立第二中学度过了自己的中学时光，章开沅初中和高中均就读于国立第九中学，何兆武高中曾经就读于国立中央大学实

---

① 黄宏嘉院士逝世［N］. 光明日报，2021-09-25（3）.
② 陈文新院士逝世［N］. 光明日报，2021-10-09（3）.
③ 潘际銮院士逝世［N］. 光明日报，2022-04-21（4）.
④ 徐叙瑢院士逝世［N］. 光明日报，2022-07-15（4）.
⑤ 一生醉心于节水农业农田水利学家茆智院士在汉逝世［EB/OL］. 荆楚网，2023-01-14.
⑥ 尹文英院士逝世［N］. 光明日报，2024-01-07（3）.
⑦ 中国科学院学部委员（院士）、电机设计与制造专家汪耕逝世［EB/OL］. 澎湃新闻，2024-05-08.

验学校，黄熙龄高中就读于国立第九中学，黄宏嘉高中就读于国立第二中学，陈文新高中就读于国立第十一中学，潘际銮高中毕业于国立西南中山中学，徐叙瑢高中毕业于国立第六中学，茆智初中就读于国立第二中学，尹文英高中毕业于国立第二中学，汪耕初中和高中均就读于国立第九中学。

　　抗战时期国立中学学生，这个对后世绝大多数人而言显得十分陌生的概念，日后却频频见诸上述学术大家的回忆或自述中，毫无例外地为他们所看重。

　　1942 年至 1944 年，陈昌笃在位于湖南蓝田的国立师范学院附中就读高中。高中毕业考试全校第一的他于 1945 年被保送至国立西南联合大学就读。2013 年，已经 87 岁高龄的他在接受专访时仍使用"附中教育可以说对我一生影响很大"来形容抗战时期国立中学学习经历之于自己日后专业选择的深远影响：

　　　　我出生在湖南省新宁县，湖南西南边的一个县城。少时读了两年私塾，秀才给我的教育启蒙，读的是四书五经，初中是在当地新宁县的楚南中学读的。高中先是在邵阳的湖南省立六中读了两个月，但感觉不太好，当时国师附中在湖南很有名，所以我就远离家门，考到了湖南蓝田国立师范学院附中。附中教育可以说对我一生影响很大。……在附中学习生活的几年对我一生影响都很大，甚至影响到我此后的专业选择，因为附中在山区，周围都是树木植物，在野外接触比较多，因此我从那时就开始对植物感兴趣，对植物和环境的关系，也就是生态比较感兴趣。我后来的专业和研究也是按着这个方向在走。①

　　与陈昌笃相似，浙江少年王元也是在抗战时期就读国立二中期间与数学建立了不解之缘，开启了日后以数学研究作为志业的道路。全面抗战爆发，刚刚就读小学不久的王元跟随父母由浙江兰溪辗转内迁至重庆。1942 年夏，小学毕业的王元顺利考入位于重庆合川的国立第二中学初中部六年一贯制实验班就读，直至 1945 年抗战结束。1948 年，高中毕业的王元考入位于浙江金华的英士大学数学系就读。1949 年，英士大学理学院与工学院并入浙江大学，王元转入浙江大学数学系二年级就读。时隔多年，王元曾自述国立二中数学学习经历之于自己日后从事数学研究所产生的潜移默化的影响：

　　　　正课中，我最喜欢数学与英文。我喜欢数学理论的精确与严格的逻辑推导方法，尤其喜欢平面几何中的假设—求证—证明这一套程式。……每当我经过一番努力将问题解决时，总给我带来兴奋与满足。……我领教了

---

① 刘萍. 西南联大校友访谈录：陈昌笃教授［J］. 大学教育科学，2013（5）：60-64.

代数的神奇与力量，它似乎始终伴随着我的成长。①

　　同样因为在抗战时期就读国立中学期间领略到数学的魅力，进而为自己高中毕业后毅然报考工科专业奠定坚实基础的还有北京少年黄宏嘉。全面抗战爆发，正在南京国立中央大学实验学校就读初中的黄宏嘉跟随父母入川，插班就读于位于重庆合川的国立第二中学。由于颠沛流亡之故，黄宏嘉的英语和数学成绩始终平平，以至于其在思考高中毕业后学习何种专业时，父亲希望其继承家学，钻研文科，黄宏嘉则出于未来就业考虑倾向学习农科。国立二中高中数学教员汪桂荣的出现，不仅成为黄宏嘉由厌烦数学到痴迷数学的关键人物，而且成为黄宏嘉一生事业的重要转折点。"到处逃难的黄宏嘉没学好三角和小代数，很是恐慌。一上课，他见汪老师和蔼可亲循循善诱，一切恐慌全打消了。一学期下来，黄宏嘉不仅数学成绩赶上来了，还迷上了数学。于是，他又改变主张，决心高中毕业后报考工科大学。"② 1940 年，黄宏嘉高中毕业，以优异成绩考入国立西南联合大学工学院机械系。由于数学和物理成绩名列前茅，黄宏嘉在大学二年级时获准转入电机系攻读电信专业，从而开启了其毕生研究微波的学术道路。

　　1937 年 9 月，刚刚在国立北平师范大学附中读完高中一年级的何兆武跟随家人返回故乡湖南，时逢国立中央大学实验学校由南京迁往安徽屯溪再迁湖南长沙，何兆武慕名投考插班入校就读。1938 年秋，国立中央大学实验学校从长沙再迁贵阳。1939 年秋，何兆武顺利考取国立西南联合大学。国立中央大学实验学校两年的学习和生活经历，无疑成为其人生历程中殊为宝贵的精神财富，以至于多年以后，何兆武仍直言以在国立中央大学实验学校"读过书为荣"："抗战中在贵阳，虽然国土沦丧，生活艰苦，但大家仍然抱有信心，毫无失败主义的沮丧情绪。文化活动条件很差，但学校师生因陋就简，仍然创造条件丰富了课余生活。"③

　　陈昌笃、王元、黄宏嘉和何兆武等先生关于自己国立中学受教经历的回忆，其实是抗战时期曾经接受过国立中学教育的众多学子集体心声的代表，而国立中学办学在他们日后的学术研究道路上所产生的潜移默化的影响，无疑是对抗

---

　① 王元，李文森，杨静. 我的数学生活：王元访谈录［M］. 北京：科学出版社，2020：9.

　② 杨敬东. 诗人后裔院士情：记中国科学院湘籍院士、上海大学名誉校长黄宏嘉［J］. 湘潮，2000（6）：33-35.

　③ 何兆武. 琐忆中大实校［M］//许祖云. 青春是美丽的：第三集. 长春：吉林人民出版社，2002：47-48.

战时期国立中学办学实践与育人成就的有力佐证。

自从笔者主持申报的"抗战时期国立中学大后方办学研究"于 2019 年作为教育部人文社会科学研究青年基金项目获批立项以来，关注与抗战时期国立中学办学有关的点点滴滴无形中成为笔者学术生活必不可少的重要组成部分。正是在笔者对于国立中学这种心心念念的牵挂和关注之下，于是才有了前文所列举的那些在抗战期间受教于国立中学的诸多学术大家暮年回顾自己青春岁月的追忆与感悟。

作为抗战时期国立中学办学的研究者，最令笔者感兴趣和着迷的无疑是，国立中学究竟是一个什么样的教育与文化存在，竟然能够在全面抗战如此环境恶劣和条件艰难的办学环境下，培养出包括前文所述的诸多学术大家在内，日后遍布海峡两岸各行各业的一大批杰出人才？而这些国立中学学子在耄耋乃至期颐之年忆及自己的国立中学学习和生活经历时，均高度一致地表现出对国立中学办学和育人的肯定和认同？可以说，这种困惑既是驱使笔者想要深入认识和了解抗战时期国立中学大后方办学的内生驱动力，也在鞭策着笔者尝试着通过学术研究的方式回答何为国立中学、何为国立中学办学以及何为国中精神等看似简单而普通，实则内涵和意义丰富的问题。

正是在上述困惑的驱动下，笔者开始了收集、整理、理解和消化与国立中学或直接相关，或间接相关，或公开发表，或内部交流的各种文献资料的漫长过程。也正是在笔者"走进"国立中学的过程中，才有了接下来呈现在读者面前关于抗战时期国立中学大后方办学或宏大论述，或细微刻画的 47 万余字。笔者希望通过这些文字能够拉近读者与抗战时期国立中学之间的距离，帮助读者近距离仔细打量与观察抗战时期国立中学的方方面面，进而加深对其办学育人的认知与理解；笔者同样希望这些文字能够有助于拉近读者与当下基础教育发展与改革之间的距离，能够帮助读者更加历史、客观和理性地审视与思考何为中学教育，中学教育何为！

第一篇

01

发现国立中学

第一章

抗战时期国立中学大后方办学研究：历史、问题与维度

一、学术史的回顾与问题的提出

抗战军兴，国中始创。国立中学的大批创设，始于 1937 年 7 月 7 日抗日战争全面爆发。① 截至 1945 年 8 月抗战结束，国民政府教育部陆续在大后方②创办过 34 所国立中学。其中，国立第一至第二十二中学以成立先后顺序命名。③ 着眼于"支援抗战与准备建国"这一战时双重目标，基于"平时当作战时看，战时当作平时看"这一战时最高原则④，国民政府教育部一改向来不直接办理中等教育的原则，开创性地在大后方设立国立中学。作为国民政府在战时教育方面的临时举措，国立中学因救济战区公私立中等学校的流亡师生而形成，随着抗战胜利逐渐退出历史舞台。

自国立中学产生，教育与文化界就开始保持对其的关注。全面抗战期间，涌现出了一批考察国立中学教育形态，剖析其办学理念与实践，评价其历史地位与影响的研究。此一时期的国立中学研究，集中表现为以下三个方面。

---

① 全面抗战爆发前，国民政府教育部已经有创设国立中学之举。1931 年 9 月 18 日，日寇入侵东北，教育部为收容东北流亡青年专门在北平设立东北中山中学。东北中山中学也是全面抗战爆发前教育部设立的唯一一所国立中学。参见"国史馆"中华民国史教育志编纂委员会. 中华民国史教育志：初稿 [M]. 台北："国史馆"，1996：80.

② 作为抗战时期具有特定内涵的术语，大后方是指抗战时期中国内地绝无日军势力，完全由国民政府所控制的后方区域。与之相对应的为战区，指抗战时期中国内地的沦陷区点与线的日军占领区，以及在日军后方为国民政府所控制的区域。参见卢晚移. 中国大后方的地理形势 [J]. 上海周报，1940（25）：720. 抗战时期大后方主要包括四川、云南、贵州、陕西、甘肃、广西和湖南七省。参见李紫翔. 大后方战时工业鸟瞰 [J]. 经济周报，1945（6）：10.

③ 教育部教育年鉴编纂委员会. 第二次中国教育年鉴 [M]. 上海：商务印书馆，1948：375-404.

④ 吴俊升. 文教论评存稿 [M]. 台北：正中书局，1983：3.

首先，国立中学个案研究。研究聚焦于某一所国立中学，视角多为近距离观察，旨在完整勾勒国立中学的历史演进、办学现状及校园生活。此类研究中尤以勾勒和描述某一国立中学的校园生活居多，作者多为在校学生，多以生动的文字，较为直观地向外界呈现自身亲历的校园生活或校园逸闻。①

其次，国立中学沿革之梳理。此类研究多形成于抗战业已结束，旨在梳理抗战时期国立中学的创办动因、发展脉络、办学概况及历史影响，或是个人专门行文扼要梳理全面抗战时期国立中学的发展始末②，或是教育最高主管部门以研究报告和教育年鉴的形式全景式呈现全面抗战时期国立中学的沿革③。

最后，基于国立中学办学实践进行的学理研究。作者多为关注国立中学办学的研究者和国立中学办学者，多有意识地从学理角度反思国立中学的教育理念、办学实践与文化价值。④ 此类研究的代表为国立第六中学第四分校校长孙东生在战时所发表的一系列阐释国立中学办学和育人实践的论文。⑤

随着中华人民共和国成立，海峡两岸的国立中学研究暂时趋于沉寂。⑥ 20世纪70年代后期，海外华人学者较早有意识地倡议发起重启国立中学研究。1977年，曾于1938年至1945年担任国民政府教育部高等教育司司长的吴俊升参加由美国伊利诺伊大学举办的战时中国（1937—1945）研讨会，发表题为《战时中国教育（一九三七——一九四五）》的长文。作为战时教育政策制定的参与者，吴俊升在文中详细回顾了抗战时期国立中学的创办背景与初衷、办学规制以及作育人才的成效与影响。⑦ 抗战时期曾经就读于国立第二十二中学，日

---

① 此类文献较多，散见于全面抗战时期各类期刊，难以逐一列举，仅示例若干代表性研究：史朗．在国立四川中学 [J]．学生半月刊，1938（2）：31-32；姚宪章．学校通讯：抗战期中的国立山西中学 [J]．精诚半月刊，1939（6）：21-22；易耳．国立中学里的故事 [J]．战时青年，1940（6）：8-9；叶邪．一间国立中学的内幕 [J]．青年知识，1940（10）：16-17；张小刀．苦干中的国立四中 [J]．学生之友，1941，3（3）：12.

② 佚名．国立中学之沿革与近况 [J]．教育通讯，1946（9）：18-19.

③ 教育部资料研究室．一九三七年以来之中国教育 [Z]．1946：5-7；教育部教育年鉴编纂委员会．第二次中国教育年鉴 [M]．上海：商务印书馆，1948：375-404.

④ 闻华．起来吧！西北各国立中学的师生们 [J]．西北论衡，1938（23）：3-4；应观．国立中学怎样发展起来的 [J]．学生之友，1941，3（3）：2-3.

⑤ 孙东生．国立中学的几个基本问题 [J]．教育通讯，1939（34）：6-8；孙东生．国立中学的训育问题 [J]．教育通讯，1940（21）：9-12.

⑥ 20世纪50年代中期，台湾地区重新开始恢复创设"国立"中学。1955年7月，台湾当局为安置海外回台升学之华侨子弟，于台北板桥镇设立"国立"华侨实验中学。参见"国史馆"中华民国史教育志编纂委员会．中华民国史教育志：初稿 [M]．台北："国史馆"，1996：82-83.

⑦ 吴俊升．文教论评存稿 [M]．台北：正中书局，1983：1-55.

后成为散文大家的王鼎均，分别于1984年和1995年在台湾地区相继出版自传体
散文《山里山外》和回忆录《怒目少年》。上述两部作品虽然均为文学作品，
但其可贵之处在于，作者以国立中学受教者的身份，用优美的文笔完整勾勒出
国立第二十二中学的办学始末，向后世生动再现了国立第二十二中学诸多办学
细节。

　　海峡两岸重启国立中学研究始于20世纪末21世纪初，均从为国立中学修
史立传入手。作者多系国立中学校友，多通过广泛收集校史资料，进而编撰成
书。① 与此同时，两岸学术界也重新开始将国立中学作为专题研究对象，考察其
办学始终，论析其抗战精神、教育内涵及学术价值，评价其历史地位与育人
成就。②

---

① 从20世纪末开始，海峡两岸陆续出版多种国立中学校史及校史资料汇编。大陆方面，
国立第二十二中学校史编辑委员会于2002年出版《国立第二十二中学校史述略》，参见
国立第二十二中学校史编辑委员会.国立第二十二中学校史述略［Z］.西安：国立第二
十二中学校史编辑委员会，2002；国立第七中学校友会校史编委会于2005年出版《国
立第七中学校史（1938—1949）》，参见国立第七中学校友会校史编委会.国立第七中
学校史（1938—1949）［M］.香港：天马出版有限公司，2005；前身为国立第二中学的
江苏省常熟中学于2013年出版《国立第二中学（1938—1946）》，参见常熟市档案局
（馆），江苏省常熟中学.国立第二中学（1938—1946）［M］.上海：上海科学技术文献
出版社，2013.台湾地区方面，陶英惠和张玉法合编的《山东流亡学生史》于2004年
出版。该书旨在重现抗日战争、解放战争和退守台湾三个时期山东流亡学生求学的坎坷
经历。该书对国立第六中学和国立第二十二中学抗战时期办学多有论述。参见陶英惠，
张玉法.山东流亡学生史［M］.台北：山东文献社，2004.

② 从研究成果数量来看，大陆学术界明显多于台湾地区学术界。值得注意的是，近年来，
抗战时期国立中学研究也开始引起台湾地区研究者的关注与重视。代表性研究为许咏
怡.抗战时期的国立中学研究（1937—1945）［D］.台北：政治大学，2019.该文基于
藏于台北的"国家发展委员会档案管理局"的"教育部档案"和藏于南京的中国第二
历史档案馆的"教育部档案"，广泛参考包括史料汇编、民国期刊和报纸、回忆录、访
谈录、日记和学术专著在内的丰富文献资料，从历史学的视角对国立中学的成立与制度
化、国立中学的发展分期、国立中学的校务运作以及国立中学的复员进行了简明扼要的
论述与分析。该文长处在于占有文献资料丰富而扎实，对于抗战时期国立中学形成与发
展过程中的诸多基本问题有自己的分析和阐释。可能是基于历史学研究视角来立论的原
因所致，该文对于抗战时期国立中学的"办学"和"育人"明显关注不够，仅对包括
师范部与职业部的设置与演变、学生贷金和公费制以及课程设置在内的国立中学校务运
作略有涉及，对于构成国立中学办学的其他丰富面向鲜有论及。此外，该文较少运用国
立中学校长、教师，尤其是学生的回忆与自述，也在一定程度上限制了研究的进一步
深入。

　　相较于抗战时期国立中学卓越的育人成就，大陆学术界的现有研究仍然显得相对薄弱，不仅相关研究成果数量较少，而且研究深度亟待推进，研究广度有待拓展。现有研究呈现出以下特点：对于作为整体的国立中学，考察其办学始末，评价其历史影响①；对于某一国立中学，梳理其办学脉络，归纳其教育特点②；多数研究偏重宏观概括与粗线条勾勒，缺少微观论说与细节描摹；运用国立中学办学亲历者的个体叙事文献亟待加强；少有深入、系统地从兴学育才这一角度切入与梳理抗战时期国立中学大后方办学理念与实践的整体研究与个案研究。

----

① 较早明确以"国立中学"为题展开学术研究的是余子侠。参见余子侠．抗战时期国立中学的创办及其意义［J］．近代史研究，2003（3）：80-123．该文广泛收集史料，较早对国立中学的创办始终、办学体制及教育价值进行考察。除此之外，代表性论文为张振鹍．抗日战争中沦陷区青年学生投奔大后方的回顾［J］．抗日战争研究，2008（3）：208-216；刘敬坤．抗战西迁中的壮举：三千里的运书记［J］．世纪，2002（3）：61-62；李翰平．抗战中的国立中学［J］．海内与海外，2007（9）：18-19；吴文华．抗日战争时期国立中学的职业教育［J］．中国职业技术教育，2007（29）：50-52；段绪彬．重庆国立中学文化遗址保护初探［J］．重庆社会主义学院学报，2012（6）：57-59；尤炜．静默的力量：写给抗战中的中国中学［J］．人民教育，2015（17）：13-18；曾江．抗战时期国立中学书写传奇［N］．中国社会科学报，2015-09-09（2）；付宏．抗战时期贵州的国立中学［J］．贵阳学院学报（社会科学版），2017（3）：34-38．代表性著作为王安民．踏不灭的薪火：抗战国立中学的父辈们［M］．北京：中国文史出版社，2012．

② 代表性论文为胡三秀．国立七中和山西教师服务团［J］．山西文史资料，1997（5）：89-95；胡剑．国立四中的抗战传奇［J］．四川档案，2015（2）：62-64；李琳．战火纷飞中的文化传承：记抗战初期的国立湖北中学［J］．湖北文史，2017（1）：35-39；王哲．秀才遇上兵：试析国立第二十中学学生被拉壮丁事件［J］．平顶山学院学报，2017，32（6）：35-40；刘毅．抗战时期东北中山中学考略［J］．地域文化研究，2021（1）：147-152，156；王哲．民族危机与中学应变：试析冀察绥平津中等学校通讯处［J］．唐山师范学院学报，2021，43（2）：51-56；李力．抗战时期国立第七中学在陕办学考论［J］．教育与考试，2021（6）：90-96；李力．私人记忆与历史重建：抗战时期国立第六中学大后方办学研究［J］．教育与教学研究，2022，36（7）：1-19；黄伟．抗战时期安徽省内迁教育研究：以国立九中为中心的考察［J］．安庆师范大学学报（社会科学版），2022，41（4）：21-28．代表性学位论文为崔增峰．抗战时期山东流亡学生内迁研究：以国立六中为个案［D］．聊城：聊城大学，2018；王哲．国立第六中学研究（1937—1945）［D］．济南：山东大学，2020；马弘毅．流亡学生的际遇与选择：以国立第二十二中学为例（1942—1949）［D］．武汉：华中师范大学，2022．

与此同时，海峡两岸开始涌现出一批抗战时期国立中学办学亲历者的自传、回忆录和口述史，其作者或为抗战时期国民政府最高教育主持者①，或为国立中学校长②，或为国立中学学生③。这些关于国立中学的私人记忆虽非正史，但均从一己视角出发，记录了诸多正史不易论及或易于忽略的国立中学办学细节。

值得注意的是，近年来抗战时期国立中学研究开始超越传统的教育学与历史学研究视野，逐渐呈现出跨学科的研究特点和全新的叙事方式。典型代表就是在 2022 年 11 月 14—20 日举办的第八届中国口述历史国际周上，由青年导演刘亚玉执导的纪录片《寻找国立一中1938》，从 103 个口述项目中脱颖而出，荣获"年度口述历史项目"奖。身为电影学博士，刘亚玉有感于毕业于抗战时期国立第一中学的祖父和祖母对于这所战时中学的深厚感情，萌生了拍摄以国立一中为主题的纪录片的想法。刘亚玉及其团队，历经四年寒暑，足迹遍布河北沧州、北京、上海、河南淅川和西峡口、陕西汉中和西安等地，一路寻访挖掘，通过采访多位国立一中校友，力争从细枝末节的刻画中，用镜头再现一段抗战时期保留文化火种、流亡办校的中国教育传奇，被称为一部由一群"80 后"和"90 后"记录耄耋高龄老人国立中学记忆的"国立一中口述史"。④

---

① 陈立夫. 拨云雾而见青天：陈立夫英文回忆录［M］. 卜大中，译. 台北：近代中国出版社，2005. 陈立夫曾于 1938 年 1 月至 1944 年 12 月担任国民政府教育部部长。

② 胡秉正，杨豫馨. 一片仁心照杏坛：胡秉正传［M］. 台北：远流出版公司，1995. 胡秉正曾于 1945 年 2 月至 1945 年 10 月担任国立第九中学最后一任校长。

③ 除过前文已述王鼎均所著的《山里山外》和《怒目少年》，代表性的国立中学学生自传、回忆录和口述史还有章开沅，彭剑. 章开沅口述自传［M］. 北京：北京师范大学出版社，2015. 章开沅系当代中国著名史学家、教育家，1938 年考入国立第九中学就读。聂华苓. 三生三世［M］. 天津：百花文艺出版社，2004；聂华苓. 三生影像［M］. 增订本. 北京：生活·读书·新知三联书店，2012. 聂华苓系美籍华裔著名作家，1940 年考入国立第十二中学就读。许燕吉. 我是落花生的女儿［M］. 长沙：湖南人民出版社，2013. 许燕吉系民国知名学者许地山之女，抗战时期考入国立第十四中学就读。

④ 杨金丽. 寻找国立一中 走进历史现场［N］. 沧州日报，2022-12-16（5）. 全面抗战爆发后，有鉴于黄河以北学校员生多向河南流亡，1937 年 1 月，教育部设冀察绥平津中等学校通讯处，先后在河南开封和许昌两地办理登记收容华北战区失业失学员生，随着陇海、平汉两路吃紧，遂将大批员生向豫西南阳地区运送。1937 年 12 月，国立河南临时中学成立于河南淅川上集，杨玉如为校长。1939 年 4 月更名为国立第一中学。1944 年 4 月，随着河南西峡口战事吃紧，国立一中中学部迁至陕南城固继续办学直至抗战胜利。参见教育部教育年鉴编纂委员会. 第二次中国教育年鉴［M］. 上海：商务印书馆，1948：376.

作为一种战时教育形态，国立中学仅存世八年。与其并不算长久的办学历程形成鲜明对比的却是从其诞生之初就开始积累与形成的数量可观的文献资料以及后世持续不断地对其的关注和研究。这一看似矛盾的现象，恰恰彰显出国立中学在抗战时期所具有的独特地位和教育价值。综观现有国立中学研究，目前在两方面存在不足，仍有进一步挖掘的空间和突破的可能。

首先，忽略国立中学与全面抗战前，尤其是国民政府成立十年来中等教育发展与改革的内在一致性和连贯延续性。

毋庸置疑，创设国立中学的初衷在于抚辑战区失学员生。因此，其办学形态必然在诸多方面有异于平时，带有鲜明的战时色彩。但是，国立中学的救济属性并非单纯地停留在延续流亡师生生存层面，其还具有维系教育发展、促进大后方建设乃至培植国家元气等更深层次的考量。国立中学所具有的此种特殊性质，一方面内在地决定于其作为学校的组织属性，另一方面则深刻地受制于抗战前业已形成的中学教育发展与改革的实际与传统。

其实，在国立中学创设之初，时人已经认识到，战时教育救济在重视"养"的同时更需要关注"教"：

> 战事起，一开战，学校尤先毁。员生的流离待极，视难民为更迫切。战争是长期的战争，则国家的教育即未便一日中断。不唯不断，而且更须补备救弊，发扬光大，才能使国力滋长，支持久战。难民之所需者养，难生之所需养之外尤有教焉。是以津保既陷，教育部就派员到开封许昌一带，调查平、津、冀、察等地中等各校退出的教员和学生，分别登记收容。二十六年底就在豫西南成立名字叫作河南中学的第一个国立中学。①

现有关于抗战时期国立中学的研究对此缺乏足够关注，大多数研究多止步于对国立中学办学理念和实践的"战时"形态和性质功能的关注，相反，对其与战前十年中学教育理念、制度和实践的内在勾连少有论及。因此，当前推进和拓展抗战时期国立中学大后方办学研究，首先在于将其置于战前十年中学教育发展与改革的历史脉络，重建其与战前十年中学教育发展的内在联系。

其次，忽略抗战建国背景下国立中学在大后方建设中的角色定位与影响发挥。

抗战建国所制定的战时教育方针，从根本上决定了包括国立中学在内的战时中等教育，必然会通过办学实践积极回应大后方建设，势必对大后方发展产

---

① 应观. 国立中学怎样发展起来的 [J]. 学生之友，1941，3（3）：2.

生独特影响。① 现有研究对国立中学所处的这一特殊的时空关系的把握尚有待进一步深入。从纵向的时间角度来看，作为战时中等教育制度，国立中学办学实践必然重视培育抗战精神。又因其为学校，其抗战精神的孕育和呈现，必然异于其他战时社会组织。就此层面而言，国立中学研究需要将国立中学置于全面抗战这一特殊的时代背景下，重点考察其呈现出的抗战精神及表现形态。从横向的空间关系来看，国立中学既是学校，同时也是战时众多社会组织之一。其势必与大后方其他社会组织及民众产生互动，对其形成独特影响。就此层面而言，国立中学研究还需要将国立中学置于抗战建国这一背景下，重建其之于大后方发展所形成的教育与社会影响。

综上所述，导致抗战时期国立中学研究存在上述不足的原因在于现有研究对于国立中学办学的教育传统、时代背景和空间地域的整体把握尚不完善，致使其研究深度和广度仍有较大拓展空间。兹就当下推进国立中学研究亟待回归的三大维度逐一予以厘清。

二、研究维度之一：国立中学办学重视接续战前中等教育发展与改革传统

后世研究者往往着迷于一个令人惊叹，但又看似矛盾的悖论：国立中学作为抗战时期为抚辑战区流亡师生而仓促设置的教育举措，却能够在大后方艰苦卓绝的环境中，弦歌不辍地作育大批杰出人才。研究者往往轻易地将这种现象，归咎为国立中学师生坚持抗战必胜和民族复兴的强大信念的内在支撑和持续激

---

① 1938 年 7 月，教育部在国民参政会第一期集会提案的《各级教育实施方案》中规定："中学教育，应为继续小学施行国民基础教育，以造就社会一般事业之中级中坚分子，及准备进修专门学术为二大目的。"而"造就社会一般事业之中级中坚分子"，具体表现为"县为政治经济之自治单位，故初级中学教育之一切设施，应以一县之所需，为其计划之根据，由省统筹次第平均普遍设立于各县。……以养成地方自治及从事农村事业之初级干部人才。高级中学应以一省中数县之所需，……以养成地方自治及建设事业之中级干部人才"。可见，造就社会一般事业之中级中坚分子，实为国民政府对于包括国立中学在内的战时中等教育办学的根本定位。参见教育部. 战时各级教育实施方案纲要 [M]//中国国民党中央委员会党史委员会. 战时教育方针. 台北：义盟印刷厂，1985：10-11. 上述战时教育方针之所以被称为着眼于抗战建国制定，原因在于，它在理念上与孙中山在《建国大纲》中所提出的由下层逐步向上层进而发展到全国的训政理念相吻合。正如陈立夫所言："训政时期是计划教育人民使他们能有行使管理自己能力。"因此，教育基层民众学会自治，最终实现以县为单位的地方自治，势必需要大批所谓"社会一般事业之中级中坚分子"积极参与和推进地方自治建设，而接受过良好中等教育的青年无疑是当时最符合这一标准的群体。参见陈立夫. 拨云雾而见青天：陈立夫英文回忆录 [M]. 卜大中，译. 台北：近代中国出版社，2005：192-193.

励。这一原因用来解释国立中学办学成功之道固无问题，但并不全面，其忽视了维系和推动抗战时期国立中学办学和育人更深层次的原因。简言之，正是战前十年中等教育的发展与改革，从源头上为国立中学在战时实现卓越办学奠定了坚实基础。

首先，战前十年中等教育的发展与改革实际，从根本上决定了包括国立中学在内的中等教育整体必然在抗战时期受到关注和重视。

1927 年 4 月 18 日，南京国民政府成立。1928 年东北易帜完成，国民党在形式上建立起全国统一政权。"这是中国由分裂进而为统一的时期，也是由混乱进而从事建设的时期。总说一句，这是中国由中世的国家形态进为近代国家的第一步。"① 至此，国民政府从厘定教育宗旨、改革学制、整顿教育设施以及提升育人质量等各个方面对中等教育进行综合改革。截至全面抗战爆发，全国中等教育水平已与十年前不可同日而语。据 1937 年统计，"全国中等学校总数，高初中合计，中学为二千零四十二所，师范为一千二百一十一所，职业学校为三百七十所。学生总数为五十四万七千二百零七人。经费总数为五千五百三十一万余元。以与十年前相较，则在校数方面，约增加四倍。学生人数方面，约增加五倍"②。有鉴于此，战前即有论者直言："十年来中国中等教育，无论在何方面，均有长足之进步，前途发展，至可乐观。"③

包括国立中学在内的战时中等教育整体，在全面抗战爆发后被国民政府定位为维系战时教育发展和实现抗战建国的重要组成部分，与战前十年全国中等教育的整体进步，尤其是全国接受中等教育人数的激增直接相关。时任江苏省教育厅厅长的周佛海曾于全面抗战爆发前夕对此有过深入分析：

> 至九一八、一·二八事变相继发生，国难严重，有岌岌不可终日之势，言救国之方略者，咸知着重于教育，以养成青年应付非常事变之能力，作长期斗争之准备。但环顾目前，小学学生年龄幼稚，只能培养其民族意识，以期待之于将来；大学教育在中国尚未十分发达，学生人数有限，不能对之存过奢之希望；所可赖以为国民总动员之中坚，足以担负当前之艰巨责任者，厥唯较多数之中学生。因此，国人对中学生之热望，极为迫切。④

① 中国文化建设协会. 十年来的中国［M］. 上海：商务印书馆，1937：1.
② 中国文化建设协会. 十年来的中国［M］. 上海：商务印书馆，1937：544-555.
③ 中国文化建设协会. 十年来的中国［M］. 上海：商务印书馆，1937：555.
④ 中国文化建设协会. 十年来的中国［M］. 上海：商务印书馆，1937：533. 1931 年 12 月至 1938 年 8 月，周佛海任江苏省教育厅厅长。参见刘绍唐. 民国人物小传：第 3 册［M］. 上海：上海三联书店，2014：86.

此外，中等教育在学制中的特殊地位，也内在地决定了其必然会成为维系战时教育发展和实现抗战建国所倚重之关键，以至于在时人看来，一切建国大计，离开了中等教育与中学生均无从谈起。

> 中等教育，因其位于"中"，有左右上下之特殊能力，故问题较为复杂，又因其对象为血气正在放光的青年，故有关国家更大，与抗战之关系更密切。……中学生地位虽然只介于上下两者之间，但若缺乏这唯一的桥梁，一切新的精神，一切建国大计，就无从实现……①

综上所述，作为战时教育举措，国立中学之所以能够在战时实现大规模的创设与办理，与战前社会整体关于中等教育所形成的上述共识关系密切。

其次，国立中学办学是近代中学教育史上不可忽视的重要阶段。作为战时教育制度创新，国立中学的教育理念及实践与战前中等教育发展与改革具有一致性。

第一，战时教育和平时教育在内涵上具有共通性，为国立中学承续战前中学办学传统提供了理论基础。

全面抗战爆发后，教育界随即展开了关于战时教育主张的大讨论。② 1939年3月1日，第三次全国教育会议召开，确定了"平时要当战时看，战时要当平时看"的教育方针，强调"教育应循常规，不分战时平时"③。的确，如果从国家发展的角度审视教育，教育确无所谓战时和平时之分："国家教育本无间于平时与战时，应有其一贯之宗旨。平时教育，即战时教育之准备；战时教育，不过平时教育之加强与扩大而已。"④ 教育无战时和平时之分这一方针，在当时即被形容为"教育现状维持主义"，因其主张"在战时应维持旧有的教育事业，以为教育乃系'百年树人'之大计，虽在战时，亦不当任其停顿，如遇战事环境之困难，则可迁移安全地带，并迁就实际之困难，而作苦读之办法，故有时

---

① 刘檀贵. 抗战建国中中等教育改造绪论［J］. 轴心，1938（18）：7-9.
② 根据1938年5月广东省立民众教育馆出版的《抗战书目》收录的"战时教育"条目统计，全面抗战开始十月有余，全国出版的战时教育书籍已多达65种，可见当时国人对于战时教育的关注和讨论的热烈。参见广东省立民众教育馆辅导组. 抗战书目［M］. 出版地不详：广东省立民众教育馆，1938：87-94.
③ 陈立夫. 战时教育方针［M］. 重庆：正中书局，1939：2.
④ 陈启天. 抗战与人生观改造问题［M］. 重庆：国论出版社，1938：53.

亦含有'改革'之意"①。

1938年4月，中国国民党临时全国代表大会通过《战时各级教育实施方案纲要》。其对战时教育方针予以最终说明：

> 教育为立国之本，整个国力之构成，有赖于教育，在平时然，在战时亦然。国家教育在平时若健全充实，在战时即立著其功能；其有缺点，则一至战时，此等缺点即全部显露，而有待于急速之补救与改正，所贵乎战时教育之设施者，即针对教育上之缺点，以谋根本之挽救而已，非战时教育之必大有异于平时也。②

上述战时教育方针深刻地影响到国立中学的形成，鲜明表现为其创设宗旨："国立中学设立之目的，消极方面在救济战区退出之各省市立中等学校学生，使能继续接受教育；积极方面在发挥教育功能，充实民族力量，并适应时代需要，实验战时教育之新制度。"③

第二，国立中学的办学理念与实践，与战前十年中等教育发展与改革保持着连贯和延续性。

1943年7月7日，中国国民党中央执行委员会宣传部为纪念抗战六周年，专门编印《抗战六年来之教育》，旨在对抗战以来各级教育之得失进行总结。当论及中等教育时，是书开篇即指出："抗战以来，中等教育制度，大体上无甚变更。唯为适应战时之情况，配合国防经济建设之需求，中等教育亦多积极推进之处。"④ 上述评价，已然反映出中等教育理念与制度在战前与战时基本保持一致，并无根本上的兴替更张。下面以教育方针为例予以进一步论述。

1941年3月，教育部改派杨德荣接任国立第七中学校长。⑤ 上任伊始，杨

---

① 与"教育现状维持主义"针锋相对，当时还有一派战时教育主张，呼声甚高，被形容为"教育彻底改造主义"。其主张以"生活即教育""社会即学校"及陶行知的"做学教合一"等为基本观点，认为战时教育如欲使其普及全国，并真正获得"培养抗战的战士"之效果，必须彻底改造旧教育。参见袁哲.抗战与教育［M］.长沙：商务印书馆，1937：20.

② 中国国民党中央委员会党史委员会.战时教育方针［M］.台北：义盟印刷厂，1985：3-4.

③ "国史馆"中华民国史教育志编纂委员会.中华民国史教育志：初稿［M］.台北："国史馆"，1996：81.

④ 中国国民党中央执行委员会宣传部.抗战六年来之教育［M］.重庆：国民图书出版社，1943：12.

⑤ 国立第七中学校友会校史编委会.国立第七中学校史（1938—1949）［M］.香港：天马出版有限公司，2005：67.

德荣即开始着手制定国立第七中学校训。经过第三次校务会议决议通过，最终于 1941 年年底向全校师生公布七中校训为"诚、明、仁、行"。杨德荣在全校训话中特别强调，此四字校训是"根据中国固有道德，总理遗教，总裁训示，青年守则，及训育纲要等精神"①。

杨德荣为国立七中制定的校训，并非空穴来风，不过是其如实遵循战时教育方针的必然产物。1938 年 4 月，中国国民党临时全国代表大会通过《战时各级教育实施方案纲要》，其对学生训育进行明确规定："应遵从先哲遗训以'诚'字为训练人生之中心目标；并确定忠、孝、仁、爱、信、义、和、平为各个人对己对家庭对社会对国家对世界之基本伦理观念，依此训育之中心目标与观念，就各级教育之范围与程度，订定各级学校训育标准，切实施行。"② 1938 年 9 月，教育部通令全国各校以"忠孝仁爱信义和平"为国训。1939 年 3 月，第三次全国教育会议通过蒋介石提出的以"礼义廉耻"为各级学校校训的建议。③

回溯历史，1934 年 2 月至 3 月，蒋介石在江西南昌发表一系列演讲，发起旨在改善国人日常生活习惯的新生活运动，并规定《新生活须知》95 条。同年 3 月至 6 月，全国 14 个省市相继成立新生活运动促进会，最早成立的南昌新生活运动促进会也被改组为新生活运动促进总会，由蒋介石亲任会长。④ 而在柳诒徵看来，新生活运动的本质，"即求国民之生活合理化，而以中华民族固有之德性礼义廉耻为基准也"⑤。而早在 1931 年 7 月 18 日，教育部就已经面向全国各级学校发布训令，要求各校应将"忠孝仁爱信义和平"八字，一律蓝地白字，自行制匾悬挂。⑥ 可以看出，所谓战时教育方针，不过是战前教育方针的一贯延续和强化而已。

① 杨德荣. 树立校风（校长训词）[J]. 国立第七中学校刊，1941（1）：2-5.
② 中国国民党中央委员会党史委员会. 战时教育方针 [M]. 台北：义盟印刷厂，1985：24-25.
③ 陈立夫. 战时教育方针 [M]. 重庆：正中书局，1939：56.
④ 深町英夫. 教养身体的政治：中国国民党的新生活运动 [M]. 深町英夫，译. 北京：生活·新知·读书三联书店，2017：1-3.
⑤ 柳诒徵. 三年来之中国文化教育 [J]. 江苏教育，1935（1-2）：81-91. 1927 年至 1949 年，柳诒徵任江苏省立国学图书馆馆长。参见刘绍唐. 民国人物小传：第 2 册 [M]. 上海：上海三联书店，2014：110.
⑥ 中国第二历史档案馆. 中华民国史档案资料汇编：第 5 辑·第 1 编·"教育"（1）[M]. 南京：凤凰出版社，1994：76.

三、研究维度之二：国立中学办学重视培育与形成抗战精神

如果说，将国立中学办学置于近代中学教育演进的历史脉络，考察其与战前十年一致的教育传统，是促成其研究回归的第一个维度。那么，国立中学研究亟待回归的第二个维度，则是将其置于全面抗战的时间序列，梳理其呈现出的抗战精神及表现形态。

抗战时期国立中学在育人方面积累了可资后世借鉴的宝贵经验。其之所以能够在物质极为匮乏、环境极为恶劣、办学条件极为艰苦的大后方重振弦歌，最终为抗战胜利、国家建设和民族复兴培育出一大批栋梁之材，与其重视将抗战精神的培育与办学实践紧密结合密不可分。正如国立中学校友日后所言："在战时的环境里，师生都有国难家仇的深刻体验，由此产生抵御外侮，救国兴邦的理想，成为全校的精神支柱。师生团结一心，诚教勤学，不顾物质上的一切困苦，奋发进取，积极向上，融合成良好的校风。"①

大量史实表明，抗战时期国立中学大后方办学高度重视培养学生的爱国主义精神和民族意识，且育人成效显著。这是在抗战时期特定的历史条件下，在大后方特殊的环境中，经过办学者有意识的教诲最终习得和养成。与此同时，办学者因势利导，充分发挥教育的多重功能，善于将师生的爱国主义精神和民族意识积极转化为勤教苦学的思想动力。

国立中学教师经常会将爱国主义精神和民族意识的培育，适时融入课堂教学，不失时机地积极影响学生发展。抗战中期，由北平四中插班至国立第五中学初中 14 班的杜明达，60 年后仍然对当年极富爱国主义精神的历史地理课记忆犹新："历史地理课不仅给人以时空演进及事件人物的轮廓和知识，还潜移默化地给人以爱国主义与国际主义情操，而教师则扮演着导演导游的角色。"② 曾经就读于国立第一中学初 23 班和高 29 班的张静芬，日后则对当年音乐课所蕴含的浓厚的爱国主义精神刻骨铭心："一中的音乐教育使我受益终生。它不只是教我们学识谱、学唱歌，更重要的是它陶冶了同学们高尚的情操，培养了同学们崇高的爱国主义精神和坚忍不拔的革命意志。"③

国立中学师生心忧家国的意识，经常会有意无意地加以表露。1944 年，冯

---

① 潘立斋. 建校六十周年庆祝大会开幕词 [Z] // 相惟义. 抗日战争时期国立第九中学建校六十周年纪念册. 重庆：江津印刷厂，1998：10.

② 杜明达. 天水情缘 [Z] // 天水市政协文史资料委员会. 天水文史资料：第 11 辑. 天水：新华印刷厂，2004：76.

③ 张静芬. 忆李静轩老师 [Z] // 国立一中校友会. 千里逐飘蓬：第 4 辑. 成都：1998：245.

玉祥前往四川江津宣传抗日，在江津办学的国立第九中学全体师生踊跃响应，将集体绝食一天的膳食费用悉数捐献以支援抗战。国立九中一校捐献的金额总数竟然超过华西五大学之和。① 如果没有平时对于国立九中学子们抗战精神的培育，很难想象其全校师生会集体性地表现出如此高昂的爱国热忱。

即使是在课余饭后，也不难捕捉到国立中学学生不经意间流露出的抗战救国的拳拳之心。国立第六中学的学生们就经常在"课余饭后，三五成群，携手并肩，漫步郊野，高唱救亡歌曲，响彻云霄"②。曾就读于国立第十二中学的聂华苓，日后曾以作家特有的文学手法对当年发生在学生宿舍中的一幕场景进行过生动描绘："常常有人无意轻声哼起一首歌，细细一线流水漫开去，一个一个女孩哼起来了，唱起来了。一支一支歌唱下去。追寻，初恋，游子吟，在太行山上，开路先锋，热血歌，燕子，嘉陵江上，夜半歌声，黄河之恋，义勇军进行曲，念故乡。我们的歌中有国有家，也有我这个独立的个人。那是个充满各种歌声的时代。"③ 国立第三中学1943届毕业生，曾经担任中国国家统计局副局长的毛邦基，日后也在自述中提及与聂华苓笔下相似的校园生活场景："在学习间歇的时候，尤其是遇上'九一八''七七''八一三'等日子，面对着战区不断扩大、民族危难日益深重的形势，菁菁学子，再也按捺不住心头愤怒，只要有一个人唱起抗战歌曲，就会立即引起大家齐声唱和。"④

国立中学重视培育抗战精神，同样鲜明地表现为国立中学师生普遍呈现出的勤教苦学的浓郁风气。家园沦陷带来的流离失所之痛，抗战必胜信念的坚定支持，大后方生存环境的艰苦磨砺，最终造就了国立中学随处可见的教师乐于勤教，学生发愤苦学的校园风气。"抗战时期，学校建在农村，教师生活十分清苦，但他们安贫乐道，全心授业，默默奉献。他们不仅教知识，也教学习方法。……学生从他们的悉心教诲中不断受益，不断增强学习信心，同时也不断

---

① 相惟义. 国立九中史略 [Z] // 相惟义. 抗日战争时期国立第九中学建校六十周年纪念册. 重庆：江津印刷厂，1998：27. 全面抗战爆发后，金陵大学、金陵女子文理学院、齐鲁大学和中央大学医学院相继由沦陷区内迁至成都华西坝办学，加之成都原有的华西协合大学，形成"前五大时期"；日后中央大学医学院迁离，1942年燕京大学在成都复校，形成"后五大时期"。由于"后五大时期"的五所大学均为基督教教会大学，加之其办学规模和教学质量堪与地处昆明办学的国立西南联大相媲美，因此其办学所在地成都华西坝也成为抗战时期大后方重要的文化重心和地标之一。参见岱峻. 风过华西坝：战时教会五大学纪 [M]. 南京：江苏文艺出版社，2013.
② 国立第六中学. 国立第六中学概况 [Z]. 绵阳：1941：37.
③ 聂华苓. 三生影像 [M]. 增订本. 北京：生活·读书·新知三联书店，2012：108-109.
④ 毛邦基. 留将几许写黔东：回忆学习情况片段 [Z] // 中国人民政治协商会议贵州省委员会铜仁地区工作委员会. 铜仁地区文史资料：第3辑. 铜仁：人民印刷厂，1993：218.

加深了对老师的崇敬，老师则因学生的勤奋和进步感到欣慰而提高了教学热情，师生之间就在相互影响中越来越融洽、亲密。"① 齐邦媛日后也对国立东北中山中学教师在课堂中心怀家国，不遗余力地倾囊相授印象深刻："我今天回想那些老师随时上课的样子，深深感到他们所代表的中国知识分子的希望和信心。他们真正地相信'楚虽三户，亡秦必楚'；除了各科课程，他们还传授献身与爱，尤其是自尊与自信。"②

国立中学学子发愤苦学的场景，更是不胜枚举，普遍见于时人记载和师生日后回忆。1941 年，国立第七中学第 11 班学生赵昇曾将其形容为"七中的校风"：

> 一天到晚，老能看见不少的人们在教室的内外埋头向学，尤其晚自习时，更能看出埋头向学的风气，整个院子里，除了晚风吹动绿叶的□曲外，静寂的像死。如果不是两面的灯光照耀着您的脸，那您最低限度要疑惑这是一个空宫，这股令任何人佩服的用功风气，已有力地长成了七中的校风。③

国立第八中学初五部与高二部学生徐成龙，也曾于日后忆及国立八中的这一风气："同学们的思乡之情和爱国心结合起来，成了艰苦奋斗、勤奋求学的动力，大家主动苦学的精神，让老师们深为感动。每天课余，附近田野里，甚至稍远的山坡上油桐与油茶林中，河边草地上及巨轮水车旁，都有三三两两的同学在读英文或国文，或温习数理化等功课。"④

国立中学的此种风气，同样能够从其办学所在地居民的日常观察中得到印证。由甘肃省清水县考入国立第十中学的李牧华，数十年后仍然对当年国立十中流亡学生所表现出的苦学精神印象深刻："在十中，我们是本地学生，我们的成绩平均不如外地同学，他们大部分都很用功，有的读书到深夜，有的半夜起来，读到天亮。"⑤

---

① 汪嗣圻．传统的师生关系［Z］//政协邵阳市学习文史委，政协洞口县委员会．山高水长：忆创建在竹篙塘的国立十一中．邵阳：资江印刷厂，1999：246-247.
② 齐邦媛．巨流河［M］．北京：生活·读书·新知三联书店，2011：58-59.
③ 赵昇．五云宫素描［J］．国立第七中学校刊，1941（1）：15.
④ 徐成龙．抗战时期的国立八中追忆［M］//中国社会科学院近代史研究所近代史资料编辑部．近代史资料：总 107 号．北京：中国社会科学出版社，2003：189.
⑤ 李牧华．十中生活琐忆［Z］//清水县政协文史资料委员会，国立第十中学校友清水联谊会．清水文史：第 2 辑．1993：71. 据初中和高中均就读于国立十中的刘炳文日后回忆，十中学生的学习刻苦程度，已经达到了校方会给予熄灯就寝后继续开夜车学习者以校纪处分的程度。参见刘炳文．回忆十中的创建经过［Z］//清水县政协文史资料委员会，国立第十中学校友清水联谊会．清水文史：第 2 辑．1993：33.

四、研究维度之三：国立中学办学重视积极影响大后方建设与发展

国立中学研究经常会不经意地忽略一个重要维度，即国立中学之于大后方建设的特殊影响。无论是作为维系国立中学办学的空间地域，抑或大后方建设在抗战建国方略中的重要定位，国立中学与大后方建设之间的互动，无疑具有重要的研究价值。

抗战军兴，国民政府已然明确，"开发内地，建设后方，为抗战中最要之国策"①。开发与建设大后方之所以在全面抗战时期被国民政府高度重视，原因在于"抗战期间，中国经济最发达的东部九省全部沦陷，其中包括了文教发达的江苏、浙江、山东等省。河南、山西沦陷区超过90%，中部八省沦陷区超过50%，而6个直辖市中有5个落入敌手"②。有鉴于大后方建设之于抗战与建国的双重意义，同时也是为了更有效地发挥教育在抗战建国中的应有效能，教育界在抗战之初就开始思考战时教育与抗战建国二者之间的关系，认为抗战教育即建国教育。③

1938年4月，中国国民党临时全国代表大会通过的《战时各级教育实施方案纲要》更是对此予以明确："此次对日抗战，为完成国民革命及复兴中华民族之关键，当此国事艰难之时，对于国家教育之设施，更应尽指导督促之责任，以求一面增加战时之力量，一面奠定建国之基础。"④ 陈立夫的表述更为清晰："战时教育的意义，只是在抗战建国时期中，我们应如何从教育方面努力去发展经济，以充实战时的国力，以奠立建国的基础，增强武力，以期一方面克敌制胜，一方面建国建民，适应战时艰苦困难的环境，造成富有活力富有前途的现代化中国。"⑤ 大后方主持教育的高级党政干部对于寓建国于抗战亦有充分认识。1938年6月8日，时任广西省教育厅厅长的邱昌渭在全省行政监督会议上专门论及于此："教育是有推动社会的力量的，所以中学，中心学校，和基础学校，都应尽量发挥它这伟大的作用，努力从事与后方的救国工作。"⑥

---

① 陈立夫. 战时教育方针［M］. 重庆：正中书局，1939：58.
② 尤炜. 静默的力量：写给抗战中的中国中学［J］. 人民教育，2015（17）：13-18.
③ 关于抗战教育即建国教育，1938年，李公朴的观点具有代表性："所谓抗战教育，同时也就是建国教育；所以抗战教育，不仅要适合抗战的需要，同时更是新中国教育制度的基础。"参见李公朴. 抗战教育的理论与实践［M］. 武汉：读书生活出版社，1938：1.
④ 中国国民党中央委员会党史委员会. 战时教育方针［M］. 台北：义盟印刷厂，1985：40.
⑤ 陈立夫. 战时教育方针［M］. 重庆：正中书局，1939：3.
⑥ 邱昌渭. 抗战与教育［M］. 桂林：民团周刊社，1939：14.

　　抗战教育即建国教育，同样深刻地影响到国立中学的办学宗旨，即"以养成青年为战时领导民众之中坚分子，具备升学及服务之充实能力"①。简言之，抗战时期国立中学对大后方建设的特殊影响主要表现为三个方面：努力提升办学所在地及所在地域的文化中心地位、示范并推动大后方中等教育发展以及积极开展社会教育与服务活动。

　　首先，国立中学成为办学所在地及所在地域建设文化中心不可或缺的重要构成。

　　国立中学创设之初，即有论者呼吁其"应分设于各省文化落后县镇或边区"。原因在于，国立中学理应成为办学所在地之文化中心机关："国立中学的教员和学生来自战区，对于侵略者的残暴凶恶，目睹身受，且具有各种科学常识。若设校于边区或文化落后的县镇，则学校不仅可启迪民智，为文化中心机关，兼可作社会一切启蒙运动。学生借以增进活动能力，也可免除所学不合实际之弊。"②

　　基于以上认识，国立中学从一开始就被社会寄予厚望，希望其能够在努力提升办学所在地及所在地域的文化中心地位方面发挥积极影响。1938年，即有论者行文呼吁，"西北文化中心地的选择，以在陕南汉水流域一带为适宜"。原因在于，"在这里已经有了西北联合大学，国立的陕西和山西两个中学，陕西和山西两个服务团，还有最近从西安迁去的几个中等学校，和原来当地的几个中等学校，总共有近万的大中学生，一两千大中学的教师，差不多凡是抗战以前黄河流域各省从事教育和文化工作的人，全集中到这里"③。值得注意的是，该文作者将刚刚成立不久的国立陕西中学和国立山西中学也纳入其中，可见对其的看重。

　　国立中学日后的办学发展也在无形中印证了上述观点。国立中学所在地均毫无例外地成了战时大后方的文化中心。以国立第八中学为例，抗战时期，位于所里的国立第八中学和位于辰溪的湖南大学，被誉为湘西地区的两个文化重心。由于湖南大学师生人数远不及国立八中，加之不甚活跃。因此，国立八中成为当时湘西社会文化的主流，在地方上拥有很高的声望和地位。④

---

①　佚名.教部召开国立中学校长会议调整各校教学与设备［J］.甘肃教育半月刊，1939（18-19）：24-25.

②　孙东生.国立中学的几个基本问题［J］.教育通讯，1940（34）：6-8.

③　佚名.建设西北文化中心［J］.西北论衡，1938（23）：2.

④　徐成龙.抗战时期的国立八中追忆［M］//中国社会科学院近代史研究所近代史资料编辑部.近代史资料：总107号.北京：中国社会科学出版社，2003：199.

其次，国立中学对于大后方中等教育发展起到了有力推动和良好示范作用。

国立中学影响大后方建设范围最广、程度最深且成绩最明显者，首推教育。其成效之明显，以至于达到了"抗战以来，大后方教育一年的进步，诚非战前十年所可比拟"① 的程度。1943 年，教育部也对大后方教育所发生的巨大变化直言不讳："公私立各级学校，因战争播迁，归并调整，转较平时为易，而往昔教育未臻发达之后方各省区，近日则学府林立，文化流转，亦为难得之机会。"② 中等教育自然也不例外。"后方各省六年来中等教育之发展，不仅未因战事影响而稍有停顿，且因时代之迫切需要，而有突飞跃进之象。"③ 战时大后方中等教育能够呈现出"突飞跃进之象"，主要原因就在于国立中学的创办。正如吴俊升所言："战时后方十九省市的中等教育，在数量方面较战前非但没有减少，还大有增加。这一方面由于地方政府增加中等学校校数，另一方面又由于教育部开办了很多的国立中等学校。……这些国立中等学校分设于后方各省市及边疆各地，不仅安置了战区员生和适应当地需要，还对各地中等学校发生了示范作用。"④ 此外，教育部也积极鼓励国立中学办学对口支援大后方建设，教育部曾为此专门出台相关规定："国立中学之师范毕业生，并分别令派于就近之各服务团任推进义教工作，或令交所在省教厅于省内小学及短期小学分别任用。"⑤

具体到个别的国立中学办学，更能直观看出其对大后方教育的独特影响。曾就读于国立第十中学的陆兆魁，日后直言国立十中办学有力提升了甘肃省清水全县的教育水准："清水全县原来仅有三所高小，边远山区连初小也未设立。本县无中学，赴外地上中学者为数不多，且为富户子弟，上大学者更是寥寥无几。从一九三九年起，本县每年都有考入十中的学生。……八年内清水县从十中高中部毕业的学生二十多人。初中部毕业的八十余人，这些人多数成为本县发展教育事业的骨干力量。"⑥ 国立第五中学之于甘肃天水的影响亦是如此："国立五中立足天水后，对天水的文化教育产生的影响甚大。一是设立了高中，

① 黄觉民．改进大后方教育刍议［J］．贵州教育，1940（9-10）：3.
② 中国国民党中央执行委员会宣传部．抗战六年来之教育［M］．重庆：国民图书出版社，1943：3.
③ 中国国民党中央执行委员会宣传部．抗战六年来之教育［M］．重庆：国民图书出版社，1943：16.
④ 吴俊升．文教论评存稿［M］．台北：正中书局，1983：37.
⑤ 陈立夫．战时教育方针［M］．重庆：正中书局，1939：47-48.
⑥ 陆兆魁．回忆国立十中在清水［Z］//清水县政协文史资料委员会，国立第十中学校友清水联谊会．清水文史：第 2 辑．1993：19.

天水原先的最高学府仅有省立天水初级中学，青年学子想读高中就得上兰州。"①

最后，国立中学积极在大后方开展形式多样的社会教育与服务活动。

国立中学积极在大后方开展社会教育与服务活动，与其师生从战区流亡至大后方颠沛流离的特殊经历密不可分。正如时人所言，国立中学师生"辗转流徙，跋涉数千里，行经数省，深入民间，故对社教之推行，尤感迫切，工作兴趣，亦极浓厚。爱就力之所及，以种种方法，服务社会，增强抗建力量"②。

国立第六中学利用在四川绵阳等地办学之际，积极开展形式多样的社会教育与服务活动。第一类是民众教育，其开设全日制民众学校和半日制民众学校各一班。第二类是抗战宣传，主要通过话剧、壁报、抗战漫画及标语、歌咏和演讲等形式积极向当地民众宣传抗战，激发民众支援抗战的热情。第三类是协作事业，国立六中师生讲授地方行政人员训练班公民训练课程及专员区师资训练班课程，旨在为地方自治培养合格的基层干部。③

1939年创设于湖南武冈的国立第十一中学，仅办学一年，就在当地实施了种类多样的社会教育与服务活动。第一类是民众教育，共开设8所民众学校总计17班，学生360名。第二类是慰劳活动，国立十一中师生积极开展慰劳伤兵、欢送军人出征、招待过境军队和慰问出征军人家属等活动。第三类是宣传活动，包括兵役宣传和清洁宣传。第四类是募捐活动，分为伤兵之友社会员捐和七七献金两类。第五类是代耕活动，国立十一中学子于春秋两季及时帮助当地民众耕地。④

对于实施社会教育富有特色、成效显著的国立中学，教育部则积极予以褒奖，以资鼓励。1941年，"教部以国立第三中学，兼办社会教育，均能按照原定计划实施，尤以女子部为最努力，如选唱抗战歌曲，其方式分为一、唱给民众听；二、讲给民众听；三、教给民众唱；四、表演给民众看；五、写给民众看；六、化装演讲，收效极宏，特传令嘉奖，并拨发补助费作为充实该校社会教育设备云"⑤。

---

① 周用元. 我所知道的国立五中［Z］//天水市政协文史资料委员会. 天水文史资料：第11辑. 天水：新华印刷厂，2004：14.

② 国立第六中学. 国立第六中学概况［Z］. 绵阳：1941：28.

③ 国立第六中学. 国立第六中学概况［Z］. 绵阳：1941：28-30.

④ 国立第十一中学. 国立第十一中学周年概览［Z］. 武冈：国立第十一中学石印室，1940：57-58.

⑤ 佚名. 教部嘉奖国立第三中学努力兼办社会教育［J］. 广西教育通讯，1941（3、4）：46.

　　随着国立中学开展社会教育与服务活动的逐渐深入，大后方民众也深受国立中学学子抗战热情和爱国精神的感染，民众的态度也在无形中悄然发生变化。地处陕南洋县办学的国立第七中学学子当时就用细致入微的笔触记录下了这一场景：

　　　　虽然远在后方，我们却当作前方看，救国工作的热潮，时时在沸腾着，除了礼拜日和假期日，团体出发，分队宣传以外，每天下午课余时，附近的许多小村庄内，总围聚着许多朴实的农民，好像在看热闹，原来围在人群中的是三五个同学，又在那儿举行个别谈话了。上月我们全校作了一次献金运动，那天，正洒着细雨，我们冒着雨到了村庄里，正在宣传讲演，忽地里走出一个年高的老妪来，惭愧地说："请不要嫌少！"说着，便献出两个铜板来，记得在去年开始宣传时，一般同胞们，一见我们的影儿到来，老早便闭门不出，现在已没有这种情形了。这样，零零碎碎的还捐了四五十元，连我们师生全体的节衣缩食，共献金一千多元，这个数目，虽然不多，但我们的热忱，却远在这数目的几万倍以上。①

　　国立中学的办学实践，同样潜移默化地改变着大后方民众的生活方式。正是由于国立第五中学的存在，偏居西北的天水市民才首次接触到了话剧和歌咏这类现代生活方式。国立五中学生的服饰和举止也在无形中影响到天水市民。"紧身凸显三围的短式阴丹士林旗袍，也是由五中的女学生推广开来，并替代天水蓝衫黑长裙的服式打扮，同时也开了天水人男女挽手同行的先河。"② 大后方民众的精神生活面貌同样随着国立中学的到来发生改变。随着国立十中的到来，"大批的书报杂志也涌进了清水，当时重庆出版的一些抗战书报……均能看到，这使清水人民的文化生活与精神食粮得到相应的满足"③。

　　相较于后世对于抗战时期诸多大学内迁大后方办学的耳熟能详，抗战时期同样在大后方弦歌不辍的国立中学却几乎成为教育史上的失踪者。④ 与国立中学逐渐被世人遗忘形成显著对比，却是其在八年全面抗战历程中艰难办学所形成的堪称传奇的教育奇迹："之所以称之为传奇，就在于仅有八年历史的国立中学，在流亡迁徙中培养了十万高素质的学子。……在流亡迁徙中培养出高素质

①　姚宪章. 学校通讯：抗战期中的国立山西中学［J］. 精诚半月刊，1939（6）：21-22.

②　周用元. 我所知道的国立五中［Z］//天水市政协文史资料委员会. 天水文史资料：第11辑. 天水：新华印刷厂，2004：14.

③　崔杨，刘树汉. 国立十中与清水的文化教育［Z］//清水县政协文史资料委员会，国立第十中学校友清水联谊会. 清水文史：第2辑. 1993：135.

④　李力. 抗战时期国立第七中学在陕办学考论［J］. 教育与考试，2021（6）：96.

学子，这在世界教育史上是绝无仅有的奇迹。"①

作为中国抗战史和教育史上的创举，国立中学是抗战时期教育大迁徙的重要组成部分，也是战时广大流亡师生重振后方弦歌和勤教苦学的生动例证。办学八年来，国立中学在为民族复兴培植元气、维持和提升教育水准、促进中西部教育事业发展以及加快教育现代化方面均起到深远影响。深入、系统地从抗战史和教育史层面梳理与反思抗战时期国立中学大后方办学的理念与实践，提炼与弘扬蕴含其中的抗战精神和育人之道，解读与阐释其当代价值，可加深对抗战时期国立中学教育理念、办学特色、创新人才培养规律以及学校文化品格的认识，对于当今传承抗战精神与保护抗战历史文化遗产，中学办学回归符合教育规律的育人之道均具有重要的理论与实践价值。

全面抗战爆发初期，面对我国诸多文化与教育机关遭到日寇疯狂摧残，当时即有论者坚信"战争毁灭不了我们的教育"：

> 但它决不能毁灭我们的教育文化基础，不但不能毁灭，而且还一定可以成为我们将来新教育的开路者，它可以帮助我们获得许多更深刻、更正确的新经验、新教训和新认识，并且随着炮火和战争的影响所及，还可以把这些新的东西，很快地普及于一切民众和穷乡僻壤，建立成为一个新的教育基础。②

在烽火连天的抗战岁月里，扎根大后方坚持办学八载的国立中学，无疑是对时人上述论断的有力证明。2024 年 9 月 3 日，即将迎来中国抗日战争胜利 79 周年。抱定抗战救国和民族复兴的信念毫不动摇，坚持在颠沛流离的流亡之路和炮火纷飞的动荡环境中弦歌不辍的国立中学师生，无疑是众多抗战英雄中值得追忆和缅怀的特殊群体。对本书而言，厘清抗战时期国立中学办学史实，提炼和弘扬其所彰显的抗战办学精神，挖掘和总结贯穿于其办学始终的教育理念，积极借鉴其作育人才的宝贵经验，无疑是当下缅怀国立中学办学历史，弘扬国立中学精神最为恰切的方式！

---

① 李瀚平. 抗战中的国立中学 [J]. 海内与海外，2007（9）：18.
② 张佐华. 抗战教育论 [M]. 汉口：生活书店，1938：7.

第二篇 02

前 传

第二章

"中国前所未有的一个特殊教育机关"：全面抗战前国立东北中山中学办学考论

1934 年 3 月 26 日创办于北平的国立东北中山中学，既是全面抗战前南京国民政府设立的唯一一所国立中学，也是中国教育史上第一所国立中学。作为完整了解与深入研究抗战时期中国中学教育发展、演进与存续不可或缺的历史存在，目前学术界对于国立东北中山中学办学研究较为薄弱，仅有的少数专门性研究多集中于史学界，表现为考订其办学史实，梳理其办学始末。① 但是，对于国立东北中山中学丰富的办学实践、鲜明的办学特色，尤其是贯穿于其办学各个环节且深刻影响其育人成效的学校精神——中山精神鲜有提炼与阐发。有鉴于此，本章着重聚焦全面抗战前国立东北中山中学北平、南京两地近四年的办学实践，以国立东北中山中学校刊、时人议论、师生回忆与口述史以及相关文学作品等直接相关文献为基础，在还原和重建其真实办学场景的基础上，总结和论述蕴含其内的办学特色、育人之道与学校精神。

一、国立东北中山中学的产生："我们学校可以说是一个特殊的学校"

1935 年，一位来访者在参观完国立东北中山中学后撰文向社会呼吁，"中山中学，和它的学生一样，需要鼓励，恳切地需要鼓励。同时，社会也有认识它的必要"。因为在他看来，国立东北中山中学虽然创办不久，但"它始终是中国前所未有的一个特殊教育机关"②。纵观中国教育发展历史，仅就创校性质论，国立东北中山中学的产生的确前无古人，性质特殊且意义重大。

（一）国难学校："它是整个国难史中的一部分"

国立东北中山中学的特殊，在于其是一所应国难而生的学校。1937 年 3 月

---

① 郑秀娟．国立东北中山中学始末［J］．哈尔滨学院学报，2014，35（8）：134-137；刘毅．抗战时期东北中山中学考略［J］．地域文化研究，2021（1）：147-152，156.
② 锦园．一个国立中学素描：国立东北中山中学［J］．黑白半月刊，1935（1）：62-65.

26 日，国立东北中山中学迎来创校三周年。时任国立东北中山中学校长王宇章曾在是日纪念大会上对此有过阐述："我们学校可以说是一个特殊的学校。怎样成立的呢？自九一八事变，东北失掉，促成我们成立这一个国难学校。"① 1931年九一八事变爆发，东北四省相继沦陷，大量东北失学青少年被迫流亡关内。1931 年年底，即有万余名东北学生流亡平津一带。1934 年年初，流亡关内的东北学生竟然多达三四万人。② 如何救济并有效教养数量庞大的东北失学青少年，可谓促成国立东北中山中学创立最为直接的原因。正如时人所言："东北中山中学是中国唯一的国立中学。它的建立的历史并不很久，然而却是一段悲痛的故事，因为它是整个国难史中的一部分，原来这个学校是'九一八'事变后设立于北平的，因为那时成千万的东北青年都因事变而致失学，他们为了不接受亡国奴的教育，于是一批一批地逃亡到关内来求学。"③

　　国立东北中山中学在招生录取和学科设置方面同样体现出鲜明的国难性质。由于其专为救济东北失学青少年所设，因此对所招学生籍贯之限定极为苛刻。"中山中学由于与其他中学的任务不同，所以，在招生的原则上，也与其他中学有异，即只招收辽、吉、黑、热东北四省流亡学生，凡此以外，任何省、市的学生都不收的。"④ 1936 年考入中山中学初中一年级，日后成为著名作家的丁耶，曾在其自传体小说《少年的磨难》中，对于校方审查考生籍贯之苛刻有过描绘：

　　　　这所学校是专给东北流亡青年办的，校长是东北人，教员是东北人，工友也是东北人。入学口试时特别严格，这不是政审，而是籍贯的审查。因为有一些不是东北人也冒充东北流亡学生来考试，好混个官费。所以口试这一关由老校长亲自来把关，先听考生说话的口音是不是东北味，看你的后脑勺是不是扁平的，那是活的户口。甚至于考你两句日语，因为这是受奴化教育的特征，这三项审查我都是满分。⑤

　　国立东北中山中学办学广泛，培养各类人才，以为将来收复东北，重建家乡打下基础。有鉴于此，创校之初，校方就在普通中学之外，附设师范科和职

---

① 方龄贵，董毅之．本校成立三周年纪念日纪实［J］．国立东北中山中学校刊，1937（2）：1.

② 齐红深．流亡：抗战时期东北流亡学生口述［M］．郑州：大象出版社，2015：前言1.

③ 李肇瑞．板桥镇国立东北中山中学访问记［J］．现代青年，1937（4）：18.

④ 石增祥．一所特殊的中学：国立东北中山中学：为"中山"建校六十周年大庆而作［Z］//旅台校友会．国立东北中山中学创校六十周年纪念．台北：1994：221.

⑤ 丁耶．少年的磨难［M］．长春：北方妇女儿童出版社，1990：40.

业科。"有师范职业高初中各科，这因为是国难学校，方有这样特点，与一般普通中学不同，是为的培养东北各种人才。"① 学校成立三周年之际，校方还曾积极筹备未来每年招收高职土木科和电信科一班，目的仍在于将来重建东北："吾校尽系东北流亡子弟，对职业一途尤为切要，故附设职业一科，……为应今社会之需要，及有关复土之军事动员计，当确定每年招收高职土木科或电信科一班，……以资学生练习。"②

全面抗战爆发前夕，华北局势日趋紧张，国立东北中山中学被迫由北平迁至南京继续办学，这更是将其特有的国难学校性质凸显得淋漓尽致。"华北之情势日非，我校师生不能安然教读，于是南下读书之计划，遂因环境而促成矣。……本在江宁县板桥镇风林乡，购买基地二百亩，于二十五年春，开始勘测，设计建造，至是年九月间新校舍落成，即于十月初旬，呈准教育部而准备南迁矣。"③ 1936 年 11 月 20 日，除低年级八班仍驻留北平分校维持办学外，全校其余师生悉数迁至南京板桥镇新校址继续教学。

（二）国立中学："只有国家才能稳当地保障这样救亡图存的学校的存续"

1934 年，"流亡到关内的齐世英、周天放、高惜冰、臧启芳等东北籍国民党人士，多方奔走呼吁，由国民政府行政院一次拨给约 5 万元，在北京设立了第一所国立中学——中山中学"④。时隔多年以后，齐世英之女齐邦媛曾回忆父亲等人当年为何要竭尽全力争取东北中山中学应由国家直接办理："这是中国第一所国立中学，因为父亲说服教育部，在风雨飘摇的局势中，只有国家才能稳当地保障这样救亡图存的学校的存续。"⑤ 诚如齐邦媛所言，在那个动荡年代，确实唯有国家方能保障东北中山中学这样虽无办理先例，却富有深意的国难学校维系不坠。

国立东北中山中学创办之前，北平城内其实已经有专门教育机构毅然承担起救济与教养东北流亡青少年之重任，1932 年创办的知行中学就是典型代表。九一八事变后不久，知行中学即成立于北平城南彰仪门内的报国寺。创校初期，由于缺少国家扶持，知行中学办学之艰难，超出后世想象。中山中学校友，著

---

① 方龄贵，董毅之. 本校成立三周年纪念日纪实［J］. 国立东北中山中学校刊，1937（2）：2.
② 韩春暄. 本校成立三周年经过纪实［J］. 国立东北中山中学校刊，1937（1）：5.
③ 韩春暄. 本校成立三周年经过纪实［J］. 国立东北中山中学校刊，1937（1）：6.
④ 齐红深. 流亡：抗战时期东北流亡学生口述［M］. 郑州：大象出版社，2015：前言 3.
⑤ 齐邦媛. 巨流河［M］. 北京：生活·读书·新知三联书店，2011：36.

名作家赵淑敏曾在小说《松花江的浪》中，借就读于知行中学的主人公金生的耳闻目睹，为后世刻画了知行中学异常窘困的办学条件：

> 知行中学很穷，校中的生活很苦，但苦到什么程度并不知道。从表面上看，是座古老的大庙，相传南宋的文天祥曾经被囚于此。……看得出来，除了盖了个办公室，其他都是庙堂改的。……在育英、贝满、汇文那些贵族学校看来，知行也就跟乞丐学校差不多，……后来金生才知道，知行中学创校的初期，所谓一切"官费"，并非出自"公家"，而是靠热心的东北乡贤的奔走募化跟捐助。①

赵淑敏的文学刻画并非杜撰。大连少女李锐初中毕业后，因不堪忍受日本奴化教育，携带弟妹涉险流亡北平，顺利考取知行中学首批高中生。时隔多年以后，她依然对当年知行中学简陋至极的伙食水平印象深刻：

> 简易食堂是公费，伙食简单。中午吃干饭，同学饭称它是三米饭，因为米中有大米、高粱米、小米，沙石很多。但流亡学生有饭吃，也就十分满足了。早晚是稀粥、馒头、大咸菜。咸菜是用硝盐腌的，很多同学吃了咸菜舌头上长舌疮，痛得嘶嘶地叫！②

国立东北中山中学成立后，知行中学被合并其中，史称中山中学南校。作为当时唯一一所直辖于教育部的中学，其基本生存得以保障和维系，流亡学生入学就读机会大幅增加，办学条件得以改善："考进来的学生除了那少许的讲义费实验费以外，食宿是不花钱的，这样便给了逃亡的孩子一个求学机会"③。

国家主持办理、学生公费就读，国立东北中山中学所具有的这些特质，使其成为当时众多东北流亡学生向往的圣地，其办学声誉与影响力亦与日俱增，能够考入者莫不欢欣鼓舞。丁耶曾在自传体小说《少年的磨难》中借主人公黄东凡之口，对1936年自己被中山中学录取后的激动心情有过描写，颇能代表当时东北流亡学生的集体心声："暑期以后，父亲亲自把我送到北平去投考东北中山中学，我考得满头大汗。发榜时名列前茅。我高兴，父亲更高兴。因为我可以在学校住宿。吃、穿、住都是国家供给。"④

---

①　赵淑敏. 松花江的浪 ［M］. 哈尔滨：北方文艺出版社，1987：171.

②　李锐. 忆中山北平南校 ［Z］// 国立东北中山中学校友会. 桃李报春晖：国立东北中山中学花甲纪念文集（1934—1994）. 自贡：新华印刷厂，1993：453.

③　李肇瑞. 板桥镇国立东北中山中学访问记 ［J］. 现代青年，1937（4）：18.

④　丁耶. 少年的磨难 ［M］. 长春：北方妇女儿童出版社，1990：40.

二、实行教育家治校，极重师资水平，学校教风优良："学校理想架构，标准极高"

国立东北中山中学设立的初衷虽在于救济，但这并不意味着它借此漠视育人质量。相反，它从创校之初就为自身设定了直到今天看来依然标准甚高的办学理想，突出表现为其实行教育家治校，极为重视师资水平。

抗战时期曾经担任国立东北中山中学训育主任的康国瑞，日后曾对学校草创即聘请大学校长治理学校赞不绝口："学校理想架构，标准极高，首任校长聘请留学德国，曾任吉林大学校长，教育界名人李锡恩充任，李先生以吉林大学校长之尊，不计名利，一厢情愿，由大学校长降为中学校长，作育东北青年学生，实属难能可贵。"而对于中层管理者的选聘，在康国瑞看来，中山中学也是煞费苦心："至教务、训育、事务三位首任主任，均系一时屈就，不计名位。教务组主任由吉林大学教授傅仲霖担任，为人谦恭和蔼，具有学人风范。训育主任由中央军校教官王先青担任，施行军事管理，颇著美名。事务组主任由东北行政界及教育界素具声名黄剑秋充任，黄先生为东北政坛名人，轻财尚义，屈己待人，见义勇为，一切为公，令人敬佩。"①

治校者深谙育人规律自然首重聘请善于教书育人之良师。立校之初，国立东北中山中学聘任师资的条件即起点甚高。据中山校友日后回忆："学校的好坏取决于师资，中山创校之初，李校长订了个聘请老师的标准。以北京大学毕业为首选，其他大学毕业则必须是考第一名的绩优生。所以中山中学的老师都是第一流的人才，素质极高。"严选的同时是重用。为了使教师能够心无旁骛地投入中山中学教书育人工作，国立东北中山中学教师待遇可谓优渥。李锡恩校长在对北平各公私立大中学校教师月薪进行广泛调研的基础上，"决定中山老师待遇以北大清华教授月薪三百元之半数为准则，即每月一百五十元"②。

国立东北中山中学学历整齐和学识优异的教师队伍，也给当年受教于此的学子们留下了至深印象。据齐邦媛回忆，其兄长原本就读于北平崇德中学，但因钦羡于中山中学高质量师资，毅然决定转学投考，最终被中山中学高中一年级录取。③ 与齐世英之子有着相同感受的还有李梅林。九一八事变后，年仅9岁的李梅林跟随家人从沈阳流亡至北平，就读于知行小学。1936年秋，小学毕业

① 康国瑞．一段回忆［Z］//旅台校友会．国立东北中山中学创校六十周年纪念．1994：25.

② 傅光野．校园掌故［Z］//旅台校友会．国立东北中山中学创校六十五周年特刊．1999：491.

③ 齐邦媛．巨流河［M］．北京：生活·读书·新知三联书店，2011：36.

的他同时报考了国立东北中山中学、东北中学和北平市立第三中学，均被录取。时隔多年以后，已是东北工学院教授的他，回忆自己当年毅然选择就读国立东北中山中学的原因时坦言："中山中学的师资力量很强，绝大部分的教师是清华、北大、东大、师大和燕京等全国名牌大学毕业的高才生。"① 1936 年至 1942 年，在国立东北中山中学完整接受六年初高中教育的他顺利考取交通大学航空系。50 多年后，当李梅林回味在中山中学受教经历时，仍然对教师们教书育人工作评价极高："教师对学生的学习和成长非常认真负责，并且严格要求……中山中学教师们的教学质量普遍很高……我的这些中学老师，对我教益匪浅。时隔五十多年，我仍记忆犹新，可见当时教学水平之高。中山中学为我们这些青年学生打下了牢固而坚实的理论和实验基础。这就是为什么中山中学出来的学生都是些出类拔萃的人才的原因。"②

实行教育家治校，严格锻造水平过硬的教师队伍，使得办学历史短暂的国立东北中山中学，却能够在较短时间内形成注重教书育人和严谨敬业认真的教风，以至于连来访者都能强烈感知其存在。1935 年，一位来访者如实记录下自己目睹中山中学教师群体严谨负责和认真忘我的敬业精神："还有一件事，足能代表中山中学的便是他的教员的卖力气。中山中学一共有八十几位教员，其中三分之二是新从大学堂里出来没有几年的青年，而其余的三分之一是更其老练。这些位同事干起来，真像生龙活虎一般：白天上课，晚上监自习，考试自己印题纸，选教材自己写讲义。总而言之，他们已决心了，一个人做三个人的事。"③

三、高标准、严要求的质量意识贯穿育人全过程

国立东北中山中学重视办学质量，还突出表现为高标准、严要求的质量意识贯穿从招生录取、学业考查到升留级和毕业等育人全过程。

国立东北中山中学重视学生素质，严格控制招生录取比例，竞争激烈的招生考试给众多中山学子留下了深刻印象。丁耶当年从东北沦陷区流亡天津投奔父亲，父亲将其送至当地一所办学声誉很好的教会小学就读，目的就是希望能够为其日后考上国立东北中山中学打好基础："父亲肯花大钱把我送到这所小学，主要希望我能在毕业以后考取北平的一所官费中学，那所学校专收东北人，

---

① 齐红深．流亡：抗战时期东北流亡学生口述［M］．郑州：大象出版社，2015：前言 1.
② 齐红深．流亡：抗战时期东北流亡学生口述［M］．郑州：大象出版社，2015：69-75.
③ 锦园．一个国立中学素描：国立东北中山中学［J］．黑白半月刊，1935（1）：64-65.

但是，不容易考取，听说一百个人只能录取十来名。"① 多年以后，已经身为著名作家的丁耶言及当年自己得知被录取时的场景依然难以抑制心中的自豪与激动之情："我被顺利地通过，我跳着脚跑出考场，去向在外边等待的比我还要担心的老父亲报喜。他也激动得流了泪，把眼镜摘下擦着。我马上就是一名中学生，一名国立中学的学生了，胸前别上白山黑水的三角校徽，有多神气！"②

与丁耶有着相同经历的还有李兴唐和王成福。九一八事变爆发时，李兴唐就读于辽宁省立二中。1933 年，初中毕业的他流亡天津投靠亲友，无意中得知国立东北中山中学新近成立于北平。前往投考的他顺利被录取为首届高中一年级学生。时隔多年，曾经担任台湾地区"中央警官学校"校长的李兴唐，依然对自己亲历过的招生考试记忆犹新："母校很重视学生素质，民国廿三年首届招考时，报考者三千多人，仅录取三百多人。"③ 九一八事变后，原本在奉天省立第二工科学校矿冶预科就读的王成福，不甘心接受奴化教育，于 1934 年 6 月流亡北平。是年 8 月顺利考入国立东北中山中学。1938 年 5 月高中毕业后考入国立东北大学工学院。多年以后，王成福依然为自己能够从竞争激烈的中山中学招生考试中脱颖而出感到无比庆幸："我报考后有幸被录取，考上的人是极少数，十里挑一吧！"④

校方专门制定《国立东北中山中学学则》（以下简称《学则》），对中山学子的学业考查、升留级以及毕业逐一进行详细规定，旨在从办学过程各个环节来严格把控育人质量。

国立东北中山中学办学重视适时掌握学生平日学习质量。《学则》规定，各科学期成绩由各科平时成绩与学期考试成绩构成，平时成绩占五分之三，学期考试成绩占五分之二；各科平时成绩则由日常考查成绩与临时测验成绩构成，日常考查成绩占三分之二，临时测验成绩占三分之一。⑤ 对于临时测验，《学则》规定，各科教员随时于教学时间内举行，每学期每科至少举行两次，且不得预先通知学生。⑥

《学则》对于学生升留级和毕业进行严格规定。每学期成绩不及格在三门以

---

① 丁耶. 少年的磨难 [M]. 长春：北方妇女儿童出版社，1990：35.
② 丁耶. 少年的磨难 [M]. 长春：北方妇女儿童出版社，1990：40.
③ 李兴唐. 忆入母校前后 [Z] // 旅台校友会. 国立东北中山中学创校六十周年纪念. 1994：31.
④ 齐红深. 流亡：抗战时期东北流亡学生口述 [M]. 郑州：大象出版社，2015：3，89.
⑤ 佚名. 本校学则节录 [J]. 国立东北中山中学校刊，1937（6）：21.
⑥ 佚名. 本校学则节录 [J]. 国立东北中山中学校刊，1937（5）：17.

上者，或国文、英语、算学、劳作四科中任何两科不及格者，均令留级一学期，且最多连续留级两次。如无相当学级，勒令退学。① 初中和高中毕业考试成绩不及格在三科以上，或初中国文、英语、算学、劳作四科中任何两科不及格者，高中国文、英语、算学、物理和化学五科中任何两科不及格者，均令留级一学年，且留级以两次为限。如仍不能毕业，勒令退学。②

四、生活艰苦依然苦学不辍，形成优良校风："中山师生物质生活上苦得不得了，精神面貌上饱得了不得"

家乡沦陷，离别亲人，只身流亡，求学不易，种种因素掺合在一起，最终造就形成国立东北中山中学殊为独特的校园景观：虽处艰苦困厄之环境，中山学子普遍能够艰苦奋斗，自强不息，苦学不辍。

丁耶曾在自传体小说《少年的磨难》中借主人公"我"之口，略带调侃地为后世描绘过当年中山中学简陋单调的学习和生活环境：

> 学校校址是借用一座寺院，教室是佛堂，寝室可能都是从前寺僧所住的宿舍。我们这些丢掉家乡的东北男同学都剃光了头，又住在寺院里，真像一群小和尚，每天钟声一响，我们都聚集经堂里听老师"讲经说法"。……每天虽不是晨昏三叩首，早晚一炉香，但钱少伙食办得差劲，天天素食，终年不见荤腥，比吃斋和尚也差不了多少。③

千万不要以为当年的丁耶是一个耽于物质享受和意志消沉之人，虽然生活条件不尽如人意，但正如他自己所言，"但不管怎么说，是有书念了。每当那上课钟一响，杂念全消，专心听老师讲课了"④。一方面是贫瘠的物质生活，另一方面是精神上的富足自适，丁耶身上所呈现出的这种看似矛盾的个体感受，其实恰是当时众多中山学子的真实写照。

中山学子们苦学不辍，蔚然成风，在创校之初已经略现端倪。1934 年，15 岁的阎春生成为中山中学首届初中一年级学生。1937 年夏，刚满 18 岁的他毅然告别母校走上抗日战场。时隔多年，已是耄耋老人的他依然对当年弥漫校园的苦学风气感佩不已："中山中学的学习空气浓厚，同学们不但完成本科作业，并能广泛阅读课外读物。星期天和假日，长时间逛大街的现象很少，一般都能利

---

① 佚名．本校学则节录［J］．国立东北中山中学校刊，1937（6）：21.
② 佚名．本校学则节录［J］．国立东北中山中学校刊，1937（7）：21.
③ 丁耶．少年的磨难［M］．长春：北方妇女儿童出版社，1990：41.
④ 丁耶．少年的磨难［M］．长春：北方妇女儿童出版社，1990：41.

用课外时间做作业和阅读课外读物。"①

国立东北中山中学学子生活艰苦却依然发愤图强的好学精神，也感染了来访者。1935 年，一位来访者记录下了自己在校园内所亲历的场景：

> 有一次，我到他们的厨房，工友们正在做晚饭。……一个工友，就案上拿起一把长锹来，放下锅里没命地搅，我惊讶地看去，原来是米已下锅了，就着水势荡起的，是红黄两色。这，我立时明白了，黄的是小米而红的便是那最难下咽的高粱。"你们顿顿饭都是如此吗？"我向领导的一个学生问。"不然，也有时吃伏的面馒头！"他答。"这样吃，舒服吗？""很好，因为大家在一起，我们都吃得很香，而且在九一八纪念日那天，老师们也跟我们在一起吃高粱米饭和咸菜呢。"②

参观期间，这位来访者又在校园内看到了出乎人意料之外的另外一幕："中山中学的学生有的苦于熄灯时间太早，在九点以后，跑到过道或院中的电灯下读书。训育先生来了，他们假装小解。"③

1936 年 11 月，国立东北中山中学迁校至办学条件极不完善的南京板桥镇新校址。1937 年，一名来访者向后世刻画了自己所看到的学校之简陋："随着他们走进了学校，其实不应该说'走进'，因为这里并没有院墙，连大门也是正在建造着呢！这时我才晓得中山中学南迁后的新居，还是在距板桥镇东一里许的风林乡南的旷野里！……来到这地方算是另起炉灶，什么也没有，除了几所新房子，每天早晨到那边死水坑边去洗脸，……现在每天是喝稀粥，吃由镇上买来的烧饼咸菜，因为厨房还没有造好呢！"④

1937 年 11 月撤离南京前夕，随着日寇飞机频繁轰炸，中山中学师生也开启了上课与跑警报交替进行的日常生活方式。赵淑敏在小说《松花江的浪》中对此有过描绘："而日本飞机的空袭次数，渐渐加密，使得中山中学上下，以为苦苦经营的板桥镇校区，是回老家以前的最后寄寓，这一希望又落了空。……中山中学的学生仍旧经常演习应变，仍旧跑警报，仍旧抢时间上课，学生也仍旧得尽可能规规矩矩依常律作息。"⑤

---

① 阎春生 . 板桥镇告别母校 [Z] // 桃李荫长：国立东北中山中学校友抒怀之一 . 国立东北中山中学沈阳校友会，北京校友联谊会，1988：33.
② 锦园 . 一个国立中学素描：国立东北中山中学 [J]. 黑白半月刊，1935（1）：64.
③ 锦园 . 一个国立中学素描：国立东北中山中学 [J]. 黑白半月刊，1935（1）：63.
④ 李肇瑞 . 板桥镇国立东北中山中学访问记 [J]. 现代青年，1937（4）：19-20.
⑤ 赵淑敏 . 松花江的浪 [M]. 哈尔滨：北方文艺出版社，1987：218-219.

1934 年，邓兰儒考入国立东北中山中学初中一年级。三年后他随校迁往南京板桥镇。作为新中国最早的一批电力专业技术高级人才，邓兰儒曾在回忆中提及，"当时学校流传这样两句话：'中山师生物质生活上苦得不得了，精神面貌上饱得了不得！'"① 诚哉斯言！正是在上述中山学子们看似不合常情常理的生活方式中，国立东北中山中学独特的学校精神悄然形成，蔚然成风。国立东北中山中学创校三周年纪念，在教师贾丽南看来，学校办学三年来，最为"难能可贵"，最值得中山师生"勉励予以保持"的办学成就，正是学校特有的校风："一个学校最难得的是造成一'良好的风气'，而一个学校最重要的也是造成一'良好的风气'……然而本校从成立到现在，全体学生都能潜心学业，沉着奋发，刻苦努力，较之其他学校只有过之而无不及。这种潜心学业的风气，很难能而可贵，是应当勉励予以保持的。"②

五、扎实推进培养学生德智体全面发展

国立东北中山中学重视办学质量，也突出表现为办学者能够扎实推进培养学生德智体全面发展。1936 年至 1942 年，完整经历中山中学六年教育的李梅林，高度评价学校重视培养学生德智体全面发展的育人理念："中山中学对学生的培养不仅在智育方面，而且是德智体全面发展的教育。"③

"升旗台前有一个原来农人使用的蓄水池，美化起来，而在迎门的斜坡上，用红砖砌了'楚虽三户，亡秦必楚'，提示学生，这所学校跟一般学校不同。"④ 赵淑敏在小说《松花江的浪》中如此描绘国立东北中山中学南京办学时期的校园景观。据中山校友回忆："在板桥镇校园中央，池塘之上，由崔垂言教务主任题写的'楚虽三户，亡秦必楚'八个字大标语，就凝聚着全校教职员工和同学们收复东北失地的精神。"⑤

撤离南京之后，中山中学师生又一次踏上漫漫西迁流亡之路。驻留湖南湘乡永丰镇璜璧堂办学期间，由国文教员郝泠若作词、美术教员马白水谱曲的《国立东北中山中学校歌》完成，歌词中仍然有这句"唯楚有士，虽三户兮，秦

---

① 邓兰儒. 中山校风 [Z]//国立东北中山中学校友会. 桃李报春晖：国立东北中山中学花甲纪念文集（1934—1994）. 自页：新华印刷厂，1993：532.
② 贾丽南. 本校成立三周年纪念漫谈 [J]. 国立东北中山中学校刊，1937（1）：4.
③ 李梅林. 与王天民姨丈在一起的年月里 [Z]//旅台校友会. 国立东北中山中学创校六十周年纪念. 1994：155.
④ 赵淑敏. 松花江的浪 [M]. 哈尔滨：北方文艺出版社，1987：206.
⑤ 阎春生. 板桥镇告别母校 [Z]//桃李荫长：国立东北中山中学校友抒怀之一. 国立东北中山中学沈阳校友会，北京校友联谊会，1988：34.

以亡"。多年以后，中山校友杨钟謇在逐句释读校歌歌词时指出，郝泠若之所以将这句出自《史记·项羽本纪》的典故融为歌词，其用意就在于告诫中山学子，古有"楚虽三户，亡秦必楚"，战时有"华虽三户，亡日必华"，全面抗战的最终胜利，必将属于中华民族。①

"楚虽三户，亡秦必楚"。无论是校园标语，还是校歌歌词，相异的表现形式背后，却蕴含着相同的强烈而浓郁的爱国精神和民族情怀。因国难而相聚，为收复家园而勤教苦学的中山师生们，对此的理解和领会无疑更为深刻和透彻。

国立东北中山中学从创校就高度重视对学生进行爱国教育，希望借此培植他们的家国情怀和民族精神，办学者总是不失时机地利用各种场合向学子们施加积极影响。

由于办学性质特殊，国立东北中山中学注重对学生进行军事教育训练。北平办学时期，每周六下午中山东校高中部和西校初中部都会举行联合会操。时隔60年以后，邓兰儒依然对训育主任王宇章坚持在联合会操完毕后例行的精神讲话历历在目，言犹在耳：

> 每次会操完了，他都要进行"精神讲话"，他名之曰："王主任的杂碎"。他从不用讲稿，好像随便聊天，但是思想教育性极强，每次听他的讲话皆有很大收获。他讲话的内容，大致可分为两类：一类是我国历史上抵御外来侵略捍卫国家民族的英雄事迹。……一类是讲修身、敦品、求知笃行关于个人修养的话。……王主任的讲话既有古训又有生活实例，他态度诚恳，讲得深刻，那些生动场面，虽已相隔六十年，却仍然历历在目，那些谆谆教诲，真是金玉良言，使我们终身受益。②

九一八事变，对于只身流亡关内的中山学子们无疑具有特殊意义。每逢九一八周年纪念，校方都会充分利用全校纪念大会的契机，精心设计富含教育意义的纪念活动，让全体学子在参与纪念活动的过程中受到潜移默化的爱国教育。赵淑敏在小说《松花江的浪》中，曾用文字为后世生动再现过国立东北中山中学特有的九一八周年纪念活动场景：

> 入学不久，恰逢民国二十九年的"九一八"国耻纪念日，升旗典礼和纪念大会合并举行。仪式已过，六位高中同学抬了个大木桶入场，放在升

---

① 杨钟謇. 国立东北中山中学校歌歌词浅释［Z］//旅台校友会. 国立东北中山中学创校六十五周年特刊. 1999：104.

② 邓兰儒. 师恩难忘：回忆王宇章校长［Z］//旅台校友会. 国立东北中山中学创校六十周年纪念. 1994：160.

旗台前。只见校长率先走上前去，舀了一勺喝了下去；接着在场的师长一一照做；之后，从最高班的同学起，鱼贯前去，舀起一勺，喝了自己的一份。金生依例而行，在木桶里，舀起一勺汤喝下去。天啊！天啊！天底可有这么苦的东西？苦得人要跳，苦得憋出眼泪和鼻涕，苦得从口到心都麻了，苦得让人要发狂。事后才知道，那是黄连和猪苦胆煮成的汤汁。自校长起，到十一二岁的新生止，每人两眼红红的，嘴角黄黄的，然后音乐老师跳上升旗台，架起一块木板，钉上一张用毛笔写好的歌谱，是老师新谱成的。教大家唱！……马老师的曲调，很容易上口，带两遍，大家都会了。可是唱着，唱着，台上台下呜咽成一片。有些同学更望天噭（号）啕，像要呕出心肝来。①

　　校方还会煞费苦心地将爱国教育融入学生的日常生活中，旨在时刻提醒中山学子求学勿忘爱国。1934 年考入中山中学高中部的王成福，就对当年校方利用校钟敲打次数来警醒学生勿忘国耻印象深刻："校钟挂在校园西南角的一棵老松树上。分校校长高星桥先生提议，起床钟共敲 45 下，分三节，每节 15 下，意思是：'警钟响了，时候到了，我们应该起床了。'提醒我们勤奋向上，勿忘国耻。"②

　　即使迁校南京，校方仍不忘通过积极营造校园文化氛围潜移默化地培植学生的爱国精神。"王主任和黄主任为了使学生不忘被日寇侵占了的故乡，他们把新校舍的每栋房屋，都以故乡的名字命名。"③ 校门两侧的警卫室被取名"旅顺""大连"，六栋教室被分别命名为"黑龙江""松花江""鸭绿江""长白山""摩天岭""兴安岭"，大礼堂被命名为表彰尚武精神的"彰武"，女生宿舍被命名为寓意效仿巾帼英雄花木兰的"木兰""方正"，男生宿舍被命名为有克敌制胜、光复神州之意的"克山""北镇""复州"，校内池塘被命名为"兴凯湖"。文中提及的王主任，正是前文已述中山中学北平办学时期善于利用军训会操后的精神讲话对学生进行思想教育的训育主任王宇章。迁校南京后不久，王宇章接替李锡恩出任中山中学第二任校长，直至 1939 年离任。

　　国立东北中山中学极为重视体育育人，积极鼓励学生参与体育锻炼，明确将体育成绩纳入学业考查范围。《国立东北中山中学学则》规定，学生体育成绩

---

①　赵淑敏 . 松花江的浪 [M] . 哈尔滨：北方文艺出版社，1987：171-172.

②　齐红深 . 流亡：抗战时期东北流亡学生口述 [M] . 郑州：大象出版社，2015：88-89.

③　邓兰儒 . 师恩难忘：回忆王宇章校长 [Z] // 旅台校友会 . 国立东北中山中学创校六十周年纪念 . 1994：160.

不及格者，不得进级或毕业。① 1934 年考入中山中学初中一年级的阎春生，日后认为"中山中学的体育教育是值得一提的"："学校平素就号召要'智德体'兼优，以健康之精神寓于健康之身体相鼓励。所以，同学们普遍注意身体锻炼。学校规定早操必须坚持，体育老师上课要专门教体操，严格要求体操姿势正确。考试时要考体操。"②

在校方的大力倡导下，喜爱运动在中山校园蔚然成风。"喜爱运动，是中山中学同学好风气之一。学校的运动场不大，球场不多。但是，同学们各班都组织一些球队，使用球场要登记排队。早晚练跑的很多，早晨或两堂课之间，总有一批人在练双杠和单杠，也要排队，一个人练一段。"卢沟桥事变后，阎春生毅然离校奔赴抗日战场。时隔多年，当他追忆自己当年在抗日战场上冲锋陷阵的场景时，依然对中山中学的体育教育心怀感激："后来在游击战场上考验，无论是行军打仗，冲锋陷阵，当需要高强度的速度与耐力时，登梯爬高需要高强度的臂力与胆量时，才觉得青少年时所受的体育锻炼有用啊！"③

六、学校家庭化办学特色鲜明："校以作家，桃李荫长"

国立东北中山中学南京办学期间，校方曾在中山大礼堂舞台左右两侧各悬挂四个大字，分别是"以身许国""校以作家"④。顾名思义，"以身许国"指的是希望中山学子们勿忘国耻，努力求学，精忠报国。"校以作家"则看似平淡无奇，意指希望中山学子将学校视作家庭。

如果仅从字面意义看，"校以作家"确无太多深刻内涵。但是，纵观国立东北中山中学办学历史，不难发现，中山中学办学者之所以将其作为标语悬挂于校内最为引人注目处，用意一目了然：它们不仅是被视为激励中山学子自强不息的口号，更是其办学特色和学校精神的体现和凝练。若不如此，国文教员郝泠若在创作校歌时，决不会将"校以作家"写进日后供众多中山师生口耳传唱，本来就字字珠玑，不容半句赘语的校歌；若不如此，悬挂于南京校园内的这两句标语，不会时隔多年以后，仍然萦绕在众多已经成为耄耋老人的中山校友的

① 佚名.本校学则节录［J］.国立东北中山中学校刊，1937（6）：21.
② 阎春生.板桥镇告别母校［Z］//桃李荫长：国立东北中山中学校友抒怀之一.国立东北中山中学沈阳校友会，北京校友联谊会，1988：34.
③ 阎春生.板桥镇告别母校［Z］//桃李荫长：国立东北中山中学校友抒怀之一.国立东北中山中学沈阳校友会，北京校友联谊会，1988：34-35.
④ 傅光野.校园掌故［Z］//旅台校友会.国立东北中山中学创校六十五周年特刊.1999：497.

脑海中。全面抗战前就读于中山中学高中部，1942 年毕业于国立中央大学外文系，日后成为台湾著名女作家的潘佛彬对于自己曾经就读中山中学的评价，可以视作对中山中学"校以作家"最为精辟的概括："这所学校一进去，学校、老师、学生，甚至校工，互相之间就产生了一种归属感。拿一个时髦的词儿来形容，中山中学就是一个'生命共同体'，一旦归属，就生根了。"①

"校以作家"之所以能够成为国立东北中山中学的办学特色，与其独具的学校性质密不可分。国立东北中山中学创校三周年纪念，中山教师贾丽南在撰文回顾中山办学历史时专门提醒社会，"这一个学校可以说是东北留下的一点'命根'，国人之了解此校情形者亦必以此视之"②。九一八事变后，东北四省相继沦陷，大批不愿接受奴化教育的东北青少年不得不离开生于斯长于斯的故土，孤身流亡关内。正如东北流亡学生自己所言："我们是一群没有家的逃亡的孩子么，我们是一群国家的孤儿女啊！"③ 在这种情况下，旨在救济与教养流亡学生的国立东北中山中学的创办，不啻为众多流亡学生提供了重获新生的希望与曙光：告别飘零流亡，享受公费食宿，接受高水平教育。因此，国立东北中山中学对学习和生活其中的学子们而言，用齐邦媛的话来说好比"流亡的大家庭"④，用赵淑敏的话来说，"师生校以作家，师长亦如家长，学生亦似子女，同学之间'都如兄弟姐妹'"⑤。就此种意义而言，"校以作家"成为中山学子集体认同的办学特色和学校精神实属历史必然。

1935 年夏，吉林青年方龄贵考入国立东北中山中学高中一年级，1938 年 7 月毕业考入国立西南联合大学历史系。时隔多年，已经身为著名蒙元史家和文献学家的方龄贵，在追忆当年中山中学的学习和生活时，最令他难忘的仍然是中山中学的"校以作家"："那时我只身入关，举目无亲，三年里，东北中山中学就是我的家，老师同学就是我的亲人，是我永远不能忘怀的。"⑥

1934 年，沈阳青年吴天威考入国立东北中山中学初中二年级，1939 年 5 月离开中山中学。时隔多年，已是美国南伊利诺伊大学历史系教授，著名日本侵

① 潘佛彬. 点滴在心头 [Z]//旅台校友会. 国立东北中山中学创校六十周年纪念. 1994：196.
② 贾丽南. 本校成立三周年纪念漫谈 [J]. 国立东北中山中学校刊, 1937 (1)：4.
③ 李肇瑞. 板桥镇国立东北中山中学访问记 [J]. 现代青年, 1937 (4)：19.
④ 齐邦媛. 巨流河 [M]. 北京：生活·读书·新知三联书店, 2011：36.
⑤ 赵淑敏. 纯纯的爱：《松花江的浪》一书中山学生的爱情 [Z]//旅台校友会. 国立东北中山中学创校六十周年纪念. 1994：109.
⑥ 方龄贵. 我的三位国文老师 [Z]//国立东北中山中学校友会. 桃李报春晖：国立东北中山中学花甲纪念文集（1934—1994）. 自贡：新华印刷厂, 1993：326.

华史研究专家的吴天威，在回顾自己曾经的中山经历时，倍感怀念的依然是中山中学的"校以作家"："因为我是在中山中学吃官饭长大的，当时背井离乡，受到的家庭教育有限，于是学校的教育也就是我的家庭教育。中山中学最可贵的就是'校以作家'。"①

1936年至1942年在中山中学完整接受初高中教育的李梅林，时隔多年，仍然能够绘声绘色地描绘中山中学"校以作家"的办学特色："那时的校风很好。师生间的关系亲密无间，同学之间呢，高年级的老大哥照顾低年级的小弟弟，同班里年长的帮助年幼的，就像是一个和睦温暖的大家庭，真正做到'校以作家'。"②

1934年，辽宁青年王成福考入国立东北中山中学高中部。在校期间，其与同班同学赵金铎之间所发生的感人故事，正是对中山中学同学之间亲如兄弟般真挚感情的生动诠释。"学校风气极好，大家和睦相处，互相帮助。我邻床有个同学名叫赵金铎，他眼睛有病，肚子不好，屎尿都拉到床上，我和靳士光两人带他去看病、帮他洗被褥两个多月，我们的友谊是坚固的、纯真的。"③

全面抗战爆发后，留在北平中山分校的丁耶刚刚读完初中一年级。有家难回的他决意只身向大后方流亡。他先到天津，再至青岛，又搭乘火车前往徐州，进而从徐州乘火车沿陇海路到郑州再转武汉。抵达武汉后，丁耶又孤身一人乘船前往重庆，再从重庆乘船到内江，辗转抵达国立东北中山中学办学所在地——四川威远静宁寺。多年以后，身为著名作家的丁耶，用生动的文字描绘了自己迈进静宁寺就感受到的久违的中山中学师生之间不是家人，胜似家人的温暖：

> 第一眼就看见露着白头发碴（茬）的校长"老保定"，正在大殿前的天井里独自散步。他一步一瘸，这是"九一八"事变后和鬼子作战留下的光荣纪念。我见到他，行了个鞠躬礼，并且说出自己的名字。他歪着脖子，威严地笑了笑说："怎来晚了？"我简单地说了我的逃难、沉船的经过，他看看我这身的衣服之后，领我走进他的卧室，把一套旧衣裤取出来说："你穿上吧，大了一点，把裤脚挽一挽。"临走时还把一床旧俄国毯子抱给我。我不要，他把脸一板："那你晚上铺什么？"这哪是校长？他是家长，不，

① 吴天威. 使我终身受益的中山老师 [Z] // 旅台校友会. 国立东北中山中学创校六十周年纪念. 1994：100-101.
② 齐红深. 流亡：抗战时期东北流亡学生口述 [M]. 郑州：大象出版社，2015：70.
③ 齐红深. 流亡：抗战时期东北流亡学生口述 [M]. 郑州：大象出版社，2015：89.

他是父亲。我抱着衣服感动得说不出话。①

中山中学校歌日后为中山学子广为传唱，歌词中"校以作家，桃李荫长"一语，其实正是对国立东北中山中学自创校以来努力追求并最终形成的"校以作家"办学特色及其特殊育人功能的最佳诠释。正如校歌所吟唱的那样，众多中山学子在不是家庭却胜似家庭的国立东北中山中学，逐渐得以增长智识，锻炼体魄，修养人格，成熟心智，最终纷纷成人成才。

七、作育人才成效显著："'中山'已成了一个专门名词，只有它才是'我的'学校"

从北平创立，到撤离南京再次踏上西迁流亡之路，全面抗战前国立东北中山中学办学不过三年有余。仅就其历史而言，国立东北中山中学固不足论。但就其之于中山学子人格养成、体魄发展和知识积累所具有的影响而言，国立东北中山中学办学所形成的显著的育人成效，无疑值得后世大书特书。对众多或长或短受教于中山中学的学子而言，中山中学的受教经历，无疑成为影响他们生命进程和事业发展不可或缺的宝贵资源。正如中山中学校友、台湾著名女作家潘佛彬所言："从小到大读了好几所学校，小学、中学、大学的生活也都称得上是多彩多姿。但是一提起'母校'这两个字，对我而言，指的就是只读了三年高中的'国立东北中山中学'，别的学校好像都不算数似的。'中山'已成了一个专门名词，只有它才是'我的'学校。"②

首先，国立东北中山中学办学重视培养学生的爱国精神和民族意识，且育人成效显著。

中山学子普遍具有强烈的爱国精神和鲜明的民族意识，既反映为其在校行为，更表现为其日后的人生和事业抉择。中山学子所表现出的强烈爱国意识，集中体现为投笔从戎者数量不菲。据 1934 年考入中山中学的凌光武回忆，是年暑假，"同学们兴起了从军热潮，纷纷考入各军事学校。以中央陆军军官学校第十一期为最多，他们正值'七七'抗战前夕毕业，都直接派赴上海、南京各战场与日寇激战"。1935 年 4 月，包括凌光武在内的中山中学高四、高五、高六、高七各班男生前往黄寺参加全国高中学生集中军训。军训期间，由于受日寇提出前往黄寺附近进行实弹演习这一不合理要求刺激，该年又有一批中山学子踊

---

① 丁耶. 少年的磨难 [M]. 长春：北方妇女儿童出版社，1990：74.
② 潘佛彬. 点滴在心头 [Z] // 旅台校友会. 国立东北中山中学创校六十周年纪念. 1994：196.

跃报考各军事学校。①

　　全面抗战爆发前，中山学子投身抗日战场更为积极踊跃。七七事变爆发前夕，谢钟琏就读于国立东北中山中学初中预备第四班二年级。据他回忆，七七事变"使预备第三班几乎全变成了游击队，……预备第四班到南京的也很少"。本想前往南京复学的谢钟琏，行至滁县时得知全校师生业已开赴大后方，他当即决定在滁县参加游击队抗日。② 据初 12 班李大中回忆，"1937 年投笔从戎的总计约六十多人。其中考入黄埔军校十四期二总队的二十多人，考入十五期一总队的四十多人"③。国立东北中山中学创校三周年纪念，校长王宇章在回顾办学历程时曾专门提及中山学子投笔从戎者居中山中学历届肄业和毕业生之首："本校学生，自开办以来，毕业或中途转入他校者，散布面极广，中央政治，中央军校，航校，国内各大学，而以中央军校为最多。"④

　　中山学子在校形成的爱国观念，也深刻影响到其日后的人生抉择和事业走向。1934 年至 1939 年就读于国立东北中山中学的吴天威可谓其中的典型代表。

　　吴天威，著名日本侵华史研究专家。1945 年毕业于金陵大学历史系，1952 年赴美留学获马里兰大学博士学位，后任南伊利诺伊大学历史系教授。他在美国加利福尼亚州发起建立海外第一个"日本侵华浩劫纪念馆"。⑤ 1989 年 6 月，在同为中山校友、《传记文学》创办人刘绍唐的倡导下，吴天威在台参与创建"日本侵华研究学会"。该学会"致力于揭穿日本侵华之罪行暴行，维护日本侵华历史之真相，杜绝日本政府数十年来之一意孤行篡改日本侵华历史"。1990 年，吴天威独力创办《日本侵华研究》季刊，以学术研究的方式继续推进日本侵华历史研究。而在他看来，"此一学术运动在某种程度上也继续了中山中学的传统精神"⑥。2005 年 3 月 20 日，吴天威因心脏病发作离世。曾经参与《日本侵华研究》季刊编辑出版工作的美国科罗拉多大学历史学博士胡华玲，专门撰

---

① 凌光武．六十五周年校庆"八十"话"十八"：念国立东北中山中学老同学 ［Z］//旅台校友会．国立东北中山中学创校六十五周年特刊．1999：162.

② 谢钟琏．三进三出中山中学 ［Z］//旅台校友会．国立东北中山中学创校六十五周年特刊．1999：210.

③ 李大中．走进黄埔军校的中山人 ［Z］//国立东北中山中学校友会．桃李报春晖：国立东北中山中学花甲纪念文集（1934—1994）．自贡：新华印刷厂，1993：124.

④ 方龄贵，董毅之．本校成立三周年纪念日纪实 ［J］．国立东北中山中学校刊，1937（2）：2.

⑤ 米鹤都．爱国史学家吴天威 ［J］．纵横，2008（10）：49-53.

⑥ 吴天威．使我终身受益的中山老师 ［Z］//旅台校友会．国立东北中山中学创校六十周年纪念．1994：103.

文回顾吴天威及其学术生平，尊称其为"一位深爱中华民族的历史学家"①。

其次，国立东北中山中学办学重视发挥办学环境和师长的影响与示范作用，且育人成就显著。

全面抗战爆发前，国立东北中山中学办学仅三年有余，日后却从中涌现出众多遍布各行各业的杰出人才。清华大学原校长刘达、中国国家测绘局原局长李曦沐、台湾地区"中央警官学校"原校长李兴唐、诗人郭小川、作家丁耶、台湾女作家潘佛彬、蒙元史家方龄贵、日本侵华史研究专家吴天威、《传记文学》创办人刘绍唐、新中国最早的一批电力专业技术高级人才邓兰儒等，皆曾在中山中学开启了自己的中学时代，或在此接受完整初高中教育，或在此肄业数载。回溯以上中山杰出校友各自的人生轨迹，在其专业和事业成就的背后，都不难发现国立东北中山中学办学环境潜移默化的影响以及中山师长们独特的示范作用。

1934 年，赵普琳成为国立东北中山中学初中二年级学生。他曾在日后的回忆中描绘过同班一位名叫郭恩大的同学："四方脸，黄白面皮，光亮的大眼睛，宽阔的嘴唇，显得很憨厚。因他曾在蒙藏学校上过学，我们就给他起个外号叫'老蒙古'；常和他开玩笑，逗急了，他气得甚至流下眼泪。他也喜欢看文学书，写作文，一口气写好几页。"全面抗战爆发后，喜好文学阅读与创作的郭恩大前往延安投身革命，改名郭小川，成为日后闻名全国的诗人。②

以郭小川为代表的喜好文学的中山学子，能够在国立东北中山中学充分发挥个人兴趣爱好，与校内藏书量丰富的图书馆关系密切。据赵普琳回忆，中山中学虽属初创，但其图书馆建设却很完善，包括他和郭小川在内的诸多中山学子往往沉溺其中，流连忘返，颇受影响：

> 中山中学虽属新办，但图书馆藏书却很丰富，现在的中学校也难与之相比。开办时的图书馆负责人颇具慧眼，收集采购的图书质量都很高，有一整套《万有文库》，有《电子论》等先进科学技术书，文学书籍尤其丰富，有不少古今中外的各流派的名著。郑振铎主编的《中国新文学大系》也有。李英春、郭恩大、金世琳和我都爱读文学作品，常去翻阅。……当时读了并不怎么理解，有时感到某个情节有趣，就当众嘟囔几句，很难说

---

① 胡华玲. 吴天威教授：一位深爱中华民族的历史学家［J］. 抗日战争研究，2005（3）：202-207.

② 赵普琳. 排尾剩下我们八个［Z］//桃李荫长：国立东北中山中学校友抒怀之一，国立东北中山中学沈阳校友会，北京校友联谊会，1988：308.

得到了什么益处，但从一个人的精神成长整个过程来说，不能说一点也没受到影响。①

相较于郭小川而言，作家丁耶走上文学创作道路的动力，更多地来自国文教师郝泠若的鼓励。丁耶，1936 年考入国立东北中山中学初中一年级，1943 年高中毕业。时隔多年以后，作为首届中国满族文学奖最高奖"荣誉奖"获得者的丁耶回首自己的文学创作经历，仍将郝泠若视为自己文学启蒙的引路人："当我提笔写散文时，想起我文学启蒙的郝泠若老师来。……他主张文风要质朴。……他的话对我的文风起了引导作用。"②

同样在中山中学就读期间，因受到国文教师郝泠若的鼓励而立志从事文学创作的还有方龄贵。1935 年夏，方龄贵考入国立东北中山中学高中一年级，1938 年高中毕业考入国立西南联合大学历史系。多年以后，身为蒙元史家和文献学家的方龄贵，也将郝泠若视作中山中学"对我帮助最大"的三位国文教师之一：

> 他在给我们讲课之余，经常介绍一些文艺界的情况，使人眼界大开。在当代小说作家中，他最推崇沈从文先生。这对我产生了很大的影响。……读大学的前几年，我写了不少小说、散文，在重庆大公报副刊《战线》和香港大公报副刊《文艺》上发表，……后来我虽然移文就史，放弃了文艺写作，转而专门研究历史，但对我那一段文艺生涯还是念念不忘的。因而对郝老师也是始终充满了感激之情的。③

1936 年秋考入国立东北中山中学初 16 班的李曦沐，则是在中山中学师长的影响下开启了自己人生道路上首次思想启蒙。1939 年李曦沐因参加校内学潮被开除，1941 年考入国立西南联合大学历史系，20 世纪 80 年代曾经担任国家测绘局局长。④ 多年以后，李曦沐仍然对当年中山中学师长的教诲心怀感激："中山中学有许多好老师。我们当时还是一些孩子，老师的言行无意中都可以对我

① 赵普琳. 排尾剩下我们八个 [Z]∥桃李荫长：国立东北中山中学校友抒怀之一，国立东北中山中学沈阳校友会，北京校友联谊会，1988：310-311.
② 丁耶. 忆郝御风先生 [Z]∥国立东北中山中学校友会. 桃李报春晖：国立东北中山中学花甲纪念文集（1934—1994）. 自贡：新华印刷厂，1993：353.
③ 方龄贵. 我的三位国文老师 [Z]∥国立东北中山中学校友会. 桃李报春晖：国立东北中山中学花甲纪念文集（1934—1994）. 自贡：新华印刷厂，1993：326.
④ 孙晨. 李曦沐：一场战争和一个学子的命运 [J]. 中国新闻周刊，2005（31）：60-62.

们产生深刻的乃至终身的影响。"① 其中尤以初中国文教师周以佐对其的影响最为深远："他在授课时常常讲道'表情表得好，达意达得妙，就是好文章。'这给了我很深的印象，使我一直注意写文章时要注意通达晓畅。……我的思想变化，首先是从阅读进步和革命的文艺著作开始的，应该说，在这一点上周以佐先生对我起了启蒙的作用。"②

1937 年 11 月 19 日，距离南京沦陷前近一个月，国立东北中山中学全体师生，被迫离开教学和生活仅一年的南京板桥镇新校址，再次踏上向大后方流亡的漫漫征程。中山中学师生们可能不会想到，这次西迁流亡历程会如此颠沛流离和漫长坎坷，在相继途经安徽、湖北、湖南、广西、贵州和四川数省之后，直至时隔一年半后的 1939 年 5 月，他们才能在四川省威远县一座名叫静宁寺的庙宇中，再次拿起粉笔和讲义，端起文具和书本，重新开启一段物质依旧贫瘠、精神仍然富足、教师依然勤教、学生照旧苦学的战时教学生活图景。直到 1945 年 8 月 15 日日本宣布无条件投降，中山中学师生们才会一边含泪吟唱"我来自北兮回北方"的校歌，一边踏上重回阔别十四年之久的白山黑水的漫漫归途。

作为全面抗战前唯一一所国立中学，国立东北中山中学的创办无形中为全面抗战时期国民政府在大后方大规模办理国立中学提供了示范。全面抗战前，国立东北中山中学办学虽不足四年，但开启了抗战时期国家直接办理中学教育，办学兼顾救济与教养两种职能，国家公费作育人才的全新教育制度。

全面抗战前，国立东北中山中学在条件艰苦、时间不长的办学历程中逐渐形成独具自身特色，能够内在主导其办学实践与育人理想的学校精神——中山精神。国立东北中山中学创校即重视培植学校精神。纵观其近四年的办学历程，学校俨然已经开始初步形成爱国主义、艰苦奋斗、全面发展、团结友爱等具有鲜明中山特色的学校精神。八年全面抗战时期，随着大后方办学环境的相对稳定，国立东北中山中学在全面抗战前业已初现的学校精神，在更为丰富多样的办学实践中得以进一步巩固和发展，最终演进成为深刻影响其作育人才的精神传统。

七七事变后，华北沦陷，大批失业失学中等学校师生流亡河南。着眼于及时收容与救济战区员生，国民政府教育部于 1937 年 12 月成立全面抗战后的第

① 李曦沐. 中山杂忆［Z］//桃李荫长：国立东北中山中学校友抒怀之一. 国立东北中山中学沈阳校友会，北京校友联谊会，1988：52.
② 李曦沐. 中山杂忆［Z］//桃李荫长：国立东北中山中学校友抒怀之一. 国立东北中山中学沈阳校友会，北京校友联谊会，1988：52-53.

一所国立中学——国立河南临时中学，旋即改名国立第一中学。此后，随着全面抗战的持久深入，数十所国立中学被陆续创设于中国西南和西北等大后方的山间水畔。它们连同国立东北中山中学一起，冒着战时烽火，坚持弦歌不辍，为后世共同交织和演绎出一幅艰苦卓绝却充满教育生机，饱含精神信念，值得后世深思和体味的动人教育图景！

第三篇 **03**

弦 诵

第三章

难起："战事起，一开战，学校尤先毁"

抗战军兴，国中始创。每当论及抗战时期国立中学，无论是时人还是后世，大多会言及此语。的确，全面抗战爆发直接促成和开启了国民政府开始在大后方集中创设国立中学以收容与救济流亡员生的进程。但是，如果进一步考察，不难发现，全面抗战爆发与创办国立中学之间并非简单的直接对应关系。换句话说，全面抗战爆发的确成为国立中学大规模设立的背景和诱因，但大量国立中学的形成背后还隐藏着诸多往往易于被后世忽视的影响因素，而对于这些影响因素的挖掘和认知无疑直接关系着后世对于抗战时期国立中学的完整理解。所幸，抗战期间及结束后所留存的丰富的关于国立中学的文献，以及日后围绕国立中学所形成的研究，均为本书完整勾勒和描绘全面抗战爆发后国立中学的产生提供了坚实基础，使得本书得以从中梳理和厘清国立中学问世背后的艰难与复杂。

一、"难生之所需养之外尤有教焉"

国立中学创设的初衷在于救济来自战区和沦陷区公私立中等学校的流亡师生，使教师能够继续施教，学生能够继续受教。

全面抗战爆发后，战火迅速蔓延至冀、察、绥、平、津、苏、皖、浙、京、沪等省市。战火所及之处，流离失所的难民群体随之产生。其中，受战争影响失学失业、数量庞大的中等学校员生，无疑是潮水般涌向大后方的特殊群体。残酷的战争事实表明，作为教育机关的学校首当其冲被日寇视为应当予以摧毁的对象。对于这一不争事实的清醒认识，普遍见于抗战初期时人的观察中：

> 十三个月的抗战史，已经告诉了我们一个确实的教训，暴敌的存心，根本是要毁坏我文化机关；敌机到处光顾着学生，枪口总是瞄准着校门，战区的学校，已经是粉骨碎身，化为灰烬，学生们，就奔走各地而逃散流

亡了；内地的学校，也多数被敌人之飞机恫吓，在相继关门了……①

全国各地数量庞大的中学所遭受的打击更是尤为深重："抗战军兴，于今两载，在此时间，全国中学教育，无论何省，不是受敌机轰炸，将学校本身，炸毁殆尽，就是东迁西移，或合并办理，在艰苦困难中，尽力维持……"②

"战事起，一开战，学校尤先毁。员生们流离待极，视难民为更迫切。战争是长期的战争，则国家的教育即未便一日中断。不唯不断，而且更须补备救弊，发扬光大，才能使国力滋长，支持久战。难民之所需者养，难生之所需养之外尤有教焉。"③ 抗战时期国立中学的相继创办，看似为战时偶然和突发之应变手段，实则是接续抗战前中学教育办学理念与实践的必然反应，深层次折射出国家教育主政者对于平时教育与战时教育、支援抗战与准备建国之间内在关系的深刻理解。"国家教育本无间于平时与战时，应有其一贯之宗旨。平时教育，即战时教育之准备；战时教育，不过平时教育之加强与扩大而已。"④ 正是基于以上认识，国民政府教育部一改向来不直接办理中等教育的原则，开创性地在大后方创设国立中学。

> 试想在战区的学校，被敌人的炮火无情地打毁了，教室和图书馆也化为灰烬，美丽的校园和广大的操场，开了许多炸弹洞了，许多以教育为终身事业的教职员以及许多正在学龄时代的青年，不愿受敌人的奴化教育，不愿替敌人办理奴化教育，于冒寒暑风雨，关山万里地不怕跋涉地到后方来，共赴国难；教育司政当局，自不愿更不忍使此辈青年学子，流离失学；辜负了大好的正在求学的光阴，并且这批教职员，以教育为终身事业，当然要使其尽其初志，为国家教育工作服务，于是设置了许多国立中学，使渠辈得有继续施教和受教的机会。故国立中学创办之初旨在此。⑤

1941 年，一位名叫毛文义的川籍学子给《学生之友》编辑部去函询问设立在四川的国立中学为何只能招收数量极少的川籍学生，面对毛文义不无苦恼和略带抱怨的倾诉，编辑部在给他耐心地答疑解惑的同时专门提及了国民政府为何要在大后方广设国立中学，于是便有了上述通俗生动的文字。

如果将上述文字浓缩为一句话，那就是国立中学旨在兼重救济与教育。回

① 毛鸿磐. 献给甘谷教育界人士的几个意见 [J]. 新甘谷，1938（10）：11-13.
② 吴自强. 两年来之中国中学教育 [J]. 抗战月报，1939（8）：369-372.
③ 应观. 国立中学怎样发展起来的 [J]. 学生之友，1941，3（3）：2.
④ 陈启天. 抗战与人生观改造问题 [M]. 重庆：国论出版社，1938：53.
⑤ 佚名. 询国立中学设置之目的 [J]. 学生之友，1941，3（6）：57.

顾全面抗战期间，从第一所国立中学创办直至抗战结束国立中学逐渐退出历史舞台，救济与教育并重可谓贯穿国立中学办学始终的一条主线。"国立中学设立之目的，消极方面在救济战区退出之各省市立中等学校学生，使能继续接受教育；积极方面在发挥教育功能，充实民族力量，并适应时代需要，实验战时教育之新制度。"①

日后曾有研究者对于全面抗战爆发不久，中国国土沦陷和国力破坏情况有过简明扼要的论述：

> 1937 年日本侵略军倾其主力入侵中国东部富庶地区。7 月底，日寇攻占天津、北平；11 月，太原沦陷，上海失守；12 月，南京、济南相继沦陷；1938 年 1 月，中国守军撤离青岛；5 月徐州、合肥，6 月安庆，7 月九江，10 月广州、武汉接连落入敌手。国民政府西迁重庆。不到一年半，1938 年年底日寇已占领中国三分之一的国土，占有中国工业实力的 92% 和农业实力的 40%，除了上海市租界和香港英殖民地成为包围圈内暂时中立的"孤岛"以外，从北平到武汉、广州一线以东的文化区沦落敌手。②

战争同样极大地破坏了中国教育与文化的发展，给其造成了不可估量的巨大损失。1938 年 8 月，国民政府教育部对全面抗战爆发至 1938 年 6 月间战区各级教育机关损失情形及政府救济状况进行统计，尽管教育部声明"限于时间，各项数字，均极简略，且有多数省市厅局及学校，因损失确数未及查明""凡陷于战区各省市所属中小学校及社会教育机关损失情况，率多不详"③，但还是可以从当年粗略的统计中一窥战争之于各省中小学校的巨大创伤，以及创办国立中学在救济和收容流亡员生方面的积极贡献。

在各省中小学被轰炸损失方面，教育部根据已经上报的浙江、福建、广东、广西、湖南、江西和陕西七省数据统计发现，死伤人数及不知下落者 48 人，财产损失高达 2704863 美元，仅福建一省财产损失就高达 1460000 元。浙江省被炸学校计有省立衢州中学、私立公婆女子中学、金华成美中学、省立金华中学附小等 9 处，广西省南宁高中学生集训时被炸死 2 人、伤 1 人，湖南省衡阳中学被炸损失约 30000 元，死伤约 40 人，衡职校板壁被毁损失约 3000 元，长沙民众学

---

① "国史馆"中华民国史教育志编纂委员会. 中华民国史教育志：初稿［M］. 台北："国史馆"，1996：81.
② 陈明远. 那时的文化界［M］. 太原：山西人民出版社，2011：序 3.
③ 教育部统计室. 中华民国二十六年度战区各级教育机关损失情形及政府办理救济状况［Z］. 1938.

校被毁损失约 100 元。由于战时获取精确数据殊为不易，教育部专门声明，上述数据"仅就已有报告之省份编列，实数当不止此"，由此可以想象，全面抗战仅一年，全国中小学校所遭受的毁灭性打击。①

伴随着战区中小学大量流亡师生陆续向大后方撤退，对其的救济工作也随之展开。全面抗战爆发一年来，大后方各省及团体总共救济和分发战区中小学教师 8027 人，其中分发至国立河南中学 150 人、国立四川中学 250 人、国立贵州中学 150 人、国立陕西中学 150 人、国立甘肃中学 207 人、国立湖北中学 172 人、国立山西中学 110 人，共计 1189 人，约占总救济人数的 15%。② 而在救济战区中等学校学生方面，国立中学更是当仁不让的中坚力量。全面抗战爆发一年来，上述国立中学和湖北、四川、湖南、江西、河南、陕西六省总共救济流亡学生 15781 人，其中七所国立中学共收容学生 9383 人，而分发至六省的流亡学生总计 6398 人。有的国立中学一校救济流亡学生人数甚至远超三省分发学生人数总和。七所国立中学之中，国立山西中学救济学生人数最少，为 890 人，但也远超湖南（471 人）、江西（19 人）和河南（150 人）三省人数之和。③

随着全面抗战期间国立中学的陆续创设，其所发挥的救济与收容功能也愈发明显。据教育部 1939 年 3 月统计，在战区中小学校教职员救济方面，"在国立中学服务者，中学教职员五二四零人，小学教职员八二零三人，教育行政人员六十人，总计一三九四三人"，而在战区中等学校学生救济方面，"已入国立中学者，计一六九二二人"④。此时距离 1938 年 6 月教育部发布流亡员生救济数据仅 9 个月，但国立中学收容的师生人数已然呈现出成倍增长的态势：教职员由 1189 人激增至 13943 人，学生则由 9383 人增至 16922 人。

即使临近抗战末期，国立中学首在救济的功能依然为教育部所重视。1944 年 4 月至 12 月，日寇展开旨在贯通河南、湖南和广西的豫湘桂战役。随着这场为期八个月的会战战事加剧，中等学校失学人数骤然增加，包括国立中学在内的大后方中学教育再次成为教育部眼中积极应对变局的重要存在。1945 年 6 月，教育部在向国民参政会第四届第一次大会所作的工作报告中，对此有过明确

---

① 教育部统计室. 中华民国二十六年度战区各级教育机关损失情形及政府办理救济状况 [Z]. 1938.

② 教育部统计室. 中华民国二十六年度战区各级教育机关损失情形及政府办理救济状况 [Z]. 1938.

③ 教育部统计室. 中华民国二十六年度战区各级教育机关损失情形及政府办理救济状况 [Z]. 1938.

④ 实用民国年鉴 [M]. 桂林：文化供应社，1941：171.

阐述：

> 　　关于中等教育之应变工作，上年中原战事及湘桂战事扩大，中等学校失学青年人数突增，本部特令国立各中等学校增设班级，于上年春秋两季招收二百二十余班，连同各级插班生计收容学生一万四千余名，同时指示各省应变办法呈院请拨学校迁移费及员生救济费，并令各省中等学校增设临时班级，计贵州二十班，河南六班，陕西八班，湖南十四班，安徽十班，江西十班，甘肃十班，约可收容学生四千余人。此外复由部分别拨款一百万元，令饬甘肃、江苏两省扩充中学班级收容战区学生。本年春季国立各中等学校增招高初中新生六十四班，收容战区学生三千二百九十五名。①

上述工作报告内容的时间范围集中于 1944 年 8 月至 1945 年 5 月。可以看出，为了应对随着战区扩大失学学生人数激增的局面，教育部命令各个国立中学增设班级，于 1944 年春秋两季招收 220 余班共计 14000 余名学子。1945 年春，教育部再次命令国立中学增招高初中新生 64 班，收容战区学子 3295 名。

或许正是有感于抗战期间国立中学大后方办学首在救济流亡员生这一特殊的办学性质，抗战结束后的 1946 年，时人在一篇梳理国立中学沿革与近况的文章中开篇就强调国立中学这一创设初衷：

> 　　抗战军兴，各沦陷区中等学校，或受军事影响，或直接遭受敌人破坏，致员生流离四散，失业失学。教育部为谋此辈员生之继续施教与受教，维持弦歌于不坠，特就各地退出之员生择后方比较安全之地带分别设立国立中学，以资收容。②

"难民之所需者养，难生之所需养之外尤有教焉。"③ 回顾全面抗战时期国立中学大后方办学，其在维系流亡师生基本生存的同时，也从未放弃对于维持进而提升办学质量的重视与追求，这一点在抗战期间已然成为时人之共识。

1938 年 8 月，教育部委派时任安徽省教育厅厅长的杨廉筹设国立安徽中学，旨在收容撤退至湘西的安徽中等学校员生，学校随后更名为国立安徽第一中学，1939 年 4 月更名为国立第八中学。1938 年 9 月，教育部在四川江津设立国立安徽第二中学，旨在收容撤退至四川的安徽中等学校员生，1939 年 4 月更名为国

---

① 国民参政会第四届第一次大会教育部工作报告书 [Z]. 1945：2-3.
② 新. 国立中学之沿革与近况 [J]. 教育通讯，1946 (9)：18-19.
③ 应观. 国立中学怎样发展起来的 [J]. 学生之友，1941，3 (3)：2.

立第九中学。① 两校创建伊始，时任国大代表的皖籍人士黄梦飞②即在撰文高度评价两所国立中学的创办之于维系皖省教育与文化所具有的深远影响的同时，深刻地指出国立中学办学固然要重视收容与救济沦陷区流亡员生，但更重要的是教师勤教和学生苦学：

> 我要指出的，两校的教育工作者和学生们不要以为这是救济事业，忘记了自己的本位任务。教育部创设国立中学，含有救济沦陷区域教职员和学生的意义，自不待言；但是，若把这种伟大计划看作救济而止，未免是一大错误。诚然国立中学教职员的待遇薄，学生的生活苦；正唯其薄，唯其苦，更可体会政府对于教育艰难维护的苦心。抗战以来，国家财政，非常困难，假使政府视教师学生若难民，自有救济机关负其责任，何必耗许多经费，设许多学校？实在是因为教育为国命之所寄托，在抗战建国过程中，教育工作者和学生们各有其历史的使命，所以不得不于万分困难中觅取推进教育的途径。……他们的本位任务怎样呢？教育工作者应努力于作育人才，学生们应努力于充实自己③。

显而易见，黄梦飞希望在国立安徽第一中学和安徽第二中学创办之初就能树立这样一种正确的认识，即流亡师生无论是任教还是求学于国立中学，切不可因为国立中学在战时所具有的救济性质，而忽视和忘却了各自的本位任务，那就是"教育工作者应努力于作育人才，学生们应努力于充实自己"。

黄梦飞关于国立中学办学的此种认识并非其一己之见，同样为战时其他国立中学办学者所认同，即使临近抗战结束也未曾发生改变。1941 年前后，为收容鲁、苏、豫、皖战区退出的中等学校员生，时任国民革命军第三十一集团军副总司令王仲廉在安徽太和设立鲁苏豫皖边区中学并兼任代校长。1942 年夏，学校更名为国立第二十一中学。④ 1944 年 10 月，时任国立二十一中校长的全菊圃面对社会各界对于国立第二十一中学招收新生过程中所关心的种种问题，尤其是该年度招收自费生比例问题，专门在《国立二十一中学校刊》行文逐一进行回应，从中可以很明显地体会到抗战时期国立中学校长在办学过程中所遭遇

---

① 教育部教育年鉴编纂委员会. 第二次中国教育年鉴［M］. 上海：商务印书馆，1948：384-385.

② 纪尧. 三代"议员"百年记［J］. 江淮文史，2017（1）：4-15.

③ 黄梦飞. 贡献给国立安徽中学［J］. 安徽教育，1939（1）：15-17.

④ 教育部教育年鉴编纂委员会. 第二次中国教育年鉴［M］. 上海：商务印书馆，1948：395.

的种种艰难，同样能够很明显地感觉到即使办学不易，临近抗战结束，国立中学办学者依然坚持救济与教育并重的办学原则毫不松懈。

> 国中之设立，按国立中学规程之规定及公费生办法等有关条文，全体精神之贯注均以培植优秀青年为原则，绝非单纯救济性质，一般人士对此尤多误会，国立中学既为非常学校，则班级人数以及课程经费等均有详明之规定，招收学生，亦有定时，更非随时无限制之收容性质机关，以此无定时之请求入学额外收容无法应命。①

仅仅从诸如"全体精神之贯注均以培植优秀青年为原则""绝非单纯救济性质""一般人士对此尤多误会"此类的语句，就能鲜明感受到作为校长的仝菊圃对于国立中学办学坚持救济与教育并重原则的看重与坚持。

1942 年，时任国民政府教育部高等教育司司长的吴俊升在回复学生来信时曾对于设立国立中学的目的的有过专门论述。作为参与战时教育政策制定与实施的亲历者，吴俊升的回复可谓具有代表性与权威性：

> 抗战发动以后教育部在各地登记的中学生，因为人数过多，附近的中等学校容量有限，一时无法安插，所以办理国立中学，以便收容，同时也令各省教育厅转令各省内中等学校尽量收容战区中学生。广西省的中学分布比较普遍，最初战区中学生留省的也不多，当南宁被侵的时候，教育部也曾令教厅可设临时中学，或者在现有中学里添班增级，经费由部补助。自港澳沦陷以后，教育部有同样的指示。名义上教育部在广西省没有设立国立中学，实际上仍然以另一种方式收容战区学生。政府救济战区学生，无非使失学者有就学的机会，并不是要把战区中学生都送入新设的学校，因为国立中学和省立中学在施教上原是一样的。②

二、"实验一种中等教育改造的新理想"

创设国立中学的目的在于救济与收容战区流亡员生的同时，积极实验战时教育新制度。

> 国立中等学校成立之初，原为收容战区中等学校员生，唯各校既由中央自行办理，其任务自应不限于战区员生救济与训练，对于中等教育设施

---

① 仝菊圃. 为本校招收学生及学生待遇事公开答复各界人士 [J]. 国立二十一中学校刊, 1944 (8)：2.

② 吴俊升. 设立国立中学的目的 [J]. 中央周刊, 1942 (42)：16.

多所建树，藉（借）为各省市县私立中等学校之楷模。①

1946 年 11 月 19 日，联合国教育、科学及文化组织举行第一届大会，上述文字见于国民政府教育部为参会所撰写的报告书中。可以看出，如果说兼重救济与教育是全面抗战爆发后普遍创设国立中学的初衷，那么，积极实验战时教育新制度无疑是教育部旨在通过国立中学大后方办学寄希望于达到的另一个目的。

抗战时期国立中学大后方办学被教育部给予如此厚望，根源于其本身之"新"。曾经担任台湾地区"国史馆"馆长，身为教育家的朱汇森，日后即将国立中学所具有的此种"新"明确形容为"抗战时期产生的新教育机构"②。抗战时期国立中学之"新"，主要表现为其主管机构有异于战前。"国立中学创设的特殊性，即在于其打破了晚清以来'地方办中学，中央办大学'的基本原则，为一种由中央教育行政主管机关直接办理中学的战时特殊措施。"③ 也正因为国立中学在教育行政管理和办学规制等方面有异于平时，因而从其创立伊始，时人就对其给予了有别于普通中学的莫大希望：

> 国立中学应该是最能合乎法规办理的中学，这是可以顾名思义而推知的一个概念。其余别的中学不是说在遵守法规上可以打点折扣，但因为沾习的随性、行政督导的不严，和法定的浩繁不易周知，不能望其都能恪遵法令。国中则不然，其管辖直接于部，其主持人与部方接触频繁，部视等人员又时时莅临视察，它不恪遵法令办理，则法令真可束之高阁了。④

创设国立中学虽然是一种特殊的战时教育举措，但其直属于教育部管理的办学体制却伴随着其活跃于历史舞台，即使抗战结束后依然得以保持和延续。1947 年 8 月，教育部编印的《教育部直属机关学校分类一览表》中就赫然在列包括国立第一中学、国立第六中学等在内的十三所国立中学。⑤

有异于战前的特殊办学体制，决定了国立中学自创立之日，就被赋予了"不但是收容教职员和学生，而且要实验一种中等教育改造的新理想"⑥ 这一办

---

① 教育部资料研究室. 一九三七年以来之中国教育 [Z]. 1946：5.
② 朱汇森. 抗战时期产生的新教育机构 [Z] // 国立第四中学创校五十五周年纪念册. 1992：186.
③ 许咏怡. 抗战时期的国立中学研究（1937—1945）[D]. 台北：政治大学，2019：9.
④ 应观. 国立中学怎样发展起来的 [J]. 学生之友，1941，3（3）：3.
⑤ 总一科缮校股. 教育部直属机关学校分类一览表 [Z]. 1947.
⑥ 佚名. 本校筹备成立经过 [J]. 川中校刊，1938（1）：26.

学使命。全面抗战爆发虽然中断了中学教育的正常发展进程，但它同时也给中学教育进一步改革与发展带来了新的可能、契机和尝试实验的机会，从而有可能将中等学校办学和育人推向一个更高的水平，这也是日后将国立中学视为近代中学教育史上必须予以重视的关键节点的原因所在：尽管身处艰苦卓绝的大后方，其在维系师生基本生存的同时，仍然能够积极从事教育改革与实验来接续战前中学教育业已形成的办学传统，体现出其推动中学教育持续创新的努力和愿望。这也从一个侧面反映出国立中学通过办学努力践行"教育本身，原无所谓战时与平时之分"① 的战时教育方针。

抗战时期国立中学之"新"，还表现为其颁布了指导包括国立中学在内的大后方中学办学的课程指导方针《国立中学课程纲要》。1938 年 2 月 25 日，教育部颁发《国立中学课程纲要》。纲要规定，国立中学课程分为精神训练、体格训练、学科训练、生产劳动训练及特殊教学与战时后方服务训练五项。学科训练集中于每日上午，生产劳动训练及特殊教学与战时后方服务训练排列于下午，精神及体格训练均分别于晨间及下午举行。②

教育部相当看重《国立中学课程纲要》之于大后方中学办学的指导意义和影响。其在当年 2 月颁发之后，"5 月即令各省转饬各中学一律试行。可见《国立中学课程纲要》除了国立中学需遵行外，也是抗战初期教育部要求国民政府统治区各中学须参考试行的课程指导方针。……因为教育部未另订国立中学课程标准，而是订定属原则性的《国立中学课程纲要》，揭示国立中学在课程安排上应注意的各项要点，故国立中学的各项授课科目是在 1936 年《中学课程标准》的架构下，依照《国立中学课程纲要》的指导原则做调整。该纲要的主要目的，是使原定课程标准能符合战时的需要"③。

《国立中学课程纲要》一经颁发，就受到了国立中学办学者的积极响应。随着京沪相继沦陷，1937 年 12 月，教育部在汉口设立京苏浙皖战区员生登记处，筹设国立四川临时中学。1938 年 1 月，改称国立四川中学，勘定四川合川和北碚等地作为校址，1939 年 3 月更名为国立第二中学。④ 国立二中创办伊始，就

---

① 中国国民党中央委员会党史委员会. 战时教育方针 [M]. 台北：义盟印刷厂，1985：15.

② 中国第二历史档案馆. 中华民国史档案资料汇编：第 5 辑·第 1 编·"教育"（1）[M]. 南京：凤凰出版社，1994：571.

③ 许咏怡. 抗战时期的国立中学研究（1937—1945）[D]. 台北：政治大学，2019：59.

④ 教育部教育年鉴编纂委员会. 第二次中国教育年鉴 [M]. 上海：商务印书馆，1948：377.

将实验战时教育新制度视为该校的办学使命，时任校长的周厚枢和校务委员会主席的许逢熙在办学之初均对此有过公开和明确表述。

1938年7月1日，国立四川中学校刊《川中校刊》正式创刊发行。时任校长的周厚枢利用为校刊撰写发刊词的机会，对于国立中学办学重在积极实验战时教育新制度有过详细阐述：

> 本校的使命：在政府最初设立的原意，固然是要使得大多数战区失学的青年，能到后方比较安静的地带，继续求学，和从战区出来的教师能继续施教，藉（借）作他日复兴民族的准备。同时在整个中等教育方面，还有更重要的使命，就是要我们在这里实验研究新办法，以作今后全国中等教育改进的基础。……我国自从抗战军兴以来，各方面无论有形的无形的破坏不为不多，同时各方所暴露的缺点也不为不少，就中等教育方面讲，其所显出来的弱点，大概人人能指得出。现在政府把握住这个除旧布新改革的紧要关头，要来对症下药，或者是对着弱点来下补剂。我们国立中学正是实验种种药剂的机关，我们全体师生是做调护工作的分子，我们在这里实验得好不好，做的工作对不对，关系中等教育前途是多么重大啊！①

很明显，周厚枢将国立中学视为针对战前中学办学已存在的种种弊端对症下药的先行先试的实验机关。而在他看来，《国立中学课程纲要》中五种训练并重所蕴含的教育精神正是国立中学需要实验的"第一服药剂"：

> 现在第一服药剂是五种训练并重——精神训练、学科训练、体格训练、生产劳动训练、特殊教学与后方服务训练。……今日这五种训练并重才可算得真正的健全国民的训练开始。……我们这个国立四川中学，负着接受药剂，调护病体，使整个的中等教育能够转弱为强，转危为安的责任，我们全体的师生，人人都负着这个革新中等教育的重责，倘使把这千钧一发的时机失掉，就病人说则日就衰弱，将永无恢复健康之望，就教育来说将来要求再度的改革，将戛戛乎其难……②

在周厚枢看来，正是需要包括国立四川中学在内的诸多国立中学在战时积极践行实验战时教育新制度的办学使命，才有可能使全国中等教育整体"转弱为强""转危为安"，而且这种实验与改革已经到了刻不容缓、时不我待的紧要关头。

---

① 周厚枢. 发刊词 [J]. 川中校刊, 1938 (1): 1-7.
② 周厚枢. 发刊词 [J]. 川中校刊, 1938 (1): 1-7.

相较于周厚枢洋洋洒洒的长篇大论，许逢熙在 1938 年国立四川中学高中部开学典礼的讲话虽然比较简短，但其要义则与周厚枢完全一致，仍然强调国立中学应该勇于成为"新教育的实验机关"：

> 国家在这个抗战期内，设立几个国立中学，其目的不仅在收容战区员生，也不仅在盼望我们照平常的中学办理，实想使我们学校成为一个新教育的实验机关。举凡陈部长所发表的教育方针，例如三育并重，文武合一，男女异教，注重科学训练，等等，都要在这几个国立中学，做一个具体的实验。[1]

许逢熙提到的陈部长，正是 1938 年 1 月至 1944 年 12 月担任国民政府教育部部长的陈立夫。抗战时期教育部重视以国立中学作为试点单位展开教育实验，即深受陈立夫的理念影响。陈立夫在国立中学成立之初就有意识地择定若干国立中学作为教育试验田实验学制改革，目的就在于"实验中等教育新方法，为全国中等教育改革积累经验"[2]。国立中学能够在战时按部就班办学的同时，仍然积极从事教育实验，同样与陈立夫主政的教育部的政策支持和鼓励推动密切相关。1941 年，教育部制定《六年一贯制中学课程标准（草案）》，专门指定包括国立第二中学、国立第三中学和国立第十四中学在内的若干中学进行实验。[3]

1938 年 9 月，教育部在四川江津设立国立安徽第二中学。开学典礼当日，陈立夫亲临现场发表讲话，其讲话可以视为对创设国立中学既旨在救济与教育，又重视实验战时新教育制度的最佳诠释：

> 国立安徽第二中学，经过三阅月之筹备集合师生近二千人，于远距故乡五千里外之江津，一堂教学，其规模性质，既与通常之省立，公立私立者不同，设置目标亦非全在于救济，而为谋改造中等教育制度，以应战时之需要，以其缔造之艰难与意义之重大，全体师生必当有深刻之认识，与深切之了解。[4]

在开篇阐明国立中学并非单纯救济性质这一创办宗旨之后，陈立夫花费了相当篇幅向国立安徽第二中学全体师生进一步解释了国立中学大后方办学理应

---

① 佚名. 许主席高中部开学训词 [J]. 川中校刊, 1938 (1): 9-10.
② 郑锦涛. 烽火弦歌到山城 [M]. 沈阳: 白山出版社, 2015: 100-101.
③ 谢长法. 中国中学教育史 [M]. 太原: 山西教育出版社, 2009: 175.
④ 陈立夫. 国立安徽第二中学开学典礼训词 [J]. 国立九中校刊, 1939 (1): 1.

"寓改造整顿于救济之中"这一深意：

> 以学校设置之目的言之，全体师生不可存避难苟安之心理，抗战军兴过去学校教育之功能，虽复有事实之表现，然其不切事机之缺点，亦皆暴露无遗，本部于退出战区之学校师生，设法救济，不遗余力而仍因战时之需要，寓改造整顿于救济之中，故国立中学之设置，初不限于救济之一目标，课程纲要之另行颁订，即其例证。从前智育之偏重灌输，德育之视等具文与体育之误解意义影响之及于国民性智能者至巨，故别以精神、体格、学科、生产劳动，及特殊教学与战时后方服务五项训练代之，凡所以为国立中学实验效果，而逐渐推行于一般中学之地步，此其意义，全体师生，所当共喻，万不可以学校为避难收容之所，以后方为苟安偷惰之归，当时时有一息尚存，此志不懈之精神，而不可有喘息稍苏沅可小康之心理，以自陷于重大错误，而无以达成其国家立中学神圣之使命，……①

正是在此背景下，抗战时期国立中学积极开展教育实验与改革，在探索和总结育人规律，提升育人质量方面均有所突破。1937 年冬，教育部委派督学周邦道在贵州铜仁勘定校址筹设国立贵州临时中学，以收容京苏皖浙战区向湘黔边境撤退的流亡员生，1939 年 4 月更名为国立第三中学。② 1938 年 8 月，奉部令，国立贵州中学成立五年中学班次，实施五年一贯制实验教育。1942 年 12 月，在第一届五年一贯制实验班学生临近毕业之时，国立三中校方对其教育实验进行回顾与总结，认为"五年制一贯可以完成现行高中课程""导师制的切实推行，人格感化训导，效能宏大，学生受惠不浅"以及"并不因缩短教学一年，使学生负担过重，损及健康，反言之，本班学生身体健康发育，极正常地增进，可引以为慰"。校方还根据实验班学生平日学业训练成绩推测"本班于毕业时有特殊优异成绩表现"③。可见国立三中校方对于五年一贯制实验效果之满意。1943 年毕业于国立第三中学五年一贯制第一班的李永治，日后曾对实验班学生整体学业表现有过回忆，可以视为对国立三中校方关于实验班育人成效评价的有力印证：

> 1943 年夏，我们实验班五五级满怀信念地与高中部、女子部应届毕业生赴贵阳参加全省统一会考，有 25 名男同学毕业考上了各自理想的大学。

---

① 陈立夫. 国立安徽第二中学开学典礼训词 [J]. 国立九中校刊，1939（1）：2-3.

② 教育部教育年鉴编纂委员会. 第二次中国教育年鉴 [M]. 上海：商务印书馆，1948：378.

③ 国立第三中学. 国立第三中学五年制实验报告 [Z]. 1943：47-48.

其他因种种原因中途离校的同学，有的以同等学力考上了重点大学，有的转学到其他中学后，也先后考上了大学。事实说明三中首届五年一贯制实验班学制改革的实验取得了预期的成果。①

抗战时期国立中学的教育改革，也对大后方普通中学办学起到了良好的示范和促进作用。正如吴俊升日后所言："由于标准课程和较好的教学方法以及有效的行政，这些国立中等学校对于当地学校作了很好的示范，也提高了它们的水准。因此一般中等教育有普遍的改进。"②

三、"争夺青年之战"

各方政治势力对于流亡失学青年的争取，也是加速促成国立中学创办的重要影响因素。

在影响国民政府创办国立中学这一决策的诸多影响因素中，当时各方政治势力对于流亡失学青年的争取，往往会有意无意地被后世研究者淡化或忽视。耐人寻味的是，关于这一影响因素的存在，却频繁而广泛地见诸抗战时期教育最高主政者和亲历国立中学办学的师生们的日后回忆中。

作为影响抗战时期中国教育发展的教育最高主政者，陈立夫在晚年的英文回忆录中曾明确提及，为防止沦陷区的失学青年为日本帝国主义、日伪政权和中国共产党所争取，国民政府有必要采取适当手段予以救济：

> 大凡能上中学或大学的青年男女多半来自中上人家，如果我们能照料他们的学业，他们的父兄就不致为日本、汪伪所利用，甘为汉奸。愿意投奔自由区的青年通常怀着远大的希望，并且信任国民政府，若是政府不伸出援手，势必为中共所设的抗日大学所吸收。如果我们要阻止他们误入共区，必须设法救济。③

而在陈立夫看来，抗战期间国民政府面临的上述三大势力中，还是以中国共产党威胁最大，以至于其在晚年仍然毫不掩饰地直言："抗战期间我在教育部

---

① 李永治．五年一贯制实验班：一次历史性的教改实践［Z］//中国人民政治协商会议贵州省委员会铜仁地区工作委员会．铜仁地区文史资料：第3辑．铜仁：人民印刷厂，1993：112-116.

② 吴俊升．文教论评存稿［M］．台北：正中书局，1983：4.

③ 陈立夫．拨云雾而见青天：陈立夫英文回忆录［M］．卜大中，译．台北：近代中国出版社，2005：318.

长任内，一切措施都是要阻止共产党毒害青年。"① "在担任教育部部长任内，我的一切措施都在阻止中共的扩张。"② 抗战时期国立中学的创办，不言而喻，自然也属于陈立夫口中的"一切措施"的范畴。

类似于陈立夫晚年的上述观点，更多地散见于抗战时期任教和受教于国立中学的师生们当年的记述和日后的回忆中。

1938 年 2 月，教育部为救济察哈尔和绥远战区撤退的流亡员生筹设国立陕西中学，勘定陕西安康为校址，是年 5 月 1 日正式开学。1939 年 4 月更名为国立第四中学并迁至四川阆中办学。③ 1942 年 5 月 1 日，时任国立第四中学初中部主任的王凤鸣在为国立四中同学录所作的序言中提及，抗战时期国立四中创建的一个重要原因就是为了防止战区失学青年"误入歧途"：

> 回忆本校之创始也，实因自抗战以还，国府为造就抗建人才起见，恐战区青年学子之中途失学，误入歧途，而教育界同仁之不获效力于国家，以展其所长也。于是有国立各大中校及中小学教师服务团之设，……④

虽然王凤鸣并未明言何为"歧途"，但是结合陈立夫所言，其所指为国民党之外的其他政治势力似无疑义。

1939 年春，武汉沦陷，教育部筹设国立第十二中学，旨在收容武汉撤退至四川的流亡员生，勘定重庆长寿县作为校址。⑤ 1940 年 9 月，王延杰应聘至国立第十二中学担任校本部训导处训育组长兼男高三年级级任导师。正如王延杰自述"虽然在校仅仅只有十个月时间，但对十二中的情况还能知其梗概"。日后他在回忆当年的国立十二中任教经历时，也明确表示抗战时期国立中学的创办源于国民政府"抢救青年"：

> 抗日战争爆发不久，南京沦陷，全国骚然。前方广大青年纷纷向大后方流亡，眼见他们都有失学痛苦，当时各省的耆宿，向国民党教育部纷纷提出"抢救青年"的要求。教育部长陈立夫一贯主张要与共产党争夺青年，

---

① 陈立夫 . 拨云雾而见青天：陈立夫英文回忆录 [M]. 卜大中，译 . 台北：近代中国出版社，2005：357.

② 陈立夫 . 拨云雾而见青天：陈立夫英文回忆录 [M]. 卜大中，译 . 台北：近代中国出版社，2005：363.

③ 教育部教育年鉴编纂委员会 . 第二次中国教育年鉴 [M]. 上海：商务印书馆，1948：379.

④ 国立第四中学创校五十五周年纪念册 [Z].1992.

⑤ 教育部教育年鉴编纂委员会 . 第二次中国教育年鉴 [M]. 上海：商务印书馆，1948：387.

因此也很同意这项建议，如是国立中学便应运而生了。①

抗战时期就读于国立第十一中学师范部的中共地下党员雷震寰的日后自述，则为上述作为国立中学教师的王凤鸣和王延杰的观点提供了更有说服力的佐证。1939 年 7 月，教育部为收容湖北和湘北撤退的流亡员生，在湘南武冈竹篙塘创办国立第十一中学。有鉴于洞口作为湘西南之门户，具有重要的战略地位，考虑到国立第十一中学正在洞口筹建，中共湖南省委直属洞口支部决定以国立十一中作为重要活动据点开展工作，包括雷震寰在内的三名中共党员分别考入国立十一中师范部和高中部。多年以后，当忆及这段不平凡的峥嵘岁月时，雷震寰仍直言国立第十一中学的创办是国共两党争取青年的必然产物：

> 1938 年，中共驻湘代表徐特立和中共湖南省委在武冈县办了一个"塘田战时讲学院"，号称"南方抗大"，青年趋之若鹜。1939 年 4 月，国民党急于将它解散了。随之，在武冈洞口竹篙塘筹建国立第十一中学。于是，国民党和共产党"争夺青年"之战，又在这里展开了。②

而在时任国立第十中学教务主任张绍源的日后回忆中，创办国立十中的起因同样是为了防止流亡青年前往延安参加革命：

> 1938 年 5 月，国民党军队从徐州溃退，开封商丘相继沦陷，大河以南人民，为躲避日寇，纷纷西撤。青年学生为找出路，都想投奔革命根据地——延安。国民党怕学生参加革命，在潼关北通往延安的大道上，设卡堵截。被截回的学生送到西安，听候安排。又在华阴渭南等地设立登记处，流亡青年一经登记，即供食宿，分批送往西安。又从西安分批送至甘肃天水东关造币厂，定名为天政学生队，后改名为河南流亡学生救济委员会，由甘肃省政府派杨集瀛主任主管。又易名陇豫公学，按程度编班上课。因天水地址不敷应用，清水系山区，生活条件较好，又可避免空袭，遂于同年 12 月东迁清水，改归部办，易名国立甘肃第二中学。……第二年 4 月，奉教育部命令，改称国立第十中学。③

① 王延杰. 在国立第十二中学的十个月 [M]//中国人民政治协商会议湖北省政协文史和学习委员会. 湖北文史资料：总第 19 辑. 武汉：湖北人民出版社，1987：178.

② 雷震寰. 国立十一中学党的活动回忆片段 [Z]//政协邵阳市学习文史委，政协洞口县委员会. 山高水长：忆创建在竹篙塘的国立十一中. 邵阳：资江印刷厂，1999：318-319.

③ 张绍源. 抗日战争时期的国立十中初创阶段 [Z]//清水县政协文史资料委员会，国立第十中学校友清水联谊会. 清水文史：第 2 辑. 1993：2.

当时关于流亡青年的关注并不仅仅发生于国共两党之间，人数众多的失学学子也同样被当时的地方军阀派系与日伪政权所觊觎。

日后成为历史学家的刘敬坤，抗战前系安徽省立颍州中学初中一年级学生。全面抗战爆发后，其所在的颍州中学与颍州女子中学、颍州师范学校三校开始了漫长的西迁历程。据他日后回忆，颍州三校联合西迁流亡至河南潢川时，三校学生险些被强迫编入第五战区广西青年军团：

> 据我们到湖南以后得知，第五战区的广西派人士当时确实想把颍属三校学生编入广西青年军团，苏、王两校长虽坚决反对，但三校到了河南潢川已成了断了线的风筝，既顶不住左派人士的攻击，也受不住广西派人士的压迫。①

刘敬坤口中的苏校长是指时任安徽省立颍州中学校长兼颍州女子中学校长的苏家祥，王校长是指时任颍州师范学校校长的王贤敏。在走投无路的情况下，苏、王二人不得已求助于颍中校友、皖籍中央委员邵华，在邵华和同为皖籍中央委员的方治的积极干预下，安徽四所省立临时中学和刘敬坤所在的颍属三校最终得以迁往武汉，继而西迁湘西合组国立安徽中学。

刘敬坤的遭遇并非孤例，全面抗战时期河南唐河青年乔兆坤的遭遇，则进一步印证了烽火年代各方政治势力关注流亡青年这一不争事实。

乔兆坤，河南唐河人。抗日战争中期，河南连年饥荒，年仅15岁的乔兆坤流亡至河南漯河，由于被第二战区招生广告中描绘的可以免费进入山西吉县战时中学读书所吸引，其在参加笔试和口试后被录取。经编队集结后，包括其在内的近200人徒步前往山西吉县，历经长途跋涉，最终抵达位于陕西宜川的秋林镇。经过甄选，除将少数幼小体弱的少年送往吉县读书外，包括乔兆坤在内的大部分青年驻留当地军官训练团受训。眼见身边不断有人逃离，乔兆坤也萌生了逃亡的念头。经过精心准备，其和另外一名流亡青年辗转逃至西安。1944年，为响应国民政府号召知识青年参军，乔兆坤毅然投笔从戎，在昆明被编入青年军207师。抗战胜利后，退伍的乔兆坤进入国立长白师范学院就读。1949年4月28日，乔兆坤从海南登船前往台湾。1953年夏毕业于台湾师范学院教育系，此后一直在台湾地区从事中学教学和管理工作。时隔多年，其仍然对当年各方政治势力争相吸引流亡青年的场景记忆犹新：

---

① 刘敬坤. 抗战时期颍州三校西迁记［Z］// 蚌埠市政协文史资料委员会. 1938—1946 烽火弦歌：国立八中回忆录. 水利部淮河水利委员会印刷厂，2000：50.

此时在南阳、漯河、洛阳、华阴、西安，及其他交通要地，中共及阎锡山，都分别派人暗中招募青少年。他们看到流浪的年轻人，常常会主动打招呼，诱导年轻人去陕北或到二战区阎锡山的管辖区。当然中央政府也会在各重要地方，公开设置招抚、接待中心等机构，来收容逃难、流亡的青少年。①

1942 年夏更名的国立第二十一中学，其前身为 1941 年前后成立于安徽太和，旨在收容鲁、苏、豫、皖战区退出的流亡员生的鲁苏豫皖边区中学，创办者为时任国民革命军第三十一集团军副总司令兼鲁苏豫皖边区二路挺进军总指挥王仲廉。时隔多年，据王仲廉自述，不忍目睹沦陷区内失学青年遭受日伪政权的威逼利诱是促使其创办该校的主要原因：

> 游击地区，兵荒马乱，经费无着，学校停办，于是青年失学问题，随之而来。1942 年年初，余奉命经营边区，目睹敌占区内，青年在敌伪威迫利诱之下，彷徨歧途，萎靡苦闷，深为忧虑！复念及青年为民族之血轮，国家之骨干，若不使之纳于正规，不仅将失去国家民族之新生命与动力，一旦为敌伪利用，更足以影响抗战建国工作。于是不顾艰苦困难，抱定为国储材之宗旨，创设边区中学，且赖各同志热心协助，共同擘画一所鲁苏豫皖四省边区中学，乃在两个月期间，诞生于皖北之太和县矣。②

综上所述，抗战时期国立中学的创办，并非一蹴而就，实乃动态发展、多方博弈以及各种因素综合影响的结果。正是因为国立中学问世之初即被赋予的包含救济与收容、施教与受教、改革与实验以及政治考量等诸多办学定位，自然而然造就了其在办学实践中所表现出的复杂而多面的诸多办学特点，自然而然形成了不同立场、不同视角打量和观察国立中学办学所形成的不同评价。对后世而言，完整地认识和分析影响国立中学问世的诸多因素，不仅有利于更深刻地理解其在全面抗战期间所表现出的教育理念与办学实践，也有助于更客观地评价其在全面抗战期间所形成的办学地位与历史贡献。

1948 年 12 月，由教育部教育年鉴编纂委员会编纂的《第二次中国教育年鉴》正式出版。主持编纂此次教育年鉴的时任教育部部长的朱家骅在为年鉴所作的序言中曾如此评价抗战时期中国教育发展：

---

① 乔兆坤. 走过的大地：从贫寒、流亡、从军到教育工作四十年 [M]. 台北：慧明事业文化有限公司，2002：27.

② 王仲廉. 创办二十一中经过 [Z] // 抗日烽火中的国立二十一中. 编印年份不详：1.

　　……乃遭日本侵略，各级教育文化机关，俱受摧残，而有旷古以来整个教育文化之大迁移。全面抗战八年间，我全国教育科学文化界人士冒危难，耐劳苦，淬励奋发，维持全国教育文化于不坠。发扬民族意识，推进内地文化，凭战时仅有之贫乏物资，而自觉自力以适应教育上之需要。其坚苦卓绝之精神，非仅可歌可泣足为后人景仰，且亦足以动国际之观听，供盟邦之借镜，是故综合性之叙述记载尤不可少。①

　　朱家骅对于抗战时期中国教育的高度评价自然也包括抗战时期国立中学大后方办学。国立中学的独特历史贡献也体现为此次教育年鉴编纂的体例编排和内容构成，在构成年鉴第四编"中学教育"的三章内容中，"国立中学概况"赫然单列成章，与"概述"与"各省市中学概况"相提并论。

　　"国立中学概况"共由两部分内容构成，第一节"概述"简明陈述全面抗战时期国立中学发展之始末，第二节"分述"分别从"沿革"和"历年班级学生毕业生经费数统计"两方面，对全面抗战时期曾经存世的34所国立中学进行扼要介绍。作为旨在鸟瞰和反思国民政府成立之后20年中国教育发展整体概况的官方编纂年鉴，对于国立中学的介绍理应最为完整与准确，这也为日后对其的研究奠定了坚实基础。

　　全面抗战时期国民政府教育部先后在大后方创办过34所国立中学，其中，国立第一至第二十二中学以成立先后顺序命名。此外，还有12所国立中学或以特征，或以人名，或以地名加以命名，分别为国立女子中学、国立第一华侨中学、国立第二华侨中学、国立第三华侨中学、国立东北中山中学、国立西南中山中学、国立汉民中学、国立东北中学、国立绥远中学、国立黔江中学、国立河西中学、国立湟川中学。②

　　从国立中学的成立时间来看，1934年1所（国立东北中山中学），1937年3所（国立第一、二、三中学），1938年8所（国立第四、五、六、七、八、九、十中学、国立东北中学），1939年5所（国立第十一、十二、十三中学、国立华侨第一中学、国立绥远中学），1940年1所（国立第十四中学），1941年5所（国立第十五、十六、十七、十八中学、国立华侨第二中学），1942年6所（国立第十九、二十、二十一、二十二中学、国立女子中学、国立华侨第三中学），1943年2所（国立西南中山中学、国立汉民中学），1944年3所（国立黔江、

---

① 教育部教育年鉴编纂委员会．第二次中国教育年鉴［M］．上海：商务印书馆，1948：1．
② 郑锦涛，黄作华．国立中学的回忆：第三辑［M］．北京：中央文献出版社，2007：35-57．

河西、湟川中学）。①

据研究者日后统计，1937—1939 年间成立的国立第一至第十三中学，设立原因较为单一，均是为收容此阶段各地流亡中等学校员生，使其得以施教受教，且多以教育部委派专人筹办，或设置国立中学筹备处，设立方式多为从无到有。而从 1940 年以后，大部分国立中学的创设原因逐渐由收容流亡员生这一单一原因转为其他目的，且设立方式有别于前期。1941 年成立的 5 所国立中学均不是单纯为收容流亡员生而专门设置，其或是由原有的教师服务团附设之中山中学班改制而成（国立第十六和十七中学），或是旨在收容回国华侨学生（国立第二华侨中学），或是为收容保育生而设（国立第十五中学），或是合并其他国立中学成立（国立第十八中学）。出现如此转变，主要源于 1940 年后教育部开始尽量减少设立国立中学的立场所致。②

1945 年 9 月，教育部在重庆召开全国教育善后复员会议，决议中等教育仍以地方办理为原则，并拟定国立中学复员办法。教育部依照各个国立中学之沿革分别交各省教育厅办理，师生则资送返乡继续从教就学。复员工作于 1946 年 5 月开始，1946 年年底基本完成。需要指出的是，国立中学复员工作开始之时，原先的 34 所国立中学仅存 29 所，其余 5 所均在此之前业已结束办学使命：国立东北中学于 1941 年 10 月停办，所属师生大部分并入国立第十八中学；国立第十五中学于 1945 年秋改组为国立荣昌师范学校；国立第十七中学于 1945 年改组为国立江津师范学校；国立第二十中学于 1945 年拆分合并至其他国立中学；国立第一华侨中学于 1944 年 8 月结束办学，所属各部拆分并入其他国立中学。③

回顾全面抗战期间国立中学的办学实践与育人成就，日后看来，无论当初创设国立中学的主观动机和目的如何，就其客观作用与影响而言，其积极正面的办学意义与历史地位不容忽视。

席泽宗，1941 年至 1944 年初中就读于国立七中，1944 年至 1947 年高中就读于国立西北师范学院附中。多年以后，在已是著名天文学史专家、中国科学院院士的席泽宗看来，正是由于国立中学于抗战期间积极作育人才，才为中国知识界日后为人所熟知的面貌呈现于世奠定了基础：

---

① 许咏怡. 抗战时期的国立中学研究（1937—1945）［D］. 台北：政治大学，2019：25-26.

② 许咏怡. 抗战时期的国立中学研究（1937—1945）［D］. 台北：政治大学，2019：27-29.

③ 教育部教育年鉴编纂委员会. 第二次中国教育年鉴［M］. 上海：商务印书馆，1948：375-404.

这些国立中学学生的教育、吃和住都由国家包下来，现在看来，这是国民政府在中等教育方面所做的一件大事，可以说是一项战略措施。抗战时期，我国大部分国土沦陷，这么多学生流离失所，流落街头，如果国家不集中这些学生，不对他们施行正常的中学教育，恐怕现在中国的知识界大概是另外一个样子！①

黄作华，抗战时期流亡入川，初中就读于国立十二中，高中就读于国立青木关中学，日后为西安科技大学教授。其在晚年参与主编皇皇六册关于抗战时期国立中学的回忆录，为后世完整认知和了解国立中学留下了宝贵史料。他在晚年对于国立中学抗战办学的评价可谓客观公允：

我们要以历史的眼光，从全国的角度，甚至从世界反法西斯的着眼点来看待国立中学这一特定事物的出现、发展和结束，要阐述它的重大意义，为它歌功颂德唱赞歌。因为世界上还没有哪一个国家能像中国在抗战时期所做的那样，从战区把大量难童和青少年流亡学生抢救出来，给他们办保育院（进行小学教育）或送进国立中学公费学习，使他们免于饥寒交迫、流离失所和当亡国奴，这不仅是拯救了生命，还把难童和流亡学生培养成了抗战建国的有用人才，其时间之长、范围之广、人数之多和成绩之大，可谓空前绝后、举世无双，故值得大书特书。②

① 席泽宗，郭金海．席泽宗口述自传［M］．长沙：湖南教育出版社，2011：44-45.
② 郑锦涛，黄作华．负笈千里山水间［M］．北京：中央文献出版社，2011：71.

第四章

流亡："在风沙中挺进"

一、"现代中国，有个名词叫流亡学生"

现代中国，有个名词叫流亡学生，它前后有三个梯次：第一梯次，"九一八"事变发生，东北青年入关；第二梯次，"七七"抗战开始，沿海各省青年内迁；第三梯次，内战期间，各地青年外逃。我是第二梯次，也就是抗战时期的流亡学生。那时流亡是一种潮流，流亡的青年千万百万，流亡很苦，很孤独，有时也很壮烈，危险。①

上述文字见于散文大师王鼎钧的回忆录《怒目少年》，这部回忆录记述了山东兰陵少年王鼎钧 1942 年至 1945 年作为流亡学生辗转安徽阜阳、河南宛西和陕西汉阴等地的求学经历，收容王鼎钧的学校正是抗战时期创办于安徽阜阳的国立第二十二中学。抗战中期，私立山东成城中学成立于安徽阜阳，旨在救济来自江苏和山东的流亡员生。1942 年 8 月，改组为国立第二十二中学，校本部设于阜阳柴集，一分校设于浚湖，二分校设于西关打蛋厂，师范部设于三王寨，校长由二十八集团军总司令李仙洲兼任。后因战局关系，迁校至陕西汉阴及安康继续办学直至抗战胜利。② 1942 年夏天，17 岁的王鼎钧离开家乡前往国立第二十二中学求学，进入的正是二分校。

1931 年，九一八事变后大量东北流亡青年进入关内形成了流亡学生这个新名词。在王鼎钧划分的关于流亡学生的三个梯次中，前两个梯次均与国立中学关系密切。在第一个梯次中，正是大量东北流亡学生入关，才为日后国立东北中山中学和国立东北中学的创办奠定了基础。1932 年 9 月，东北人士为收容东

① 王鼎钧. 怒目少年 [M]. 北京：生活·读书·新知三联书店，2013：3.
② 教育部教育年鉴编纂委员会. 第二次中国教育年鉴 [M]. 上海：商务印书馆，1948：395.

北流亡学生在北平创办私立东北中学，1935 年迁至河南鸡公山继续办学。全面抗战爆发后，学校再迁四川三台。1938 年 3 月，教育部接受改组更名为国立东北中学。1941 年 10 月，学校停办，师生大部分并入国立第十八中学①。而在第二个梯次中，流亡学生与国立中学的关系则更为密切，因为全面抗战爆发后创办国立中学的初衷，即着眼于收容和救济来自沦陷区和战区的中等学校流亡员生。② 二者几乎是一体两面、互依共存的独特存在：谈及国立中学则流亡学生必不可少，言及流亡学生则必涉及国立中学。

　　"战区流亡学生"这一特定条件下获得的知青名称，是一个光荣的称呼，寓含着抗日爱国的行动、艰难困苦的锻炼和拼搏奋斗的精神。这是一个抗战中出现的特殊群体，关系到中国未来的特殊群体，它涵盖了全部国立中学的中学生，当然也包括了当时流浪来到后方的无数大学生和师范生、专科生。这批战区流亡学生遭遇不同，但大多数经过战火的洗礼；日寇铁蹄的侵扰践踏、逃难流亡、敌机轰炸……③

1942 年夏，正在上海东吴大学附属中学就读高中二年级的上海青年王洪溥决意逃离上海前往大后方求学。当 18 岁的他摊开地图册，寻找前往重庆的路线时，不无惊讶地发现"这条路线曲曲弯弯，历经江苏、安徽、河南、陕西、四川五省，从地图的比例尺看，足足有七八千里"。多年以后，他将 1942 年 7 月上旬到 9 月中旬这段时间形容为"漫漫险路西行记"，用他自己的话来说，"那个夏天我跋涉八千里，多次面临死亡的威胁，吃尽了千辛万苦，是我生命中的一次'长征'"④。辗转抵达重庆的王洪溥插班进入位于江津办学的国立九中高一分校就读高二，1944 年考入复旦大学新闻系，日后其改名王火，以长篇小说《战争和人》三部曲荣获中国国家图书奖及第四届茅盾文学奖。2006 年当其应邀为即将出版的《国立中学的回忆》一书作序时，面对这本由抗战时期国立中学校友们编撰的回忆录，回想自己当年流亡求学的艰辛历程，王火写就了上述饱含深情，形容流亡学生的文字。

---

① 教育部教育年鉴编纂委员会. 第二次中国教育年鉴［M］. 上海：商务印书馆，1948：402.
② 经研究者统计发现，1937—1939 年间成立的国立第一中学至国立第十三中学，都是为了收容 1937—1939 年国内失学或失业的公私立中等学校员生而设置，设立原因较单一。许咏怡. 抗战时期的国立中学研究（1937—1945）［D］. 台北：政治大学，2019：28.
③ 黄作华，郑锦涛. 国立中学的回忆［M］. 北京：中央文献出版社，2007：序言 2.
④ 王火. 独特生涯［M］. 深圳：海天出版社，2019：92-93.

在王鼎钧和王火关于流亡学生的刻画中，都不约而同地提及流亡学生求学之路的艰难困苦。的确，流亡学生在漫漫求学路上所遭遇的种种艰辛，如非亲身经历，后世其实很难想象其中的不易，也很难体会其中的真味。因此，从流亡学生踏上前往大后方的坎坷求学之路谈起，可能是后世走近国立中学，加深对其办学的理解所需进行的首要工作，同时也能够对以王鼎钧和王火为代表的众多国立中学校友时隔多年仍然对国中岁月念兹在兹形成更为深刻的理解。

全面抗战爆发后，从沦陷区和战区撤退的流亡员生纷纷涌向后方，撤退方式大体可以分为集体流亡和个人流亡两种方式。所谓集体流亡，是指沦陷区和战区的流亡师生以一校或数校为单位，有组织地向后方撤退。个人流亡则是指沦陷区和战区的流亡师生以一人独行或数人结伴的方式向后方撤退。

国立第六中学是师生有组织集体流亡的代表。全面抗战爆发后，山东省教育厅草拟山东省各中等学校内迁方案，动员尚未沦陷的各县中等学校积极做好内迁准备，最终集合全省中等学校师生近三千人，1937 年年底动身，1939 年年初抵达四川绵阳等地办学直至抗战结束。整个迁徙过程历时一年有半，其间，师生依次经过山东、河南、湖北、陕西和四川五省，整个行程长达七千里。[①] 有鉴于此，国立第六中学日后也被国立中学校友形容为"是所有国立中学中受苦最大、磨炼最深的学校"[②]。

国立第八中学同样是师生有组织集体流亡的代表。受战局影响，1938 年 5 月，安徽省立颍州中学、颍州女子中学和颍州师范学校决定联合迁至河南潢川，之后又奉部令迁往武汉，在武汉以颍属三所中等学校和四个安徽省立临时中学为基础正式成立国立安徽中学，1938 年 8 月启程前往湘西办学，后更名为国立第八中学。[③]

相较于有组织的集体流亡而言，面对漫长而坎坷的求学之路，个人流亡所要面对的危险无疑更为复杂，所需承担的风险无疑更不可测，所需承受的压力无疑更大，这种危险、紧张、无助和压力，不仅当时频频见诸流亡学子的自述，亦能够在其日后的回忆与自述中俯拾可见。

---

① 李力. 私人记忆与历史重建：抗战时期国立第六中学大后方办学研究 [J]. 教育与教学研究，2022，36（7）：1-19.

② 黄作华，郑锦涛. 国立中学的回忆 [M]. 北京：中央文献出版社，2007：23.

③ 刘敬坤. 抗战时期颍州三校西迁记 [Z] // 蚌埠市政协文史资料委员会. 1938—1946 烽火弦歌：国立八中回忆录. 水利部淮河水利委员会印刷厂，2000：47-52.

全面抗战爆发之初，随着失学学子陆续从沦陷区辗转流亡至大后方，便不时能够从期刊上看见由他们所总结的关于自己流亡经验的心得或体会。1938 年，一位名叫史朗的国立四川中学学子将自己和同学们从各个沦陷区辗转逃亡至四川合川求学的经历总结为"击破四重难关"：

> 可真不容易，我们来到这"天府之国"的四川。一重重的共有四重难关要我们各个去击破。首先从战区逃出来就算一件很难的事，战争以图画在我们是鉴赏得太多了。你问我们中间任何一个："日本飞机是怎样轰炸的呀？"包管你可得到十分满意的答覆（复）。因为人叙述他本身最深刻印象的经验总归是生动的，纵或他是个木讷者。当我们在汉口长沙或宜昌登记后，又来了第二个难关，"我们什么时候才能动身赴四川呢？"这个问句是我们每人所具有的，候呀，候呀（差一点眼球急突出了），到底我们是踏上了轮船。到宜昌又住下了，因为我们人多，而且在宜昌候船的人更多。船却少，又是候，两天，八天，二十天，我们足足住了一个月，每天担心敌机"光降"，然而终于又走了。……二十天后我们算是长长及吸一口畅快的气，踏上重庆的岸了。但这还不是我们旅途的终点，有一天我们又一批批的（地）来到合川，北碚，文星场，这三个小小的地方。是谁说了这样一句笑："三个月走三千里路，我们还是生活在土车子赶长路的时代呢"，这可算第三个难关。不忙呢，这是最后一个——编级试验，把这一关平安地闯过，同学们才天真地笑一笑说："现在到了'安全'地带，我们可以翻翻书了。"①

全面抗战爆发后，正在北平四中就读的郭耀东被迫停止学业，回到故乡绥远风镇。平津沦陷后，日寇沿平绥路西进，山西大同沦陷，绥远最终被占领。不愿在沦陷区生活的郭耀东，跟随几名即将前往宁夏的士兵开始了艰苦的流亡之旅。有鉴于经山西前往宁夏这条路线已无可能，他只能选择骑马由包头往西，经过五原、临河诸县这条业已荒废的古道前往大后方。他的朋友曾如此描绘郭耀东孤身一人途经磴口、石嘴子、平罗等地时的场景：

> 黄沙满地，四无人烟，饿的时候，便吃点干粮充饥；晚上要是没有赶上站口，就披着羊皮，躺在沙地上面，皎洁的月光照着静寂的一望无涯的沙漠，唯一的点缀品，就是少年漂泊者郭君和他的共甘苦的马，当时他深深地领略到"举头望明月，低头思故乡"这两句古诗的韵味；有时狂风大

---

① 史朗 . 在国立四川中学 ［J］. 学生半月刊，1938（2）：31-32.

作，飞沙似帐，天昏地暗，真是举步维艰，只得下马静坐，默祝上帝保佑，如此日行数十里，所幸还没有病倒，但是何日才能到达目的地呢？那只有天知道了！……①

经过十余天的跋涉，郭耀东最终抵达宁夏。由于生活成本昂贵，其卖掉随身马匹后，再次乘坐汽车前往西安。眼见西安亦在日寇威胁之下，加之亲友业已逃亡四川，路费行将告罄的郭耀东"只得毫无目的地又买车东下"。其由西安到郑州，再转车到汉口，又从汉口乘船抵达宜昌，再乘船到重庆。在重庆寻觅亲友未果，不得已又乘车前往成都。至此，郭耀东为时两月的流亡历程告一段落。

尤为难能可贵的是，抗战时期冒着生命危险由沦陷区前往大后方求学的众多身影中，除上述中学学子，还有年龄更为稚嫩，身体更为弱小的小学生们。

1944年4月7日，方钢、于立天、庞坚这三名毕业于微山湖畔柳泉小学的山东小学生，决定结伴穿越日寇封锁线，前往安徽太和国立第二十一中学求学。历经半个月的跋涉，他们最终安全抵达太和。对他们三人而言，此次特殊经历可谓毕生难忘，他们决定用稚嫩的文字如实记录下此次流亡求学经历，最终这篇殊为难得的流亡实录以《我们来自微山湖》为题发表于国立第二十一中学校刊第四期。以下是他们给这篇文字所写的按语，至今读来依然可以真切地感受到他们的勇敢与热情：

> 编辑先生：我们生长在自由祖国的土地上，而却遭受敌寇无情的铁蹄的践踏，我们忍气吞声地上完了柳泉小学，怀着满腔的热血，想投奔祖国的怀抱，我们三个十多岁的小孩子，离别了甜蜜的家园，亲热的母怀，向着我们的目的地——太和，冒险前进，有志竟成，我们居然撞过了千难万险，来到此处，爰将沿途经过写出，以志不忘。我们预备投考贵校，如此文值得登出，请修改刊载学生习作栏，我们将引为荣幸。②

无独有偶，1942年9月，在距离安徽太和一千一百公里左右的甘肃清水国立第十中学也接收了六名来自河南内乡的小学毕业生，他们也同上述三名山东小学生一样，在就读国立十中初中期间以《幸运》为题将一篇数千字的流亡实录发表于校内名为《流浪》的墙报上。

1942年七八月间，王俊昌高小毕业于河南内乡县战时难童教养院。适逢位

① 战区来川同学访问记：北平四中郭耀东同学流亡的话 [J]. 学生半月刊，1938（4-5）：20-21.

② 方钢，于立天，庞坚. 我们来自微山湖 [J]. 国立二十一中学校刊，1944（4）：9.

于甘肃清水办学的国立第十中学在内乡邻近的镇平县招生，其与同班十几名同学均被录取。由于需要自费前往清水报到，考虑到路费问题，最终只有包括王俊昌在内的六名同学决意前往国立十中求学。8月中旬临动身出发前夕，第二集团军司令孙连仲的车队前往西安恰好路经教养院，王俊昌等人得以搭乘便车抵达西安。在得知六人没有路费乘坐由西安前往宝鸡的火车，孙又给他们二百元车费。在经历了错过车次和空袭警报之后，六人终于艰难抵达宝鸡。由于从宝鸡到清水还有二百多里路程，途中还需翻越关山，出于安全考虑，六人决定和西行的商队结伴而行。9月底，当六人抵达国立十中时，学校已经开学一月有余。考虑到他们情况特殊，学校破例为他们办理了入学手续。①

如果说从上述数人的流亡经历还看不出太大危险，那么尹宝玺自述其当年从沦陷区冒死穿越日伪敌占区前往安徽阜阳国立第二十二中学求学的经历，至今重读依然令人精神高度紧张。而其在回忆中提到的由沦陷区前往大后方所需进行的诸多准备，其详尽和细致程度，日后看来，堪称沦陷区青年前往大后方求学的攻略和指南，从中依然可以十分真切地感受到当时流亡学生向往自由和努力求学的坚定与不易：

> 学生外出求学，在家要准备好充足路费和简便行装，首件要事，每人须在原籍警察局办好一份日伪良民证（初为身份证，后为居住证），好通过行程迢远的沦陷区。搭乘汽车火车等交通工具，得编好一套忆想，熟悉的对答谎词，应付鬼子汉奸们的站卡盘查。三五人为一组，年龄较大者应费神操心，照顾好同行年轻伙伴，严防意外事件发生。初出大门的陌生人们，往往精神紧张，说不好岔头要被扣留、拷打或杀头，闻之不寒而栗，甚至谈虎色变，要把心胆警觉提起到最高程度。下车后须将伪钞（有联合准备、储备两种）换成法币（中央票）。黑市交易，兑换比值，中间人常明要辛苦钱，暗地又捞一把油水。住宿客栈或吃餐馆须向老板茶房们多付小帐（账），提防这伙人打黑报告，搬弄是非惹出问题，招来不必要的麻烦，更重要的是在准备长途跋涉登程以前，打听好沿途行径，望求通过三类不同地区，安全无事。（1）日伪敌占区：从下车县城到边界的沿途集镇日寇汉奸，多在中心大街或通道要口，设立伪据点构筑工事，观众见之生畏，行人望而却步，人们尽量设法转道绕行避免不幸遭遇。汪伪治安军虽戴青天白日帽徽，千万别错认为国民军。（2）两不管地区：也就是敌伪和国民军

---

① 夏冰（王俊昌）. 幸运：千里求学上清水［Z］//清水县政协文史资料委员会，国立第十中学校友清水联谊会. 清水文史：第2辑. 1993：108-112.

部队彼此舍弃的真空区域，双方都来催粮要款，有时进行拉锯战斗，逼得民不聊生。过路行人要把主要钱物藏好，警惕有歹人的抢劫。（3）国民军占领区：正规军有的纪律松弛，见财生心；有些招安部队原系土匪改编，恶性未泯，故态复萌混同不肖之徒，习难过路行人，扣押学生良民证，无端生非，惹事寻衅借故敲诈勒索，学生们也只好忍气吞声，默认国难当头，军事第一，有枪就是草头王，百事忍让为上，从而作为罢论。①

类似于上述尹宝玺的自述日后也见诸其他国立中学学子们的回忆之中，而且从每个人的流亡经历中既能真切地感受到当年所有流亡学生都能在逃难旅途中体会到的艰难困苦，同时又能真切地感受到每个人各不相同，甚至极富传奇色彩的流亡体验。

二、前途渺茫，幸遇国中

国立中学的创办为沦陷区和战区因失学而流亡的诸多青少年，提供了宝贵的求学机会，重新指明了生活的方向。

全面抗战爆发后，正在南京江宁中学就读初中三年级的刘国光，跟随母亲和堂姐乘船辗转流亡至重庆。年仅 14 岁的刘国光，身处异乡，精神上极为苦闷，用他自己的话来说，"尽管生活有了着落，但是，孤独的情绪难以排解，如同《流亡三部曲》所唱的，'整天价在关内流浪'"。"独在异乡，我能去的地方只有书店和戏院，只有那些地方才能打发时光，填补我的精神空虚。"这种境况的结束源于有一天他在街头偶遇昔日同窗，无意中得知国立四川中学的存在。1941 年，国立二中高中毕业的刘国光顺利考入国立西南联合大学经济系就读，1946 年毕业。时隔多年，已是著名经济学家、中国社会科学院学部委员的刘国光如此描绘当年的这一场景：

> 有一天，我在重庆街头闲逛，意外地遇到了宁中好友徐兴嗣（路翎），大喜过望。……我从他那里了解到，早在 1937 年年末，政府就在汉口、宜昌、重庆等地先后设有沦陷区流亡学生登记处，将一些失学、失散的学生登记在册。很多流亡学生知道后都前去登记，全国各地来的学生都有。有这么多学生，不教育不行，后来就组织这些学生入校教育。而且战局瞬息万变，要不断地西迁，因此就要将这些学生分期分批地送往后方。……我

---

① 尹宝玺. 难忘的岁月［Z］//国立第 22 中学校史编辑委员会. 难忘的岁月：国立第 22 中学校史资料汇编：第一集. 宝鸡：渭滨印刷厂，1999：31-33.

也在重庆登了记，……由于我登记得比较晚，所以一直挨到当年四五月间才到江北县四川中学报到，后来四川中学也改为了国立二中，……从1938年的年中一直到1941年7月，我在合川前后共三年时间。①

江苏常熟少年徐泉涌，1934年考入无锡洛社乡村师范学校就读，1937年，日寇在上海发动"八一三"事变，徐泉涌正在无锡农村的一所小学实习，距离毕业仅差一学期。有鉴于学校停办，徐泉涌与其他四位同学途经溧阳、高淳、芜湖向安徽西南一带流亡，徒步八天，最终抵达安庆。在安庆候船前往武汉期间，难民们蜂拥登船导致失足落水的场景给他留下了终生难忘的印象："一天夜里，船来了。我们随难民蜂拥上船，因为码头和轮船之间的栈桥太窄，还不时传来日军飞机的轰炸声，慌乱中有人被挤落到了长江里。惨叫声、呼救声撕心裂肺，让我终生难忘。"最终搭乘救运伤兵和难民的轮船抵达武汉的徐泉涌一行，被安置在江苏省第一难民所。在难民所居住的两个月里，喜欢数学的他正在为报考陆军炮兵学校还是延安抗日革命大学犹豫不决时，筹办国立中学的消息彻底改变了他的人生选择。1938年春至1940年夏，徐泉涌在国立第三中学师范部就读两年有余。毕业前夕，有鉴于教育部规定高中师范科毕业生必须从教一年方能报考大学，升学心切的他，在一张空白的高中肄业证书上将自己的名字改为徐利治，于1940年夏以同等学力资格参加全国大学统一招考，以409分被唐山工程学院录取。1940年9月，徐利治转学至国立西南联合大学航空系。休学一年后，出于对数学的热爱，徐利治转入国立西南联合大学数学系就读直至1945年毕业。多年以后，已是著名数学家的他对当时的场景有过描述：

> 正在为选择前途而踌躇的时候，我又看到了报纸上登出教育部为安置流亡学生兴办"国立临时中学"并要招生的广告。那个时候，我的内心已经萌发了想做数学家的理想和愿望，最后我做出了去贵州铜仁国立第三中学高中师范部求学的选择。②

1938年冬，11岁的席泽宗进入山西垣曲县立第一小学就读初小。1941年5月，日寇占领垣曲。5月30日，正在家中吃饭的席泽宗与六七个乡亲被一名荷枪实弹的日本兵强征民伕（夫）。在被押解的途中，席泽宗侥幸逃脱，进而下定决心前往西安投靠亲友。在冒死穿越日军封锁线，抱着木头渡过黄河后，席泽宗辗转抵达西安。用他自己的话来说，"我到西安后打算考学，但对西安有什么

---

① 刘国光，桁林，邢桂琴．刘国光［M］．北京：社会科学文献出版社，2017：13-21.
② 徐利治，袁向东，郭金海．徐利治访谈录［M］．长沙：湖南教育出版社，2009：16-25.

学校和如何报考都两眼一抹黑"。正在此时，偶然得知国立七中在陕南洋县办学的消息，无疑为他指明了方向。席泽宗日后曾对此有过回忆："非常凑巧的是，有一天一个叫杨绍文的到我三姨父家借钱，说要投考在陕南的国立七中。他是我在垣曲县城内关帝庙后宫私塾读书时的同学杨焕文的弟弟。……杨绍文来借钱后，三姨父认为这正是一个很好的机会。于是，他就让杨绍文带我去陕南报考国立七中。"1941 年 7 月中旬，席泽宗一行三人先乘坐火车抵达宝鸡，然后用一周时间徒步翻越秦岭抵达洋县国立七中校本部。8 月中旬，席泽宗顺利通过入学考试进入二分校就读初中第 19 班。1944 年夏，初中毕业后考入国立西北师范学院附中就读高中直至 1947 年 5 月毕业。1947 年 10 月考入中山大学天文系。日后成为天文学史家、中国科学院院士的席泽宗自述："在我的一生中，有许多机缘巧合之事。遇见到三姨父家借钱的杨绍文，就是其中一件。要不是遇见他，我在西安还不知道下一步该如何走，也不可能到国立七中上学。"①

1945 年秋，江西青年王梓坤考入江西吉安国立第十三中学就读高一。据他自述，自己与国立十三中结缘纯属偶然和无心之举：

> 毕业后暑假在家劳动，十分辛苦。母亲兄长都对我说："你看，家里穷成这个样子，上高中是绝对不可能了。"我自己也觉得家里已尽了心，不能再给家庭添困难了，所以也就死了继续上学的念头。于是，每天从早到晚去田里帮工，功课渐渐丢到了九霄云外。日子就这样一天天过下去，忽然，一个晚上，奇迹出现了。我收工回来，脚还未洗，遇到同村的王寄萍，他问我愿不愿去考高中？我说当然愿意，只是我身无分文，没有去吉安的路费。他说我帮你。我又说，我的初中毕业文凭因欠学费还扣在吉安中学，没钱去取。他又说我帮你。这真是喜从天降，但怎么对家里说呢？他们是不同意我再上学的啊。我只好说了一个谎，说是去报考银行。那时邮局和银行都是铁饭碗，母亲和兄长当然同意。于是免去劳动，让我温课；我便跑到山上树林里，大约复习了一星期，便跟着王寄萍去吉安考十三中。……两天考完后，回到家里，又是整天在田里拼搏。……一天晚上，我刚从地里回来，把小桌搬到门口准备吃晚饭，点上一根灯草小油灯，光小如豆，脚还没洗呢。忽然有人拿了一张红纸跑来，边放爆竹，边大声喊："恭喜！恭喜！考上了。"②

① 席泽宗，郭金海．席泽宗口述自传［M］．长沙：湖南教育出版社，2011：13-68.
② 裘法祖，师昌绪，戴复东，等．共和国院士回忆录：一［M］．上海：东方出版中心，2012：102-103.

时隔多年，已是著名数学家、中国科学院院士，曾经担任北京师范大学校长的王梓坤，在忆及这段往事时，依然对于有幸就读国立十三中感慨万分："现在回过头来看我求学青原山的过程，如果没有王寄萍的帮助，如果没有十三中的录取，我的最高学历是初中毕业，我走的会是另一条完全不同的道路。"①

全面抗战爆发后，正在江西九江就读小学的潘际銮，开始了跟随家人颠沛流离的逃亡生活。"1938 年，年仅 11 岁的潘际銮跟随家人从九江—泰和—衡阳—桂林—昆明，一路向西，历尽万难，九死一生。"用潘际銮自己的话来说："中学算上打工、做生意共花了六年，念了六所中学。"1943 年，正跟随姐姐在昆明郊区的易隆整车厂做临时工的潘际銮，一边做工一边自学完成高一和高二的课程。父亲偶然得知设在昆明，专为华侨子弟设立的国立西南中山中学不收学费，同时也招收非华侨子弟，于是便鼓励潘际銮投考，最终被顺利录取。1944 年，潘际銮以国立西南中山中学高中毕业会考第一名的身份被保送至国立西南联合大学机械系就读，1946 年复校进入清华大学就读。中华人民共和国成立后，潘际銮在国内高校首创焊接专业，成为我国焊接领域的开拓者与奠基人、中国科学院院士。②

国立中学之于流亡学生所具有的巨大吸引力，不仅体现为其对失学失业学子的影响方面，而且即使当时已有就业着落的学生同样为其所吸引。

王斌，原名王世德，湖南省航空学会工艺委员会主任、高级工程师。全面抗战爆发前，其考取位于浙江丽水的省立第十一中学，享受公费待遇。1939 年春，丽水频繁遭遇日寇飞机轰炸，王世德改名高二一王姓同学姓名后考取国民政府军政部在丽水招收的学兵队，并于当年 3 月随队辗转江西、湖南和贵州。行军途中其偶闻教育部设立国立中学招收沦陷区流亡学生，而且成绩优异者可以享受公费待遇，遂从学兵队不辞而别，投考贵州铜仁国立第三中学，最终名列第一被录取。1943 年高中毕业后被保送至贵州遵义国立浙江大学就读，其同时考取国立西南联合大学和中央大学，怀抱航空报国志愿的他最终选择就读国

---

① 裘法祖，师昌绪，戴复东，等．共和国院士回忆录：一［M］．上海：东方出版中心，2012：102-104.

② 张钧．述林 1：战争阴云下的年轻人：1931—1945 中国往事［M］．桂林：广西师范大学出版社，2016：3-14. 1943 年 3 月，教育部在云南昆明东郊正式创办国立西南中山中学，全校分中学和职业两部，中学部为国立第一华侨中学呈贡分校改组而成，职业部为国立同济大学附设高级工业职业学校留滇部分改组而成。参见教育部教育年鉴编纂委员会．第二次中国教育年鉴［M］．上海：商务印书馆，1948：400.

立中央大学航空工程系。①

1937 年年底南京沦陷，日寇逼近安徽。正在无为县一所中学读书的夏世铎面临学校解散的困境。在和同学们临别时，年轻的他赋诗一首："人世沧桑难预料，畅欢未久又萧条。哪年哪月再相见？更怕别闻离曲遥。"2014 年，时隔 77 年之后，已经 95 岁高龄的夏世铎在接受采访忆及于此时，依然清晰地记得这首诗。在和家人从无为一路辗转流亡至长沙后，夏世铎考入湖南省公路工程处担任书记员，月薪三十块大洋，主要工作为撰写公文。1938 年，得知国立安徽中学在湘西招生，仅仅工作半个月时间的夏世铎毅然辞去旁人甚为羡慕的工作，考入国立安徽中学就读。就读两学期之后，其于 1939 年高中毕业，并于同年考入国立西南联合大学法律系就读。②

三、历经万难，负笈国中

国难当头，离乡背井。跋山涉水，毅然西行。路途艰险，一言难尽。封锁线上，动魄惊心。赣江夜渡，如履薄冰。泰和翻车，几乎丧生。风餐两月，始抵昆明。辗转云贵，负笈渝城。中大附中，肇基南京。抗战期间，西迁重庆。千教万教，教人求真。千学万学，学做真人。艰苦岁月，不负青春。桐油灯下，同窗情深。巴山蜀水，常入梦境。当年国耻，铭刻在心。③

沈烨如，1925 年出生于浙江平湖，1941 年夏初中毕业于上海惠灵中学。随着太平洋战争爆发，日寇占领上海租界，辍学的沈烨如决意前往大后方求学。历经辗转，其于 1943 年春进入重庆国立中央大学附中高中部就读，1946 年高中毕业。

多年以后，身为浙江平湖中学退休高级教师的沈烨如回忆抗战时期自己的流亡求学历程时写就了上述四言诗。此诗可分为两部分来看，前半部分主要描绘当年沈烨如历经千难万险，跋山涉水，从上海前往重庆求学的艰辛历程。虽然诗句中并未详述，但依然能够从诸如"封锁线上，动魄惊心""赣江夜渡""泰和翻车"此类的字句直观地加以感受。后半部分主要阐述抗战时期国立中央大学附中受教经历对其为人为学所产生的至深至远的影响。正如日后受教于沈

---

① 湖南省航空学会工艺委员会主任、高级工程师王斌［Z］//中国人民政治协商会议浙江省龙泉市文史资料研究委员会. 龙泉文史资料：第 13 辑. 1993：1-2.

② 张钧. 述林 1：战争阴云下的年轻人：1931—1945 中国往事［M］. 桂林：广西师范大学出版社，2016：307-309.

③ 陆永祥. 我敬重的沈烨如老师［M］//许祖云. 青春是美丽的：第五集. 南京：江苏科学技术出版社，2013：180-181.

烨如的学生对此诗的评价："此首四言诗写得慷慨激越，大气磅礴，情真意切，一气呵成。而作为爱国青年，不畏艰险，拳拳之赤心，栩栩跃然于纸上矣。"①

日后来看，沈烨如的流亡求学经历不过是抗战时期众多流亡学子毅然排除万难，执着地向着大后方挺进的缩影。无论是沈烨如在诗作中提及的冒死穿越封锁线，还是涉险渡河，抑或翻车几乎丧命，他所遭遇的无论是天灾还是人祸，都可以从与其同时代的流亡学子的回忆中找到相似的例子。

湖南少年朱镕基徒步从长沙前往湘西求学。1944 年秋，设在湘西的国立第八中学委托第九战区面向沦陷区招考失学青少年，就读于湖南省立第一中学的长沙少年朱镕基连同其他一百余名学生均被录取。1944 年 10 月，年仅 16 岁的朱镕基，离开饱经日寇侵略之苦的长沙，徒步从新化、溆浦、辰溪、泸溪，远涉千里，抵达湘西永绥国立八中，开始了长达两年半的国立中学求学生涯。② 周继溪，初中时与朱镕基同为湖南广益中学初 39 班同学，高中就读国立八中时期亦与朱镕基同班。1944 年 4 月至 11 月，年仅 16 岁的周继溪独自一人从湖南泸溪徒步前往永绥国立八中。虽然朱镕基流亡求学的路线与其不同，也未留下更详细的相关描述，但是从周继溪日后的自述中，依然可以想象少年朱镕基流亡旅途的艰辛。

> 1944 年 4 月至 11 月，基本上我是走在雪峰山上，住在雪峰山上，走的羊肠小道，崎岖的山路，穿的是草鞋，最后无钱买草鞋，只好赤脚，日行十里、八里，停停走走，历经艰辛。一根竹竿相伴而行。……几个月中，竹竿伴我行千里。吃的是土豆、红薯，穿的是单衣，晚上在农民家借宿，……垫的是稻草，盖的是稻草，唯一的一床床单作用很大，裹着身体防蚊子咬，防灰尘吸入气管。③

安徽少年伦世仪一边打摆子一边流亡。伦世仪，生物工程学家、中国工程院院士。1945 年夏考入重庆青木关国立中央大学附中就读高中，1948 年高中毕业考入国立中央大学工学院。日后他曾回忆过当年自己拖着病体从皖北前往重庆求学的历程：

① 陆永祥. 我敬重的沈烨如老师［M］// 许祖云. 青春是美丽的：第五集. 南京：江苏科学技术出版社，2013：181.
② 中共花垣县委，花垣县人民政府. 故园情：国立八中校友与花垣的往事［Z］. 湖南省化工地质印刷厂，2001：61.
③ 中共花垣县委，花垣县人民政府. 故园情：国立八中校友与花垣的往事［Z］. 湖南省化工地质印刷厂，2001：270.

　　那是 1944 年秋抗战时期，我刚 15 岁，我跟一位比我大的同学，从皖北出发，经豫南到湖北，沿汉水进入四川，最后到达重庆青木关，于 1945 年夏考进中大附中高中。我一路走，一路打摆子，非常艰苦，在河南南阳走不动了，就停过一两个月。①

　　安徽少女阚家蓂流亡途中遭遇致命的暴风雨。阚家蓂，地图学家，旅美词人。战前就读于安徽合肥女中，全面抗战爆发，其就读于安徽第一临时中学，后随校西迁至位于湘西所里的国立第八中学高女部，两年后高中毕业。1940 年考入国立浙江大学文学院史地系，1944 年毕业。时隔数十年，阚家蓂仍然对自己当年随校从安徽大别山流波瞳辗转前往湘西所里，历时近十个月的流亡生活记忆犹新，尤其对从武汉乘船前往湖南常德途中，停泊岳阳时所遭遇的致命的暴风雨印象深刻：

　　　　又是晚上。外面狂风暴雨，雷电交加，船上电灯全熄，船主命令各就各位不许乱动。我坐在船舱里，只觉得大雨滂沱，一阵闪电和雷轰之后，就有一阵呼啸声自远而近，然后打向船边，把船抬得高高的，又听得"啪嗒"一声巨响，整个的船由半空中跌回水面，跟随着一串嗡嗡声横扫舱中而过，然后片刻沉静。但过不了两分钟，第二个雷电又来，又是一阵大浪……我们屏息凝神，端坐不动，每当船跌回水面之时，似乎心都给摔出来了。这样延了两个钟点，暴风雨才慢慢停止下来。船上人告诉我们，船若开快一步，刚好在洞庭湖里，说不定会葬身鱼腹的。上天见怜，救了我们这批逃难的青年。②

　　东北少年丁耶险因日寇飞机扫射溺水身亡。丁耶，原名黄东凡，作家。1936 年考入国立东北中山中学就读，全面抗战爆发时就读于该校初中一年级。有家难回的他决定南逃。其孤身一人，先至天津，再至青岛，又乘火车前往徐州，再从徐州沿陇海路乘火车先抵达郑州再到武汉，又独自乘船前往重庆，再从重庆乘船至内江，辗转抵达国立东北中山中学办学所在地——四川威远静宁寺。行船途中，刚过三峡，丁耶所在的船只就遭遇了日寇飞机的疯狂扫射。眼看船只开始进水，15 岁的丁耶决定弃船逃生，被湍流冲向下游的他最终因体力不支失去知觉，所幸被运粮船营救脱险。时隔多年，其在自传体小说《少年的

---

① 许祖云. 青春是美丽的：第三集 ［M］. 长春：吉林人民出版社，2002：497.

② 阚家蓂. 八千里路云和月 ［Z］//蚌埠市政协文史资料委员会. 1938—1946 烽火弦歌：国立八中回忆录. 水利部淮河水利委员会印刷厂，2000：12.

磨难》中对此有过描绘：

> 大编队的轰炸机两翼由战斗机保护，穿过云层，在我们路过的万县上空打了个旋，又继续飞向西南。……半个小时后，飞机又从原路返回，路过我们船的时候，忽然有一架飞机俯冲下来，看来敌人是想把在重庆没有倾泻完的子弹投到我们头上。人们在甲板上慌作一团，不知向东躲还是向西藏。船不顾晃动得厉害，仍加足马力向江边开。敌机开始扫射了，船上一片哭喊。一会儿船向右边倾斜，人们惊慌地向左边涌去，重心又转移到左边来，人们又一齐向右边涌去，就这样反来复去（翻来覆去）地奔跑，船身也随着荡来荡去，而且倾斜的角度越来越大，我也随着疯狂的人群不自主地涌来涌去。船上几百条生命一齐发出绝望的叫喊，尽管水手长在叫骂制止，也没人听从。……就在这时，船帮已在进水，我们互相同情，互相哭泣，好像大家都已经是鬼了（那时我还相信有鬼），都是淹死鬼了。记得那一瞬间，我是多么贪恋生命。我才十五岁啊！①

河北少年师昌绪流亡途中挤火车险些丧命。1934年夏，师昌绪高小毕业考入保定师范学校。全面抗战爆发后，随着日寇紧逼保定，师昌绪和同学们开始徒步流亡南下，历经辗转，其进入国立第一中学，先后就读于师范部和高中部。高中毕业后被保送至国立西北师范学院大学先修班学习，半年后考入国立西北工学院。多年以后，已是著名材料科学家、中国科学院院士、中国工程院院士的师昌绪，仍然对当年自己从石家庄逃亡至郑州途中险些丧命火车车顶的经历记忆犹新：

> 我们数人步行南下，越过保定一直到沙河边上，铁路桥已被炸断，只有十几米长的一条独木板，桥下洪水滔滔，稍有不慎就会丧生，所以呼喊声连成一片，争相逃命，草木皆兵，天空偶尔飞翔一只老鹰，都会被误认为是日本飞机来轰炸，一幅幅惨状历历在目。步行至石家庄后，火车站内挤满了人，我和一些人不得已坐在闷罐车车顶，行至郑州车站时，忽然发现头顶上有一根装货标高的横梁，不是同车的一位哥哥及时把我按下，恐怕早已成车下鬼了，历经劫难，可谓九死一生！②

安徽少年徐成龙流亡途中一边赶路一边睡觉。全面抗战爆发时，徐成龙刚刚考入安徽省舒城中学就读初中。随着安徽省教育厅决定在皖西、皖中和皖北

① 丁耶．少年的磨难［M］．长春：北方妇女儿童出版社，1990：57.
② 国立第一中学校友会．千里逐飘蓬：第6辑［Z］．成都：2001：49.

分别成立四所省立临时中学，徐成龙所在的舒城中学成为省立第二临时中学的重要基础，四所省立临时中学后又与前文曾经提及的颍属三校在湘西合组国立安徽中学，即国立第八中学，徐成龙先后就读于国立八中初五部和高二部。徐成龙在日后曾提及，国立安徽中学在湖南沅陵成立后，其所在的初中部又开始了从沅陵徒步前往四川秀山的流亡历程，1938 年 6 月 25 日启程，9 月 5 日抵达，其间曾出现了行军途中学生们一边睡觉一边赶路的奇特场景：

> 为避免 8 月份炎夏的日晒之苦，我们曾有几晚夜行军，月上中天，万籁俱寂，我们在睡寐中迷迷糊糊地跟着身边的同学前进，常常彼此碰醒了，坐下来小憩一会儿再走。那种睡觉走路的有趣经历，大概称得上是人生中的难得机遇了。①

江苏少年汤定元一边行乞一边流亡。1920 年出生于江苏省金坛县的汤定元，初中毕业后考入无锡师范学校，就读半年后全面抗战爆发。其与同学结伴流亡至武汉，后经战区流亡学生登记处登记后，被分发至国立四川中学师范部就读。1938 年毕业后考入国立中央大学物理系，1942 年大学毕业。多年以后，已是物理学家、中国半导体学科和红外学科创始人之一、中国科学院院士的汤定元，曾自述当年其一边行乞一边流亡的特殊经历：

> 在无锡师范学校只读了半年，抗日战争爆发，我与几位老同学一道，掮着铺盖，靠沿路"求乞"步行到武汉，住进难民收容所。后来经战区流亡学生登记处登记后，随师生大队到达重庆，分到国立四川中学（后改为国立二中）师范部（在北碚镇）继续学习，这时已是 1938 年 4 月初。仅读了三个月就算毕业，留在学校里等待分配。②

失学青少年为求学乔装成伙计冒险穿越日伪封锁线。1939 年，陈明臣所在的江苏睢宁县沦陷，失学的他于 1940 年年底参加抗日游击队，一次战斗中其右臂被打断。1942 年秋，回家休养的他偶然获悉国立第二十一中学在安徽太和招收沦陷区失学青年，遂与同村的其他三名青年，化装成贩运私盐的商贩的喂马小伙计，偷越津浦线，前往国立二十一中求学。③ 一位名叫谢克銮的 15 岁少年，同样采取了化装成贩运海盐的小工的方式，冒死穿越津浦线，抵达国立二十一

① 《近代史资料》编辑部 . 近代史资料：总 107 号 ［M］. 北京：中国社会科学出版社，2003：177.
② 郑锦涛，黄作华 . 国立中学的回忆：第二辑 ［M］. 北京：中央文献出版社，2007：339-340.
③ 陈明臣 . 敌断我臂，立志报国 ［Z］// 抗日烽火中的国立二十一中 . 编印年份不详：98.

中求学。日后他曾描绘过当时穿越日伪封锁线时的惊险场景：

> 当我们步行到接近津浦路日寇封锁线时，接近午夜时分。我们快步跑过铁路大桥，大约离桥有 300 米处，一道刺眼的白光从远处铁道方向射来，紧接着是达达的机枪声。这时，带队的人传话，让我们趴下来，我们趴在地上，一动不动。等铁甲车开远了，机枪不打了，我们才爬起来，加快脚步向西南方疾行数十里，总算走出了日寇占领区，到了龙岗。①

冒着生命危险乘坐闯关车。1940 年春，16 岁的山东少年胡维兴独自一人历时半年从山东利津辗转流亡至四川绵阳，同年 9 月插班考入国立六中三分校初中二年级就读，直至 1944 年 10 月投笔从戎。1946 年 5 月，其同时报考国立北京大学、燕京大学、山东大学和朝阳学院均被录取，选择进入国立北京大学法律系的他不久转至地质系，从此毕生以此为志业。多年以后，已是地质矿产部天津地质矿产研究所研究员的胡维兴，仍然对当年从河南洛阳前往陕西潼关途中所遭遇的闯关车经历记忆犹新：

> 从洛阳到潼关约 200 公里，大都是步行，但将近潼关时却是坐的压道车，是一种用手把压行在铁轨上行驶的工程车。潼关在黄河南岸，对岸是风陵渡，那里日本鬼子的大炮正对着潼关西侧的隧道洞口，只要火车一出洞口，鬼子就向这里打炮。因此，火车停运了，压道车目标小，比较安全，即使这样，通过敌人炮火封锁口时，大家还是很紧张，拼命地压手把，全速前进，终于平安地到达了潼关。②

胡维兴的经历同样见之于历史学家宁可的回忆。1939 年秋，宁可考入国立中央大学实验中学初中一年级就读，1941 年秋转学至洛阳私立明德中学就读初二。1943 年夏，初中毕业的宁可与同学决意一齐西行，跋涉千里，前往重庆投考南开中学。时隔多年，其依然对当年出行的第一段路——坐闯关车印象深刻：

> 第一段路是坐"闯关车"，通过日军的炮火封锁区。那时日寇已占领山西黄河边风陵渡一线，河南岸有一段沿岸的陇海铁路线，完全暴露在日军炮口之下，只要火车一过，对岸射击位置早已定好，日军大炮即时开火，一打一个准。击毁列车不计其数。中条山战役以后好了点，不是每过必轰了，这才有了趁敌人发炮间隙偷过去的"闯关车"。③

---

① 谢克銮 . 难忘的母校［Z］// 抗日烽火中的国立二十一中 . 编印年份不详：280.
② 胡维兴 . 风雨七十年（1924—1994）［Z］. 天津：2010：25.
③ 宁可 . 流年碎忆［M］. 北京：北京师范大学出版社，2015：160.

幸运的是，宁可此次乘坐的"闯关车"并未遭受来自黄河对岸的炮击，闯关顺利成功。1943 年至 1946 年，宁可就读于南开中学，1946 年年底考入北京大学历史系就读。

相较于胡维兴和宁可乘坐"闯关车"时幸免遭遇炮击，前文曾经提及的由上海流亡至重庆国立九中求学的王火，则在途经潼关时亲历了毕生难忘的炮击场景：

> 傍晚，抵达阌底镇，我同马夫找了一家小客店住下。阌底镇，隔黄河对面就是日军阵地，日寇从对面风陵渡一带常向这里和潼关一带打炮。……可是，不多久，忽然被"轰！""轰！"震天般的炮弹爆炸声震醒了！天崩地裂般的炮弹爆炸声似乎就在我身边回响，地面震动。有炮弹飞啸着落在远处，远处哗啦啦地墙坍屋塌。……对岸日军仍在发炮，炮声有如闷雷，打过来落地的炮弹有火光闪耀，使大地在我们脚下猛烈震动。我的心剧烈跳动。附近爆炸的炮弹像是开花弹似的崩发。一种死亡的威胁压迫着我。我浑身汗如雨下。马匹也受到了惊骇，甩开蹄子飞奔。跑了一程，估计到达安全区了，才缓下步来。……如果炮弹恰巧打在身上或近旁，也就被打死了！①

流亡途中遭遇土匪。1939 年，一位名叫长绥的国立八中学子曾行文描绘过自己与同伴前往永绥国立八中途中偶遇土匪的惊险一幕：

> 到排碧，天色刚亮。雨也住了，这时路上没有行人，只我们三个，又十几里，全是深山大壑。没有人迹，公路沿山迂回，虽有几条捷径，具有戒心的我，决不走泞滑僻静的小道，转过山来，遇见一个土人，询问下：知道麻里场就在山下，计算已走了二十八里，山势又一转，十分险峻，忽然"砰"！我心里一震！"砰！砰！"这是什么？循着声音看见对面山上，一个短衣汉子，向天鸣枪，有向我们示威的样子，N 的脸马上白了，但都没作声，仍硬着头皮向前挺进，那汉子看看我们伤兵似的，大概不是肥羊，于是恶狠狠地盯了一眼，扬长而去，一支手枪插在腰带上，真够怕人！现在回想来，还有点忐忑。②

1939 年，山东少年刘可牧与同学在从四川剑阁徒步前往四川罗江国立第六中学第四分校的途中，也曾有过遭遇土匪的经历，所幸有惊无险：

> 我们很着急，默默地向前急走，前面更加黑暗，刚拐过一个弯，突然

---

① 王火. 独特生涯 [M]. 深圳：海天出版社，2019：136–139.
② 长绥. 赴永绥（续）[J]. 安徽学生，1939（10）：3.

听到一种叫喊的声音，非常尖利（厉）刺耳。我们愣了一下，照旧往前急走。再走二十几步，黑暗中闪出一个黑衣矮人。他挨近了我们，露出依稀可见的脸和一闪一闪的眼睛。我们照直走，没有理他。倏忽，他几乎贴着我，斜楞着身子擦过去了。……我们在树林中遇见的那个矮人确是"棒老二"，他"吆喝"是一种震慑。我们不明他的意思，照旧前进，他就不敢贸然洗劫了。①

诸如上述流亡学子们的求学经历还有太多太多，虽然无法逐一列举，但是他们执着且决绝，一心向往大后方，憧憬和渴望进入国立中学接受教育的想法却是完全相同的。1944年，一位化名怒涛的国立第二十一中学学子在校刊上发表了一篇题为《歌着吧》的诗作，抒发了其作为流亡学生挣扎着逃离黑暗，极力向往光明和自由的心声，毫无疑问，这种心声也代表了抗战时期所有经历过苦难流亡历程的学子们的集体心声，姑录于后，以志纪念：

> 歌着吧！朋友：
> 这是我们最快乐的时候：
> 现在我们已逃出了黑暗的沦陷区，
> 踏上了祖国的田野，
> 卸去了奴隶的枷锁，
> 不再过牛马的生活，
> 再不听父老们在水深火热中的呻吟，
> 再不看敌人奸，淫，烧，杀，残酷的惨状，
> 这里没有那黑暗阴险，
> 这里有的是博爱之光。
>
> 歌着吧！朋友：
> 这是我们最快乐的时候：
> 我们已投入了母校的怀抱，
> 如婴儿般地吸饮着甜蜜的乳汁，
> 这是我们的乐园，
> 我们在这里受到许多美好的教育训练。
> 这是抗战的洪炉，

---

① 刘可牧．七千里流亡［M］．济南：山东画报出版社，2015：152-153.

我们正在这里锻炼着金刚般的躯体，
准备着不久的将来，
杀回东北去，——
杀尽那可恶的，汉奸，鬼子。
为中华民族的历史上添一些光辉。
为家乡的父老们出一口闷气。
想那时定有许多人向我们赞颂，
说道：
"真正是顶天立地的中华男儿。"
……①

---

① 怒涛．学生文选：歌着吧［J］．国立二十一中学校刊，1944（7）：10.

第五章

制度："改造中等教育制度，以应战时之需要"

　　需要指出的是，全面抗战时期教育部决定在大后方创办国立中学曾经经历过态度上由消极被动到积极主动，体制上由非制度化向制度化的转变过程。[①] 国立中学的制度化开端于 1938 年年初教育部针对国立中学颁布的《国立中学暂行规程》。"1938 年年初《国立中学暂行规程》的公布，基本上可视为国立中学制度化的起步，该规程中之规定虽多尚未成熟，但已基本确认了国立中学的基本性质及运作模式。"[②] 1938 年 2 月，《国立中学暂行规程》由教育部呈送行政院会议通过并公布施行。此规程内容虽然较为简略，仅有十三款条文，但是"该规程提供了国立中学运作的基本架构，像国立中学是为收容战区失学失业中等学校员生而暂时设立；初步统一了早期国立中学的命名方式；基本规定了课程应参考抗战所需；国立中学校长及校务委员会的职权；学校基本组织架构；等等"[③]。

[①] 余子侠较早指出，"国立东北中山中学的设立，开启了由中央政府创办国立中学的先河，但作为一种学校制度的确立，乃是在全面抗战爆发之后"。参见余子侠. 抗战时期国立中学的创办及其意义 [J]. 近代史研究，2003（3）：80-123. 许咏怡对此有过较为详细的论述。教育部之于国立中学的消极态度最早见诸 1934 年国立东北中山中学的创办，因为整个过程并非由教育部或行政院主导，而是以齐世英、周天放、高惜冰、臧启芳、张莘夫等众多具有影响力且与国民党关系深厚的东北籍人士向政府寻求协助的产物。正是源于此种态度，自 1934 年国立东北中山中学成立直至全面抗战爆发，教育部并没有将国立中学制度化的打算。随着战局蔓延，大量沦陷区和战区流亡员生陆续撤退大后方，收容与救济流亡员生才成为教育部亟须面对的重大问题。而在"地方政府已无力独自处理流亡员生问题""教育部学生登记处的后续分发问题"以及"各流亡中等学校与教育界的建议"等因素的综合影响下，教育部才实质性地真正开启了国立中学制度化的进程。参见许咏怡. 抗战时期的国立中学研究（1937—1945）[D]. 台北：政治大学，2019：10-20.

[②] 许咏怡. 抗战时期的国立中学研究（1937—1945）[D]. 台北：政治大学，2019：20.

[③] 许咏怡. 抗战时期的国立中学研究（1937—1945）[D]. 台北：政治大学，2019：17-18.

1939 年 3 月,《国立中学暂行规程》施行一年多以后, 有鉴于在实际办学中国立中学组织已经有所变化, 进而又颁布了规定更为详细, 范围有所扩大的《修正国立中学暂行规程》。相较于《国立中学暂行规程》,《修正国立中学暂行规程》在以下方面有所变化:"国立中学的校名改以各中学成立的顺序统一以数字命名; 国立中学在收容中等学校学生的类别上, 原则上以中学及师范学校学生为主, 职业学校学生的收容变为必要时才得行之; 针对国立中学设置分校, 及分校的校务运作、人员任用等做了详细规定。"①

《国立中学暂行规程》和《修正国立中学暂行规程》的意义在于,"针对国立中学的性质及组织架构做了基本规定, 提供了办学的法源依据"②。其更为深层次的意义,"在于其代表了国立中学被正式纳入了中等教育体制, 成为中等学校的一类, 是国立中学制度化的开始。同时教育部也透过相关规程的修正与公布, 表明了教育部对国立中学的基本立场, 为国立中学找到了'战时暂设'的特殊位置, 给予了抗战时期国立中学正式的法定地位"③。

一、校务管理制度

根据《修正国立中学暂行规程》规定, 国立中学设校长一人, 主持校务, 分校各设分校长一人, 秉承校长主持各分校校务, 校长由部委派; 分校长由校长加倍遴荐, 由部委派或由部径派之。国立中学得设立校务委员会为本校审议机关, 由部就部派人员及教职员中指定七人至十一人为委员, 并指定一人为主席委员。校务委员会之职权范围包括: 关于校政方针之决定事项; 关于校务上应兴应革事宜之审议事项; 关于学校经费预算决算之审核事项; 关于训育工作之研究改进事项; 关于学生重大奖惩事项; 其他临时发生重大事项。校务委员会决议事件, 交由校长执行, 执行遇有困难时, 校长得提请委员会复议。不设校务委员会之国立中学, 应组织校务会议, 由校长、分校长、各处部课主任、会计员、各组长及各级任导师组织之, 以校长为主席, 每学期至少应开会四次, 执行上述各种职权。④

日后看来, 国立中学校务委员会的成员大多由战前办理中小学教育素有经验与成绩的校长或是熟谙中小学教育办理的教育行政管理人员充任。1938 年,

---

① 许咏怡. 抗战时期的国立中学研究 (1937—1945) [D]. 台北: 政治大学, 2019: 20.
② 许咏怡. 抗战时期的国立中学研究 (1937—1945) [D]. 台北: 政治大学, 2019: 17.
③ 许咏怡. 抗战时期的国立中学研究 (1937—1945) [D]. 台北: 政治大学, 2019: 20.
④ 中国第二历史档案馆. 中华民国史档案资料汇编: 第 5 辑·第 2 编·"教育" (1) [M]. 南京: 凤凰出版社, 1997: 576-578.

国立四川中学校长周厚枢在高中部开学典礼上的发言，曾对该校校务委员会的性质定位与人员构成有过详细介绍，从中可以鲜明感受到这一特点：

> 我们学校与别的学校的组织不同，就是要实行校务绝对公开，本校由教部规定设有校务委员会为本校审议机关，凡是重大的办理方针，经费的支配，和学生重大的奖惩，都由校委会审议决定，校委由教部聘定，共十一人，教部督学许季康先生为校委主席，其他各校委现在也介绍给诸位同学：沈涤生先生是江苏省督学，他是专门视察各省立中学的，以后即常驻合川高中部。王万钟先生是教部统计科科长，为教部派来校委之一，刘子行先生是安徽省立凤阳中学校长，王刘二校委常驻初中部，马客谈先生是江苏省立南京实小校长，对小学和师范教育是很有研究的。李清悚先生，是南京市立第一中学校长，为南京市立学校的重心，马李二先生常驻师范部。薛翘东先生是江苏省教厅科长，曾任校长多年，以后常驻女子部。孙雨亭先生是江苏省立淮安中学校长，将来常驻合川，领导诸位。①

国立四川中学校务委员会的这一特点同样给川中学子留下了深刻印象。1938 年，一位名叫史朗的川中学子曾饶有兴致地对该校校务委员会进行了一番评论，将其形象地比拟为国立四川中学这个"大家庭的家长"：

> 普通一个家庭只有两位家长，而我们这"大家庭"中却有十一位，那是十一位校务委员。全校一切重大计划的拟定，一切重大事件的裁决都要经校委会的议决通过才能实行。执行这一切的是校长，校长本身也是校委之一。校长下面，各部有教导主任，其下又分教导、训育两组，各设组长，直接处理学生的事情。②

各个国立中学校务委员会的议事规则，主要是基于《修正国立中学暂行规程》的精神与各个国立中学自身的相关规定制定并施行。以 1940 年《国立第三中学校务委员会会议简则》为例予以具体说明。

一、本简则依据本校组织大纲第二十九条之规定订定之。

二、本委员会为本校校务最高审议机关，其职权范围如下：

（一）关于校政方针之决定事项；

（二）关于校务上应兴应革事宜之审议事项；

（三）关于学校经费预算决算之审核事项；

---

① 朱厚诚，李伯昂．周校长高中部开学训词［J］．川中校刊，1938（1）：10-13.

② 史朗．在国立四川中学［J］．学生半月刊，1938（2）：31-32.

（四）关于训育工作之研究改进事项；

（五）关于学生重大奖惩事项；

（六）主席校务委员交议及其他临时发生事项。

三、本委员会每两星期开会一次，遇必要时得开临时会议，均由主席校务委员召集之。

四、本委员会会议时由主席校务委员为主席，文书组组长为记录，主席校务委员因故缺席时，由主席校务委员指定委员一人为临时主席。

五、本委员会于必要时得请各处部主任、分校校长、各分校部教导课主任、总务课主任、农科主任、实验班主任、会计员、各组组长、教导总干事、军事教官、附小主任及其他有关人员列席会议。

六、本委员会须有委员过半数之出席，始得开会。出席委员过半数之赞同，始得决议所有会议规则，悉依照《民权初步》行之。

七、本委员会委员提案须于会议前二日提交主席校务委员，以便编列议程。临时动议不在此限。

八、本委员会议决事项送由校长执行，执行遇有困难时，得提请委员会复议。

九、本简则由校务委员会议通过施行。

十、本简则如有未尽事宜，由校务委员会修正之。①

国立中学校务委员会这一制度在实际运行中也并非完美无瑕。抗战前担任山东省立济南初中校长，抗战期间担任国立第六中学第四分校校长的孙东生，在全面抗战之初就基于自己实际办理国立中学的观察与反思对此提出了不同看法：

（四）国立中学应规定学校体制，统一学校组织。现在已经成立的十几处国立中学，虽都直属于教育部，而其体制、组织都大不相同。有的总校长分校制，有的校务委员制，有的分校长兼委员制，也有不设分校长而设分校主任的，各式各样，真可尽"因地制宜""因人制宜"的能事了。一个中学里边，位置了十个八个的校务委员，本来就是一时权宜之计。根据一年来各国立中学实行委员制的结果，学校行政上很少得到校务委员"集思广益"的好处。委员中或有肯负责的，则遭受"专权"或"有野心"的嫌疑，挂名的委员，对学校理乱不知，黜陟不闻，就难免"尸位素餐"的

---

① 校务委员会会议简则［Z］//国立第三中学概览.1940.

批评了。校务委员们有时结合起来和校长对立，使学校行政更感棘手。这种制度，不适于中等学校，是无可讳言了。总校长分校制弊端更多。有的总校长徒拥虚名，为学校和教育部中间公文来往的转轴。有的总校长自以为是教育部任命的只敷衍上级的公文，分校长负责的就不免专横，为总校长所不喜，不负责的则敷衍了事，抱定"孩子哭交给娘"的主义，又为教员学生所诟病。这种头上生头的总校长分校制，施诸中等学校是有百弊而无一利的。其余的那些花样，也不出委员制和总校长制的范围，其不适于中学组织的运用，自不待言了。①

作为一名长期办理中学教育且卓有成绩的教育家，孙东生在上文中指出的问题可谓一针见血。日后反观各个国立中学在办学过程中凸显出的种种问题与发生的各种风潮，也在一定程度上直接或间接地印证了孙东生对此问题认识之深刻。对此，孙东生也提出了自己的解决办法，"比较好的办法：将学校化整为零，规定凡够若干班数的即可成立一校；设校长一人，以专责成。教育部普通教育司设人专司其公文并考核其成绩"②。

二、招生制度

抗战时期国立中学从创办伊始就高度重视招生质量工作，严格按照入学考试成绩遴选合格生源。1938年10月，教育部向国民参政会第二期集会提交的《教育报告》中，在谈到救济战区失学失业员生时曾专门提及国立四川中学坚持通过举办入学考试的办法来遴选已经登记和收容的为数众多的流亡学生：

> 国立四川中学本届招生，系在重庆举行，因登记不合格之学生过多，故一律举行考试。及格者分别以公费及免费生名额入学。其落选及陆续由战区来渝之学生则由该部以下列二项办法收容：（一）已由该部派员调查重庆各公私立中学空额，即将战区来渝学生分配于各该中学。（二）由战区中小学教师四川服务团办理补习班，将不能入学之学生，纳入该班各级肄业。③

1940年，国立第十一中学曾回顾自创校以来所举行过的历次招生考试情况，从中可以明显体会到校方对于招考的重视以及录取的严格。

---

①　孙东生. 国立中学的几个基本问题 [J]. 教育通讯, 1939（34）：6-8.

②　孙东生. 国立中学的几个基本问题 [J]. 教育通讯, 1939（34）：6-8.

③　教育部. 教育报告 [Z]. 1938：18-19.

第一次招考举行于 1939 年 8 月，考虑到战区学生报考便利，校方特在湖南邵阳、耒阳、零陵、长沙、常德、沅陵和岳阳七县设立登记处主持登记事宜，并指定岳阳登记员兼负抢救岳阳、临武及邻近各沦陷县区学生之责。此次招生考试同时在邵阳、沅陵、湘潭和国立十一中办学所在地竹篙塘进行，初中、高中、师范和职业四部共应考 8887 人，最终录取 1614 人，录取率仅为 18.16%。其中初中应考 4690 人，录取 924 人，录取率为 19.70%；高中应考 2426 人，录取 315 人，录取率为 12.98%；师范应考 1477 人，录取 203 人，录取率为 13.74%；职业应考 294 人，录取 172 人，录取率为 58.50%。

第二次招考举行于 1940 年 2 月，初中、高中、师范和职业四部共应考 9497 人，最终录取 710 人，录取率为 7.48%。其中初中应考 5072 人，录取 450 人，录取率为 8.87%；高中应考 2634 人，录取 117 人，录取率为 4.44%；师范应考 1581 人，录取 86 人，录取率为 5.44%；职业应考 210 人，录取 57 人，录取率为 27.14%。[1]

仅从上述百分比就不难看出，国立第十一中学两次招生考试的总体录取比例偏低，第一次为 18.16%，第二次则骤降至 7.48%。具体到个别年级而言，这种较低的录取率体现得更为明显。1940 年 2 月高中招生考试的录取率则低至 4.43%。

抗战时期国立中学近乎苛刻的录取比例也给国立中学学子们留下了深刻印象。全面抗战爆发后，安徽少年雷世泽从家乡安庆一路流亡至湖南省泸溪县浦市镇，成为浦市难童教养院的一名难童。1942 年春，其考入国立第八中学初中第一部就读。他在日后的回忆中曾提及当年学校投考竞争的激烈程度：

> 我们这个班的学生，是国立八中第一次向社会公开招生录取的学生。……这次招生共有 990 多人报名，录取了 54 名。其中正取生 40 人，备取生 14 人。[2]

通过计算发现，雷世泽当年的录取率仅为 5.45%，国立八中招考之严苛由此可见一斑。

傅宜春，1943 年暑期带病投考国立第十三中学高中一年级被顺利录取。多年以后，他仍然对当年亲历的竞争激烈的招生考试记忆犹新：

① 历届招生一览表 [Z]//国立第十一中学. 国立第十一中学周年概览. 武冈：国立第十一中学石印室，1940：35. 文中百分比系作者根据数据统计得来.

② 雷世泽. 关于国立八中的一些回忆 [Z]//蚌埠市政协文史资料委员会. 1938—1946 烽火弦歌：国立八中回忆录. 水利部淮河水利委员会印刷厂，2000：100.

1943 年暑期，我从高安赶到吉安青原山，投考我仰慕的国立十三中。同我一道报考高一的考生有 1600 多人，而录取名额只有 40，要想考取真是难上难，大家都在提心吊胆。……就这样拖着带病的身子，日也盼，夜也盼，终于等到了十三中发榜了，我有幸榜上有名，真是高兴得不得了，病也立时减轻了许多，以后也就慢慢拖好了。①

尽管国立十三中录取门槛极高，但是仍然阻挡不了流亡学生对其的向往和憧憬。江西少年谭道化连续投考三次方被录取，用他自己的话来说："十三中，在当时多么令人向往的学府，我投考了三年，才于第三次被录取。"② 谭道化的经历不仅是对国立十三中过硬的办学质量的有力说明，同时也从一个侧面印证了当时考取国立中学的难度之大。

国立十三中严格把控招生质量，还能从当年发生在朝鲜籍学生金勇哉身上的一件小事得到印证。据 1940 年秋至 1943 年秋初中就读于国立十三中的朝鲜籍学生金勇哉日后回忆，由于自己就读初中时顶撞师长，导致无法升入国立十三中高中继续就读。有鉴于自己"保送升级无望，投考也不录取"，金勇哉手持江西吉安某要人之八行书拜谒时任国立十三中校长陈颖春，希望可以得到通融，不料被其断然拒绝。不得已，金勇哉只有在吉安东村小学任职图书室管理员。经过半年备考，其最终得以考入国立十三中继续就读高中。③

即使临近抗战末期，国立中学在招生方面坚持高标准、严录取的原则仍然没有改变。1944 年，先后总计有 4387 名来自战区和沦陷区的学生投考国立第二十一中学，最终仅录取 523 名，录取率为 11.92%。④

国立中学对于插班生的相关规定也能够印证其对招生工作的重视。下面以 1941 年国立第六中学公布的插班生办法为例予以具体说明。

（一）请求插班学生须呈缴下列证件之一：

1. 转学证书（原肄业学校在后方者必交）；

2. 修业证明书；

3. 战区员生登记机关之登记证；

---

① 傅宜春．深情忆母校［Z］//国立十三中校友志编纂组．青原山人共忆录．1999：191-192.

② 原国立第十三中学海燕级《海燕轶事》编委．海燕轶事：再续集［Z］．2002：192.

③ 金勇哉．怀念母校十三中［Z］//国立第十三中学台湾校友会．青原山：29.1999：28-29.

④ 仝菊圃．为本校招收学生及学生待遇事公开答复各界人士［J］．国立二十一中学校刊，1944（8）：1.

4. 政府机关保送文件。

（二）请求插班学生，应于每学期开学后两周内，登记受试编级。其入分校插班者，在本校登记分拨，但亦可向分校直接请求。

（三）开学两周以后，不再收容插班生，但确系新自沦陷区域来校持有证明文件者，及教育部登记分发因故迟到者，得于一学期上课未达三分之一时受试编级入学。已逾三分之一不达二分之一时，得作试读生。逾二分之一者，不再收录编级，但得酌情，呈部准予救济收容，至次学期再行正式编级。①

可以看出，国立六中接受学生插班不仅要求相关证明文件齐全，而且更看重对于插班学生已有学习能力与水平的考查，表现为其通过举行入学后的考试对插班生进行重新编级，以确保其已有学习能力与就读年级相符合。

国立中学重视考查插班生的学习能力与水平，同样见诸国立中学学子们的日后回忆。1939 年，国立东北中山中学迁至四川威远静宁寺办学不久，即面向当地招收高、初中二年级插班生各十名。国立中学优异的办学质量，加之全公费的巨大诱惑，自然吸引了周边众多学子纷纷前来报考。当时正在威远中学就读初中一年级的宋湘投考有幸被录取，插班至初中二年级三班就读的他，时隔多年仍然对国立东北中山中学严格执行插班编级考试印象深刻："随即通知被录取的插班生于九月一日入校，二日补考二期课程。结果录取生中，高中生郭雨梅、初中生郭雨晴被留读一年级。"② 显然，在校方看来，这两名当地高中生的学习水平尚未达到国立东北中山中学高中二年级所要求的标准，故而被继续留读一年级。

三、教导制度

（一）教导方针

1938 年，国立四川中学高中部举行开学典礼，时任教育部政务次长的顾毓琇莅临发表讲话。在此次讲话中，顾毓琇专门针对战时教育方针有过阐发：

关于今后的教育方针，陈部长曾提出八个字，第一是德智兼重，我们将实行一种制度，就是导师制，每十至十五个学生，有一导师指导。关于同学的各种问题，如学业的修习、思想的发展、身体的健康等问题，都可

---

① 国立第六中学. 国立第六中学概况 [Z]. 绵阳：1941：10-11.

② 宋湘. 抗战时期东北中山中学迁来威远办学情况纪略 [Z] // 中国人民政治协商会议四川省内江市委员会文史资料研究委员会. 内江文史资料选辑：第 2 辑. 1987：131.

以指导，使有完善的解决。导师制的目的，就是提高德育，学得做人的道理，使与智育并重。第二是文武合一，就是打破了文武的界线，学校里应当实行军事训练，注重军事智识，以备将来总动员之用。总之，学校教育应当德智体三育并重。①

顾毓琇又针对当时学校教育办理过程中对于德智体三育各自存在的误解提出了批评。其口中的陈部长，正是前文已述时任教育部部长的陈立夫。

作为战时教育最高主政者的陈立夫要将"德智兼重，文武合一"作为战时教育方针的原因，虽然顾毓琇在给国立四川中学高中部的讲话中没有过多涉及，但是从1938年4月中国国民党临时全国代表大会通过的《战时各级教育实施方案纲要》中可以找到答案。

《战时各级教育实施方案纲要》开篇即指出，教育为立国之本，并无平时与战时之分，战时教育本质上就是针对平时教育的缺点谋根本上之挽救，进而在此立论基础上回溯中国教育注重德智兼重、文武合一的传统，并对战前学校教育存在的弊端进行反思：

> 我国古代教育向以德智体三育为纲，礼乐射御书数六艺为目，故德智并重而不偏废，文武合一而无轩轻，文科与实科兼顾而克应群己之需要，家庭教育与学校教育一贯，以造成完全之公民，迨六艺之真义一失，而教育之基础动摇矣。今试检讨过去吾国所谓新教育者之病根，大要不外数端，学校徒偏重课本之讲授，而忽略德行之指导，此由于修己合群之德育未加重视者，一也；运动之目的在竞赛，操场之建筑为点缀，此由于强身卫国之体育全被误解者，二也；本国之文史不重，乡土之教材不谈，社会生活与学校设备绝不相伴，经济组织与学校课程截然两事，此由于利用厚生之智育远离实际者，三也。积此三者之症结，而社会乃充满人人谋事，事事找人之怪象，国家亦充满贫病乱愚之惨象，驯至国力空虚薄弱，在平时已失其自立自存之基础，至战时更不能适应非常之需要，挽救之道，更有待乎教育。②

最后，《战时各级教育实施方案纲要》对战时教育方针进行了完整论述：

> 今后教育之设施，其方针由可得而言者：一曰，三育并进；二曰，文武合一；三曰，农村需要与工业需要并重；四曰，教育目的与政治目的一

---

① 佚名. 顾次长训词［J］. 川中校刊，1938（1）：7-9.
② 教育部. 战时各级教育实施方案纲要［Z］. 1938：2.

贯；五曰，家庭教育与学校教育密切联系；六曰，对于吾国固有文化精粹所寄之文史哲艺，以科学方法加以整理发扬，以立民族之自信；七曰，对于自然科学，依据需要，迎头赶上，以应国防与生产之急需；八曰，对于社会科学，取人之长，补己之短，对其原则应加整理，对于制度应谋创造，以求一切适合于国情；九曰，对于各级学校教育，力求目标之明显，并谋各地平均之发展，对于义务教育，依照原定期限，以达普及，对于社会教育，力求有计划之实施。①

可以看出，所谓战时教育方针其实是上述着眼于抗战时期中国教育整体发展与改革的九条纲领性指导方针。顾毓琇在讲话中提及的"德智兼重，文武合一"对应的正是其中的"三育并进，文武合一"。

全面抗战爆发之初，战时教育方针之所以迅速被制定并以方案的形式由中国国民党临时全国代表大会通过，原因在于其关系着中国教育发展的方向与根本。抗战时期担任教育部高等教育司司长的吴俊升，日后曾将战时教育方针的确定形容为"关系我国教育存亡继续"：

> 中国教育在战争发生前后遭逢空前未有的危机。这危机起于两方面。一方面是外在的，一方面是内在的。外在的危机显然由于战争的爆发与蔓延，敌人对于教育文化机构的蓄意摧残破坏。……此为由外方激发的教育危机。当时教育危机，还有自内而起的一方面。……我国人士，感于国难日见（渐）严重，对于全国教育应如何改变，以救国难，当时已经议论纷纷。一部分人士倡议实施战时非常教育，将一切正规教育完全改弦更张。……这种教育议论，在一九三七年南京失守以后，尤为激切，实为有关系我国教育存亡继续的内在危机。②

吴俊升的观点也能够从抗战时期陈立夫的言论中得到印证。在陈立夫看来，厘清战时教育方针与1939年3月1日举行的第三次全国教育会议堪称抗战时期两件"划时代之大事"：

> 而于此有二事焉，在教育历史上，为划时代之大事，在抗战时期中，为正视听之盛举：其一则战时教育方针之规定，于今后教育设施，作一准绳……③

---

① 教育部. 战时各级教育实施方案纲要［Z］. 1938：2-3.
② 吴俊升. 文教论评存稿［M］. 台北：正中书局，1983：9-10.
③ 陈立夫. 战时教育方针［M］. 重庆：正中书局，1939：67-68.

陈立夫认为，战时教育本质上不过是更有针对性，问题导向更鲜明的平时教育而已：

> 我们应以非常时期的方法，来达到正常教育的方针，以非常精神的运用，来扩大正常教育的效果。换言之，战时教育的方针，仍是一贯的正常教育方针，仅仅是更明显，更切实些，决不是病急乱投医的医药杂投，而是针对着教育上已暴露与必然要暴露的缺点，加以根本的治疗，调整病态的环境，确定治疗的处方，以求疾病的挽救。①

有鉴于战时教育方针之于中国教育发展乃至抗战建国的重要意义，陈立夫在 1939 年 10 月出版了《战时教育方针》一书，分别对战时教育之意义、规定战时教育方针之意义、战时教育方针之说明三个方面进行了专章论述。1940 年 1 月，陈立夫又基于该书内容以《战时教育方针》为题给中央训练团党政训练班发表讲演，由此可见其对于战时教育方针的看重。日后看来，包括国立中学在内的抗战时期中国教育能够在大后方弦歌不辍，作育人才，与战后迅速确定与平时教育保持内在一贯精神的战时教育方针关系密切。

正是鉴于真正认识和深刻理解战时教育方针之于办理国立中学所具有的特殊意义，顾毓琇才会在给国立四川中学高中部发表讲话时不厌其烦地对"德智兼重，文武合一"这八字方针详加解释，深入阐述。国立四川中学也相应地以章程的形式及时出台了本校教导方针对此予以积极回应。现将国立四川中学教导方针的主体内容摘录如下，予以具体说明。

本校教导方针

（一）总纲

1. 德智体三育共进

2. 文武合一

3. 教导方针与国家政策相应

4. 男女生训练及其教材在平等机会中求各适其所长

5. 各科内容特别注意：（1）吾国固有文史哲艺以科学方法从根救起以立民族自信；（2）自然科学应依据需要迎头赶上以应国防与生产之急需；（3）社会科学应取人之所长补己之短整理创造以适国情。

（二）总目标

1. 培养学生之民族意识与国家观念

---

① 陈立夫．战时教育方针［M］．重庆：正中书局，1939：4．

2. 培养学生对于三民主义与革命领袖之坚强信念

3. 养成学生为具有社会效率之地方建设事业干部人才及抗战时代中之有力分子

4. 训练学生具有"新生活"的习惯

（三）总信条：充实国防，复兴民族

1. 智识要科学化

2. 技术要生产化

3. 生活要集团化①

可以看出，国立四川中学校方结合自身办学定位，分别从总纲、总目标和总信条三个方面对学校教导方针进行阐述，其教导方针的最后一部分为"分校目标"，即分别结合初中部、高中部、师范部和女子部的办学特点对其办学定位予以进一步明确。

（二）五种训练

相较于抗战时期其他国立中学而言，上述国立四川中学教导方针条分缕析，更为详尽。1941 年 8 月，教育部将战区中小学教师第三服务团第三、五、六中山班全部及第二中山班之一部合组国立第十六中学，设校本部于合江流杯池，高中分校设于永川北山公园，初中分校设于合江桂溪园。1942 年 6 月，国立第十六中学印行《国立第十六中学概览》，其中专门公布了该校十条教导方针：

1. 确定三民主义的信仰

2. 锻炼坚强健全的体魄

3. 增强国家民族的观念

4. 陶冶负责守法的精神

5. 养成生产勤劳的习惯

6. 充实生活服务的知能

7. 发扬我国固有的美德

8. 培养科学艺术的基础

9. 扶植民族固有的文化

10. 启发创造研究的兴趣②

相较于国立四川中学教导方针，国立第十六中学教导方针显得更为简洁，

---

① 佚名. 本校教导方针 ［J］. 川中校刊，1938（1）：54.

② 教导方针及其实施办法 ［Z］∥国立第十六中学概览. 1942：1.

但其蕴含的"德智兼重，文武合一"的战时教育方针的精神却十分鲜明。值得注意的是，在公布上述十条教导方针之后，国立十六中校方特别指出，"为达成上列各方针"，需要实施包括精神训练、体格训练、学科训练、生产劳动训练、战时后方服务训练在内的五种训练①。国立十六中校方的用意很明显，对于实际办学而言，相较于理论化的战时教育方针，他们无疑更需要易于实践的实施办法与举措，上述五种训练无疑便是最佳选择。其实，上述五种训练正是前文在论述创办国立中学旨在积极实验战时教育新制度时曾经提及，1938 年 2 月 25 日教育部颁布的旨在指导包括国立中学在内的大后方中学办学的《国立中学课程纲要》的核心内容。

除过针对实施五种训练专门出台办法严格进行考核外，国立十六中校方还相应地提出实施五种训练所需根据的四个原则，分别为加强学习、加强组织、加强活动和加强训练。从大的方面来说，就是倡导自我教育、采取合作精神和积极推行课外活动。具体而言，所谓加强学习，是指积极组织由各科教师指导的各种研究会以"适应个性发展专长，造成研究风气，以补课室教学之不足"，积极组织各项竞赛以"增进学习效率，提高学习兴趣"；所谓加强组织，是指积极发挥包括军事训练、童子军训练、级会、级联会在内的各类组织对学生的育人影响；所谓加强活动，主要包括两个方面，一是积极举办包括小组会、周末晚会、同乐会、游艺会、运动会和恳亲会在内的各种活动，以"寓教育于生活，增进团体交谊，联系师生感情"，二是积极推行包括社教活动、劳动生产在内的各种活动，以"促成学校社会化，养成劳动习惯，增进生产技能"；所谓加强训练，主要包括集团训导、个别训导和德行竞赛三个方面。集团训导包括精神讲话、政治讲话和军事管理，个别训导包括个别谈话、个别指导和个别测验，德行竞赛是指"以级为单位，举行风纪、整洁、秩序、服务各项竞赛，以砥砺德行"②。

国立四川中学则从创校伊始就"制定了训练情况报告制度，各部每个月都要详细汇报训练内容、实施情况"③。现以 1938 年 5 月 31 日国立四川中学高中部 5 月报告表为例，从中可以了解其实施五种训练的具体内容。

---

①　教导方针及其实施办法［Z］//国立第十六中学概览. 1942：1-2.

②　教导方针及其实施办法［Z］//国立第十六中学概览. 1942：2-5.

③　常熟市档案局（馆），江苏省常熟中学. 国立第二中学（1938—1946）［M］. 上海：上海科学技术文献出版社，2013：110.

精神训练

1. 训练各生努力参加五月民族革命节，各生对于指定各项工作均极努力，社会人士极称满意。

2. 级组导师纷纷举行小组谈话及个别谈话。

3. 徐耀周、戴维清先生等率领全体学生参加本邑党政军警学各界扩大纪念周。

4. 徐耀周、戴维清先生率领各级代表四十人参加合川各界欢送川军出川抗敌大会。

5. 请陈定阅、蒋鸿达、张锦鸿、戴维清、屠仲方五位先生指导川高剧社之预演戏剧。

6. 川高剧社借合川合阳大戏院公演《三江》《好友》及《画像》三剧，极博社会各界之同情。

体格训练

1. 施行体育讲话

2. 举行爬山、越野与骑马运动

3. 举行游泳运动

4. 举行篮排球比赛

5. 实施晨操

学科训练

1. 各主要学科之教学时间每周二十四小时均排列于上午。

2. 各科教学目标及教材内容除遵照课程标准之规定外，尽量补充与国防生产有关之教材。

3. 上午教学之科目为公民、国文、数学、英文、化学、物理、生物、历史、地理；下午之教学科目为体育、军训、工艺、农艺、音乐、图画。

4. 公、国、史、地各科教学注重之点：（1）本国政治经济情形；（2）酌发挥民族意识及道德之文字；（3）注意历代疆域之沿革；（4）国防形势与各战之认识；（5）激发志气陶冶情操之歌唱。其他化学、物理、生物注重之点：（1）农业化学；（2）注重机械之原理；（3）当地农产及畜牧概况之调查及改进。

生产劳动训练

1. 拟工艺及园艺设备预算及计划

2. 雇工赶制工艺科用具，并租定公私园地。

3. 讲授生产劳动训练之意义

特殊教学与战时后方服务

军事教官未到暂缺①

从以上内容可以看出，国立四川中学高中部五月份各项训练活动形式多样，内容丰富，比较准确地回应了战时教育方针所倡导的"德智兼重，文武合一"精神。

为了能够对国立中学实施五种训练有更进一步的深入了解，本文将逐一对每种训练及其考查办法进行力求完整的介绍，以便加深对抗战时期国立中学大后方办学的认识和理解。考虑到抗战时期每一所国立中学对于五种训练均出台有考查办法，且有共通之处，受限于篇幅，很难逐一对其加以列举，特选择抗战中期成立的国立第十六中学作为代表，以其出台的五种训练及成绩考查办法为例，适当辅以其他国立中学的相关办学实践予以补充说明，以期窥一斑而知全豹。

1. 学科训练

国立第十六中学学科训练及成绩考查办法共由训练总则、成绩考查、计分标准、计算方法、补考与附读、升级毕业留级六部分内容组成。

训练总则方面，学科训练包括国文、英文、数学、社会（包括史、地、公民）、自然（包括理化、生物）、军训（包括体育、童军、看护）、艺术（包括图画、音乐）、劳作（包括家事、农工）八科。高中以国文、英文、数学、物理、化学为主科，初中以国文、数学、英文、劳作为主科。

成绩考查方面，学科训练成绩考查由入学考试、日常考查、择期考试、抽考、学期考试、毕业考试六种方式构成。日常考查由教员随时举行，按照各科性质采用包括口头问答、默写、演习练习、实验实习、读书报告、作文、测验、调查采集报告、其他工作报告在内的各种方式。择期考试由教导处或教务课择定相当时期举行，每周一小时的学科每学期一次，每周两小时的学科每学期两次，每周三小时以上的学科每学期三次。抽考由校长、分校长、教导主任、教务课主任，随时决定科目时间及班级进行抽考。学期考试于学期结束前一周内举行，主要就一学期内所授教材全部考试。最后学年第二学期得免除学期考试而以各科平时成绩作为学期成绩，但参加毕业会考的学生仍须举行最后学期考试，于修业期满前一月内举行。毕业考试于修业期满前一月内举行。

记分标准方面，学科训练成绩采用百分制并分为甲、乙、丙、丁、戊五等，

---

① 常熟市档案局（馆），江苏省常熟中学. 国立第二中学（1938—1946）［M］. 上海：上海科学技术文献出版社，2013：111-112.

80分以上为甲等，70分以上为乙等，60分以上为丙等，60分以下40分以上为丁等，不满40分为戊等。成绩列入丙等及丙等以上者为及格，列入丁等及丁等以下者为不及格。学生请假缺课者，病假每满十小时扣学科训练总平均成绩半分，事假五小时扣半分，无故旷课一小时者除扣操行成绩外并扣学业成绩总平均成绩一分，无故迟到或早退三次作旷课一次扣算。每学期缺课时数达上课总时数三分之一以上学生不得参与学期考试。考试舞弊者，除按情节轻重予以惩罚外，并取消该科成绩。

计算方法方面，各科日常考查成绩与择期考查成绩合为各科平时成绩，日常考查成绩在平时成绩内占三分之二，择期考查成绩占三分之一。各科平时成绩与学期考试成绩合为各科学期成绩，平时成绩占学期成绩的五分之三，学期考试成绩占五分之二。每次各科抽考成绩作该科一次择期考试成绩计算。每个学生各学年平均成绩与其毕业考试成绩合为该生的毕业成绩，各学年平均成绩占五分之三，毕业考试成绩占五分之二。

补考与附读方面，无学期成绩或成绩不及格的学科仅有一科的学生或有二副科无学期成绩或不及格，应令于下学期仍随学级附读。经补考学期考试成绩及格后准予正式进级，此项补考以一次为限，于次学期开学前举行。

升级毕业留级方面，每学期所修学科有三科不及格者留级。每学期主科有二科不及格者留级。上学期有一门主科不及格，本学期又有一门主科不及格者，视为两门主科不及格，必须留级。以下四种情况也须留级：上学期有一门主科不及格，本学期有两门副科不及格者；上学期有一门主科及一门副科不及格，本学期有一门副科不及格者；上学期有一门副科不及格，本学期有一门主科和一门副科不及格者；上学期有两门副科不及格，本学期有一门主科不及格者。毕业考试成绩有任何三科不及格或有主科二科不及格者须留级。五项训练中任何一项不及格者不得升级或毕业。同一学科连续两学期不及格者以两科论，如为主科，即须留级。①

之所以要原原本本地征引国立第十六中学当年制定的学科训练及成绩考查办法，原因是想通过上述看似烦琐的文字，让后世更完整地看到抗战期间国立中学办学者在艰难办学的同时，仍然不遗余力地希望维持教师严格教学和学生认真学习的良苦用心和孜孜努力。虽然日后未能找到国立十六中学子对于母校学科训练及成绩考查办法的评价，但是仍然可以从其他国立中学学子的日后回忆中得到佐证，可以直观感受到抗战时期国立中学认真开展和严格实施学科训

---

① 学科训练及其成绩考查办法［Z］//国立第十六中学概览. 1942：1-6.

练的真实状态。

1939 年夏，迁至重庆的中央各机关为避免日机轰炸遂向重庆郊区疏散，教育部为便利疏散各机关公务人员子女就学，特于青木关设立国立中山中学班，1940 年更名为国立第十四中学。1941 年 8 月，教育部为便利国立中央大学师范学院学生实习，遂将国立十四中更名为国立中央大学师范学院附属中学，而将先前由南京迁至贵阳办学的国立中央大学实验学校更名国立第十四中学。① 1942 年，一位名叫李孔谋的国立十四中学子曾撰文描述过学校严格的学科训练制度与考查办法：

> 学期成绩是以月考大考平时三者平均而得，平时成绩包括实验报告、小考、笔记、练习等，月考定于每月月底举行，将不同的二班，任意混杂起来考试，大考亦如是，以杜绝作弊。作弊处罚是很严的，所以我们考试，宁可考不出，下次再设法补救，假如作弊而被发觉名誉学业一起完了！并且学期终了时，淘汰得很利（厉）害，每学期因品行因功课而被刷下来的，很多很多！②

李孔谋的观点也能够从 1944 年至 1946 年就读于国立十四中，日后曾任贵州省广播电视厅厅长的杨德政的回忆中得到印证。据他回忆，时任国立十四中校长的杨希震每逢每年新生入学大会都会对全校学子"约法三章"，并且言出必行。值得注意的是，约法三章中有两章就涉及学科训练：

> 凡谈恋爱者开除；考试作弊者开除；一科主科、一科副科不及格者留级，三科不及格者开除。每年新生入学时都由先生亲自在大会宣布，言出必行，不谓言之不预也。这三条规定十分了得，它抓住了牛鼻子，纲举目张。……这三条规定是一个三角形，它形成了一个合力，一方面有保持学校荣誉感与学、杂、伙食费全免这个力量，在拉动你；另一方面，这一合力在推动你意志集中、力量集中，去完成繁重的学业。③

类似于杨德政的上述评价日后同样见诸其他国立中学学子们的自述。全面抗战爆发后，年仅 12 岁的河北少年史清瑞从家乡石家庄一路流亡至河南许昌，成为国立第一中学初中部学生，1941 年初中毕业升入国立一中高中部继续就读

---

① 教育部教育年鉴编纂委员会．第二次中国教育年鉴［M］．上海：商务印书馆，1948：389.

② 李孔谋．马鞍山麓的国立十四中［J］．学生之友，1942（4）：33.

③ 杨德政．国立十四中的领军人物：校长杨希震先生［M］∥许祖云．青春是美丽的：第五集．南京：江苏科学技术出版社，2013：142-143.

直至 1943 年毕业。时隔多年，他仍然对国立一中非常严格的考试升留级制度记忆犹新：

> 一中的考试留级制度非常严格，没有丝毫通融或迁就余地，完全按照制度办事。……每月有月考，又称小考，考试国、英、算主科，每两月考副科理、化、史、地一次。期末举行大考，考试所有课程，包括图画、音乐、公民、体育等。而工艺课又名劳作，每次所交作品就是考试。大考前全校放假三天，以便复习准备。考试结果只要三门不管主副科或是两门主科不及格就要留级，此外因病假超过本学期总天数的 1/3 亦要留级。这样一来很多品学兼优同学如王玉轩和张乃贤等因病假超时而退至高 16 班，晚毕业半年，由于重视德、智、体、美、劳全面发展，有时将体育和工艺亦列入主科，但因此而留级者不多，全校仅一两例而已。①

史清瑞关于国立一中校方严格执行升留级制度，哪怕品学兼优的学生因病假超时也不例外，以及重视学生全面发展以至于有时将体育和工艺也列入主科的回忆，日后读来仍然感触颇深。

杨翊，原名易鼎铭。1939 年夏，14 岁的他考入国立第十一中学初中二年级四班就读，1944 年夏毕业于国立十一中高中部。时隔多年，身为杰出的新闻工作者，他依然对学校当年严格执行升留级制度所形成的高淘汰率印象深刻：

> 为了获得全额奖学金，你必须用功；为了按时升级，你也必须用功。我们考入初二时同年级是 4 个班，升入初三时变成了 3 个班，到高中时更只剩下两个班，可见淘汰比例之高。②

除上述学科训练制度，当时有些国立中学还会别出心裁地出台其他制度，旨在最大限度确保学科训练能够严格实施，国立第八中学的开学复试制度即代表。曾在国立八中初一分校就读三年的李今朝日后对此有过描述：

> 初一分校还有一种考试制度为其他分校和社会上传为奇谈，就是"复试"。为了在寒暑假期间不忘读书，不参与社会上的不良活动，每学期开学头三天再将上学期的课程来一次复试。这次复试十分严格，不论你在期考

---

① 史清瑞. 我爱母校：国立一中［Z］// 国立第一中学校友会. 千里逐飘蓬：第 5 辑. 1999：127.

② 易鼎铭（杨翊）. 忆竹篙塘的五度春秋［Z］// 政协邵阳市学习文史委，政协洞口县委员会. 山高水长：忆创建在竹篙塘的国立十一中. 邵阳：资江印刷厂，1999：154.

时成绩如何优秀，只要有两门课程复试不及格，就作留级处理。①

当时不止李今朝所在的初一部实行此种复试制度，国立八中初四部亦不例外。陈鹤翔，1941年从湘西浦市教养院初中二年级考入国立第八中学初四部一年级。1945年7月初中毕业后考入国立八中高二分校就读直至抗战胜利学校复员。多年以后，曾任《时代青年》杂志社总编辑的他，仍然对于自己在初一升级初二时所经历的开学复试三门功课不及格被迫留级的场景记忆犹新：

> 就在放寒假时，学校宣布：下学期开学时，要进行复试；如果复试有三门不及格，不管期终考试考得如何好，也得留级。……当时，没听说哪个学校有这种规定。我对学校宣布的这个规定采取满不在乎的态度。……就是存在这种心理，我在整个寒假中，天天下象棋、推牌九、闲聊天，一心想着玩，几乎没摸过课本。谁知开学时，真的进行了复试，我的三门功课——代数、历史、地理不及格，而且真的被宣布留级。我的估计完全错了。这对我实在是个极大的打击。我感到委屈、伤心、痛苦、丢人……一连哭了好几天。②

2. 精神训练

国立第十六中学精神训练成绩考查办法主要由考查标准、成绩等第及分数、考查及评判办法组成。考查标准由思想、意志、服从、纪律、礼仪、公德、服务、勤劳、健康、节约十部分内容构成，每一部分内容各有相应的标准。

成绩等第及分数方面，分为甲、乙、丙、丁四等：不满60分为丁等，60分以上和65分以上为丙等，70分以上和75分以上为乙等，80分以上和85分以上为甲等。凡成绩列入丁等者即开除学籍。凡学生有书面嘉奖一次加精神训练总成绩一分，记小功一次加3分，记大功一次加9分。凡学生有书面警告一次扣精神训练总成绩一分，记小过一次扣3分，记大过一次扣9分。

考查及评判方法方面，学生精神训练成绩之考查由各级导师、体育组长、体育导师、军事教官、童军教练，就平时观察所及记入学生精神训练考查簿内。此项考查簿教导主任或训导课主任须每月调阅一次，借以明了学生的平时成绩。学期结束时，各组导师会同级任导师、体育组长、体育导师、军事教官、童军

---

① 李今朝. 怀念诲人不倦的万晏南老师［Z］//蚌埠市政协文史资料委员会.1938—1946烽火弦歌：国立八中回忆录. 水利部淮河水利委员会印刷厂，2000：151.

② 陈鹤翔. 始读麻阳城 结业所里镇：在湘西国立八中初中部学习生活琐记［Z］//蚌埠市政协文史资料委员会.1938—1946烽火弦歌：国立八中回忆录. 水利部淮河水利委员会印刷厂，2000：109.

教练，参照各生平日奖惩记录分别草拟考核评语及成绩等第，记入学生精神训练考查簿并抄送教导主任或训导课主任。①

相较于学科训练成绩考查标准的相对客观而言，精神训练成绩考查则显得主观色彩更为强烈，尤其涉及对于学生思想、意志、服从、纪律、公德等特殊范畴的考查时更不易于准确把握。尽管如此，还是能够基于当时的记载和时人日后的回忆进行大致了解。

1945 年 1 月毕业于国立第十六中学初中分校的李洪山，日后曾对校方在这方面的工作有过回忆：

> 校方治学严谨，注意爱国主义教育，每天都要列队升降国旗，升旗后做早操跑步。早晚上自习，上午四节课，下午三节课，就膳列队，寝前训话，一天要点七八次名。每周都有一个思想品德教育的主题，由校长亲自在"总理纪念周"上作精神动员，各班级任老师（即班主任）认真贯彻。师生听从军号声按时作息，学校秩序井然。学校纪律森严，违纪重者辄被开除。同学胡月与一些人在碉堡聚赌，被教官当场抓着。虽说赌的不过是一些糖果、香烟、分币角票，却因犯的是"赌"，因而也立即被开除离校。②

从李洪山的描述中可以看出，国立十六中校方相当注重对学生进行爱国主义和思想品德教育，而且活动形式多样，教师常抓不懈。尤其值得注意的是，校方十分看重学生对于校纪校规的服从，李洪山的同学聚赌被开除即证明。

注重精神训练同样体现在国立四川中学的办学实践中。1938 年 6 月 30 日，国立四川中学高中部 6 月份报告表中所记录的精神训练工作，较为直观地为后世呈现出国立四川中学在一月之内实施精神训练的具体内容：

> 1. 本月训练中心：
>
> （1）青年与求学；（2）青年与立志；（3）青年与锻炼；（4）青年与卫生；（5）青年与明耻
>
> 2. 本月训练要项：
>
> （1）关于求学及立志之训练：（a）自修秩序之改查；（b）升学就业指导

---

① 精神训练成绩考查办法［Z］//国立第十六中学概览. 1942：1-4.
② 李洪山. 回忆抗日战争时期我的母校西迁来川的国立十六中初中分校［Z］//中国人民政治协商会议四川省泸州市委员会文史资料工作委员会. 泸州文史资料选辑：第 26 辑. 四川石油管理局印刷厂，1995：62-63.

（2）膳堂秩序整顿、学生守秩序锻炼之精神：（a）自修秩序之炒菜；（b）就餐时应肃静；（c）应按序进膳堂

（3）切实指导合作社及炊事委员会养成学生明责任心

（4）令学生记生活周记，养成学生能检讨自己生活之习惯

（5）学生对于礼貌态度之训练

（6）严格考查学生请假，养成学生生活上有规律

（7）关于卫生训练：（a）劝止学生勿吃零食；（b）禁止学生勿乱抛果皮纸屑；（c）指导学生注射防疫针；（d）宿舍教室清洁严格考查

（8）整理学生制服，养成学生有整齐清洁之新生活习惯①

可以看出，国立四川中学高中部还是将青年求学立志、修德为人、自治合作、纪律秩序作为精神训练的工作中心，进而以此为中心开展了上述八项训练工作。

抗战时期精神训练俨然成为国立中学实施训导工作的重要内容。以国立第六中学为例，1941年，国立六中入川办学已届三年，是年12月编印的《国立第六中学概况》对于学校办学历程进行全面回顾，在论及学校训导实施工作时，精神训练与生活指导、推行导师制、实施军事及童军管理、体育活动相提并论，并被置于训导工作的首要位置。

1. 纪念周演讲：遵照总理遗教、总裁言论，拟定关于陶冶青年品格之演讲题材，于纪周时聘请各班导师或各处负责师长，作有系统之演讲。

2. 专题讲演：聘请校外学者，或各科教师，作专题讲演，以补充书本之不足。

3. 精神讲话：利用每日升降旗典礼，月会，各种纪念日，举行精神讲话。

4. 个别谈话：学生思想行动，犯有错误时，个别予以指正，不惜委婉曲折，多所启发，以期获得其自发之感悟。

5. 分组谈话：于学生实际分组活动时，详细指正其学习态度，加强其正确认识。

6. 悬挂标语：分类拟定适合青年身心修养之标语，张贴注目处所，使学生随时随地受感染于不自知。②

---

① 常熟市档案局（馆），江苏省常熟中学．国立第二中学（1938—1946）［M］．上海：上海科学技术文献出版社，2013：112．

② 国立第六中学．国立第六中学概况［Z］．绵阳：1941：12．

可以看出，国立六中实施精神训练主要由上述六方面工作构成，明确可以分为集体讲话、个人与分组谈话以及悬挂标语三类。其实，诸如集体讲演、个人谈话抑或悬挂标语之类的言行对于学生身心发展的影响看似难以测定，可有可无，但是日后看来，其还是对国立中学学子产生了潜移默化的微妙影响。

祖瑞年，抗战前在安徽省立庐州中学就读初中，抗战期间初中和高中均就读于国立第八中学。多年以后，他在撰文回顾自己国立八中的学习和生活时，仍然难以忘怀1939年春节期间，时任国立八中初四部主任谭植菁面向全体学生的一次特殊训话：

> 谭植菁为初四部主任，他毕业于北京大学数学系，为人正直，对学生要求甚严。……1939年春节期间，学校放假，学生有家不能归，举目无亲。少数人情绪消沉，竟在宿舍里赌博、喝酒、吸烟。谭老师闻讯后，立即赶到现场制止，随即在学校大院召集全体同学"训话"。他心情激动，越说越痛心，以至声泪俱下。蓦地，面向东方双膝跪下，连声说："我有罪，辜负了你们父兄的委托！"在场学生，不约而同地全部面向东方跪下。此事虽然过去半个多世纪，但当时的情景，至今忆及仍历历在目。①

谭植菁以身作则，用自身人格感化和教育学生的场景，同样发生在1943年春节期间国立第十三中学的校园内。

1943年春节过后，就读于国立十三中的程光衡在返校途中顺手买了几颗骰子。回到学校，宿舍里聚集了30多位同学掷骰子，虽然没有聚赌，但是依然惊动了校方，最终决定开除提供骰子的程光衡。作为其级任导师的李树声在得知此事后，并没有批评这些聚众玩骰子的同学。相反，他的举动，对于程光衡而言，时隔多年仍然铭记在心：

> 当我把这一切经过报告李老师时，坐在竹影楼上藤椅里的李老师一言不发。就在那天晚上，他提了一盏长方形的小玻璃灯来到寝室，把我们三十几个人一齐叫起来，领我们走向青原山寺门前的四大金刚的木栏栅内，再亲自把木栏栅锁上，说是大家都要坐一夜禁闭，反省，思过。在走向四大金刚的路上，我以为他是准备把我们关一个晚上作为处分；谁知到了木栏栅里，他竟然把小玻璃灯吹熄，自己也陪我们坐起禁闭来。我记得他吹熄灯的那一刹那，小灯上的一道黑烟冲向他，然而他是坚决地一口吹熄了火焰，使那股黑烟在黑烟中消失。……我不知向李老师哀求过多少次，请

---

① 祖瑞年. 庐州中学与国立八中 [J]. 江淮文史, 2003（2）：119–125.

他回竹影楼去休息，留下我们接受惩罚。……但李老师无论如何都不肯，他只是一言不发地和我们坐在木栏栅里。……看看旁边的同学，三十多位"济济之士"，早已是一个个东倒西歪。最后，木栏栅内完全静寂了，我朦胧中偶尔吐出几个不相干的字来安慰李老师，反倒使李老师又感到愧对我们了。记得当时他说："好了！大家可以去睡了。以后要记住这次的教训。"木栏栅内的同学都默默地回到寝室里睡了。我也迷糊地朝床上一倒，恢复到当年在母胎里毫无知觉的蜷曲形态。累了！十几岁的孩子的确累了！不知那时三十多岁的李老师是不是也累了？①

李树声的这一举动给程光衡留下了极深的印象，以至于多年以后，程光衡仍然不无感慨地说道："从我做学生到当老师，从我少年、青年、壮年、中年，以至目前步入'中老年'，从没见过一位像李树声那样有爱心的人！"

和上述集体讲话、个人谈话一样，校园标语同样是构成抗战时期国立中学实施精神训练的重要内容，同样对于国立中学学子发挥着潜移默化的独特影响。

> 我回忆起了 1940 年秋我开始中山中学学习生活的第一天上早操的情景。整整五十年前的事啊！中山给我留下的"第一次印象"却仍清晰铭刻在头脑中。集合号响了，全体学生在考仙院列队点名，随即开出校门到运动场上跑步数圈，然后散开队形做早操。我抬头看见，依浅土丘辟成的一台一台运动场边土坎上，竖立了好些高大的标语牌。每副标语牌都由两块高约三米的木板一侧并拢而成。就似一本竖立起来的书，以其翻开的前后面壳及背脊向着我们。正对我们做早操处的那副标语是"挺起胸膛，竖起脊梁"。每块木板上各四个字。蓝底木板上白色隶书斗大字的这标语，显得非常醒目。②

1940 年秋，黄崇圣考入国立东北中山中学就读高中，1943 年高中毕业后考入国立西南联合大学物理系就读。50 余年后，当他回忆自己在国立东北中山中学学习和生活的第一天场景时，欣然写就了上述文字。令人稍感意外的是，国立东北中山中学留给黄崇圣的"第一次印象"竟然是树立在操场周围的八字标语。而在他看来，"挺起胸膛，竖起脊梁"所代表的自强不息的精神，其实正是对国立东北中山中学教风、学风和校风的真实写照。

---

① 程光衡. 我的回忆［Z］// 国立十三中校友志编纂组. 青原之光：国立十三中纪念文集. 2004：274-276.

② 黄崇圣. 挺起胸膛 竖起脊梁［Z］// 国立东北中山中学校友会. 桃李报春晖：国立东北中山中学花甲纪念文集（1934—1994）. 自贡：新华印刷厂，1993：69-70.

　　无独有偶，"挺起胸膛，抬起头来"的八字标语也给 1942 年初次进入国立第十三中学校园的戴匡蕖留下了毕生难忘的印象。时隔多年，她这样形容自己初进校园即被标语震撼的场景：

　　　　1942 秋负笈十三中高中，当踏进"圣域"，迎面见到对面山上矗立的"挺起胸膛，抬起头来"的大幅标语牌，一股热流涌向全身。这里是我梦寐渴求已久的菁菁校园。①

　　1941 年至 1946 年就读于国立十四中的陆华惠，也在日后的回忆中提及当年校门两侧的标语对自己的影响：

　　　　40 多年前，在马鞍山下的小路上，竖立着松柏圆木捆扎的大门。门框的三面钉有木板锯成的字，钉于上方的是校名；分钉于大门两侧的是"养天地正气""法古今完人"。我们从宿舍到教室，一天来回几趟，常默读这两句耐人寻味的名言，这是老一辈对青少年同学寄予的希望与鼓励。②

　　1939 年，年仅 12 岁的胡献晃由湖南沅陵辗转进入国立十一中就读。半个世纪后，已经身在台湾地区的他仍然对当年学校生活的两件小事印象尤为深刻，其中就包括树立在国立十一中校本部前的标语。据其自述，正是由于这块标牌的感化和启示促成其 1944 年毅然投笔从戎：

　　　　从上阳祠到竹篙塘街上，往返必经过校本部——莲社。而莲社左前侧竖立着一块标牌，上面写着"抗战时期"学校的教育宗旨。每当我经过那里时总要驻足阅读再三，至今这么多年了我仍能背记出来。"我们现在的教育，是要养成学生公而忘私，国而忘家，英勇死义，精忠报国的人格。"③

　　3. 体格训练成绩考查办法
　　国立第十六中学体格训练成绩考查办法主要由考查办法、早操课外运动、记分与扣分标准、计算方法与补考进级毕业构成。
　　考查办法方面，体格训练考查成绩分为平时及期考两种。平时考查成绩为正课、早操、跑步、课外运动及精神，随时考查，其中技能测验占 30%，运动精神占 30%，出席勤惰占 20%，服务努力占 20%，卫生习惯占 10%。期考分为

　　①　国立十三中校友志编纂组. 青原山人共忆录［Z］. 1999：79.
　　②　陆华惠. 十四中对我的影响［M］//南京师范大学附属中学校友会. 青春是美丽的. 贵阳：贵州人民出版社，1992：178.
　　③　胡献晃. 魂牵梦萦的莲社钟声［Z］//政协邵阳市学习文史委，政协洞口县委员会. 山高水长：忆创建在竹篙塘的国立十一中. 邵阳：资江印刷厂，1999：306.

技能测验与体育常识两项，技能测验以测验学生的体力、能力、速力、机巧为原则，临时测验记载作为平时成绩，学期测验以田赛和径赛的一系列项目为主。

早操课外运动方面，早操为全体合操，课外运动分班举行并分组分类活动，每班每周至少两小时，活动种类除原有设备支配应用外，另加踢毽、跳绳、爬山、射击。

记分与扣分标准方面，除技能测验外的其他各项概以75分为标准分，优者照加，劣者照减。无故旷课一小时扣总平均一分，事假十小时扣一分，病假20小时扣一分，早操课外活动三次合正课一小时计算。请假时数超过受课时数三分之一以上者不得参加期考。

计算方法方面，平时成绩方面，早操、课外运动成绩各占总成绩的40%，期考占总成绩的20%。一、二两学期成绩平均为学年成绩，各学年成绩平均为毕业成绩。进级毕业方面，体格训练不及格者不得升级或毕业。①

国立十六中体格训练成绩考查办法非常强调对于学生平时参与体育锻炼的考查，这一点从平时成绩占总成绩的80%就可以明显看出。另外，国立十六中规定体格训练不及格者不得升级或毕业，也说明校方既看重学科训练所代表的智育和精神训练所代表的德育，同样十分重视体格训练所代表的体育。

国立中学办学重视体育，早于全面抗战爆发前就已经见诸国立东北中山中学办学，"学生操行成绩或体育成绩不及格者，不得进级或毕业"②。全面抗战爆发后，更是普遍见诸国立中学办学。类似于国立东北中山中学将学生体育成绩与进级或毕业直接挂钩，同样见于国立师范学院附属中学办学。1943年10月22日，国立师范学院附中公费及贷金学生审查委员会议决通过的五种取消公费及贷金资格标准中，"体育成绩不合格者"赫然在列。③

以国立第十一中学为例，国立第十一中学学生体育成绩由体格检查、体力测验、标准测验和平时考查组成。体格检查分为生理检查和病理检查，体力测验针对高中男生、初中男生和女生分别为引体向上、撑体向上和仰卧起坐，标准测验包括一系列田赛和径赛项目，平时考查分为运动道德、运动精神、运动习惯等。临时试验每学期至少举行两次，由体育教师临时在教学时间内举行，学期测验于学期结束时举行。记分方法方面，体格检查分生理和病理两种各占5%，体力测验占10%，标准测验占30%，平时考查占50%。晨跑晨操无故缺席

① 体格训练成绩考查办法［Z］//国立第十六中学概览. 1942：1-4.
② 本校学则节录［J］. 国立东北中山中学校刊，1937（6）：21.
③ 校闻：取消公费及贷金资格审查标准议定［J］. 国师附中校刊，1943（11）：10.

九次者不给体育分数并予以除名处分。课余运动无故缺席九次以上者不给该项分数。①

可以看出，国立十一中办学重视体育，校方不仅注重监测学生身体素质，重视引导学生平时积极投身体育锻炼，而且会付诸比较严苛的考核方式，晨跑晨操无故缺席九次者予以除名处分即例证。

国立十一中严格实施体格训练，也能够从其毕业生的日后回忆中得到印证。1939年6月考入国立十一中初中部就读，1945年8月高中毕业于国立十一中，黄萃炎在国立十一中完整度过了六年中学时光。高中毕业后，其考入国立师范学院体育系。中华人民共和国成立后，黄萃炎长期任职于长沙市体委，曾被国家体委授予"新中国体育开拓者"荣誉称号。在他看来，自己日后选择体育作为毕生事业，与当年国立十一中办学高度重视体育密不可分：

> 学校对体育教学考查十分认真，规定凡体育成绩不及格者不准毕业，无故缺早操、课间操和课外活动者要记过处分。因此学校的体育活动十分活跃，并将足球定为校球，每学期有班级篮、排、足球赛。……1944年日寇直犯邵阳，学校搬到溆浦龙潭镇，翌年又迁辰溪，在这动荡不安的年月里，学校的体育教学和课外体育活动仍一直坚持着，这也是国立十一中对学生健康和体育工作一贯重视与支持的有力证明。我在校六年非常爱好体育活动，是班级比赛中的主力队员，六年中我没有生过病，在爬过雪峰山，淌过小溪流，奔到龙潭，走进辰溪途中，我身负行李和课桌，始终以运动员的雄姿走在前面，体育对我一生受益匪浅。②

1943年，国立十一中创校已届四年，一位化名非非的国立十一中学子曾总结出国立十一中体育训练四大特色，其中就有体育成绩考查严格：

> 这里的体育训练有四种特色，一、普通的运动风气，差不多每个人都有在运动场上显身手的机会，也有显身手的本领，运动选手制，在这里是绝对不能存在的。二、足球兴趣的浓厚，这兴趣是基于爱国观念出发的，因为前杨校长说："我国的足球在远东运动会曾迭获冠军，但后来输与日本鬼子了，我们要报仇要恢复我们的光荣"，自此以后便定足球为校球，现在他们拼命地练习着，正在准备"报仇"哩！三、器械操的提倡，因为球类

---

① 本校学生体育成绩考查办法［J］. 资声月刊，1943（2-3）：13-14.

② 黄萃炎. 体育受益，终生难忘［Z］//政协邵阳市学习文史委，政协洞口县委员会. 山高水长：忆创建在竹篙塘的国立十一中. 邵阳：资江印刷厂，1999：225.

价昂，故体育组长罗先生提倡器械运动，并作班际的竞赛，所以每当晨光熹微中，便有人在玩单双杠了，当然这并非废除球类运动，不过借资调节罢了。四、体育成绩考查的严格。任凭你学科多好，体育成绩不及格是会留级的，作者是不顶爱运动的，所以常担心着留级的危险，此外每年双十节运动会，也给这些健儿以许多向往，因为又是英雄用武的时机了，本校运动兴趣之所以如此浓厚，恐怕受这照例的运动会的怂恿也不少。①

非非的自述再次印证了国立十一中学生体育考查办法之严苛：体育成绩不及格即留级，哪怕学科训练成绩优异也不例外。从非非的话语中，还透露出另一个值得注意的信息，那就是国立十一中校方重视和善于结合自身办学实际营造鼓励学生投身体育锻炼的校园文化氛围，无论是将足球定为校球，提倡器械操，还是积极召开运动会，无一不是着眼于此。值得一提的是，当时的国立中学拥有校球者不在少数。除国立十一中将足球定为校球外，国立东北中学在全面抗战爆发前的私立中学时期也将篮球定为校球。②

1940 年，国立十一中校方对于全校学生课外活动的统计也佐证了非非的观点。当时全校体育活动共分为田赛、径赛、球类、器械操和爬山远足五类。田赛分为跳掷二部共二十八队，径赛分为短中长距离三部全校共组二十队，球类分为篮排足球三部全校共组八十九队，器械操分单双杠两部全校共组十队，爬山远足分班分部不规定并不定期。③ 无论是活动形式的丰富多样，还是全校组队参与的数量，都不难从上述统计中感受到国立十一中校园体育氛围之浓厚。

但是与国立十一中浓厚的校园体育氛围形成鲜明对比的却是其各部体育设备非但不能称之为充实，相反堪称至为简陋。最为典型的例证就是球类匮乏，视足球为校球的国立十一中全校六部竟然只有两个足球门，三个足球，整个初中部竟然只有一个足球，没有足球门。全校篮球的数量也屈指可数，整个师范部仅有一个篮球架，三个篮球，整个高中部仅有两个篮球架，四个篮球，初中一部和二部仅有四个篮球架，七个篮球，至于田径赛设备和器械设备更是捉襟见肘。④ 国立十一中所遭遇的上述窘境也见诸国立十六中。初中就读于国立十六

---

① 非非. 校务剪影 [J], 资声月刊, 1943（4）：14-17.

② 霍本田. 逃亡流浪 流浪逃亡：抗日战争时期大后方生活纪实 [M]. 西安：太白文艺出版社, 2008：107.

③ 国立第十一中学学生课外活动一览表：一 [Z] // 国立第十一中学. 国立第十一中学周年概览. 武冈：国立第十一中学石印室, 1940：42.

④ 国立第十一中学各部体育设备一览表 [Z] // 国立第十一中学. 国立第十一中学周年概览. 武冈：国立第十一中学石印室, 1940：44.

中的李洪山日后曾回忆："体育设备简陋，储东明老师经常让学生跑步转圈子。上课常说两句话，'大的打篮球，小的打排球'。"① 国立十一中和十六中的体育实践也从一个侧面说明，国立中学办学重视体育，且体育成效显著并不与体育设施的丰富程度呈现直接的正相关。

国立十一中之所以能够对体育投入如此热情与精力，还是与其在办学过程中坚持学生全面发展密切相关，国立十一中办学者当时即对此有过明确阐述：

> 体育不仅对于个人的关系非常重要，就是对于国家民族的命运，它的关系也就更用不着说了……因此，本校对于体育方面，也本着那些原则进行，我们不但要注重日常生活的如何合乎卫生条件，而且对于生产劳动和军事训练，也打成了一片，积极的合作务使每一同学，每天至少能得一小时以上的运动，无论寒暑假，我们的早操没有停止过，星期日也是照常，我们每年的运动会也是严格的限定，每人至少得参加一项比赛，其他为一切器械操的表演，我们也以部或班为单位而不选择一部分成绩优良的学生表演，这体育成绩不及格的，无论学业成绩如何好，也不能升级或毕业，这样才能期其普遍，现在实施以来，成绩尚觉可观。不过，我们不能以小有得便喜，所以，以后更当继续努力，……②

日后看来，抗战时期国立中学基本上都能像国立十一中那样严格实施体格训练，积极营造校园体育氛围，典型表现为热火朝天的体育锻炼与运动场景频频见诸国立中学学子当年的记述及其日后的回忆中。

1941 年，国立一中学子靳清河曾详细描绘过一中学子课后踊跃参与体育锻炼的场景：

> 六点钟的功课过后，便是课外活动了，篮球、排球打得很起劲。有的去比赛爬山，爬到了牛尾山头，立在那耸翠的岩石上瞩目四方，好像寻找他那沦陷了的故乡；有的跑到那枯燥的沙滩上去踢足球，掷标枪，翻筋斗，叠罗汉，叠得很高，像一座小塔，偶然没叠好从上面摔了下来，大家彼此大笑，然后再重新叠，一到沙滩，就都脱了草鞋，像顽皮的小孩子一样的在沙滩上跑来跑去，有的跑到河边，钻在水中，浮在水上做各式的游泳，有的集合了四五个在打水仗，水花乱溅，混战一团，游击战，包围战……

① 李洪山. 回忆抗日战争时期我的母校西迁来川的国立十六中学初中分校［Z］// 中国人民政治协商会议四川省泸州市委员会文史资料工作委员会. 泸州文史资料选辑：第 26 辑. 四川石油管理局印刷厂，1995：62.

② 本校学生体育成绩考查办法［J］. 资声月刊，1943（2-3）：13-14.

采用着各种战术，对方的火力过猛时，就钻向水中，逃之夭夭。①

1941 年，国立七中学子赵昇也用文学化的笔法向世人呈现过七中学子欢腾雀跃于运动场的场景：

> 楼前，篮排垒的球场，是毗连起来的，这块地方上，没有冬夏之分，一到下午，住在五云宫里的这一些孩子，仿佛找到了归宿，生龙活虎地蹦跳着。喊声、叫声、笑声、忙迫沉重的脚步声、如雷如涛的鼓掌声……织成一曲交响乐，忘掉了孤，忘掉了苦，更忘掉了往事赐给自己的悲哀！这运动的洪流，冲破了人群间的隔膜，老师、男女同学，融洽在一起，每当阳光射上大楼，再反照到自己目眶的时候，每个人都信着自己是大时代的儿女，是抗建的堡垒！②

1942 年，国立十四中学子李孔谋也为世人展示过十四中学子积极投身体育竞技的场景：

> 在运动方面，我们学校……，最大的特色就在普遍而人人都能参加，除了应上的体育课程外，课余的运动，也是勤而且恒，每学期都得要举行排篮球比赛、越野赛跑、爬山比赛、障碍赛跑等，级无分高初，人无分男女，每人都必须参加，将全校合成一个团体。③

1939 年考入贵阳国立中央大学实验学校高中部，1941 年夏毕业，日后成为合肥工业大学教授的谭福薰，2001 年在忆及自己的国立中学学习和生活时对于母校体育所作的评价，可谓至为精准，道出了抗战时期国立中学学子们的集体心声：

> 在中学的学习阶段是人生征途中最最难忘的。在身体方面正值青春发育期；在智力方面记忆力逐步加深，理解力逐步加强；在体能方面，我们在校期间体育活动开展较为广泛，尽管当时条件非常困难，体育设施非常简陋，但每学期都开展各种球类比赛、爬山运动和越野赛跑等，要求同学们都能参加，在我的记忆中由于体育活动开展得好，即使当时的生活条件很差，但在我们班病号很少，几乎近于零。到目前为止，我班级友们大多

---

① 靳清河. 荒山角落里的国立一中 [J]. 学生之友，1941，3（3）：7.
② 赵昇. 五云宫素描 [J]. 国立第七中学校刊，1941（1）：15.
③ 李孔谋. 马鞍山麓的国立十四中 [J]. 学生之友，1942（4）：33.

已近八十高龄。①

4. 生产劳动训练

国立十六中生产劳动训练成绩考查办法主要由考查方法、记分扣分标准、计算方法、补考进级毕业构成。

考查方法方面，生产劳动训练按照农业生产训练、工业生产训练、家事生产训练和杂务劳动训练四项考查成绩。各项生产劳动训练成绩考查分为日常考查与学期考试两种，日常考查项目包括技能、努力和效果。技能以考查设计及工作能力为原则，努力以勤劳及态度为原则，效果以考查产量多少及是否经济为原则，均于平日每一单元活动中逐项考查之。学期考试暂定为常识测验，主要考查学生对于生产劳动的理论方法以及全国生产事业的状况等的正确认识，于学期结束时定期举行。各项生产劳动训练成绩分别按其性质由各担任导师或会同有关导师考查。

记分扣分标准方面，生产劳动训练成绩采用百分制，分为甲、乙、丙、丁四等，80 分以上为甲等，70 分以上为乙等，60 分以上为丙等，60 分以下为丁等。成绩列入丙等以上为及格，丁等为不及格。学生每学期缺席生产劳动训练时数三分之一以上不得参加学期考试，不给分数。日常考查成绩中，技能与效果各占 30%，努力占 40%。

计算方法方面，学期成绩由日常考查与学期考试构成，前者占五分之四，后者占五分之一。一、二两学期成绩之平均为学年成绩，学年成绩之平均为毕业成绩。

补考进级毕业方面，成绩不及格者准予补考一次，于下学期开学前举行。生产劳动训练成绩第一学期不及格之学生随原学级附读，第二学期不及格学生不得进级或毕业。②

国立十六中校方对待学生生产劳动训练十分严格，表现为如果学生生产劳动训练成绩连续两学期不及格，则不得进级或毕业。国立十六中的上述规定同样见之于抗战时期其他国立中学。在将生产劳动训练成绩与学生进级或毕业挂钩方面，国立三中的态度与国立十六中完全相同，规定学生生产劳动训练成绩连续两学期不及格者，不得进级或毕业，甚至其在考查方法的文字表述上都与

① 谭福薰.拳拳学子心 母校恩情重：纪念母校百年校庆［M］//许祖云.青春是美丽的：第三集.长春：吉林人民出版社，2002：140.

② 生产劳动训练成绩考查办法［Z］//国立第十六中学.国立第十六中学概览.1942：2-4.

国立十六中毫无二致。① 国立二中同样规定，学生生产劳动训练成绩不足60分者，"提交校务委员会予以留级或退学之惩戒"②。

抗战时期国立中学大后方办学之所以重视生产劳动训练，与全面抗战爆发后教育部旨在通过创设国立中学"为谋改造中等教育制度"这一设想密切相关。1938年9月，国立安徽第二中学成立于四川江津，1939年4月更名国立第九中学。国立安徽第二中学开学典礼当日，教育部部长陈立夫亲临现场发表讲话，其在寄语安徽流亡师生的六大"不可不知其责任之重大者"中，位列第二的就是，希望他们"赴以全力"，矫正战前教育存在的忽视生产劳动教育这一弊端，努力做到"术德兼修"。③

时任国大代表的皖籍人士黄梦飞也表达了和陈立夫相同的观点。国立安徽中学和国立安徽第二中学建校伊始，黄梦飞即在行文中专门对此有过论述，认为国立中学办学应该力矫抗战前教育与实际生活相脱离的弊病，力倡"生产教育与科学教育并重"：

> 今后的教育，决不是以往那样死板板的教，死板板的学，离开生活，不切实际。今后的教育，应该要赶上时代的车轮，适应抗战建国的需要，所以生产教育与科学教育，在中学课程里，均应占重要的位置。……以往学校与生活分离，生产教育，若有若无。今后中等教育，必须于生产智识多多讲习，生产技术，多多训练，才能纠正以往的阙失。④

正是在此背景下，抗战时期国立中学在注重学科训练、体格训练和精神训练的同时，对于生产劳动训练也给予了同样的关注，国立中学的具体办学举措鲜明地体现出这一特点。

据1938年6月30日国立四川中学高中部6月份报告表记载，该月高中部主要围绕农艺和木工实施生产劳动训练。农艺方面，一是讲述中国园艺事业之概况；二是讲述四川省农业概况及主要农产物栽培法；三是整地、栽植和除草等实习工作。木工方面，一是分别讲述中国手工业及机械工业概况；木材的种类、产地、性质及其用途；本省特产木材；工作图之绘法；漆之种类；木材防腐法。

---

① 生产劳动训练成绩考查办法［Z］//国立第三中学.国立第三中学概览.1940.

② 生产劳动训练及后方服务训练成绩考查办法［J］.川中校刊，1938（1）：67.

③ 陈立夫.国立安徽第二中学开学典礼训词［J］.国立九中校刊，1939（1）：1-3.

④ 黄梦飞.贡献给国立安徽中学［J］.安徽教育，1939（1）：15-17.

二是实习基本制作法、实用物品制作法、涂漆法和装饰法。[①] 可以看出，国立四川中学实施生产训练主要通过理论讲授和实践操作两种途径，而且充分与其办学所在地四川当地的物产特点加以结合。

再以 1940 年国立第六中学校本部的农工生产实况为例予以进一步说明。国立六中校本部专门组织有限责任国立六中合作社，师生工役皆为社员，分消费部、工厂、农场三个业务部门。消费部主要供给师生日用物品文具及工厂农场产品，由学生轮流担任营业员，导师任指导之责。工厂分机械、针织、纺纱及肥皂四部。农场则将校内外所有园地，按班划分，指导学生种植菜蔬，并利用厨房菜食残余，养猪数头，以增收益。[②]

在诸多的国立中学中，国立十一中由于实施生产劳动训练特色鲜明，成效显著曾被教育部公开嘉奖。鉴于国立第十一中学"举办合作农场、豆浆、印刷、医疗设施、自制物资、扑灭臭虫方法及兼办社教等事均可资借鉴"，1942 年 11 月 19 日，教育部以训令的形式将其诸多办学举措明发各国立中等学校，令其"参酌施行"。

> 该校合作农场办理颇著成效，全部农场共八十五亩，或系租用民地，或系开辟荒丘，除雇有少数园丁外，学生每周须从事生产劳动一小时，高中依军训分队十至二十人为一组，初中依童军小队九人为一组，分区操作，所备农具、锄头足敷五百人同时使用，菜蔬瓜豆，收获甚丰，间有余剩赠送过境军人。各部养猪数十头，高中部旁并利用中洼地为养鱼池，年可得鱼三百余斤。据云当地若干物价不能任意高抬，农场生产实为大助。[③]

上述文字为教育部训令中对国立十一中合作农场的介绍，从中不难感受到教育部对国立十一中办理合作农场的满意。因为该合作农场在自给自足的情况下，不仅能将剩余菜蔬瓜豆赠送过境军人，还在抑制当地若干物价方面做出独特贡献。

此外，国立十一中校方通过建造豆浆作坊磨制豆浆和豆腐积极改善全校师生营养，通过石印、木印和油印积极改善师生教科书和讲义匮乏状况，积极自制包括油墨、橡皮膏、疥疮药在内的基本生活物资，上述与实施生产劳动训练相关的办学举措均在训令中得到了教育部的高度赞赏。

---

① 常熟市档案局（馆），江苏省常熟中学. 国立第二中学（1938—1946）[M]. 上海：上海科学技术文献出版社，2013：113.

② 国立第六中学. 国立第六中学概况 [Z]. 绵阳：1941：20.

③ 教育部训令（第四七三三一号）[J]. 教育公报，1942（21-22）：34.

1940 年，国立十一中办学一周年，校方在回顾创校一年来的办学历程时也对学校在开展生产劳动训练方面所做的工作极为满意：

> 关于生产劳动，本校尤为注意，以期养成学生劳动习惯，并改进膳食营养。各部均有广大之农场，播种四季蔬菜，每年生产甚巨，一切工作除专雇一二农夫管理外，其蒔菜、锄土、浇水、施肥、捉虫等事，概由学生任之。此外如研谷、搬柴、汲水、搬运器具等工作，亦由学生服务，相习成风，怡然就事，绝无劳怨之色，……①

国立十一中师生日后的自述有力地印证了上述教育部训令所言与国立十一中校方的自我评价。1941 年，业已担任湖南省立商业专门学校讲师的蔡次薛，在回顾自己任教国立十一中仅仅一年的工作经历时，仍然情不自禁地高度评价学校实施生产劳动训练的浓厚空气：

> ……最值得称誉的，是同学们除了读书和运动以外，还要自己种菜、挑水、担粪、修路及从事校内各种清洁工作，虽然有时忙得透不过气来，大家都很快乐，没有一点倦容。②

曾经参与国立十一中筹备创校，日后担任学校文书档案工作的文质彬，多年以后，仍对全校师生积极投身生产劳动，自力更生印象深刻：

> 各部师生除刻苦钻研功课外，自觉参加劳动，初来时披荆斩棘，大搞卫生，开学后的生活物质，除大米自行搬运外，荤素菜食，全靠自力更生养猪种菜解决，每月初一和十五打牙祭，素菜以南瓜为主，难怪有人说："全面抗战八年"，生活中的"南瓜八年"。③

胡匡璋，原上海铁道大学教授。1943 年下半年插班考入国立十一中高中二年级 16 班。1944 年寒假，为了贴补家用申请休学一年。1945 年秋，其以同等学力考入同济大学。虽然胡匡璋仅在国立十一中学习一学期，但是学校特色鲜明的生产劳动训练，依然给他留下了无比深刻的印象：

> 印象最深的是师生一道把米和柴从船上扛到食堂里。十一中濒临资水上游的一条支流，吃的米和柴用船从资水运来，柴米运到之时，师生全体

---

① 本校现状概要［Z］//国立第十一中学.国立第十一中学周年概览.武冈：国立第十一中学石印室，1940：8.
② 蔡次薛.国十一中的回忆［J］.资声月刊，1941（7）：17-18.
③ 文质彬.国立第十一中学的筹建与三次迁校［Z］//政协邵阳市学习文史委，政协洞口县委员会.山高水长：忆创建在竹篙塘的国立十一中.邵阳：资江印刷厂，1999：19.

出动，手搬肩扛，浩浩荡荡的运输大军形成一股洪流，既锻炼了身体，又受到了勤劳节俭、自食其力的教育，这是我在其他学校从来没有经历过的。①

胡匡璋的回忆可以从国立十一中学子当时的文字记录中得到佐证。1941 年，国立十一中学子龚楚发在总结学校办学两年来在生产劳动方面所做的成绩时曾进行以下评价：

> 第一是开辟了广大的道路和操坪，……第二是栽种了大批的蔬菜和花木，……第三搬柴，……我们所需要的柴，都是从洞口由水路运到竹市旧街，然后我们全体出发去搬运，……第四磨谷，……本校只好到滨湖各县采购大批的谷子，由我们同学自己碾成米，……②

除过上述国立中学，抗战期间其他国立中学积极开展生产劳动训练的场景也频频出现于时人的记述和日后的回忆中。

1941 年，国立一中学子靳清河就曾为世人描绘过学校开展生产劳动教育的场景：

> 走过织袜工艺社与缝纫工艺社，轧轧的机声总是震人耳鼓，这是我们的生产机关，利用课余的时间去织袜，来供给自己的需要。技术已训练得异常熟练，出品又快又精，可称物美价廉。我们又会用牛油作蜡烛；用土产的龙须编草鞋。老实说，脚上的草鞋，多半是自己做的。烧石膏作粉笔，供给全校使用；用蓝靛做油墨。我们都是小工程师，会修石子小马路，砌得整齐而光洁，二日内建筑了一座高约五尺的华丽的讲演台，校外他们经营着十几亩菜圃，种满了肥大的萝卜、番茄、黄瓜、白菜、葱、茄子、菠菜……每天去浇水、拔草、除虫，小心翼翼地看护他，收获了！紫的茄子，红的萝卜，白的菜，一筐筐地抬向厨房，吃饭了！大嚼一顿，自食其力是多么愉快啊！③

1940 年，一位名叫菊萍的国立三中学子也不无自豪地为世人描绘过学校实施生产劳动训练的成绩；

> 生产劳动在三中以前亦很有成绩，我们曾种过蔬菜、玉黍、种过小麦、

---

① 胡匡璋. 母校人格教育的凝聚力 [Z]//政协邵阳市学习文史委, 政协洞口县委员会. 山高水长：忆创建在竹篙塘的国立十一中. 邵阳：资江印刷厂, 1999：158.
② 龚楚发. 本校的新姿态 [J]. 资声月刊, 1941 (2)：12-13.
③ 靳清河. 荒山角落里的国立一中 [J]. 学生之友, 1941, 3 (3)：8.

大豆；校后的荒地，本来是童山濯濯，现在已种满了桐油树，且已长大了，晚饭后散步其间绿意葱葱，清凉爽快，殊足留恋。①

与菊萍同为国立三中校友的铜仁籍少年徐键，同样对于学校当年开展的生产劳动教育训练印象格外深刻。徐键，1942年考入国立三中初中部，1946年转入省立铜仁中学，高中毕业后考入贵州大学土木工程系，其日后曾回忆过自己当年因为生产劳动成绩不及格险些被留级的经历：

> 当时初中部开设了一门"劳作"课，并且列为主课之一。课程内容是植树和种菜。春季每个学生种一棵树，包种包活；秋季则每人分给一块地（约1米宽，4米长）种蔬菜，收获的菜60%交给学校，40%归学生个人所得。初中一年级下学期，我种的一棵树，由于没有管理好，结果没成活，担任我们"劳作"课的老师是初中部主任钱凤绾老师，在期末只给了我58分，幸好我其他课程均已及格，否则有留级的危险。第二学年开学注册后，我补考"劳作"课就是在校园内锄草。②

当时有的国立中学，其对于实施生产劳动训练的重视，甚至达到了新生入学必备生产劳动工具的程度。杨守达，1943年至1944年就读于国立十四中，日后曾任贵州人民出版社副编审。时隔多年，他依然对当年到母校报到时需要缴验一把锄头这种极具个性的办学特色印象深刻：

> 锄头，是用来种地的。入学后，每人要耕种一小块土地。春季，多种玉米、南瓜和豆类；秋季，多种蚕豆、豌豆或白菜等。种地，是劳作课的一项内容，劳作是主科，不及格是要留级的。我们的耕作，可以说是"只问耕耘，不问收获"的，虽然在作物生长过程中，老师经常都要检查和打分，但到收获季节往往时值寒暑假，谁去收获，不论老师或同学不再有人过问。因此，假期住校的同学便收回来，用脸盆一煮，当零食吃。这样的劳作课，是任何一所学校都没有的。③

至于国立十四中校方为何会有如此奇怪的要求，著名作家、学者许地山之女许燕吉关于抗战期间就读国立十四中的回忆或许可以提供答案。抗战期间，

---

① 菊萍. 闲话国立第三中学 [J]. 中国青年（重庆），1940（3）：99-102.
② 徐键. 点滴回忆 [Z]//中国人民政治协商会议贵州省委员会铜仁地区工作委员会. 铜仁地区文史资料：第3辑. 铜仁：人民印刷厂，1993：304.
③ 杨守达. 忆母校 [M]//南京师范大学附属中学校友会. 青春是美丽的. 贵阳：贵州人民出版社，1992：207.

刚刚从湖南衡阳扶轮小学毕业，跟随家人亲历过湘桂大撤退的许燕吉，一路从衡阳流亡至贵阳，就读于国立十四中五年一贯制实验班一年级。与杨守达缴验锄头不同，领到一把小锄头的许燕吉多年以后认为，国立十四中的校歌已然表明学校为何如此重视培养学生的劳动观念与能力：

> ……还领了小锄头和一把蚕豆种，分了河边坡上一小块梯田地。十四中注意培养学生的劳动观念，校歌的第一句就是"神圣劳动，小工人爱做工"，最后是"为什么读书？为祈助劳动"。我在衡阳看见过许老头儿耕田、郭师傅种菜，这回自己动手，兴致很高。松了土、挖了窝，豆子点埋好，感觉也沾点儿"神圣"的光了。①

1941 年暑期，刚刚读完初三上的黄荣祺，以同等学力考入国立十四中高中一年级就读直至 1944 年高中毕业。刚刚入学的他，有着和上述杨守达相同的缴验锄头经历，其也和许燕吉一样，在学校的校歌中找到了答案。多年以后，他在回忆这段经历时仍然将其形容为"反常"，依然完整和清晰地记得学校的那首校歌：

> 8 月底，父亲领着我到贵阳南郊的水口寺买了一把锄头，然后往十四中驻地马鞍山办入学手续。由于程序繁多，加上人地生疏，费了好几个钟头才办完手续。入学要先交锄头，已经够"反常"的了，……其所以先交锄头，是这所学校相当重视劳动，这可从校歌中充分体现出来。学校的校歌是：神圣劳动，小工人爱做工；神圣劳动，小农夫爱耕种；神圣劳动，小兵丁爱运动。为甚读书，为甚读书，为补助劳动。神圣劳动，美术的意态工；神圣劳动，音乐的兴味浓；神圣劳动，科学的理无穷。为甚读书，为甚读书，为吾人类大众。②

5. 战时后方服务训练

国立第十六中学战时后方服务训练成绩考查办法主要由考查办法和记分扣分计算标准构成。

考查办法方面，战时后方服务训练成绩按办理社会教育、宣传、募集、慰劳等工作于平时考查之，考查项目包括技能、努力、效果和常识四个方面，技能以考查设计及工作能力为原则，努力以考查勤劳及态度为原则，效果主要考

---

① 许燕吉. 我是落花生的女儿［M］. 长沙：湖南人民出版社，2013：82.
② 黄荣祺. 40 年代初的国立十四中［M］//南京师范大学附属中学校友会. 青春是美丽的. 贵阳：贵州人民出版社，1992：148.

查服务之收获，常识主要考查学生对于服务之认识，以上项目由各担任导师于每一单元活动中逐项考查。

记分扣分计算标准方面，各项考查成绩中，技能、效果和常识各占20%，努力占40%。战时后方服务训练成绩采用百分法，分甲、乙、丙、丁四等，80分以上为甲等，70分以上为乙等，60分以上为丙等，60分以下为丁等。成绩为丙等以上为及格，丁等为不及格。战时后方服务训练平时积分为学期成绩，两学期之平均成绩为学年成绩，各学年之平均成绩为毕业成绩。战时后方服务训练成绩不及格者，精神训练成绩不得及格。①

战时后方服务训练之所以在抗战时期被确立为国立中学大后方办学的五种训练之一，既是着眼于矫正抗战前办理中学教育过程中出现的智育偏重灌输，德育视为虚文，误解体育之真义等弊端②，也是决定于国立中学办学是抗战建国的重要组成部分这一认识，这一观点在全面抗战爆发之初已然见诸论者：

> 现在全国抗战的根据地，分成西北和西南两部。因为近代交通条件的不具备，在今后的抗战过程中，西北和西南，必须变成两个抗战的单位，在军事上如此，在文化上也必须如此。西北文化中心地的选择，以在陕南汉水流域一带为适宜，在这里已经有了西北联合大学，国立的陕西和山西两个中学，陕西和山西两个服务团，还有最近从西安迁去的几个中等学校，和原来当地的几个中等学校，总共有近万的大中学生，一两千大中学的教师，差不多凡是抗战以前黄河流域各省从事教育和文化工作的人，全集中到这里。……建设西北文化中心，主要的还靠现在陕南的大中学校的先进教师和青年学生们，共同发动和推动，以完成这个大时代的伟大运动！③

从上述文字不难看出，全面抗战爆发之初，论者在论及西北文化中心建设时已经寄厚望于国立陕西中学和山西中学。

1939年，时任国大代表的皖籍人士黄梦飞在寄语刚刚建校不久的国立安徽中学和国立安徽第二中学时亦曾对此有过明确阐述：

> 第二，我要指出的，两校的教育工作者和学生们不要因为自己安居后方，便忘记了炮火连天的前线。今日中国反侵略的战争，是全民族争取生存的战争，"抗战第一"，早成为朝野一切行动的指导原则。教育事业是抗

---

① 战时后方服务训练成绩考查办法［Z］//国立第十六中学概览. 1942：5-6.
② 陈立夫. 国立安徽第二中学开学典礼训词［J］. 国立九中校刊，1939（1）：1-3.
③ 建设西北文化中心［J］. 西北论衡，1938（23）：1-2.

战建国整个机体的一部分，教育工作者和学生们的活动，自当求其与抗战建国整个计划相配合。……绝没有教育一部门自外于抗战建国，而独立活动之理。有些学校，只图后方的安逸，对于战争需要，漠不关心，教者所教，学者所学，习故蹈常，于抗战建国，渺不相涉。……我们的国立安徽中学，适应当前的抗战局势而产生，校址虽在后方，目标当在前线，无论教育工作者和学生，除其本位任务外，对于抗战建国，都有其应尽的责任。①

黄梦飞的寄语很明确地表达了一个观点，即国立中学虽然偏居于远离前线的大后方，但这并不意味着其办学应该如抗战前般"对于战争需要，漠不关心，教者所教，学者所学，习故蹈常，于抗战建国，渺不相涉"，相反，国立中学大后方办学理应在兼顾"其本位任务外，对于抗战建国，都有其应尽的责任"。如果说学科训练、精神训练、生产劳动训练、体格训练尚属于黄梦飞口中的"本位任务"，那么，战时后方服务训练显然属于其所谓的除此之外"应尽的责任"。也正是因为有此认识，包括国立第十六中学在内的国立中学纷纷出台了战时后方服务训练成绩考查办法对此办学行为予以规定。

抗战时期地处大后方这一办学特点，同样决定了服务后方必然成为作为教育与文化机关的国立中学办学必须予以关注和回应的重点。1939年，时任国立第六中学第四分校校长的孙东生在反思国立中学发展时曾对此有过详细阐述：

> 国立中学应分设于各省文化落后县镇，或边区。过去我国所患的时代病，是工商业和金融，一切集中于几个都市，偏枯的发展，寄生心态的生长，而忽略了内地的建设与开发。教育和文化事业也是如此。文化机关所在地和学校集中的地方，几个大都市，一旦被敌人占据或破坏，就有文化中断的危险。内地偏僻地区的人民，不仅民族意识很淡薄，而其知识的愚昧，生活状况的低劣，直有为人所意想不到的可怜。国立中学的教员和学生来自战区，对于侵略者的残暴凶恶，目睹身受，且具有各种科学常识。若设校于边区或文化落后的县镇，则学校不仅可启迪民智，为文化中心机关，兼可做社会一切启蒙运动。学生借以增进活动能力，也可免除所学不合实际之弊。若仍然把国立中学设立在交通方便，或文化较发达的城市里边，则学校一定是因袭故态，和社会划有鸿沟，怎能发挥教育的最大职能

---

① 黄梦飞. 贡献给国立安徽中学［J］. 安徽教育，1939（1）：15-17.

呢。吾国那些黑暗角落，什么时候才得启发，并且希望谁人去启发呢？①

孙东生的观点非常明确：国立中学应该充分利用抗战时期位于大后方办学的宝贵机会，积极发挥自身作为教育与文化机关的有利条件，在服务和促进大后方发展的同时，有力矫正抗战前中学教育办理过程中的诸多弊端。

正是鉴于战时后方服务训练之于国立中学办学以及大后方发展的独特意义和重要性，教育部对此也是积极予以引导。1941 年，教育部饬令国立各级学校成立歌咏戏剧队"用以教育民众"：

> 教育部以戏剧为综合性之艺术，以之施教或用作宣传，具有潜移默化之功。该部……兹复通令国立各级学校。一律成立是项歌咏戏剧队，利用课余时间，用以教育民众，作为各该校兼办社会教育主要工作之一，并饬于文到一个月内正式成立，并将成立日期、组织章则、进行计划、指导人员姓名履历、开办费概算书一并等报部云。②

而对于办理社会教育成绩显著的国立中学，教育部还不遗余力地进行公开嘉奖。1942 年 11 月 19 日，教育部即以训令的形式将国立第十一中学"举办合作农场、豆浆、印刷、医疗设施、自制物资、扑灭臭虫方法及兼办社教"等一系列办学举措明发各个国立中学，令其"参酌施行"。

> 该校兼办社教，能认真进行，除于镇上建民教馆一座外，并于附近乡村设民校十所，收容失学儿童十班，成人两班，妇女一班，颇收实效。③

从教育部训令中"能认真进行""颇收实效"等文字就能明显感到其对国立十一中兼办社教成绩的满意。日后看来，抗战期间国立中学办学对于后方社会服务均比较重视，且各具特色。

1940 年，一位名叫王佐才的国立八中学子曾为世人描绘过八中学子积极开展形式多样的社会教育的场景：

> 生活的艰苦，经济的窘迫，并不能减少他们爱国的热忱，高一部在五卅纪念日送石耶乡出征的壮丁，从每个人身上募来的法币、铜元（圆）、邮票共四十九元，这已尽了最大的努力，虽然很少……新生活运动促进总会伤兵之友社所里分社刚成立，便影响了各部同学踊跃地输金总共一千六百

---

① 孙东生. 国立中学的几个基本问题［J］. 教育通讯，1939（34）：6-8.
② 教部饬国立各校组设歌咏戏剧队［J］. 学生之友，1941，2（2）：55.
③ 教育部训令（第四七三三一号）［J］. 教育公报，1942（21、22）：34.

132

四十四元送给受伤的战士，作为我们的礼物。……劳军公演、募捐游艺会、扩大宣传游艺会，各部合起来，差不多有七十余次之多……我们对于社教工作非常重视，暑期服务团，苗区实习工作队，纷纷成立……我们办有识字班、歌咏组，逢假期去教，成绩很好……①

1940 年，一位名叫菊萍的国立三中学子同样为世人描绘过三中在贵州铜仁开展丰富多样的社会服务的场景：

> 就社会服务而言，也可以来谈一谈。我们初到这里时，因为看到铜仁民众的死气沉沉，简直就毫无抗战的景象；所以我们每遇纪念日，必定举行大游行，火炬游行或街头宣传，同学们歌着、唱着、叫着，流血恨的泪，以热烈的情绪唤醒铜仁的大众。又因为当地文化水准的低落，校方便和铜仁县政府协力创办民校十余所，善导失学青年、壮年、老年，使他们可以看报、写信、记账以至踏进知识的乐园。校中又发起义卖运动，先生们、同学们都各以相爱的物品或自己制作的东西踊跃地捐赠给义卖处，代为义卖，售得的钱悉数作为献金。擅长艺术的先生们同学们，并且联合举行画展义卖，为了这事教部曾传令嘉奖过。……暑期中校中为利用暇时起见，组织苗区实习大队和暑期乡村服务队前往深山野谷，荒凉僻地去做救亡工作；……秋风潇潇，红叶飞舞，我们深感到前方将士将来在冰天雪地中战斗的痛苦；因此我们又举行寒衣运动。寒假中并奉令作扩大的兵役宣传，亦颇努力……②

值得一提的是，国立中学学子参与社会服务的热情之高，态度之积极，投入之专注同样给人印象深刻。

1939 年，一位名叫英立的国立安徽第一中学学子曾描绘过其和同学们组织乡村宣传队前往黔阳守信乡一个名叫滩头的小镇进行抗战宣传的情景。在半天时间的宣传活动中，他们通过教唱抗战歌曲、个人演讲、表演街头剧等一系列方式积极向当地民众进行抗战宣传。他曾用生动的笔触描绘过当时参与宣传的一位同学动情的演讲以及在场民众深受感动的场景：

> 接着又是一位同学上去讲"流浪在异乡是怎样的痛苦，和沦陷区内鬼子的凶残"。这位同学素来富于情感，所以当他讲到最痛心的地方，他真的流下泪来，满脸挂着泪珠，他继续地讲下去，这样的事实，对观众刺激太

① 王佐才. 活跃在川湘边界的国立八中 [J]. 中学生，1940（35）：31-33.
② 菊萍. 闲话国立第三中学 [J]. 中国青年（重庆），1940（3）：99-102.

深了，由那几点的泪珠，引起无数的泪珠，都涌了出来，大家用着同情、怜惜、兴奋的眼光看着他，阳光斜射过来，从每滴泪珠上，反映出无数的光辉，那一刹那间，许多的心灵，都不约而同地共鸣起来了。①

上述英立所描绘的大后方民众之于国立中学开展社会教育与服务的反应，其实是从一个侧面印证了国立中学开展社会教育与服务的成效，而且此种成效频繁见诸国立中学学子当时的记述及日后的回忆。

全面抗战爆发后，作为安徽颖州师范学生的吴振潮随学校辗转流亡至湘西，在国立八中顺利完成中学学业。据其回忆，国立八中在湘西办学，极大地促进了当地的教育发展：

> 当时乾城就有大批青年在师范部、初女部和其他初中部就读。这些青年学生能够就近入学，再不到外地求学，吃长途跋涉之苦，学费也得到与难民学生同样的照顾。这对发展湘西教育，无疑是起到了很大作用的。特别是女生上学，得到很多方便。过去，乾城及湘西各县无女子读书学习习惯。少数几个有文化的女子，也多是大家闺秀，要远下桃源县就读。国立八中内迁到当地后，本地家长深受启发，纷纷让女孩子读小学、初中。初中部所吸收的本地女子学生最多。这些湘西籍学生，抗日胜利后，多投入教师队伍，成为教学的骨干力量。②

国立八中在努力提升湘西教育水平的同时，也极大地丰富了当地民众的文化生活。国立八中学子李方陆对此曾有过回忆：

> 我们 1938 年秋天刚到花垣时，当时县城非常冷清。随着大批八中学生、军队以及外地难民进入花垣，社会文化生活丰富起来。……话剧可能也是首次进入花垣。外地的歌舞、剧种也进入了花垣。……个人画展可能在当时也是首次。③

国立八中之于湘西独特的教育与文化影响力，也使得其与湖南大学成为抗战时期湘西地区的两大文化重心所在地：

---

① 英立. 乡村宣传：国立安徽第一中学高中三社会服务的一幕 [J]. 青年月刊, 1939 (6)：39-40.

② 中共花垣县委, 花垣县人民政府. 故园情：国立八中校友与花垣的往事 [Z]. 湖南省化工地质印刷厂, 2001：46.

③ 中共花垣县委, 花垣县人民政府. 故园情：国立八中校友与花垣的往事 [Z]. 湖南省化工地质印刷厂, 2001：427.

国立八中与湖南大学（设在辰溪，学生 1500 余人）被誉为抗战时期湘西地区的两个文化重心。湖大师生人数远不及八中，他们也不像八中师生的活跃，国立八中乃成为当时湘西社会文化的主流，在地方上拥有相当高的声望和地位。①

抗战期间类似于国立八中成为湘西文教中心这样的事例，当时也多见于其他国立中学办学。1945 年进入国立三中就读的贺从宪日后即回忆过学校在体育方面之于铜仁地区的独特影响：

国立三中迁来铜仁后，把足球、排球、篮球以及多项田径运动项目带进了这座山城，进而影响了铜仁专区各县。可以说，国立三中可算得上铜仁地区近代体育的传播者和推动者。……由于国立三中对体育比较重视，因而体育运动成绩，都堪称铜仁地区托盘执耳的盟主。②

当然，除过体育，国立三中也通过自身办学对于铜仁地区的教育与文化产生了深刻影响，逐渐使其成为抗战时期黔东文教中心。多年以后，国立三中校长周邦道之子周春境对此曾有过评论：

他们（国立三中师生）也将给山城带来历史性之巨变：人口剧增，店铺加多，文教昌盛，经济振兴，浸渐成为黔东文教中心，及乎首善之区矣!③

日后来看，抗战时期国立中学大后方办学紧密围绕五种训练来构建包括课程编制、教学实施、学生指导以及校园文化培育等在内的综合育人体系，并且取得了令后世景仰的育人成绩。国立二中老校友们日后曾对此有过高度评价，可以视为国立中学学子们集体心声的代表：

国立二中在四川办学八年半，坚持推行"精神训练、体格训练、学科训练、生产劳动训练、特殊教学与后方服务训练"这五项训练，作为学校最基本的教学方法。"五项训练"影响深远，同学们刻苦求学，老师们谆谆教导，两者相得益彰，教学相长。几十年后，二中的学子们在各个领域中

---

① 徐成龙. 抗战时期的国立八中追忆［M］//中国社会科学院近代史研究所近代史资料编辑部. 近代史资料：总 107 号. 北京：中国社会科学出版社，2003：199.
② 贺从宪. "世贤杯"争夺记［Z］//中国人民政治协商会议贵州省委员会铜仁地区工作委员会. 铜仁地区文史资料：第 3 辑. 铜仁：人民印刷厂，1993：383.
③ 周春境. 国学卢阳带砺雄：先父庆公艰苦创校事略［Z］//中国人民政治协商会议贵州省委员会铜仁地区工作委员会. 铜仁地区文史资料：第 3 辑. 铜仁：人民印刷厂，1993：6.

表现优秀，可谓人才济济，这就说明以"五项训练"为核心的教学方法是有效的，对学生一生的成长发展影响甚大。①

上述评价并非国立二中校友们偏爱母校的溢美之词，日后从国立二中走出的十二位"两院"院士和两位美国国家工程院院士，以及日后活跃于各行各业为数众多的杰出校友即明证。②

四、训育制度

1939 年 7 月，全面抗战爆发两周年，时任江西省立第一中学校长的吴自强撰文回顾和梳理全面抗战两年来中国中等教育的发展与改革。在他看来，虽然战争给中国中等教育造成了难以估量的影响，但是就其办学精神而言，较之于抗战前，不退反进。在吴自强列举的"荦荦大者，为国人告"之中，其中就有"导师制之推行"。在他看来，虽然导师制施行仅一年有余，"未能十分表示显著的成绩"，但是它却体现了中学教育办学的根本宗旨——作育"健全的人"。③虽然吴自强在论及导师制时并非专门针对国立中学，但是其对导师制蕴含的"作育健全的人"这一评价，用来形容抗战时期国立中学导师制的施行却是恰如其分。

吴自强提及的导师制是指 1938 年 3 月 28 日教育部颁发的《中等以上学校导师制纲要》，目的在于"矫正现行教育之偏于知识传授而忽略德育指导，及免除师生关系之日见疏远而渐趋于商业化"，"特参酌我国师儒训导旧制及英国牛津、剑桥等大学办法，规定导师制，令中等以上学校遵行"④。教育部在颁发导师制纲要并要求各省拟定办事细则以便普遍施行的同时，还颁发了《关于各校实施导师制应注意各点》，对于导师制的宗旨以及校长、导师和学生家长各自对于推行导师制所应负有的责任逐一进行阐述，明确指出"唯此项训育制度，在我国新教育史上，系属首创"。1939 年 7 月 13 日，教育部又公布《切实推进导师制办法》，对于所需注意要点加以强调。⑤ 上述教育部接连颁发的纲要、训令

---

① 常熟市档案局（馆），江苏省常熟中学．国立第二中学（1938—1946）［M］．上海：上海科学技术文献出版社，2013：38-39.
② 常熟市档案局（馆），江苏省常熟中学．国立第二中学（1938—1946）［M］．上海：上海科学技术文献出版社，2013：244-265.
③ 吴自强．两年来之中国中等教育［J］．抗战月报，1939（8）：369-372.
④ 中国第二历史档案馆．中华民国史档案资料汇编：第 5 辑·第 2 编·"教育"（1）［M］．南京：凤凰出版社，1997：212.
⑤ 中国第二历史档案馆．中华民国史档案资料汇编：第 5 辑·第 2 编·"教育"（1）［M］．南京：凤凰出版社，1997：213-216.

和办法，为抗战时期国立中学办学施行导师制提供了制度基础。

回顾抗战时期国立中学训导制度，导师制是其不可或缺的核心组成。下面以国立第二中学、第六中学和第十一中学导师制实施情况为例予以具体说明。

1938年，国立四川中学创校伊始，校长周厚枢即明确规定导师制是学校训导制度的重心所在："至于教导方面的组织是每级有导师一人，每级又分若干组，每组有组导师一人，本校的训导要点就在厉行教训合一的导师制，训导的重心就是各位导师。"目的则是全校师生关系的和睦融洽："本校的同学是患难同学，本校的师生，彼此之间，当比家人父子昆弟还亲爱，所以我们学校，是全国唯一家庭化的学校，也是世界上唯一家庭化的学校，所以教师间的团结与合作，学生间的团结，师生间的团结，比任何团体来得亲切坚固些。"① 虽然"全国唯一"乃至"世界唯一"日后看来未免有些夸大其词，但是周厚枢看重导师制之于学校办学和作育人才的独特影响则十分明确。

正因为如此，周厚枢将"厉行导师制"视为国立中学战时实验新教育制度必不可少的重要组成：

> 我们要晓得一个国家要国民的精神训练和道德涵养收到相当的效果，绝不是仅由付轻微的代价如靠少数人几次精神训话或是靠若干条惩戒规约的干涉和应付可以办到的，非得大多数先进先觉的教师持久的虚心的恳切的，一齐痛下功夫如逆水行舟，把青年向精神的上游领导不可；现在厉行导师制就是全国教师争取民族的总动员，也就是完成精神训练的不二法门。②

国立四川中学在校内积极施行导师制，也给学子们留下了深刻印象。1938年，一位名叫史朗的国立四川中学学子曾为世人描绘过学校导师制的特点与实施情况：

> 在我们这儿行着一个别致的教育制度——导领制。别的学校每班也有导师。但不是每组更不是每小组都有，而且关系也不会比我们的密切，平均每十几个同学间就有一位导师，导师犹之乎我们的长兄、队长和顾问。由米小米小的到天大天大的事我们都可以和导师谈。从他们那里取得同情、慰藉和训示。每组有小组讨论会，会场无定，大都在野外举行。黄昏里，学校附近的小山和田野中拥着一簇簇我们的同学在开小组讨论会，笑语声

---

① 朱厚诚，李伯昂. 周校长高中部开学训词 [J]. 川中校刊，1938（1）：10-13.
② 周厚枢. 发刊词 [J]. 川中校刊，1938（1）：1-7.

渗入傍晚的软风在野草上打滚，恰像是一群兄弟在叙着家常。①

虽然史朗并没有为世人呈现导师参与小组讨论会的具体情况，但是1938年国立四川中学师范部学子却为后世留下了师生座谈的宝贵场景：

> 座谈是师生利用闲暇的时候，互相共同讨论一切有关国家民族个人生活等实际需要问题。常利用晚饭前后，导师领着一组同学到公园中、茅亭内、竹荫下、或草地上围坐着，在大自然界中讨论实际问题，这是多么愉快而理想的事情啊！同学的思想、生活上的问题，导师都可以从座谈中了解清楚，可以纠正思想上的错误，也可以帮助同学解决生活上的问题，这种座谈的效果，绝不低于教室中授课。②

国立四川中学，也就是日后的国立二中在校内不遗余力地推行导师制，日后也多见于二中学子的回忆。吴良镛，1938年至1940年在国立二中就读两年半高中，毕业后考入国立中央大学建筑系就读。多年以后，已是著名建筑学家、中国科学院院士、中国工程院院士的他忆及国立二中时光，仍然对当年二中教师关爱其的两件小事难以忘怀：

> 生活上，教师对学生也非常关心，可能是因为都是流亡他乡。由于我被子在武汉丢失，又没钱买厚被子，与铸哥同盖一床被，直到他去成都后，我靠新购的薄被过冬。戴毁之老师注意到这种情况，就为我准备了新被子，并专门对我说："不必说出去，因为学校实在没有多余的钱为别人添置了"，当时我感到说不出的温暖。流亡教师关怀流亡学生，别有一种感情在心头。……在学校，教师和同学有很深的感情，记得有一次我得了疟疾，泻肚，体质很虚弱，校医陈君朴看我体力太差，专门派人到他私人诊所拿了葡萄糖针给我恢复体力，还让食堂师傅特别给我买猪肝滋补。③

何东昌，1938年考入国立二中就读初三，1941年国立二中高中毕业后考入国立西南联合大学电机系。多年以后，曾经担任国家教委副主任的他同样高度评价国立二中家庭化的学校生活之于自己成长的深远影响：

> 学校有强大的凝聚力。想想那时小小年纪，离乡别井，唯有师长可依靠，唯有同学可相互照顾，那种如父如子、如兄如弟的深厚感情，便凝聚

---

① 史朗. 在国立四川中学 [J]. 学生半月刊，1938（2）：31-32.

② 常熟市档案局（馆），江苏省常熟中学. 国立第二中学（1938—1946）[M]. 上海：上海科学技术文献出版社，2013：171-172.

③ 吴良镛. 良镛求索 [M]. 北京：清华大学出版社，2016：15-18.

成珍惜机会、发奋读书的动力。①

蒋柏生，1939 年 9 月考入国立二中高中部，1943 年 1 月毕业后考入国立中央大学电机系。时隔多年，作为南京航空航天大学筹建人之一的他也将国立的三年高中生活形容为父子兄弟般同甘共苦：

> 我们师生像父子，同学像兄弟（当时男女分校），同甘苦，共患难。国立二中高中的三年是我受益最深的三年，我经常说我在以后的几十年能为党和人民做一点有益的工作，是与在高中三年打下的基础包括思想、业务知识基础分不开的。②

国立六中的训导实施由精神训练、生活指导、推行导师制、实施军事及童军管理和体育活动五部分构成。国立六中导师制以班级为单位，每班设导师一人，全校设主任导师一人，由训导处主任兼任。每班又划分为若干组，组长由各班学生轮流担任，借收分层导生之效。导师对于学生之思想、学业及身心摄卫，随时指导，俾得正常发展，以养成健全品格。训导方式分为个别训导与团体训导两种方式，并制定训导表格，详细记载学生之思想、性行学业及体格状况，每月汇报一次。每周举行导师会议一次，校长、教务主任和总务主任均参加，旨在检讨工作和交换意见。③ 关于导师每周的具体工作安排，可以从下表得到明确印象。

表 5-1　国立第六中学导师工作表

时日	项目	内容提要
每星期一至星期六上午五时半至九时半	参加升旗及早操	于升旗早操时点名，并随时纠正学生动作姿势
	督导整洁组学生打扫学校院落	早操后，整洁组学生，开始打扫全院落，各班导师轮流参加督导，并考核其勤惰
	早自习点名	
	视察早膳	注意餐厅厨房之整洁及秩序

---

① 《扬州中学校史资料长编》编委会. 扬州中学校史资料长编·前编［M］. 南京：凤凰出版社，2012：12.

② 蒋柏生. 我与国立二中［M］//黄作华，郑锦涛. 国立中学的回忆：第一辑. 北京：中央文献出版社，2007：58.

③ 国立第六中学. 国立第六中学概况［Z］. 1941：11-17.

续表

时日	项目	内容提要
每星期一至星期六上午十二时半至午后四时半	督导农艺组学生工作	
	指导课外活动	分别担任督导与考核之责
	参加降旗	
	视察晚膳	注意餐所灶房之整洁及秩序
每星期一至星期六夜晚六时半至九时	督导警卫组学生站岗	学生分区站岗，警卫由各班导师轮流考核其勤惰
	晚自习点名	
	视察宿舍	注意各寝室学生就寝时之安静
每星期一纪念周	轮流担任纪念周演讲	
每星期六午后二时	参加导师会议	讨论训管问题
每星期日上午八时	参加寝教室整洁总检查	
每星期	个别谈话	
	分组谈话	
	核准学生一日以上之请假	
	批阅学生日记	
	主持班会	
	处理学生偶发事项	

　　资料来源：作者根据国立第六中学 1941 年编印的《国立第六中学概览》之《附表二十导师工作表》整理而成。

　　1940 年，国立十一中校方曾总结过学校导师制实施状况。第一，学校每部设首席导师一人，每班分为二组，每组设组导师一人。第二，导师以住校与学生共同生活为原则。第三，导师除随时做个别训导外，并批阅学生生活周记及举行有计划之个别谈话，填写学生生活考察表。第四，领导学生集会并参加学生课外活动。第五，组导师按时率领学生举行爬山、远足及娱乐，各种活动多在每星期六下午或星期日举行。在师生共同生活情形方面，第一，教职员与学生同餐食。第二，教职员领导学生做生产劳动，如挖土、修操坪、种菜、运柴等均系以身作则。第三，教职员组织球队，常与学生比赛。第四，组导师按时率领学生举行爬山、远足及娱乐，各种活动多在每星期六下午或星期日举行。①

那么，抗战时期国立中学导师制实施的成效究竟如何呢？换句话说，国立中学办学者和学子们之于导师制的感受和体验究竟如何呢？1940年，国立十一中迎来创校一周年纪念，校方曾对该校实施导师制的成效有过论述：

> 教导方面奉令励行导师制，教师均兼导师，对于学生之身心学业，务期竭尽诱导监护之责，导师与学生共同饮食起居，运动游戏，相视若父兄子弟，一校之中，雍容和谐，从未有龃龉杌陧之象。教职员复能以身作则，力摈恶习，日常娱乐除游览山水及参加各项运动之外，其他世俗不良之娱乐，概行摈弃，即其家属居住学校附近者亦复如是。②

从上述文字中不难感受到国立十一中校方对于该校实施导师制的满意。1942年双十节，国立十一中迎来创校三周年纪念。当时任教于国立十一中高中部的彭一湖欣然为《国立第十一中学三周年概览》作序。在序言中，彭一湖直言办学仅三年的国立十一中，在校长杨宙康的办理下成绩卓然，堪与建校历史二三十年的学校相比肩："民国二十八年四月，兹校于杨校长宙康先生主持之下，开始筹备，是年九月，即正式成立，迄今几三年余耳，而其成就之大，殊非意想所能及。其一切物质设备，虽以极短暂之岁月，又在此时局艰难万状中，而亦略能与既经营二三十年之旧校相颉颃者无论矣。兹唯论其学风，其可言者约有三事。"而在彭一湖看来，国立十一中办学成功的三个秘密之一，就是"严师"，即国立十一中教师以身作则以及亲切严肃的师生关系：

> 二曰严师。……而兹校不然，学生之于先生也，恒至恭而且敬，先生之言，无轻视者，先生之教，无或违者。其在课余散步时，则校门以外，教师每思避路而行，以学生为礼者多，颇有应接不暇之势，师生间极亲切严肃之至，斯又为兹校之一异彩也。③

彭一湖的观点同样为国立十一中首任校长杨宙康所认同。1942年12月，业已离任国立十一中学校长一职的杨宙康在写给国立十一中全体师生的告别信中，回顾和总结学校的办学优点时，曾直言融洽的师生关系是国立十一中虽然办学短暂，但难能可贵的优点之一："尊师重道之精神，亲爱和睦之气象，亦属乱世

---

① 国立第十一中学训育实施概况表 [Z] // 国立第十一中学. 国立第十一中学周年概览. 武冈：国立第十一中学石印室，1940：41.

② 本校现状概要 [Z] // 国立第十一中学. 国立第十一中学周年概览. 武冈：国立第十一中学石印室，1940：7-8.

③ 彭一湖. 序一 [Z] // 国立第十一中学三周年概览. 1942：1-2.

教育中所难能。"①

彭一湖和杨宙康的观点同样为国立十一中学子所认同。1939 年夏考入国立十一中师范部的郑重，日后也将国立十一中能够在短短的数年内实现办学成绩卓越的重要原因之一，归结为其拥有一批人格高尚、道德严谨和尊重教育规律的教师："一批极具事业情操，作风正派，德高望重，有学术根基的管理人员（均兼课）任各部室主任，使这所庞大的学校在艰苦条件下，短期内走向有序、规范、声誉高也是罕见的。"②

1943 年，国立十一中创校四周年，一位名叫非非的国立十一中学子将国立十一中的全部生活总结为"四化"，其中之一就是"家庭化"。他曾如此形容国立十一中"家庭化"的师生关系：

> ……师生间的情感也特别融洽，自然，谁也爱有礼貌而勤勉的学生，谁也敬枵腹诲人的教师，基于这种原因，师生间遂有了一种不可言喻的引力，不然谁爱这终年忙碌——因为总是早开学，迟放假——的国十一中嚼舌头呢？上次李校长因公赴渝，连月不归，同学们怀念之切，确出人意料，听到外面有人喊校长回来了，差不多同学们都从课室里奔出来鼓掌欢迎，难道师生间没有比家人父子更深的情感存在，能够如此吗？所以我说"家庭化"其实那（哪）止"家庭化"呢？③

非非笔下的李校长，正是国立十一中第二任校长李际闾。作为校长的李际闾深受学生爱戴，作为班主任的李际闾同样为学生日后所缅怀。国立十一中高 2 班学生潘文凤日后曾详细回忆过曾经担任自己班主任的李际闾热爱学生，对学生细致入微的关爱的场景：

> 国立十一中的学生，大多是贫困家庭子弟，尤其沦陷区、战区来的学生，衣服被絮都不齐全。天气暖和，还过得去，天气转凉特别是数九寒天，日子很不好过，白天冻得敲，晚上冻得哭。在最困难的时候，忽然学校送来了棉被絮和棉衣棉裤，有的同学发了棉衣和棉裤，有的只有其中一件。很奇怪，不管发了的还是没有发的，发多还是发少，大家都没有意见。后来听说，在天气转凉的时候，学校早就在筹备棉被和棉衣、棉裤问题。那是抗战时期，钱紧，物资也紧，棉布、棉花，有钱也难买这么多。几千学

---

① 杨宙康. 告别国十一中诸位先生诸位同学 [J]. 资声月刊, 1943 (1): 16.
② 郑重. 一所永不能忘的学校 [Z] // 政协邵阳市学习文史委, 政协洞口县委员会. 山高水长：忆创建在竹篙塘的国立十一中. 邵阳：资江印刷厂, 1999: 214.
③ 非非. 校务剪影 [J]. 资声月刊, 1943 (4): 14-17.

生，谁该发，谁不该发，大小长短，很不容易弄清楚。可是，我们的李主任和少数事务老师，早就了解得清清楚楚了。敬爱的老师，你们为了我们健康成长和学习，不声不响为我们考虑得如此细致而周到。我们当时，只要身上不冷就高兴了。谁也没有说一声谢谢。可是，几十年后的今天，我们回想起来，禁不住潸然泪下。①

日后成为"七月派"诗人之一的朱健，1939年至1941年初中就读于国立六中四分校，他也在日后的自述中提及四分校教师马克生关爱学生的一件暖心小事：

当时罗江四分校里，有一位历史老师叫马克生。……他对我们学生很好、很亲切，我们从学校逃跑的时候，我和另外一个同学别的老师家都没去，就去了历史老师马克生家，对他说我们要离开学校了。他的生活也很贫困，他还是马上拿出一块银元（圆），要我们到路上吃点东西。我们两人给他磕了个头，就走了。②

1942年，一位名叫鲁夫的社会人士在近距离观察国立西北师范学院附中后，也曾在行文时专门论及附中和睦融洽的师生关系：

附中是个大家庭，日常生活充满了热爱。师长为了教养这群苦难的孩子受尽了辛劳。怕同学用功过度累坏身体怕天冷受冻挨饿，怕生病，体贴的真是无微不至。有时同学没钱交膳费，买文具，找到老师面前都会给圆满解决的。……老师也总是那么和蔼地用了慈母样的心肠，训导同学。③

1944年至1947年高中就读于国立西北师范学院附中的席泽宗曾经亲历的一件小事，则是对附中导师以身作则，注重以人格感化和教育学生这一品质的最佳诠释。多年以后，已经成为享誉国际的天文学史家、中国科学院院士的他，依然对附中班主任在教育学生方面所体现出的人格魅力念念不忘：

某日一个学生到总务处偷了学校的钱，本该开除，但是附中没这样办。相反，学校开大会，校长做检讨，沉痛地说："学校今天发生了一件不应该发生的事，有学生到总务处偷了钱，这完全是由于我们教育没有办好，我应负责，并向大家做检讨。"接着，班主任上台，痛哭流涕，说："这件事

---

① 潘文凤. 我们的班主任：李际间校长 [Z] // 政协邵阳市学习文史委，政协洞口县委员会. 山高水长：忆创建在竹篙塘的国立十一中. 邵阳：资江印刷厂，1999：54.

② 朱健，肖欣. 人生不满百：朱健九十自述 [M]. 上海：文汇出版社，2017：47-48.

③ 鲁夫. 国立西北师范学院附属中学速写 [J]. 城固青年，1942（1）：19-21.

应该由我负责，与校长无关。"这时，那位犯错误的同学便按捺不住，自己站出来如实交代，诚恳认错了。最后校方宣布，这位同学知错能改，免予处分，并且号召大家不要鄙视他，后来这位同学也表现不错。①

简言之，全面抗战办学八年，国立中学能够在办学条件十分艰苦的大后方维系、发展进而表现出优异的育人成就，与其形成一套涵盖校务管理、招生、教导和训育制度在内的办学制度关系密切。作为抗战时期产生的新教育机构，国立中学通过构建具有自身办学特色的制度体系，在"改造中等教育制度，以应战时之需要"的同时，最终实现办学卓越，培养和造就人才！

---

① 席泽宗，郭金海．席泽宗口述自传［M］．长沙：湖南教育出版社，2011：55.

第六章

文化："教育贵乎薰习，风气赖于浸染"

　　一个学校有一个学校的风气，看了一个学校的风气，就可以知道一个学校教育的成果。国立安徽中学的设立，于中学固有的教育目的外，还须注意于抗战建国的教育，所以他们的校风，必须具备坚苦，活泼，勇敢，干练，尚团结，勤学问，讲自治，重服务，守纪律，励气节种种条件。培养方法，自当着重训导，例如，组织学生自治会，实行劳作训练，推行社会服务，举行各种课余集会，注重运动军训，等等，这里不能详细说明。至于教育工作者与学生共同生活，以身作则，或组织研究会，或领导学生工作，更是养成良善风气最有效的办法。①

　　上述文字见诸 1939 年时任国大代表的皖籍人士黄梦飞对于建校伊始的国立安徽中学和国立安徽第二中学的寄语。在黄梦飞看来，养成良善的校风，于平时直接关系着学校的办学和育人质量，于战时则更是与抗战建国密不可分。黄梦飞的文字有三点值得注意：第一，校风是对学校育人成效的直接体现，因此培养良善校风意义重大；第二，培养学校良善校风的方法应该从构建包括学生自治会、劳动训练、社会服务、课外活动、运动军训等在内的训导制度入手；第三，"养成良善风气最有效的办法"最终还是要落实到"教育工作者与学生共同生活，以身作则"，即师长的以身作则与师生之间的积极互动。

　　其实，无论是培育看似无形实则影响深远的校风，还是构建完备的训导制度，抑或师长的以身作则与师生共同生活，从学校办学和育人的层面来看，究其本质，其实是师生在学校办学过程中所彰显的日常生活方式。之所以将这种校园生活方式形容为日常性质，原因在于其往往不易于引人重视，但也正是此种看似平淡无奇的生活方式，却能够起到潜移默化影响学生身心发展的独特作用，故而往往将这种生活方式称之为校园文化，将其之于学生的影响形容为文

---

① 黄梦飞. 贡献给国立安徽中学 [J]. 安徽教育，1939（1）：15-17.

以化人。由于这种生活方式所具有的日常性质，故其并非仅仅局限于课堂之内，往往更多地以课余生活和课外活动的形式加以表现，这也正是黄梦飞之所以看重包括学生自治会、课余集会等在内的一系列训导制度的原因所在。由于构成学校办学的核心要素是人，也就是通常所谓的校长、教师和学生，而学校办学的根本也在于育人，故这种校园日常生活方式往往更多地表现在活动于校园内的师生之间，这也就是黄梦飞极为看重基于师生积极互动进而培育良善校风的原因所在。

无独有偶，多年以后，著名社会学家、教育家金耀基在论述大学的理念与性格时也曾谈及与黄梦飞相似的观点。

> 实际上，第一流的大学，特别是历史悠久的大学，无不有意无意地都在培育一种文化生活。牛津、剑桥固以此闻名于世，即使哈佛、耶鲁、海德堡、东京帝大，以及过去的北大等，亦无不在知性生活之外，尚有其丰富的文化生活。文化生活常决定大学的风格，常影响学生的气质品性。文化生活简单地说就是生活得有文化。我这里所使用"文化"一词非文化人类学所指的文化，而是指一种有文学气质、有文生情调、有生命意义的生活方式。……大学的文化生活之形成，靠多种不同的力量，但老少学者居息一堂，朝夕切磋，显然是有力的因素之一。①

金耀基的上述文字有以下要点值得注意：第一，文化生活的培育关乎一流大学的形成与发展；第二，文化生活是相对于知性生活而言；第三，文化生活不仅决定大学的风格，同样深刻影响学生的气质与品性；第四，文化生活的形成受制于多种因素，但是师生共同生活，良性互动显然非常重要。

虽然金耀基论述的对象是大学而非中学，但是仅就其观点而言，与黄梦飞的观点基本一致，二者均看重基于构建学校文化生活来养成良善校风和影响学生身心发展。与黄梦飞稍有不同的是，金耀基更为明确地将文化定义为生活方式，更为明确地将课外生活定义为文化生活，以区别于课堂教学活动所代表的知性生活，更为明确地针对学生的全面发展，尤其是学生的人格和品性培养与学校文化生活培育之间的关系予以阐述。纵观抗战时期国立中学办学历程，诸多国立中学办学者在文化育人方面有着和黄梦飞和金耀基高度一致的认识和理解。而重视培育文化生活，积极发挥其对学生人格发展与品性培养的积极影响，同样是构成诸多国立中学办学实践不可或缺的重要组成部分。

---

① 金耀基. 大学之理念 [M]. 北京：生活·读书·新知三联书店，2001：18.

一、校训

抗战时期国立中学校训，可以分为共通校训和本校校训。共通校训是指抗战时期各级学校共同遵守的校训，其形成有一个过程，自抗战前开始酝酿，最终成形于全面抗战爆发后。

1931 年 7 月 18 日，教育部就已经面向全国各级学校发布训令，要求各级学校应以匾额形式，将"忠孝仁爱，信义和平八字，一律蓝地（底）白字，自行制成悬挂，以资启迪"[①]。1938 年 9 月，教育部通令全国各校以"忠孝仁爱　信义和平"为国训。1939 年 3 月，第三次全国教育会议通过蒋介石提出的以"礼义廉耻"作为各级学校校训的建议。[②] 至此，"礼义廉耻"成为抗战时期国立中学的共通校训，成为国立中学办学不可或缺的特殊存在，或高悬于国立中学校园内显要之处，或出现于国立中学概览的醒目之处。

图 6-1　"礼义廉耻"校训
图片来源：国立第十一中学三周年概览 [Z].
1942 年.

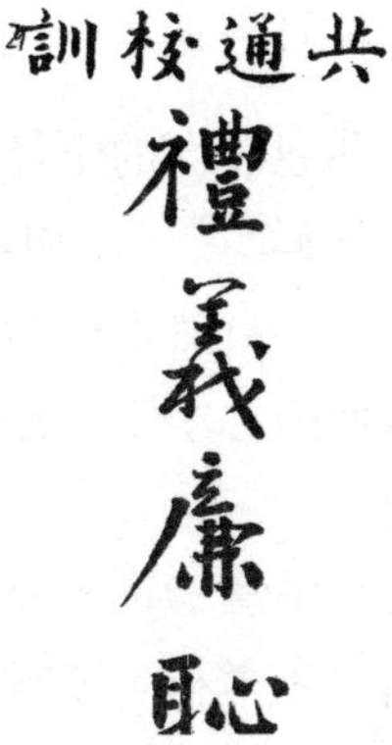

图 6-2　"礼义廉耻"共通校训
图片来源：国立第十六中学概览 [Z].
1942 年.

"礼义廉耻"作为共通校训也给国立中学学子留下了深刻印象。国立二十二中学子，日后成为散文大师的王鼎均，多年以后仍然对当年简陋至极的校园中那块堂皇精致的匾额记忆犹新：

那时全国中等学校的校训都是"礼义廉耻"，称为共通校训，蒋委员长

①　中国第二历史档案馆 . 中华民国史档案资料汇编：第 5 辑·第 1 编·"教育"（1）
　　[M].南京：凤凰出版社，1994：76.
②　陈立夫 . 战时教育方针 [M].重庆：正中书局，1939：56.

亲笔写了这四个字，教育部颁布规格，命令制成漆黑描金的大匾，挂在每一所中学里。我们学校一切因陋就简，唯有这块匾堂皇精致，有"黉宫"的气势。我们没有大礼堂，我们在操场里集合，司令台面对着一堵围墙，这块匾只好挂在围墙上，师生触目可见。①

徐成龙，1937 年 7 月考入安徽舒城中学，后就读于安徽第二临时中学，1940 年夏国立八中初五部毕业，1940 年至 1943 年就读于国立八中高二部，毕业后考入国立中央大学理学院地理学系就读。如果说从王鼎钧的上述描述中尚看不出其对于共通校训的评价，那么在徐成龙的记忆中，当时国立八中师生普遍对于共通校训反应平淡：

> 大约在 1939 年，教育部颁令全国各校统一校训为"礼义廉耻"四字，……升入高中后，有点思想觉悟，对当时社会黑暗开始不满，认为"礼义廉耻"已被破坏殆尽，……同学们很反感。而统一校训失去各校的特色，学校对它也不重视。②

相较于共通校训的千篇一律，各个国立中学自行制定的本校校训则显得别具一格、特色鲜明、内涵丰富、寓意深远，成为抗战时期代表各个国立中学特有的办学标识，自然也成为众多国立中学学子日后难以忘却的精神符号。

抗战时期国立中学本校校训分为两类，一类是沿用已有校训，一类是抗战后另行创制。

国立第一中学第一分校注重延续办学传统，选择继续沿用抗战前保定育德中学的校训"不敷衍，不作弊"，形成这一办学特色与国立一中的创办关系密切。全面抗战爆发后，随着华北战局紧张，河北中南部的中学和师范学校陆续迁往后方，河北省的大量中小学师生流亡至河南郑州、开封、许昌和郾城等地。由于流亡员生人数众多，流亡至开封的四五百名师生先行组建了冀察平津四省市联合中学，随后迁至许昌和南阳，1938 年一二月间再迁至河南淅川上集镇。保定育德中学于 1937 年七八月间由保定迁至河南郾城，四五月间又从郾城再迁河南内乡西峡口。此外，流亡至河南漯河的三四百名学生于 1937 年 12 月成立河北省高中、师范学校，后迁至淅川上集。1938 年 3 月 5 日，国立河南中学在上集举行开学典礼，校本部设于上集，一分校以保定育德中学为基础设于西峡口，

---

① 王鼎钧. 怒目少年 [M]. 北京：生活·读书·新知三联书店，2013：60.
② 徐成龙. 抗战时期的国立八中追忆 [M]// 中国社会科学院近代史研究所近代史资料编辑部. 近代史资料：总 107 号. 北京：中国社会科学出版社，2003：185-186.

二分校设于上集附近的涌泉观。①

　　保定育德中学办学历史悠久，"创设于民国纪元前七年，为本市私立历史最久之一校"②。战后以育德中学为基础成立的国立一中一分校天然地继承了其原先的办学传统。1938 年春，原就读于保定师范学校的师昌绪被编入国立一中师范部第五班。在师范部就读两年半后，其转学至一分校高中部第五班就读。多年以后，已是中国科学院和中国工程院院士的他，仍然对于一分校的这一办学特点印象深刻："一分校继承保定育德中学的传统，又是另一种景象。在此虽只半年，其感受也是使人终生难忘的。"③ 在一分校继承的诸多育德传统中，由时任育德中学校长郝仲青改订的校训"不敷衍，不作弊"即典型代表。

　　郝仲青，河北霸县人，1907 年秋毕业于保定高等师范学堂，先后担任保定崇实中学国文、历史教员。后加入同盟会，联合同志创办保定育德中学，亲任监督一职。1921 年 5 月担任育德中学校长。全面抗战爆发后，其主持将学校图书仪器装箱运至河南郾城，继续维持办学。1938 年 4 月，育德中学遵部令改称国立一中一分校专门培养流亡学生，另在当地创办私立育德中学培养地方人才，郝仲青兼任两校校长。1941 年夏，郝仲青辞去一分校校长，专心办理私立育德中学。抗战结束后，郝仲青回到保定奔走育德中学复校事宜，并于 1945 年 9 月 10 日开学。1957 年 9 月病逝于北京。④

　　纵观育德中学办学历史，无论是理念还是实践，郝仲青可谓是影响育德中学发展的灵魂和核心。毕业于育德中学，日后成为著名机械学家、机械工程教育家、中国科学院院士，曾经担任清华大学副校长的刘仙洲，时隔多年，仍然对郝仲青精心改订校训以及校训之于育德学子的深远影响印象深刻：

> 　　仲青先生由广州回保定，重任育德中学校长的时候，他改订校训为"不敷衍，不作弊"。这在当时一般学校的校训里边，是很特殊的。但是它对于我们同学的工作作风，给了很大的影响。先生生平做事也确实是按照这种精神行事的。他在社会上服务五十多年，是极端的廉洁，至于工作的勤奋，更非一般人所能及。他担任育德中学校长几十年，从来没有用过秘书，所有公文函件，都是他自己亲自办，且从不迟延。⑤

---

① 国立第一中学简史编辑小组．国立第一中学简史［Z］．1997：1-5.
② 育德中学概况［J］．保定新青年，1934（3）：24.
③ 国立一中校友会．千里逐飘蓬：第 3 辑［Z］．1994：260.
④ 国立一中校友会．千里逐飘蓬［Z］．1988：56-59.
⑤ 国立一中校友会．千里逐飘蓬［Z］．1988：61.

从刘仙洲的回忆可以看出，"不敷衍，不作弊"其实正是作为教育家的郝仲青自身道德人格和为人处世原则的真实写照，而将这种原则转化为校训，也反映出作为校长的郝仲青希望育德中学的学子们在校能够如此为人为学，入世能够如此为人行事。

"不敷衍，不作弊"给抗战时期就读于国立一中一分校的学子们留下了深刻印象。李民表，1938年秋从河南省立安阳初中一年级插班考入一分校初二年级就读，初中毕业后继续就读于一分校高10班，日后改名李廉。多年以后，已是南京大学哲学系教授的他仍然将一分校生活形容为"我一生中最最怀念的学生生活"[1]，而校训则成为指导他毕生为人行事的不二法则：

> 我牢牢地记着母校的校训：国立一中有校训，一分校有校训。一分校的校训，就是保定育德中学的校训："不敷衍，不作弊"。这个校训有指导我一生和指导我的同学爱国乐群的伟大意义。以我个人的体会来说：它鼓励我参加中国共产党，积极参加一切抗日救国，争取民主进步的活动。我在一生一直遵循着这一原则，能到78岁高龄，而立于不败之地。我虽然没有做出什么可以夸耀的贡献，但作为一个正直的共产党员，我是无愧于老师的教训的，这就是一分校校训在我身上发生的重要作用。[2]

1941年3月，杨清望考入国立一中一分校就读直至1946年离校。在一分校学习和生活五年半之久的他，多年以后，仍然清晰地记得"不敷衍，不作弊"对于当年一分校学子学习和生活的巨大影响：

> 进校门的影壁墙上，写着我们的校训"不敷衍，不作弊"，它指导着我们的学习和生活。每天早晚自习没有老师，但井然有序，早晨每个同学或读英语，或读语文，不论在教室，或在校园，个个聚精会神，非常认真；晚上写作业，做理化习题，一气呵成，不留尾巴。有空看历史、地理、生物，背定理公式。教室内一人不缺，鸦雀无声，大家独立思考，不论什么作业，都是全做。老师从不划题，学生也从不漏题。考试卷老师从不提重点。考试时老师不害怕学生作弊，因为学生没有作弊习惯。正因为这样，学生成绩都很好。1943年我们参加了河南省会考，获得优异成绩。从会考中体会到，外校的优等生仅相当于我们的中等水平。这种严肃认真的学习

---

① 国立一中校友会．千里逐飘蓬：续辑 [Z]．1992：46.
② 国立一中校友会．千里逐飘蓬：第四辑 [Z]．1998：28.

态度，对我参加革命后，一贯兢兢业业地对待工作，有决定性的影响。①

与国立一中一分校沿用抗战前校训相似的还有国立二十二中，不过它沿用的是其前身，1941年冬由二十八集团军李仙洲创办的私立成城中学的校训"众志成城"。之所以要将校训定为"众志成城"，1942年8月，时任校长的李仙洲在一次讲话中曾经透露过其背后蕴含的深意：

> 同学们，你们经过考试编班，马上就要开学上课了。希望你们好好学习，完成学业。我们办成城中学，是为了抗战救国，为了给国家培养人才。抗战建国必须众志成城。众志成城的意义就是团结一致，为收复失地献身捐躯，为国为民尽力打倒日本帝国主义。众志成城要靠你们这些爱国青年。②

私立成城中学创办的初衷在于收容来自山东沦陷区的青年学生，李仙洲将校名定为"成城"，将校训定为"众志成城"，目的正是在于希望通过培养流亡青年成人成才进而实现民族复兴。

抗战时期大多数国立中学的本校校训均伴随着学校的创办另行创制。虽然是重新构思，但是诸多国立中学本校校训仍然深受国民政府官方意志的影响。例如，国立七中的本校校训为"诚、明、仁、行"③，国立八中的本校校训即为"诚毅"④，国立十六中的本校校训仅有"诚"一字⑤。上述国立中学校训中不约而同地出现"诚"字，其实并非偶然，而是其来有自。1938年4月，中国国民党临时全国代表大会通过《战时各级教育实施方案纲要》，对于学生训育有明确规定："应遵从先哲遗训以'诚'字为训练人生之中心目标；并确定忠、孝、仁、爱、信、义、和、平为各个人对己对家庭对社会对国家对世界之基本伦理观念，依此训育之中心目标与观念，就各级教育之范围与程度，订定各级学校训育标准，切实施行。"⑥

此外，其他国立中学的本校校训也各有特色。国立十中的校训为"成德达

① 国立一中校友会.千里逐飘蓬：续辑［Z］.1992：35-36.
② 国立第二十二中学校史编辑委员会.国立第二十二中学校史述略［Z］.2002：6.
③ 杨德荣.树立校风（校长训词）［J］.国立第七中学校刊，1941（1）：2-5.
④ 徐成龙.抗战时期的国立八中追忆［M］//中国社会科学院近代史研究所近代史资料编辑部.近代史资料：总107号.北京：中国社会科学出版社，2003：185.
⑤ 本校校训［Z］//国立第十六中学概览.1942.
⑥ 中国国民党中央委员会党史委员会.战时教育方针［M］.台北：义盟印刷厂，1985：24-25.

材、敬业乐群"①，国立十一中的校训为"忠义、切实、勤劳"。值得注意的是，当时的国立中学校方并非简单地将校训制匾悬挂或印刷成册即宣告结束，其还非常注重向全校师生阐发校训所蕴含的精神与内涵，希望其能够切实发挥潜移默化的育人影响。

虽然国立十六中的校训仅有"诚"一字，但是校方还是竭尽全力对其进行诠释：

> "诚"之含义至宏，非仅诚笃诚实之谓也，记有之"诚"者，天之道也，"诚"之者，人之道也。"诚"，即自然之真理，"诚之"之"之"字，乃"诚"之代名词，"诚之"之"诚"乃一动词，含有"求"意，此句应解作求真理乃人生之目的。诸生明乎此，则于校训之意义，当可豁然贯通矣。举凡吾人为学做人与夫治国平天下，均当求其合理化，苟能一切合理化，则四维八德无所不包，而三达德五达道亦可同时具备，孔子曰，"诚者，物之终始，不诚无物"。诸生其勉之哉。②

从国立十六中校方将"诚"字从日常层面的"诚笃诚实"上升到"天之道""人之道"这样的哲学高度来加以发挥与阐释，就不难看出其希望十六中学子在为学做人方面能够真正理解与切实践行"求真理乃人生之目的"这句话。

相较于国立十六中校方对于"诚"字引经据典的哲学化诠释，国立十一中校方对于校训"忠义、切实、勤劳"的解读则显得更为简洁明了和通俗易懂。

> 忠义：忠于国家，忠于职责，辨别是非，求是去非。切实：力求实效，不尚虚华。勤劳：努力工作，崇尚劳动。③

因为在国立十一中办学者看来，简洁明了并非意义缺失，通俗易懂并非内涵浅薄，相反，这一看似直白简单的校训不仅直接关乎学校的办学风格，更是与抗战建国关系密切。关于校训的这一层深意，1941 年即有国立十一中教师对此有过解读：

> 本期一共有学生一千四百余名，关于以后教学的新趋向，如何才能够开示一种新的风格呢？校长曾经说过：本校的校训是忠义、切实、勤劳、

---

① 国立第十中学校训［Z］//清水县政协文史资料委员会，国立第十中学校友清水联谊会. 清水文史：第 2 辑. 1993：扉页.

② 本校校训［Z］//国立第十六中学概览. 1942.

③ 本校校训释义［Z］//国立第十一中学. 国立第十一中学周年概览. 武冈：国立第十一中学石印室，1940：2.

这六个字儿，表面上看来，似乎是很平凡，但是实际上去分析他，去履行他，却也不容易做到，所以特别提出这六个字，作为校训，期养成抗战建国的中坚，……①

国立十一中办学者在解释校训字面意义的同时，也切实通过办学实践对其加以践行。1942 年 12 月，业已离任国立十一中学校长一职的杨宙康在写给全体师生的告别信中，曾专门对学校办学三年来的优点和不足进行回顾与反思。在他看来，学校办学三载取得的所有成绩均应归功于全校师生对于校训的深刻理解与积极践行：

> 本校优点：首在切实，故于课业劳作考试升降，均能认真实施……至于设备亦较为完全，除仪器一项，三年来费尽心思，无法办到外，其他各种校舍、校具、教具，在战时学校中，不仅远超各中学，抑且超过某某数大学，而本校所支经费，只比人少，不比人多，所以能致此者，仍由切实二字得之者。②

国立十一中办学者重视阐发校训，给国立十一中的莘莘学子留下了深刻印象。1942 年，已经在湖南蓝田妙高峰中学读完高一上的廖才恕，独自一人肩挑行李，历经五天奔波抵达湖南武冈竹篙塘，最终插班考入国立十一中高 14 班。据他日后回忆，开学第一课就是由高中部主任阮湘阐释校训，自此十一中的六字校训便成为其终生难忘的言行圭臬：

> 进入十一中后的第一课是听阮主任讲校训，他引经据典，联系抗战救国的实际，并结合自然科学的道理讲得精辟易懂，自此忠义、切实、勤劳这一圭臬深深印入我的脑海，再加上平日在校的生产训练和人格教育以及老师们的循循善诱、言传身教，使我不但学到了许多宝贵的知识，而且也获得了治学做人的动力，因而这六个字的校训成为我一份宝贵的精神财富。新中国成立，虽反复经过思想改造运动，然而这六个字没有从我心中抹掉，仍然对我的思想和行动起影响作用。国十一中的教育在我们心坎上打下了深深的烙印。③

---

① 龚楚发. 本校的新姿态 [J]. 资声月刊, 1941 (2)：12-13.
② 杨宙康. 告别国十一中诸位先生诸位同学 [J]. 资声月刊, 1943 (1)：16.
③ 廖才恕. 三进十一中 [Z] // 政协邵阳市学习文史委, 政协洞口县委员会. 山高水长：忆创建在竹篙塘的国立十一中. 邵阳：资江印刷厂, 1999：163.

二、校歌

抗战时期绝大多数国立中学都有校歌，同校训一样，校歌也是各有特色、内涵丰富。如果说校训以字句凝练、内涵深刻、寓意深远著称，那么校歌的特色则在于旋律激越、朗朗上口、时代特色鲜明、爱国精神和育人意识强烈，而二者的共通之处均在于希望以其特有的形式与内容有意识地影响学生发展。

> 我校建立在抗战的前线，保育着八百新青年，犹如洪炉，既熔且炼，五育锤成迸出万丈光焰。同学们，莫迟延，为了祖国的胜利，为了正义的伸展，同心同德，努力向前，要发挥母校精神，收复旧河山，任重道远，努力向前！

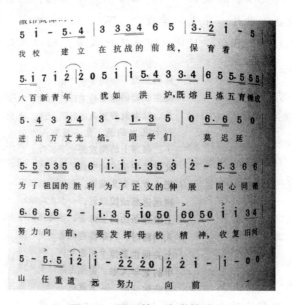

图6-3　国立第一中学校歌

资料来源：阎培素．悲欢园丁［M］．北京：中国戏剧出版社，2000：54．

上述国立一中校歌由国文教师张苹作词，音乐教师赵子佩、李静轩作曲。校歌整体给人一种刚强紧凑的感觉，整首歌词洋溢着浓厚的爱国情感和强烈的育人意识，分别体现为"收复旧河山，任重道远，努力向前"和"犹如洪炉，既熔且炼，五育锤成迸出万丈光焰"。在国立一中办学者看来，尽管处于环境恶劣、条件艰苦的流亡时期，学校办学依然要坚持通过五育并举来培养全面发展、能够担当民族复兴大业的优秀人才。值得一提的是，校歌的词作者张萍，字馩生，1925年夏毕业于国立北京大学，先后担任河北省第七中学和第十五中学国文教师，对于民俗学和文字学颇有研究，在国立一中执教十一年间先后著有多本文字学研究著作。其书法亦自成一家，国立一中校牌和校内匾额多出自其手。①

　　我们别离了五千里外家乡，超越过万水千山，来到这民族复兴根据地的四川，弦歌起舞在嘉陵江上，忍着吧，过去的创伤！燃烧起热血，挺着胸膛！讲科学，勤生产，练刀枪，把握时代的尖端，发挥潜在的力量，大家只有一条心，结成铁的集团，紧紧地跟随我革命领袖前进，前进，前进！粉碎了敌人的阵线和梦想，辉耀起我中华民族万丈光芒！

上述国立四川中学校歌由李清悚作词，王沛纶谱曲。学校更名国立第二中学后，校歌歌词依旧，由张羽仪重新谱曲。② 国立二中校歌同样洋溢着爱国精神和育人意识，相较于国立一中校歌而言，其显得更为隐忍，吟诵歌词更让人感觉到办学者希望国立二中学子能够擦干血泪，卧薪尝胆，苦练本领进而实现民族复兴大业。

图6-4　国立四川中学校歌

资料来源：国立四川中学校歌［J］. 川中校刊，1938（1）：6.

---

① 阎培素. 悲欢园丁［M］. 北京：中国戏剧出版社，2000：140-145.
② 国立二中校歌［Z］//国立二中校友联谊会总联络处. 抗战时期国立二中建校五十五周年纪念集. 1994：45.

　　"江通云梦，山接蚕丛"，国学庐阳戴砺雄。"礼义廉耻"垂为校训，"朴茂整肃"导之学风，菁菁多士，陶铸磨砻，舞趁鸡声气若虹。抗战建国，责任在吾躬；读书懋勉，报国精忠！伫看取，他年史叶，留将几许写黔东！

　　相较于国立一中和二中校歌的通俗易懂，国立三中的校歌则显得古典气息浓厚。整首歌词用典极多，以至于某些地方读来给人以佶屈聱牙之感。但是，透过典雅的歌词，仍然能够很明显地感觉到校歌扑面而来的浓厚而豪迈的读书报国情怀。

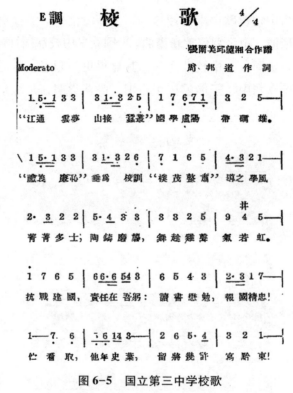

图6-5　国立第三中学校歌

资料来源：校歌［Z］.国立第三中学概览.1940.

　　国立三中校歌由时任校长的周邦道作词，音乐教师张尔美、邱望湘谱曲。周邦道，江西瑞金人，1929年考入国立南京高等师范学校教育系，毕业后服务于江西省中等教育界。1930年夏参加国民政府第一届高等文官考试，以教育行政人员最优等第一名及第，被誉为"民国状元"。1937年冬以教育部督学身份主持筹设国立贵州临时中学，后被委任为校长直至1940年6月卸任，1991年病逝于台湾地区。①

作为校长的周邦道十分看重发挥包括校歌在内的校园文化之于国立三中学子的独特影响。黄式勤，全面抗战爆发后由上海金山县辗转流亡至后方，1939年进入国立三中就读初中，1946年国立三中高中部第九班毕业。他在日后即对周邦道重视文化育人，亲自参与制定校歌和校训有着积极评价："（周邦道）手订校规、校训，校歌是办学纲领，是歌、是诗也是画，更是期待建国雄才的呼唤。"②

虽然限于篇幅无法将所有国立中学校歌在此逐一列举，但是，它们在构思立意、文字表达和寄意深远方面均和国立一中、二中、三中校歌高度一致。正因为如此，抗战时期国立中学校歌成为众多国立中学学子日后难以忘怀的精神存在。

1938年至1940年在国立二中度过高中生活的吴良镛日后即对校歌蕴含的浓浓乡愁记忆犹新："学校的校歌为李清悚作词，开头是'我们别离了三千里外的家乡，弦歌起舞在嘉陵江畔……'，非常能够引起学生的乡思。"③ 吴良镛关于校歌的评价也在国立二中学子李本善的自述中得到了印证。1938年，湖南少年李本善辗转流亡至重庆进入国立四川中学高中部就读。多年以后，他曾详细描绘过当年二中学子对于校歌既爱又怕的感人场景：

> 大家都爱唱校歌，又怕唱校歌。有时候一边唱一边流着泪，"我们别离了五千里外的家乡"，第一句就道出了流亡学生的心声，令人心酸！每逢雨天黄昏，不能去室外散步，大家只好倚着寝室走廊的木栏杆，哼着"晚风拂柳笛声残，夕阳山外山"。凄楚伤感，如泣如诉。④

全面抗战爆发时，13岁的霍本田正在济南就读初中一年级。淞沪会战后，其转学至河北磁县县立中学就读。随着战局的扩大，其跟随家人逃亡至河南信阳，1937年12月底进入私立东北中学，也就是日后的国立东北中学就读。多年以后，他曾回忆过国立东北中学鸡公山办学时，同学们情不自禁地齐唱校歌的

① 佚名．"梵天净土 桃源铜仁"人物谱（二十三）周邦道［J］．铜仁学院学报，2014，16（5）：2.
② 黄式勤．国立第三中学创建始末简况［Z］//中国人民政治协商会议贵州省委员会铜仁地区工作委员会．铜仁地区文史资料：第3辑．铜仁：人民印刷厂，1993：9.
③ 吴良镛．良镛求索［M］．北京：清华大学出版社，2016：18.
④ 李本善．濮湖情［Z］//国立二中校友联谊会总联络处．抗战时期国立二中建校五十五周年纪念集．1994：64.

感人情景：

> 《满江红》和《流亡三部曲》也是大家喜欢唱的，也非常感人，但最感动人最悲壮的歌曲还是东北中学的校歌，这首校歌是东北中学在北平成立后，由孙一民校长写的词，阎述诗老师谱的曲，阎述诗是物理教员，但音乐造诣极深，他谱曲的《五月的鲜花》曾传遍全国，很大程度地激励了全国人民的抗日热情，我觉得校歌的悲壮激越，远远超过《五月的鲜花》，只是它的局限性，使它不能传遍大江南北为更多的人传唱。……无怪乎同学们都爱唱这首歌曲。有时，几个宿舍的同学不约而同地一齐唱起来，歌声冲出了靳家大楼的彩色玻璃窗，徜徉在鸡公山的云海中，有时大家不由自主地一直重复唱，只唱得热血沸腾，声嘶力竭，然后各自躺在自己的床上不再说话，陷入沉思之中。①

时隔多年，已是耄耋老人的霍本田依然清晰地记得这首令他当年热血沸腾的校歌：

> 白山磨空黑水游龙，四百万方里物阜民丰，痛九一八之惨变，咨丑虏以欺凌，三千万同胞沉沦浩劫，水深火热相哀鸣，怅望故乡，满腔热血如潮涌，发冲冠剑如虹，专攻学术积健为雄，精诚团结奋斗牺牲扫阴霾，重见青天白日之光明。②

如果联想到国立东北中学之创办旨在收容九一八事变后流亡关内的东北学生，就不难体会国立东北中学办学者创作这首校歌以及全校师生吟唱这首校歌时所特有的思乡与悲愤心情，自然也就不难理解霍本田笔下出现的国立东北中学学子们齐唱校歌时的难忘场景。正如他日后所言："这首歌唱出了东北青年的国仇家恨、怀乡思亲的情怀，也唱出了誓捣黄龙，驱逐倭寇的决心，尤其唱到激越动情的'怅望故乡，满腔热血如潮涌，发冲冠剑如虹'时，每个人的眼中都会充满泪花，报国何时，壮志难酬的郁结也可以从这首高昂的歌声中得到纾解。"③

---

① 霍本田. 逃亡流浪 流浪逃亡：抗日战争时期大后方生活纪实［M］. 西安：太白文艺出版社，2008：20-21.

② 霍本田. 逃亡流浪 流浪逃亡：抗日战争时期大后方生活纪实［M］. 西安：太白文艺出版社，2008：20.

③ 霍本田. 逃亡流浪 流浪逃亡：抗日战争时期大后方生活纪实［M］. 西安：太白文艺出版社，2008：20.

如果说国立东北中学校歌给少年霍本田留下的回忆更多的是爱国情怀，那么前文已述的国立十四中校歌则给贵州少年谭绍凯留下的回忆更多的是全面发展。1944 年至 1946 年就读于国立十四中，日后成为俄罗斯文学研究专家、资深文学评论家、贵州师范大学教授的他，多年以后仍然对母校通过校歌向十四中学子传递全面发展的理念记忆犹新：

> 十四中特别重视学生的全面发展。她的校歌就这样地号召学生："爱做工""爱耕种"和"爱运动"。并教育学生认识"科学的理无穷""音乐的兴味浓"和"美术的意态工"。最为可贵的是，校歌还教育学生认识人生的意义在于参加"神圣的劳动"，而读书的目的就是"补助劳动""为人类大众"。它与过去的传统观念"学而优则仕"是截然不同的。①

桑凤九，20 世纪 20 年代中期即任教于国立东南大学附中，20 世纪 40 年代初中大实校更名为国立十四中后离校。其子桑中林自小随父先后就读于南京中大实校幼稚园、贵阳中大实校附小以及重庆青木关中大附中。自喻为父亲"小尾巴"的他不仅对中大实校"怀有特殊的情感"，而且抗战前母校给其印象最为深刻的五件事之一就有日后的国立十四中校歌。在他看来，"可见那时母校就已注重知识与劳动相结合，并强调了读书的目的性"②。

三、校徽

与校训和校歌一样，抗战时期国立中学校徽的设计同样特色鲜明，寓意深远，内涵丰富。

国立四川中学校徽呈倒三角形，上方书写"国立四川中学"六字，中间为符号，符号的巧妙之处在于将黑色的"川"字与白色的"中"字自然地融为一体，恰好比拟国立四川中学的简称"川中"。1939 年学校更名国立第二中学后，校徽亦随之改变。相较于之前的校徽而言，新校徽整体布局更为紧凑，但构思立意并无变化。倒三角形的上半部分为"国立第二中学"六字，下半部分为红蓝两色构成，比拟"二中"两字的符号。

---

① 谭绍凯. 抗战时期的国立十四中 ［M］//南京师范大学附属中学校友会. 青春是美丽的. 贵阳：贵州人民出版社，1992：203.

② 桑中林. 大石桥·南明河·青木关·察哈尔路 ［M］//南京师范大学附属中学校友会. 青春是美丽的. 贵阳：贵州人民出版社，1992：314.

校 校 徽 本

图 6-6　国立四川中学校徽

资料来源：本校校徽［J］. 川中校刊，1938（1）：2.

国立二中校徽

图 6-7　国立第二中学校徽

资料来源：常熟市档案局（馆），江苏省常熟中学. 国立第二中学（1938—1946）［M］. 上海：上海科学技术文献出版社，2013：6.

　　相较于国立二中校徽，国立四中、六中、九中和二十二中校徽则要简单很多。四个校徽均整体呈倒三角形，其上均匀地分布着"国立第四中学""国立六中""国立九中"和"国立 22 中"，看起来简约大方。

校　徽

图 6-8　国立第四中学校徽

资料来源：校徽［Z］∥国立第四中学创校五十五周年纪念册. 1992：2.

图 6-10　国立第六中学校徽

资料来源：校徽［Z］∥国立第六中学概况. 1941.

图 6-9 国立第九中学校徽

资料来源：杨杰 . 国立九中的由来和去向 [M]//黄作华，郑锦涛 . 国立中学的回忆：第一辑 . 北京：中央文献出版社，2007：76.

图 6-11 国立第二十二中学校徽

资料来源：郭剑青. 老校长谈国立二十二中的由来 [M]//黄作华，郑锦涛 . 国立中学的回忆：第一辑 . 北京：中央文献出版社，2007：108.

国立二十一中校徽则突破了常见的三角形，无论在线条、角度还是底色方面均别出心裁，巧妙地将学生努力为学、时代背景、学校性质和办学历史融为一体。日后国立二十一中学子曾对此有过详细解读：

> 它是一枚构思新颖，内涵丰富，色彩相适，形状独特，设计别致，雅而不俗的证章。它与传统的证章不同，它不是圆形，不是矩形，也不是一般的三角形，它的两侧角各30度，底角120度。顶边最长，象征着学习要"博大精深"。白边线白字，象征着沦陷区，蔚蓝底色，象征着"蓝天白云"，说明母校在硝烟弥漫，战火纷飞的年代，有一个宁静的天地，安心地学习。底角处还有四根弧线，每根弧线中部又加两根平行短线，形成四组八根，这象征着苏鲁豫皖四省和丰沛萧砀邳睢灵铜八县，二十一中同学不正是在这种情况下学习的吗![1]

四、课外活动

1941 年 4 月 30 日，国立十一中资声月刊社主办的《资声月刊》创刊号正式发行。发刊词在论及创刊目的时，专门提及"激发青年之创造力"，而其实践的途径则是包括办理校园刊物在内的一系列学生课外活动：

> 现代教育，课堂教授与课外活动，同时并重。盖必如此，青年之才智

---

[1] 王煜东 . 释校徽 [Z]//抗日烽火中的国立二十一中 . （编印年份不详）：277.

性灵，乃有自由宣泄之机，相激相荡，声之振之。而后其才可渐实，其智可益灵，构思挥毫，得有佳趣，而学习之成果，始能更大更精。①

考虑到《资声》的发行人是校长杨宙康，十位编辑委员也悉数由国立十一中教师组成，上述发刊词关于学生课外活动的认识代表了国立十一中校方的观点应无异议。

1940 年，国立十一中校方在办学一周年纪念时曾对学校办学历程进行回顾，同样从实践层面有力佐证了学校办学重视学生课外活动。据当时统计，国立十一中学生课外活动主要由社团活动、体育活动、学艺比赛、清洁运动和其他活动组成。

社团活动分为学术研究会、剧团和刊物三类。学术研究会共有八个，分别为高中部的数学研究会、时事座谈会和英语练习会，初一部的民众教学研究会，师范部的教育研究会、数理研究会和国语讲演会。剧团共有七个，分别为高中和初二部的开山剧团、雪峰剧团，师范部的霹雳剧团，初一部的洪流剧团，初二分舍的鹤峰剧团，初一分舍的话剧研究会，职业部的青年剧团。刊物共有十种，分别为高中部的《雪峰周报》和《时事周报》，初一部的《洪流半月刊》，初一分舍的《前锋》，初二部的《战笔》，初二分舍的《壁报》，师范部的《师师》，职业部的《青年周刊》和《生活壁报》，初一部的《新生双周刊》。

体育活动分为田赛、径赛、球类、器械操和爬山远足五类。田赛分为跳掷二部共二十八队，径赛分为短中长距离三部全校共组二十队，球类分为篮排足球三部全校共组八十九队，器械操分单双杠两部全校共组十队，爬山远足分班分部不规定并不定期。

学艺比赛分为国文比赛、英文比赛、算学比赛、书法比赛、漫画比赛、讲演比赛、时事测验和象棋比赛。

清洁运动分为校内清洁和校外清洁。校内清洁分部动员，每周举行一次。校外清洁分部动员，不定期举行。其他活动包括装订和缮写。②

国立十一中师生当年的记录也印证了上述校方关于学生课外活动的总结。1941 年，刊载于《资声月刊》第二期题为《本校新姿态》的文章就为时人描绘了学校开展时事座谈会和辩论会的场景：

（五）时事座谈会：本校的同学，对于时事，都很关心，所以就有时事

① 发刊词 [J]. 资声月刊，1941 (1)：3.
② 国立第十一中学学生课外活动一览表（一）（二）[Z]//国立第十一中学. 国立第十一中学周年概览. 武冈：国立第十一中学石印室，1940：42-43.

座谈会的组织，每逢星期六开会一次，讨论各种有关时局的重大问题，同时还请许多的先生们，加以指导，每一学期，至少要举行两次时事测验，借以促进大家对时局的认识，……（六）辩论会：……每期都要举行辩论会，借以练习国语及讲演的姿态，每逢辩论时，双方情绪，都有相当的紧张，辩论员都拿出了雄辩的口才，大显其技。①

1942 年，国立十一中学子在为世人呈现学校种类多样的课外活动的同时，专门对其中丰富多彩的各种比赛进行介绍：

其他课外活动，尤其别具兴趣，辩论会、时事座谈会、英语演讲、文艺研究以及数理研究、各种小组，都在自治会学术股的下面主持着，差不多是成了很平凡的事，尤其是各种比赛，更见频繁，若是逢着双十节（也是十一中成立的纪念日）和五四青年节，更要大吹大擂，举行学艺比赛，如英语和国语的演讲、论文、数学、时事、党义等的测验，以及漫画、书法、各类比赛，使学生都能兴趣丰饶，注意平均发展。②

日后看来，国立十一中学生课外活动形式之多样，种类之丰富，参加学生年级之广泛，的确印证了《资声月刊》发刊词所谓"现代教育，课堂教授与课外活动，同时并重"这一观点。

对于学生课外活动的重视，普遍见诸抗战时期其他国立中学办学。1939 年，国立西北师范学院附中在办学总结中同样表现出对于开展学生课外活动的重视：

为善导学生整个生活并养成其利用余暇习惯起见，每学期确定多次课外活动，如劳动服务、长途旅行、讲演辩论、发行刊物、音乐奏演、话剧表演，及有关社会教育之各项工作。学生于上项自由活动中，可获得实际的教训，而负训育之责者，亦可借此观察学生个性，施以相当之个别训导。③

附中办学者对于学校组织和开展学生课外活动的上述评价，也被时人敏锐地捕捉并加以记录。1942 年，一位校外来访者在对附中进行近距离观察后，为世人描绘了其学生课外活动的丰富多彩：

对于体育，学校特别地注意提倡，每天都有早操、课间操及课外活动，每学期有球类比赛和拔河斗鸡等竞赛。本学期更举行了盛大的秋季运动大

---

① 龚楚发. 本校的新姿态 [J]. 资声月刊, 1941 (2)：12-13.
② 甘祥兴. 国立十一中素描 [J]. 资声月刊, 1942 (6)：35-37.
③ （八）附属中学概况 [J]. 国立西北师范学院校务汇报, 1939 (2)：5-8.

会，全校同学除去少数患病的外，都一律参加了。平时同学们对运动都感兴味，操场上老是有人在打球、跳高、跳远、玩双杠。在夏天遇有空袭便到汉江去游泳，他们运动的技术都相当的精练，如在夏令营的游泳赛，城固大中学校联合的垒球赛中，冠军也会属于附中的。谈到课外活动方面，先要说一大堆"会"了，在学校主持的每学期有国语竞赛会、英文演讲会，各科成绩观摩会、书画观摩会、音乐会、图画成绩展览会等等。此外各班自治会也常召开迎新会、欢送会和庆祝获得锦标的茶话会等，各省的同乡会也常召开。至于个人的活动因兴味各有不同那便多不胜举了，有爱旅行的，有乐划船的，有愿运动的。大概爱好音乐的较多，在课后胡琴声、口琴声、京戏声、歌曲声交织成一支洪亮美妙的交响曲。[①]

1939 年，国立九中校方在回顾 1938 年度全校学生课外活动时曾专门论及实施课外活动的三个目标，从中可以看出校方对于学生课外活动所持的积极态度：

> （一）利用休闲，使学生进行各种有益于身心及有组织的活动。（二）适应学生的兴趣与需要，使其生活，日臻丰富。（三）养成学生合作精神，发展学生创造能力并训练领导能力与良好公民。[②]

反观国立九中一年组织和开展的各类学生课外活动，也印证了校方的上述认识。体格方面的活动，多达二十一种，分别为级际足球锦标比赛、级际篮球锦标比赛、级际排球锦标比赛、级际网球锦标比赛、对外比赛、运动会、各种球队、田径队、射箭队、游泳队、国术团、学生军露营、童子军露营、远足会、远地旅行、野外聚餐会、爬山队、射击队、骑□（原文缺失）队、体育研究会、野外写生队。

学科方面的活动，多达十八种，分别为级会、国语演说竞赛会、国语辩论会、英语演说竞赛会、国学研究会、英语研究会、社会科学研究会、史地研究会、算术研究会、理化研究会、生物研究会、教育研究会、音乐研究会、图画研究会、壁报社、各人讲演会、课外参观、征文竞赛会。

生产劳动方面的活动，多达十一种，分别为植树、大扫除、畜牧组、园艺组、育蚕组、制造组、木工组、竹工组、金工组、缝纫组、消费合作社。

特殊教学与战时后方服务方面的活动，多达十二种，分别为战时后方服务团、植树宣传、儿童节宣传、国耻宣传、识字宣传、防疫宣传、兵役宣传、民

---

① 鲁夫. 国立西北师范学院附属中学速写［J］. 城固青年，1942（1）：19-21.
② 国立第九中学二十七年度学生课外活动历［J］. 国立九中校刊，1939（1）：59.

众夜校、妇女补习学校、民众问字代笔处、播音教育、时事座谈会。

休闲活动共有六种，分别为娱乐室、口琴会、游艺会、新剧社、京剧社、棋社。①

抗战期间从外校插班考入国立九中就读的学子的受教体验，也从侧面印证了国立九中校方的确重视开展学生课外活动。抗战期间，原就读于国立东北中山中学高22班的朱如田在中山中学第二次学潮后被开除离校，其在进入重庆青木关进修班后，被再次分配至国立九中高中第一分校。多年以后，他仍然十分感慨国立九中学生课外活动之积极踊跃："九中和中山所不同的，就是九中所有活动都重视在校外，如演剧、球队、画展、音乐会等等，都到外面去。"②

值得注意的是，国立九中实施学生课外活动还有一个特点，那就是几乎所有课外活动都有教师的积极参与和指导。学科方面的各种竞赛会和研究会均由各科教师担任指导人员，特殊教学与战时后方服务方面的各种活动多由级任导师担任指导人员，各种休闲活动则由擅长各类休闲活动的教师担任指导人员。

国立九中基于师生合作组织和开展课外活动的特点，也见诸其他国立中学。1943年秋至1946年秋高中就读于国立十三中，日后成为台湾著名女作家的邱七七，多年以后也在追忆自己的国立中学时光时曾专门谈及于此：

> 那时的老师都是极一时之选，所以学生程度都很高，而最出色的是由老师指挥的各种课外活动，如球赛、画展、话剧、合唱等，至今回忆起来，觉得那段时间的中学生活，实在过得丰富而快乐。③

李广田，山东邹平人，1931年进入国立北京大学英文系就读，1935年7月大学毕业后任山东省立第一中学国文教员。全面抗战爆发后，其与学生由鲁辗转至川，担任国立六中四分校国文教员，直至1941年前往国立西南联合大学任教。战时的李广田仍然保持着按时记录日记的习惯，日后从中可以发现其频繁参与和指导学生课外活动的记录。

1938年4月6日，李广田在日记中记录了其为学生指导壁报稿件的场景：

> 午后下课，为学生阅壁报稿，有《哈尔滨友人的日记》一篇，甚沉痛，读之令人泪下。④

---

① 国立第九中学二十七年度学生课外活动历 [J]. 国立九中校刊，1939（1）：59-64.
② 朱如田. 万里中山情 [Z]//国立东北中山中学校友会. 桃李报春晖：国立东北中山中学花甲纪念文集（1934—1994）. 自贡：新华印刷厂，1993：515.
③ 邱七七. 咏歌忆旧 [Z]//国立十三中校友志编纂组. 国立十三中纪念文集. 2004：310.
④ 李广田. 李广田文集：第五卷 [M]. 济南：山东文艺出版社，1986：5.

1938 年 4 月 12 日，李广田在日记中记录了自己为学生选取演出剧本的场景：

> 早，为学生选剧本二：《打鬼子去》与《民族公敌》。情节简单，易于演出。①

1938 年 8 月 14 日，李广田在日记中记录了自己为学生社团讲演的场景：

> 八时，为嘉树社讲演，历时一时半，精神尚好。②

1940 年 8 月 27 日，李广田在日记中记录了自己参与由学生组织的学术讨论会的场景：

> 晚参加学生自治会学术讨论会，原定题目有七八个之多，而且都是很大的题目，结果费了两点多钟，只讨论了一个题目"检讨三年来之战时教育"。发言者甚多，情绪亦甚高，虽然第一次，成绩可以说不坏。③

诸如此类的师生互动记录在李广田的日记中俯拾可见，虽然限于篇幅，无法逐一列举，但也印证了当时国立六中四分校学生课外活动的活跃以及作为教师的李广田参与此类活动之积极。

五、学生自治

学生自治是构成抗战时期国立中学校园文化生活另一个极为重要的组成部分。学生自治自清末出现，发展至全面抗战爆发前已经相当完善和成熟。"学生自治组织在清末已大量出现，但作为一种学校内部学生管理的机构，则大量出现在'五四'以后。"④ 作为当时代表一校学生的对内组织，学生自治会的主要职能在于对学生行使训育功能，其着眼点主要在于校内学生事务。

1919 年，北京高师学生自治会成立，时任国立北京大学校长的蔡元培应邀出席大会并发表演讲，其在高度评价北京高师学生自治会成立的同时，也阐述了自己眼中学生自治的重要意义与必要性：

> 我想学校应守的规则简单得很，不过卫生、学业、品行等等。关系卫生的，如宿舍的清洁、整齐、卧起有一定时刻等事。关系学业的，如按时

① 李广田. 李广田文集：第五卷 [M]. 济南：山东文艺出版社，1986：8.
② 李广田. 李广田文集：第五卷 [M]. 济南：山东文艺出版社，1986：88.
③ 李广田. 李广田文集：第五卷 [M]. 济南：山东文艺出版社，1986：346.
④ 张雪蓉. 美国影响与中国大学变革（1915—1927）：以国立东南大学为研究中心 [M]. 北京：华龄出版社，2006：83.

自修，不旷废功课等。关于品行的，如在学校里不作贬损人格的坏事，在外边能保全自己的名誉，或保全学校团体的名誉。这都简单，人人容易想得到做得到的。我们既自认是人，尊重自己的人格，且尊重他人的人格，本无须他人代庖。……学校事情本很简单，学生都可以管，既都让给管理员，学生便不知不觉地把一切学业、自修、卫生、清洁种种责任，都交与管理员去做，自己一概可以不管的样子。譬如住在旅馆里的人，公文要件交在柜房，自己就不注意了。学生既是如此，所以种种不规则的事，层见叠出，闹出许多的笑话。有人认为是管理不好的缘故，愈加注意管理，教育部也屡屡下通令。无如依然无效，这实在是有人代为管理的缘故。①

　　在蔡元培看来，理想的学生自治就是每个学生都能够对与自己相关的各种事务肩负起自己应该承担的责任。日后看来，作为校园文化生活的重要组成部分，抗战前各级学校学生自治已然体现出鲜明的德育导向功能和潜移默化的自我教育功能。作为重要的学生训育制度和校园文化建设的载体，学生自治不仅是育人的有效途径，有助于养成学生健全的人格和良好的道德品性，也是学校社会责任的体现，承担着培育理想公民的重要任务。师生合作基础上的学生自治已然成为各级学校校园文化建设的办学传统。民主和法治是学生自治所蕴含的两大核心价值观。作为现代学校制度的重要构成，学生自治在塑造学校形态的同时，也以自身特有的方式间接改造社会。②

　　全面抗战爆发前，作为唯一的国立中学——国立东北中山中学已经开始在校内施行学生自治，尤其是由学生自办伙食在当时就引起了校外来访者的高度关注：

　　　　除去同乐会外，还有伙食部也是最好的学生的办事机关。中山中学的伙食，纯粹由学生自己办理，这是由开学来，便是如此的。每人每月只发三元八毛钱，一天还要吃上三顿饭，每顿还要可吃，这的确不是一件容易事。但他们学生办起来，却非常从容。那（哪）处的菜最便宜，那（哪）处的煤最好烧，那种米最能出饭，他们，几乎每个学生都是"内行"。③

　　全面抗战爆发后，随着国立中学的相继创办，抗战前在各个中学业已形成的学生自治也逐渐定型为国立中学的校园生活方式。当时国立中学的学生自治

---

① 新潮社．蔡孑民先生言行录 [M]．北京：新潮社，1920：441-443.
② 李力．"自治是生活底方法"：民国时期大学学生自治生活图景考论 [J]．清华大学教育研究，2015，36（4）：118-124.
③ 锦园．一个国立中学素描：国立东北中山中学 [J]．黑白半月刊，1935（1）：64.

组织为学生自治会，以抗战时期中等以上学校学生自治会规则为例，可以看出学生自治会的成立目的、成员构成、组织原则、下设机构和议事规则。

第一条　学生自治会以根据三民主义培养学生法治精神，并促进其德育智育体育群育之发展为目的。

第二条　学生自治会为学生课外活动之唯一组织，以在学校以内组织为限，不得有校与校间联合组织，并不得参加校外各种团体组织或活动。

第三条　凡中等以上学校学生不分性别应一律参加本校学生自治会。

第四条　学生自治会之名称应冠以各校校名，学校设有分部分校或分院距离本校较远者，得组织分部分校或分院学生自治会。

第五条　学校校长及主管等人员负学生自治会指挥监督之责，学生自治会之各种活动应由学校选聘教职员分别担任指导。

第六条　学生自治会之组织应由学校训导处或教导处指定每年级或每院系学生二人至三人先成立筹备会，由筹备会于成立二星期内登记会员，召开大会通过办事细则及选定职员正式成立学生自治会。

第七条　学生自治会应于成立后两星期内缮具办事细则及职员履历、会员人数，报由学校转呈主管教育行政机关核准备案。

第八条　学生自治会之权力机关为会员大会，在会员大会闭会期间为理事会。全校学生人数在五百人以上，得以代表大会代替会员大会，由各年级或各院系按照人数比例出代表组织之，代表人数由各校自定。

第九条　理事会设理事十一人至十七人，候补理事三人至五人，并由理事互选常务理事二至三人。

第十条　理事会选理事由各年级或各院系推举候选人三人至九人，提请会员大会按照规定名额选举之，任期定为半年，但得连任一次。

第十一条　理事会分设服务、学艺、健康、风纪、事务五部，各部设总干事一人，干事若干人，总干事由理事会推选理事兼任，干事由理事会指定会员担任，各部之任务如下：……

第十四条　会员大会于每学期之始及每学期之终各举行一次，遇必要时经理事会之决议或会员四分之一以上之建议，经校之允许得由理事会召开临时大会。

第十五条　理事会两星期开会一次，遇必要时得由常务理事召开临时会。

第十六条　学生自治会举行会议时，均应先期请求学校职员知道。

第十七条　学生自治会之决议以在规定之任务范围以内为限，并不得干涉学校行政，有违反上列情形者学校得撤销之。……①

从上述学生自治会规则来看，其基本保留了抗战前学生自治实施与运行的基本特点。例如，学生自治会成立的目的在于促进学生全面发展，讲求法治精神；作为学生课外活动的唯一组织，学生自治会仍以校内组织为限；师生合作基础上的学生自治仍然得以延续；学生自治会下仍设若干部门分工负责校内事务。

上述学生自治会规则同样能够从国立中学学生自治会的具体运行中得到印证。1943 年 9 月 13 日，国立十一中高中部第七届自治会成立。任职两月后，其常务干事将两月来的会务向全校师生进行汇报，从中可以直观地了解国立中学学生自治的实际情况。

国立十一中高中部第七届自治会共由十四人组成，其中常务干事一名，文书股长一名，总务股长一名，副总务股长一名，学术股长一名，体育股长一名，公安股长一名，副公安股长一名，游艺股长一名，社会服务股长一名，食事股长一名，主任监委一名，第一民校主事一名，第二民校主事一名。常务干事对自治会所辖七股两月来所做工作分别予以汇报。

总务股的责任在于"总会务之成，举凡自治会办公室之整理，会场之布置，金钱之出入，物品之选购，废物之修缮，皆其经常工作"，下设布置、庶务、会计、交际四组。两月来，负责筹备中秋节全校师生五百余人参与的月光会，国立十一中成立四周年之际又参与校门装饰工作。

学术股下设时事、国语、英语、数理、校友通讯五组，各聘正副组长二人专司其职。时事组订有《中央日报》《大公报》，清晨张贴于固定地点，晚上则收回办公室。其下辖时事研究会，由每班选派代表二人参加，每月举行时事座谈会并发行《时事月刊》，其间请相关教师讲演时事。国语组围绕时事不定期举行国语辩论会一次，即将成立国语研究会，旨在纠正同学使用方言。英语组下设英语研究会，由同学自由参加，聘请英语教师参与指导并讲，每月开会一次必以英语发言，每月出刊一次。数理组下设数理研究会，研讨理科学习过程中所遇之难题，出版《数理丛刊》及难题征解，颇受同学好评。校友通讯组，旨在联络各地校友会。

体育股旨在提高同学运动之精神，下设足球、篮球、排球及器械操各队，

---

① 常熟市档案局（馆），江苏省常熟中学．国立第二中学（1938—1946）［M］．上海：上海科学技术文献出版社，2013：179—181．

分别举行班级比赛。公安股下设纠察、防空、卫生、警卫四组，主要工作有及时代同学收衣保存，夜晚巡察教室代收未熄油灯，发动全校各区清洁大扫除。游艺股之设旨在调节同学生活起见，举行象棋、陆军棋、海陆空军联合战棋比赛，筹备举行音乐会。社会服务股主办民众学校二所，分别招收失学儿童和本校工友入学就读。

食事股由同学负责办理，账目由监察委员审查，每月初，甲班选出负责人十五位，由食事股商同总务室，商定其职务，月末交替，以乙班继任，自乙至丙，自丙至丁，按班级秩序轮流办理。下设膳余管理委员会管理相关节余费用，购买廉价稻谷八十余石和肥猪两只，以改善同学营养。①

从国立十一中高中部自治会的会务总结可以看出，各股同学各负其责，大至同学膳食和装饰校门，小至代收衣物和油灯，均由学生负责完成。而这些看似与学业不相关的事务，也给国立中学学子们留下了难忘的印象。

许靖华，1939 年进入国立十四中初中一年级就读，1942 年进入国立中央大学附属高级中学就读高中一年级。1944 年以高二同等学力身份考入国立中央大学地质系。1942 年年末，其所就读的国立十四中校方决定由学生自己负责办理伙食。多年以后，已经是世界著名地质学家的他，仍然对当年学校决定由学生自办伙食评价颇高：

> 于是学校成立了自治团体。每一个班级轮流负责一个月的伙食，他们从班上推选出 7 名代表组成委员会负责管理。这 7 名学生可以一个月不用上课，他们必须支配政府的伙食经费，设计一个月的菜单，编列预算，再指派班上同学担任采买。此外，委员会还必须监督厨房的工作，以防止有偷菜的行为发生。在这一个月中，委员会必须设法平衡预算，并且在一个月结束时交出支出报告。这套办法效果很好。②

而当年仅 14 岁的许靖华被 7 人委员会推举为财务长，亲自参与办理学生伙食时，这也成为他毕生难以忘记的宝贵经历：

> 为学校办伙食的经验是我学生生活中最难忘的片段之一。在那一个月中我们 7 名成员搬到厨房边的储藏室去住，睡上下铺。我们完全投入在工作中，互相谈论、讨论，也互相争论。每个人都有新的点子，怎么花更少

---

① 廖才恕. 高中部第七届自治会会务概述 [J]. 资声月刊, 1943 (4): 25-27.

② 许靖华. 孤独与追寻：我的青年时代 [M]. 唐清蓉, 译. 北京：生活·读书·新知三联书店, 2003: 120.

的钱设计出更好的菜，于是我们一次次地试验新做法。有时候我们也跟着采买到村子里去办货。①

林本，国立四中高中部第十八班毕业。1945 年秋，正在就读高三的他被选为膳委监事主席。多年以后，与许靖华相同，他也对国立四中膳食管理所体现出的学生自治精神有着高度评价：

> 国立四中学校膳食，系由学生自治主办及管理，学校当局仅站在指导监督地位，予以协助，并不参与实际治膳事务。每属膳委，均由同学以民主方式选出理监事若干名所组成，然后将遴选结果执请训导处核备即可。全部膳委会工作分配为理事主席之下各理事分任企划、采购、炊膳管理、会计、文书等；监事主席之下各监事则轮流充任监厨、监采、监膳及有关康乐活动等，组织相当完善。因此国立四中学生膳食在抗战期间、物质生活条件欠佳之情况下，甚获美评。②

学生自办膳食在培养国立中学学子自治精神和办事能力的同时，也在相当程度上改善了国立中学学生的伙食质量。

戚正风，1942 年至 1946 年就读于国立十四中，1952 年毕业于上海交通大学机械系。时隔多年，已是大连铁道学院教授的他仍然清晰地记得当年学生自理膳食有效改善了全校学生伙食水准：

> 饭是"八宝饭"，稻子、稗子、砂子……应有尽有。稻壳子哪能消化哩，怎么吃怎么拉，厕所里厚厚飘着一层。菜是八人一桌一碗菜，吃黄豆芽的时候，头一碗饭一人吃不到多少根，第二碗饭只有泡点菜汤了。……早饭常是稀粥和煮黄豆或蚕豆，蚕豆平均到每个人不足 10 粒。粥是名副其实的稀粥。……伙食差的原因除了伙食标准低以外，管理不善，贪污浪费也是个重要原因，后来学生成立伙食委员会，情况有了改善。一个月能打一次牙祭，一桌一个盆，满满一盆的肉啊，鸡啊，鱼啊，吃得真过瘾。③

通过学生自办膳食及时阻止贪污浪费，有效改善了国立十四中学子戚正风的就餐体验。通过学生自办膳食衍生和滋长贪污行为，同样给国立二十二中学

---

① 许靖华. 孤独与追寻：我的青年时代 [M]. 唐清蓉，译. 北京：生活·读书·新知三联书店，2003：121-122.
② 林本. 国立四中书卷风气 [Z] // 国立第四中学创校五十五周年纪念册. 1992：193-194.
③ 戚正风. 母校的"盘中餐" [M] // 许祖云. 青春是美丽的：续集. 北京：华夏出版社，1997：85-86.

子王鼎钧留下了深刻印象。

1944年夏秋之交，国立二十二中办学地安徽阜阳陷于被日寇四面围困的境地，学校被迫迁至陕南安康和汉阴继续办学。有鉴于食不果腹，国立二十二中校方同意由学生自办伙食。多年以后，身为散文大家的王鼎钧用其特有的文学手法对改革后的学生自办伙食有过一番意味深长的描绘：

> 学生觉得长大了，自己该有个主张，开了会，推选了伙食委员，要求接管每天的食米和菜金。原来以为学校不会答应，打算好好闹它几天。不料张主任好爽快，连说了两个可以。伙食权争到手，同学们洋溢着喜色，可是仍然吃不饱。伙食改革的第一项是把糙米送到民间的作坊，除去硬壳、碎石、鼠粪，这就减少了斤两。……煮出来的饭比以前香得多，可是盛到碗里的饭也少了。伙食的第二项改革，是每月省下一点钱来分给同学们做零用钱，称为"米尾"。……于是，为了制造"米尾"，只好平时撙节，这就更委屈了肠胃。我们在改革以后比改革以前更饿，……有一句话比锣声更响，比炸弹更叫人东倒西歪：伙食委员贪污！纵然饿得昏昏欲睡，也马上睁大了眼睛。伙委在厨房里吃饭，围着一盆红烧肉。……同学们惶惶不安，满地疾走，选出一批监委去监督伙委，可是月底发米尾的时候，有人进城看见监委伙委一同下馆子……大家束手。我们的智慧不足以产生"监委的监委"。我们中间的佼佼者开始安排出马担任下一任伙委或监委，去接管那一盆红烧肉。[①]

学生自治之所以给许靖华、林本、戚正凤和王鼎钧留下了截然不同的感受，症结并不在于学生自治理念及制度本身的优劣，校方的指导与协助、全体学生的有效监督、参与办理膳务的学生对于自治精神的真正理解及认真践行，才是最终决定学生自治影响力有效发挥的根本所在。抗战期间因办理校务成效卓著而受到教育部明令嘉奖的国立十一中，其办学者在建校伊始即对此有着清醒的认识：

> 本校膳食由各部学生组织食事会自办，学校严密监督，殷勤指导，故一切办法尚称完备。每日账目能识盈亏，涓滴归公，从未发生舞弊情事，加之菜蔬自种，小规模畜牧各部自办，一年以来学生之营养未发生缺陷。[②]

---

① 王鼎钧. 怒目少年［M］. 北京：生活·读书·新知三联书店，2013：146-148.
② 本校学生膳食情形［Z］//国立第十一中学. 国立第十一中学周年概览. 武冈：国立第十一中学石印室，1940：21.

学生自治无法离开校方与教师的积极指导也见诸其他国立中学学子日后的反思。张思之，初中就读于国立六中三分校。多年以后，身为著名律师的他，仍然将国立六中四分校能够在培养学生自治能力方面卓有成效，形成学校办学特色归功于教师参与：

> 著名作家陈翔鹤、方敬、李广田当时都在罗江四分校任教，距新店子三分校只有五十华里。该分校以思想活跃，学生自治能力较强著称。名师的影响不难想见。①

傅宜春，1943 年夏考入国立十三中就读高中。时隔多年，他同样对校方与学生在学生自治方面的共识与默契印象深刻：

> 学校对学生的财务管理清正透明，所有学生的膳食贷金全交学生推选的膳食委员会自理，完全由学生掌握食堂管理，学校只是从旁协助，帮助创造条件，而不插手介入，使政府发放的有限膳食贷金，发挥其最大的经济效益，保持了一定学生膳食水平。这样学校领导和学生间在经济上进而推进到道德、人格上建立互信，学生们吃到嘴里，记在心上。②

曾被后世誉为"东南大学之父"的郭秉文，对于指导和帮助学生发展课外活动情有独钟："课外作业，为学生自动的精神所表现。无论在学问上，艺术上，体育上，皆应与学校课程同一注意，教育家宜尽量发展而指导之。"在他看来，正是由于办学者重视"学生之课外作业"，所以"学校生活，亦呈现自由活泼之象"③。日后看来，诸多国立中学校园生活之所以能够"呈现自由活泼之象"，显然与学生课外活动的丰富多样有着密切关系。

郭秉文在其执掌南京高等师范学校和国立东南大学期间，高度重视在两校积极发展"学生之课外作业"以养成"学生自动的精神"，进而辅助实现作育人才和大学发展。其注重从营造优美中正的大学校园文化入手来陶冶学生，注重基于校园生活方式的重构来引导学生健全人格的发展和独立个性的张扬，一直贯穿于郭秉文办学实践之始终。因为在他看来，"学生之课外作业"本质上是

① 张思之. 绵绵师魂谁继？——追忆战时中学生活片段［M］∥傅国涌. 过去的中学. 北京：同心出版社，2012：227.

② 傅宜春. 国仇家恨忆少年，思亲怀德谢母校［Z］∥国立十三中校友志编纂组. 青原之光：国立十三中纪念文集. 2004：302.

③ 舒新城. 中国新教育概况［M］. 上海：中华书局，1928：117.

作为旨在培养学生完美品性，深刻影响学生心灵发育的校园文化而存在。① 时隔多年，当后世学人行文追思郭秉文之于南京高师和国立东南大学两校的深远影响，尤其是其重视通过培育文化生活积极影响学校办学和人才培养时，使用"教育贵乎薰习，风气赖于浸染"② 一语来高度评价郭秉文的相关理念与实践。日后看来，这句话用来形容抗战时期国立中学办学重视文化育人且成效显著，同样是生动贴切，恰如其分！

---

① 李力."培育一种文化生活"：郭秉文时期南京高师与东南大学校园文化之形态及育人影响［J］. 大学教育科学，2015（4）：80-87.
② 高明. 郭故校长鸿声先生行状［M］// 东南大学高等教育研究所. 郭秉文与东南大学. 南京：东南大学出版社，2011：161.

第四篇 04

撷 英

第七章

"苦干中的国立四中"：抗战时期国立第四中学在川办学研究

一、安康草创

1937 年 7 月 7 日，全面抗战爆发。随着北平和天津相继沦陷，华北地区的察哈尔和绥远两省也岌岌可危。此时，17 岁的山西少女邓玉祥刚刚毕业于绥远省立农科职业学校并留校服务。有感于民族危难，她毅然告别家人和师友，在接受短暂的救护训练后，成为国民政府军政部设在绥远省第七后方医院的一名救护人员，志愿参与救治由前线源源不断撤退后方的伤员。随着日寇沿着平绥线步步进逼绥远，邓玉祥所在的医院奉命沿黄河经山西向陕西华县撤退。头顶日寇的飞机轰炸，交替使用木船、马车、马匹及骆驼等各种交通工具，医院全体人员终于在历经各种艰难险阻之后抵达华县。面对医院改组，有志求学的邓玉祥前往西安报名登记刚刚创建不久的国立陕西中学。1938 年 4 月中旬，包括邓玉祥在内的一批流亡学生，在国立陕西中学教师的率领下，徒步从西安出发，翻越巍巍秦岭，历时一月，于 5 月中旬抵达位于陕南安康的国立陕西中学。四年制农科职业学校毕业的邓玉祥，插班成为国立陕西中学高中二年级学生。7 月中旬，国立陕西中学高中部奉令前往西安暑期集训。报国心切的邓玉祥在集训结束后投考军事学校，正式结束了自己不足四个月的国立中学生活。时隔 50 年后，已是台湾著名教育家的邓玉祥忆及当年看似短暂的国立中学生活时仍然激动不已："追忆往事，历历如在眼前。啊！国立安康四中我的母校啊！是我永永远远怀念的地方！"①

邓玉祥之于国立陕西中学的赞誉，其实代表了全面抗战爆发之初被迫从察哈尔和绥远战区流亡至大后方的众多青年学子的共同心声。七七事变后，随着

---

① 邓玉祥．我以国立四中为荣［Z］//国立第四中学创校五十五周年纪念册. 1992：189-192.

华北和华东战区逐渐扩大，各省中等学校员生纷纷向大后方流亡。国民政府教育部为救济战区撤退之公私立中学员生，开始在大后方设立由其直接办理的国立中学。全面抗战爆发之初，教育部以办学地名作为国立中学校名，随着国立中学数量逐渐增多，遂改为按照各校成立先后次序以数字命名。在筹设国立陕西中学（国立第四中学）之前，教育部已在河南淅川、四川合川和贵州铜仁三地先后成立了国立河南中学（国立第一中学）、国立四川中学（国立第二中学）和国立贵州中学（国立第三中学），集中救济各沦陷省市的中等学校员生。①1938年2月1日，教育部为救济从察哈尔和绥远战区撤退之中等学校员生筹设国立陕西中学，成立国立陕西中学校务委员会，委派阎伟、胡子恒等九人为校务委员，指定阎伟为主席，胡子恒为校长。国立陕西中学校务委员会在西安设立办事处，由阎伟和胡子恒负责办理员生登记，经磋商与勘定，最终择定陕南安康为校址，是年5月1日正式开学。②

国立陕西中学登记在册员生共计一千余人，徒步由西安前往安康需翻越秦岭。考虑到"山路崎岖行进不便，及供应不及等问题"，校方将全体师生分为六队，分批前进。每队中的教职员，分任总务、交际、卫生、护导等工作，学生均为队员。1938年4月，一位陕西当地人士曾记录下自己在西康路上所感受到的国立陕西中学第四队学生所表现出的精神面貌：

> 学生们经过整日的长途行进，固然是不免倦容，精神踊跃的亦在不少，……我和他们，谈话时，问到籍贯，伊们就热泪盈眶地说："…家乡被鬼子的铁蹄踏翻……"！这些离乡背井的学生，都是娇生惯养的儿童，一旦抛别家乡，远在千百里以外，过着这种流亡的生活，怎得不伤心呢？③

相较于上述国立陕西中学学子所流露出的略显沉重的悲愤心情，邓玉祥笔下的国立陕西中学学子则更倾向于将此次行程视为一次特殊的旅行，表现出少男少女本应有的率真性情：

> 四月中我即随着一批流亡学生，在老师率领之下，由西安步行前往安康，大家都穿着草鞋，戴着草帽，登山涉水，步行前往，途经南北分界的秦岭时，大家都很兴奋地要看日出，因此要连夜赶上岭顶，记得那是个有月亮的晚上，大家高兴地前后呼应，手牵手、心连心地努力往上爬！歌声、

---

① 教育部教育年鉴编纂委员会. 第二次中国教育年鉴［M］. 上海：商务印书馆，1948：375.

② 苏微垣. 四中略史［Z］//国立第四中学创校五十五周年纪念册. 1992：12.

③ 吴肃. 对于流亡同学的观感［J］. 抗战教育，1938（5）：1-2.

笑声、口哨声，交织成悦耳动听的乐章，使整个秦岭也活动起来了！大家奔放地你呼我喊，山鸣谷应得响声四起！真是好不快乐！到了岭顶，有的三五成群，坐待日出，有的则呼呼大睡进入梦乡，年青人就是这样的纯真可爱！要动就动，要睡就睡！……一路上，日出而行，日落而息，饥则食、渴则饮。累了休息休息！忘记了走了多少天，抵达安康校园时，已是五月中的事了！①

国立陕西中学师生初至安康，映入眼帘的首先是破败的校园环境与简陋至极的校舍。1938 年 4 月 1 日，以国立陕西中学第一队队员身份首批抵达安康的王树槐，经过九个月的学习，于 12 月顺利毕业。离校之际，回顾并不算长久的陕中生活，王树槐在表达不舍的同时，也流露出对国立陕西中学草创之初办学艰难与不易的感慨：

> 忆原来飞燕绕梁的破宇，现已成了适用的校舍，原来荆棘杂生的荒场，现已成了平坦的操场，……昔日的荒落与寂寥，现已充满新生活泼的气象了，在它——陕中逐渐地长大，走向璀璨的前途，我们要离去了，怎能不使人留恋呢？②

作为学生的王树槐祝愿和期许母校未来蓬勃发展的心情可以理解，但是当时国立陕西中学办学已经开始呈现出捉襟见肘和难以为继的窘境。正式开学仅半年，国立陕西中学就出现了因生源激增而导致教学设备不足和生活供应不能保证等一系列问题，以至于连正常的教学秩序都难以维持。③

办学条件的艰苦，并未消磨国立陕西中学师生勤教苦学的意志，他们仍然努力地在极为有限的环境中坚持认真教学和努力服务社会。1939 年 5 月 1 日，学校召开创校一周年纪念大会。校方布置五个展览室集中向社会公布办学一年来所取得的包括学生劳作成绩、各科课业表现、学生书画作品和陕南植物标本收集等在内的各种成绩。面对形式多样的办学成绩，一位同样是自沦陷区流亡至安康的校外参观者感慨不已，以至于其在参观完毕后专门行文抒发观感。因为在他看来，"在这短短的一年中，竟有如此斐然的成绩，足征全体师生的努力，也可以说对得起国家了！"这位校外参观者尤其对于师生们所表现出的简衣陋食却依然弦歌不辍的精神面貌表达出由衷钦佩和赞赏：

---

① 邓玉祥. 我以国立四中为荣 [Z] // 国立第四中学创校五十五周年纪念册. 1992：190.
② 王树槐. 别了陕中 [J]. 服务（陕西），1939（15）：126.
③ 胡剑. 国立四中的抗战传奇 [J]. 四川档案，2015（2）：62-64.

　　然而大家天南地北，离乱相逢，互道同感，各领肺腑，顿成患难之交，实行协助之谊，且风雨晨夕，一堂切磋，潜心于学术的研究，为抗战奠定最后胜利的基础，民族前途，有赖开辟，国家生机，有赖创造，岂非不幸中之大幸！惨痛里的忻慰！①

　　1939年4月，国立陕西中学遵部令更名为国立第四中学。出乎全校师生意料的是，压倒他们的最后一根稻草也将于数月后悄然而至。这根特殊的稻草将给全校师生带来难以承受之重，以至于迫使他们不得不忍痛离开办学已一年半之久的安康，再次踏上流亡之旅，重新寻觅新的办学地点；这根特殊的稻草也同样给时任教育部部长的陈立夫留下了深刻印象，以至于五十载悠悠而过，89岁高龄的他依然对此记忆犹新："民国廿八年夏陕西安康闹最严重蝗虫灾害，来袭时遮天蔽日，至为可怕，迄今回忆，仍好像世界末日之来临，农田全被蝗虫吃光——房子上青草都全被吃光。"② 这次突如其来的蝗灾使得本来就办学异常艰难的国立四中雪上加霜，也加速了其迁离安康的进程。国立四中师生们不得不再次背负行囊，整装待发，前往川北名城——阆中。

二、阆中办学

　　据陈立夫日后回忆，之所以选择阆中作为国立四中新的办学地点，主要是基于全校师生日常生活成本考虑："因该地区粮米甚贱也。"③ 经过川陕道上一个月的跋山涉水，国立四中师生终于在1939年10月抵达阆中。整个迁校过程总体顺利，只是在由广元至阆中乘船途中发生一起翻船事故。山西青年薛向暎原本就读于位于陕南洋县的国立第七中学，是年由于洋县闹旱灾致使国立七中伙食水平骤降。难以忍受饥饿的他遂与另一名同学萌生了跟随国立四中师生一同前往阆中求学的想法。据薛向暎日后回忆，由广元前往阆中途中，其所在的木船行至一处名叫"猫儿跳"的嘉陵江滩头时突然侧翻，虽然未造成人员伤害，但其随身携带的三块大洋不幸遗失。抵达阆中后，身无分文的薛向暎顺利通过入学考试，成为国立四中学生。④

---

① 汉江．国立四中成绩展览会一瞥［J］．服务（陕西），1939（23）：190-191.
② 陈立夫．回忆五十年前国立第四中学成立之经过及抗战后之改组［Z］．国立第四中学创校五十五周年纪念册．1992：185.
③ 陈立夫．回忆五十年前国立第四中学成立之经过及抗战后之改组［Z］．国立第四中学创校五十五周年纪念册．1992：185.
④ 薛向暎．国立四中难忘的几件事［Z］∥国立第四中学创校五十五周年纪念册．1992：199.

阆中的办学环境虽然较之前相对稳定，但国立四中师生们仍然要面对困扰其教学和生活的诸多难题。频繁的日寇飞机轰炸则是全校师生需要时刻紧绷神经提防的首要问题。仅 1941 年 7 月至 8 月，日寇就先后出动飞机 66 架次，四次对阆中进行轰炸，共投弹 340 多枚，炸死平民 217 人，重伤 111 人，轻伤 209 人，炸毁房屋 1132 间，炸沉运载粮盐的木船 3 只。为了保证课堂教学的正常进行，国立四中师生不得不将课堂临时设在郊外的树林中①。

应对日寇飞机轰炸考验的是国立四中师生的机警与灵敏，长期忍耐疏衣陋食并对此习以为常则是对国立四中学子意志的严峻考验。1941 年，一位国立四中学子曾描绘过国立四中学子坦然面对简陋衣食时的乐天心态：

> 我们的最大问题，就是伙食，只要解决了这个问题，其他还比较好办得多。现在我们的伙食，是粗糙的，红壳大米，菜，干脆谈不上，只是一盆清汤上有油花数点，菜叶几片而已！……的确，吃苦在他们算成习惯了。所谓"苦"他们反觉"乐"。无论天气怎样的寒冷，他们仍是一身旧制服一双草鞋去遮风御寒，不管天气是如何的热了，而有时他们还穿那件破制服来与环境奋斗。②

国立四中师生还需要面对教学材料的严重匮乏。当时课本稀缺，人手一本自是奢望。常见情形是"一本课本，撕成两半，发给上下两个班级的同学使用，学期终了，交回教务处换领下一半本。课本没有，便抄笔记。难得发几页讲义，系由老师自选、自缮、自教，备极艰辛"③。时隔 50 年后，已是耄耋老人的国立四中校友们仍然为自己能够存有当年的半本课本或几页讲义而感到无比荣耀。烽火年代颠沛流离的青年学子们对于求知的渴求由此可见一斑。

与国立四中艰苦的学习条件和生活环境形成鲜明对比的是国立四中校园内蔚然成风的勤教苦学。国立四中学子当年就为世人刻画过弥漫全校的苦学现象：

> 从早到晚的光阴，都在努力的学习和锻炼中利用了。早上未吹起床号以前，假若你愿意起早的话，那你便会发现好些个青年在山头迎着初升的太阳，笔直的影子掩到山下来，琅琅的读书声，会传进你的耳鼓。④

故土沦陷，泪别亲人，颠沛流离以及渴望收复失地与亲人团聚，种种因素

---

① 胡剑. 国立四中的抗战传奇［J］. 四川档案，2015，3（2）：62-64.
② 张小刀. 苦干中的国立四中［J］. 学生之友，1941，3（3）：12.
③ 教材［Z］//国立第四中学创校五十五周年纪念册. 1992：13-19.
④ 张小刀. 苦干中的国立四中［J］. 学生之友，1941，3（3）：12.

促使国立四中师友们虽身处厄境但仍甘之如饴，全身心地投入教学和学习中。1941 年，国立四中师范第四班毕业在即，教师杨文蔚为其班级同学录所撰写的序言对此有过明确表述："人孰无情？我们一回想到在敌人铁蹄下的家乡，许多房舍被烧毁，财物被劫去，父老兄弟们被杀戮，被役使，心里边总是万分难受，万分愤恨，再一想到父老们盼望我们早日收复失地，团圆欢会的心情，我们就又要万分激动，鸡鸣起舞！"① 1941 年，一位国立四中学子颇为自豪地自述，用来形容国立四中师生勤教苦学的精神十分贴切："在国立四中短短的三年多的生活史上，我敢说最令人满意的和值得庆幸的地方是在它成长的阶段上，永未曾因故停一天课。"②

国立四中学子的普遍苦学固然离不开自身主观上的勤奋与努力，但学历整齐划一的师资队伍以及高水平的教书育人质量对于学生的影响同样至关重要。据国立四中校方 1945 年 9 月 3 日统计，41 名现任教职员中毕业于大专及以上者30 人，其中北平师范大学（北京高等师范学校）5 名，西北大学 4 名，北京大学 3 名，辅仁大学 3 名，东北大学 2 名，山东大学 2 名，上海美术专科学校 2名，中山大学、清华大学、浙江大学、中央大学、上海东亚体育专科学校、河北大学、华中大学、河南大学、之江大学各 1 名。③ 可以看出，国立四中 70%以上的教职员均毕业于国内知名大学或专科学校。国立四中教职员整体学历的这一特点同样给四中学子留下了深刻印象。毕业于高中部第 18 班的林本，时隔数十年后仍然对国立四中优良的师资水平及其对学生个体发展所形成的特殊影响记忆犹新："执教于国立第四中学的师长，亦多来自北方，且以学籍国立北京大学、北平师大及西北大学者为师资阵容之主流。因此四中初高中同学读书风气优良，誉溢川中，学校升学率亦冠于川北各公私立中学。"④

国立四中学子埋头苦学并不代表其四体不勤，五谷不分，亦不代表校方和教师默许同学们死啃书本，两耳不闻窗外事。校内形式多样的课余活动，充分彰显出校方支持鼓励、教师指导督促、学生参与为主的鲜明特点。当年的国立四中学子即对此有过详细介绍：

> 课后的闲工夫，同学们分开在三四处：一部分在操场运动，一部分在教室温习刚刚讲过的功课，一部分是拿着杂志、新闻，在山岗上阅读。关

① 杨文蔚.序［Z］//国立第四中学创校五十五周年纪念册.1992：401.
② 张小刀.苦干中的国立四中［J］.学生之友，1941，3（3）：12.
③ 国立四中同学录［Z］//国立第四中学创校五十五周年纪念册.1992：239-258.以上数据系作者根据原始文献整理和统计得出.
④ 林本.四中师资阵容坚强［Z］//国立第四中学创校五十五周年纪念册.1992：193.

于各种学术研究的集会，也是多如雨后春笋，有各种壁报社在校内外张贴着——这是文艺研究的小组，有木刻研究社，还有"北辰"歌咏队，"冲锋号"剧团，包罗全校的人才。他们常在当地公开表演，更有"竹林艺圃"，他们利用空余的时间作些信封、信纸、练习簿、肥皂等日常用品，供给本校同学的需要。这许多组织里面，皆由各位老师们在"以身作则"的指导。①

数十年后，当年风靡国立四中的那些校园文化活动仍然为四中校友们津津乐道。林本日后曾回忆过四中学子集体热衷京剧表演的校园风气：

> 国立四中的国剧［又称平（京）剧］研究社，甚为男女同学热心学习与踊跃参加，因此拥有社员最多，盛名传于校外……更有不少同学爱好弹奏月琴、琵琶，习拉胡琴与南胡等，也有不少同学喜好敲击鼓板锣钹等国乐演练之乐器与响器者，但大多数同时参加练唱生旦净丑等戏中扮演之适当角色，几乎蔚为一股国粹传承的良好风气。每逢周末或例假之日，同学们则于课余之暇，即会三五成群的集在一处，自动自发地拉唱起来，非常有意义……②

热衷京剧表演成为一种校园现象，与国立四中教师的支持、鼓励和引导密不可分。据四中学子回忆，国立四中京剧社的领导系刘裕如和苏微垣两位教师，他们不仅负责导演说戏、操琴与教唱，同时也积极参与和配合学生的每一次登台表演。③

作为阆中乃至川北地区的最高学府，国立四中弥漫的京剧热自然而然地影响到当地民众的生活方式。"国立四中每年校庆之日或是农历春节假期，学校就会扩大国剧演出，等到筹备就绪，海报贴出之后粉墨登场之际，戏台上锣鼓鸣奏，琴声悠扬，同学们所扮演的生旦净丑角色，都按时出场，唱说俱佳，十分热闹，真是学府黉宫，弦歌不辍，其乐融融，这时就会吸引川北各中小学校师生以及当地民众前来观赏，露天广场，挤满人群常达三四千之众，可谓于推广国剧教育极著功效了。"④

国立四中学子不仅在读书上用功，课余活动方面用心，同时也十分关心时局发展，时刻心怀家国，加之其本身的流亡经历，往往会在抗战进程中的关键

---

① 张小刀. 苦干中的国立四中［J］. 学生之友，1941，3（3）：12.
② 林本. 师生同欢演出国剧［Z］//国立第四中学创校五十五周年纪念册. 1992：195.
③ 荆亚. 京剧群秀谱［Z］//国立第四中学创校五十五周年纪念册. 1992：230.
④ 林本. 师生同欢演出国剧［Z］//国立第四中学创校五十五周年纪念册. 1992：195.

节点表现出异于常人的报国情怀和爱国之志。1944 年，受战局影响，国民政府号召知识青年从军。四中全校师生不过 800 余人，报名参军的同学竟然多达 96 人。而省立阆中高中 1000 余学生，全校仅 2 人报名参军。而在国立四中学子看来，这种悬殊的对比恰是对国立四中特有的文化育人氛围的有力印证："此证明生育环境不同，青年的身心成长亦不同。"① 国立四中学子的这一评价并非对母校的偏袒。国立四中学生积极踊跃的从军热情，也能够从当年校方统计的相关数据中经过分析得到印证。以国立四中高中第十五班和第十六班为例予以说明，高中第十五班共 51 人，其中从军 9 人，从军比例达 18%。②；高中第十六班共 63 人，其中从军 20 人，从军比例达 32%。③

1939 年，作为具有 37 万人口的川北重镇，阆中的基础教育并不发达，仅有 1 所分为男女生两部的初中，7 所完全小学和 160 余所普通小学。④ 国立四中的到来，无疑是对当地基础教育水准的有力提升。国立四中醇正浓厚的校风、扎实过硬的教学质量、注重德智体协调发展的办学理念、较高的高等学校升学率以及对于当地教育文化发展潜移默化的影响，上述各种因素抟合在一起，使得国立四中入川办学时间虽不长久，却在川北地区声名鹊起，最终获得了诸如"四中大学"⑤ 这样乍听奇怪，但意味深长的美誉。

三、作育人才

1945 年 8 月，抗战结束。1946 年 4 月，遵照《国立中学复员办法》，国立四中取消，所属员生各回原籍就业就学。⑥ 自此，国立四中彻底退出历史舞台，此时距离 1938 年 2 月教育部筹设国立陕西中学刚刚过去八年零两个月。

1989 年，89 岁高龄的陈立夫在述及抗战时期国立四中之沿革时，仍然将抗战时期身为教育部部长的他亲自擘画并创设诸多国立中学视为"于此余亦引为自慰，为生平对党国最有价值之贡献也"："曾参加国立中学者估计约有一万七

① 宗心志. 国立四中精神［Z］//国立第四中学创校五十五周年纪念册. 1992：201. 据 1945 年 9 月编印的《国立四中同学录》记载，经作者统计，国立四中各班从军学生共计 70 人. 参见国立四中同学录［Z］//国立第四中学创校五十五周年纪念册. 1992：330-332.

② 国立四中同学录［Z］//国立第四中学创校五十五周年纪念册. 1992：330.

③ 国立四中同学录［Z］//国立第四中学创校五十五周年纪念册. 1992：280-281，330.

④ 白劳. 救亡工作在阆中［J］. 青年生活，1939（8-9）：11.

⑤ 宗心志. 国立四中精神［Z］//国立第四中学创校五十五周年纪念册. 1992：201-202.

⑥ 教育部教育年鉴编纂委员会. 第二次中国教育年鉴［M］. 上海：商务印书馆，1948：379.

千多人，均负担各种重要职务，全体国立中学学生，均感念民国二十七年抗战困难中仍能获得政府贷金及正常教育，所成立之三十九所国立中学……全体学生皆能努力求学……"①

以国立四中为例，办学八年来，作为一所战时流亡中学，其先后招收包括高中、初中、师范和高职在内各类学生9527名，培养各类毕业生1704名②，可谓充分发挥了抗战时期教育部设立国立中学旨在救济和教养沦陷区和战区流亡学生的重要作用，成为维系抗战时期中国中等教育发展存续不断，保持抗战时期中国高等教育高质量发展乃至为日后中华民族复兴培植元气的特殊教育存在。

办学八年来，国立四中在为国家和民族培养大量合格中等教育人才的同时，也孕育了日后遍布各行各业的诸多杰出人才。台湾著名教育家邓玉祥，原南京艺术学院教授、著名画家李畹，原浙江省委书记李泽民，四川省原省长肖秧，台湾地区"铁路管理局"原局长张寿岑均出自国立四中。

国立中学在收容和救济并最大限度给予流亡学生基本生活保障的同时，也通过自身办学深刻地影响着其事业发展与人生走向。不同办学阶段国立四中学子所留存下的个体感受，均十分鲜明地体现出国立中学之于流亡学生所具有的此种独特影响。

1938年12月，仅在国立陕西中学学习和生活九个月，即将毕业离校的王树槐所写下的文字，颇能代表全面抗战爆发之初刚刚接触国立中学的学子们的集体心声，从中不难体会国立陕西中学对其的影响：

> 陕中！我们躺在你的怀里，曾做过几个月的梦，不知增加多少的乐趣，留下几许的欢欣，第一次在烽火中抛弃了故乡，足够痛苦的了，现在无情的西风正吹得紧，又要和陕中告别，是倍觉难过了，我情不自禁泪水夺眶流出了。③

1941年，一位已在国立四中度过三年时光的学子，将国立四中从安康草创到迁校阆中的艰难办学历程形容为"苦干中的国立四中"。而在他看来，正是国立四中筚路蓝缕地坚持办学，为包括他在内的诸多四中学子提供了宝贵而难得的教育体验与人生影响：

---

① 陈立夫. 回忆五十年前国立第四中学成立之经过及抗战后之改组 [Z] // 国立第四中学创校五十五周年纪念册. 1992：185.

② 教育部教育年鉴编纂委员会. 第二次中国教育年鉴 [M]. 上海：商务印书馆，1948：380. 以上招生人数与毕业生人数系作者根据第二次教育年鉴数据统计得出。

③ 王树槐. 别了陕中 [J]. 服务（陕西），1939（15）：126.

可是我们这一群孩子，就在这种朴素的环境锻炼出来了，他们针对了现实，认识了自己，毫不怨尤地向前奋斗。唯一目标——朝着抗建的"康庄"迈进，一步步地走完这艰苦的途程。①

1988 年，68 岁的台湾著名教育家邓玉祥在国立四中创校 50 周年纪念之际写下了题为《我以国立四中为荣》的回忆文章。1938 年 4 月至 7 月，邓玉祥曾短暂就读于国立陕西中学高中二年级，后离校投考军事学校。来台后创立台北市立景美女子高级中学并任首任校长，曾任台北市立第一女子高级中学校长。上述两校均系台湾地区知名高级中学，台北市立第一女子高级中学更是被誉为台湾地区最好的两所高级中学之一。邓玉祥在动情地细说自己与国立陕西中学之间的点点滴滴之后，这样评价不足四月的国立陕西中学就读体验对自己所形成的深远影响：

> ……但在这四个月中，我接受了不少磨炼，也获得了很多启示，高高的秦岭，深深的汉江，那都是祖国美丽的锦绣河山，和乐的安康校园，亲爱的四中师友，永远是我生命中活跃的力量！我爱安康四中，我以安康四中为荣。②

"永远是我生命中活跃的力量！"邓玉祥之于国立四中的这十二字评语，不仅道出了广大国立四中学子之于母校最为真实的心声，更是对抗战时期国立四中大后方办学和育人最具分量的评价！

---

① 张小刀. 苦干中的国立四中［J］. 学生之友，1941，3（3）：12.
② 邓玉祥. 我以国立四中为荣［Z］∥国立第四中学创校五十五周年纪念册. 1992：191-192.

第八章

"记玉泉卓绝苦辛年，抗日战酣时"：抗战时期国立第五中学在甘办学研究

一、国立第五中学办学沿革："以芦沟烽起，师生西上，立学创基"

1938 年 1 月 30 日，长期关注和研究西北问题的《西北论衡》杂志刊载了一篇题为《教部筹设国立陕甘两中学》的通讯。这篇看似普通，体量不大的文章提及：

> 最近教育部为收容战区的中学教职员和学生，特筹设陕甘两中学，甘中教职员学生登记已毕，登记的教职员共六百余人，学生九百余人，陕中教职员登记亦已毕，人数与甘中相近，……甘中校址已择定天水，陕中校址正勘查中，两校经费颇充足，不久同可正式成立开学。①

从时间上来看，这则关注救济战区中学生员的新闻，距离全面抗战爆发已经半年有余。值得注意的是，这篇报道的撰写者似乎并不满足于仅仅向大众提供上述事实，其还对两校未来的校务发展、办学宗旨以及师生甄选逐一发表意见，其目的在于，希望"学校一经成立，负责人即须领导督促全校师生，认真教学读书，……一方不使国家的人力，稍有浪费，一方不负国家关怀战区学校教职员学生的至意"②。纵观整个抗战历程，"国家关怀战区学校教职员学生的至意"表现在诸多方面，如果仅就维系和提升战时中学教育水准的专门举措而言，无疑当首推民国政府教育部在大后方创设国立中学。

1938 年 5 月 1 日，国立陕西中学和国立甘肃中学分别在陕西安康和甘肃天水正式开学，开启了其漫长而坎坷的办学之路。其实，早于此二校成立之前，教育部已经相继成立了三所国立中学，分别是 1937 年冬在河南淅川上集创办的

---

① 流寓. 教部筹设国立陕甘两中学 [J]. 西北论衡，1938（2）：22.
② 流寓. 教部筹设国立陕甘两中学 [J]. 西北论衡，1938（2）：22.

国立河南临时中学，1938 年 1 月在贵州铜仁创办的国立贵州临时中学以及在四川合川创办的国立四川临时中学。1938 年 2 月，《国立中学暂行规程》颁行，上述三校校名依规取消"临时"二字。1939 年 2 月，《国立中学暂行规程》修正，各国立中学组织及设施始趋一致。1939 年 4 月，教育部取消国立中学以地名为校名之办法，按照各校成立先后之次序以数字为校名。国立陕西中学改称国立第四中学，国立甘肃中学改称国立第五中学。

"记玉泉卓绝苦辛年，抗日战酣时。以芦沟烽起，师生西上，立学创基。胜利凯歌传遍，打倒法西斯。我校欢呼后，解组相随。"[①] 2004 年，距离国立五中创校 60 余年后，五中校友在追忆自己的国中岁月时写就了上述题为《八声甘州·忆五中》的词，言简意赅地勾勒出国立五中全体师生在烽火年代，筚路蓝缕，西迁立学创基的艰难办学历程。从 1938 年 5 月国立甘肃中学在天水玉泉观正式开办，到 1946 年 6 月奉命解散，其扎根天水办学八年有余。纵观其办学经历，可分为西安草创、西迁天水和玉泉观办学三个阶段。

（一）　西安草创

1937 年 7 月 29 日和 30 日，北平和天津相继沦陷。1937 年 11 月 8 日，山西太原失守。大量来自晋、鲁、冀、察、绥、平、津等省市的中等学校生员流亡西安。1938 年春，教育部委派查良钊在西安设立战区中小学师生登记处，主持流亡师生登记、考试和录取工作。1938 年 3 月中旬，全体登记师生在西安高中大礼堂召开甘肃教师战区服务团成立暨国立甘肃中学开学典礼。查良钊任校务委员会主席兼代校长。查良钊做大会动员报告，宣布国立甘肃中学校址择定于天水北关外玉泉观。全校师生员工编为四个大队，每个大队分为三个中队，每个中队分为三个小队，每个小队分为三组。第一至三大队为学生编队，第四大队为教师及家属编队。每名同学发放黄布蓝印校徽一枚，其上印有"国立甘肃中学"字样，学生自行书写姓名后佩戴于左胸。是日起，每名学生每天发放 0.3 元生活费。到达天水后，每人每月按照 6.5 元标准发放生活费。[②] 据教育部 1938 年 7 月统计，截至 1938 年 6 月底，国立甘肃中学共接收救济战区教师 207 人，接收救济战区中等学校学生 1196 人。[③]

---

① 吕文载，李明经，邓宝信．八声甘州·忆五中 [Z] //天水市政协文史资料委员会．天水文史资料：第 11 辑．天水：新华印刷厂，2004：258.

② 梁祚腾．国立五中杂忆 [Z] //天水市政协文史资料委员会．天水文史资料：第 11 辑．天水：新华印刷厂，2004：15-16.

③ 教育部统计室．中华民国二十六年度战区各级教育机关损失情形及政府办理救济情况 [Z]．1938.

（二）西迁天水

1938 年 4 月 13 日，国立甘肃中学全体师生由西安乘火车到虢镇，再至凤翔，其间因天水校舍协调问题停留两周。4 月 30 日，队伍继续向西进发，经千阳，到达陇县，过固关，抵达关山。国立甘肃中学一位教职员曾用文字描绘过当时翻越关山的艰难：

> 继达关山，为入盘道之始，高峰插天，森林无际，时以积雪初融，路颇泥泞，车重难行，不得已于是旅客皆下车步行而前，扶老抱幼，苦不堪言状……既登关山顶，已精疲力竭，气喘如牛矣……唯目见高山茂林，耳闻风声水声而已，心怀恐惧，贾勇前趋……①

翻越关山即到达马鹿镇，由马鹿镇继续西行，经阎家店、张家川，渡渭水，过马跑泉，最终抵达天水，整个行程历时一月有余。

（三）玉泉观办学

1938 年 5 月 1 日，国立甘肃中学在玉泉观正式开学，由高中、初中、师范及职业四部组成。1938 年 12 月，遵部令设校本部于玉泉观，专门办理高中部；第一分校设于甘谷县大象山，专门办理师范和职业两部；第二分校设于甘谷县粮食集，第三分校设于秦安县泰山庙，两校专门办理初中部。1939 年 1 月，国立甘肃中学改名国立甘肃第一中学，隋星源任校长。1939 年 4 月，沈涤生出任校长，国立甘肃第一中学改称国立第五中学。与此同时，撤销第一分校，将其并入校本部，第二分校改为初中第一分部，第三分校改为初中第二分部，校址仍旧。1939 年 8 月，李赞亭接任校长。1940 年 8 月，师范和职业两部移交甘肃省教育厅办理，初中两分部迁至礼县关帝庙合并为初中分部继续办学。1942 年 4 月，许莲溪任校长。1944 年 11 月，史久恒任校长。1945 年夏，赵铁寒任校长。1946 年，国立中学遵部令复员，国立五中留驻甘肃改为省立，非甘肃籍生员返回原籍就业就学。②

二、国立五中办学重视培育抗战精神："国立中学应特别注重精神的陶冶"

抗战之初，已有论者指出，国立中学的教员和学生应以多省混合为原则，

---

① 王瑞芝. 从凤翔到天水 [J]. 西北论衡，1938（9）：172-173.
② 教育部教育年鉴编纂委员会. 第二次中国教育年鉴 [M]. 上海：商务印书馆，1948：380-381.

应特别注重精神陶冶。原因在于，国立中学师生来源之广泛，无疑为学校培育抗战精神提供了宝贵机会："国立中学的教员和学生同受异族的蹂躏，同遭丧家的痛苦，最富有民族意识，抗战必胜的信念。使他们都聚于一堂，使之互相理解，互相结合，则不仅为知识的沟通，感情的熔铸，乃是民族团结，精神统一的基础。"①

作为抗战时期中等教育因应时局所进行的办学创新，国立中学的教育理念、制度设计和办学实践均不可避免地带有浓厚的战时色彩，突出表现为国立中学办学极为强调办学支援抗战，着力渲染读书复兴民族。但是，"平时当作战时看，战时当作平时看"的最高原则，"支援抗战与准备建国"的双重目标，又内在地决定着国立中学办学必须保持抗战教育和平时教育二者关系的协调和统一。抗战时期担任教育部部长的陈立夫曾将其上升到战时教育方针的高度进行解读："我们应以非常时期的方法，来达到正常教育的方针，以非常精神的运用，来扩大正常教育的效果。"② 战时教育方针的确立并得以切实贯彻，最终塑造了贯穿抗战时期国立中学办学始终的两大精神表现——烽火弦歌中的刻苦攻读、弥漫课堂内外的爱国主义教育。

（一）烽火弦歌中的刻苦攻读："五中因陋就简开学了"

创校之初，国立五中教学环境之艰苦，成为五中学子们日后的集体记忆："当时艰苦生活可想而知，千余学生大部分因国破家亡只身流亡在外，学校设备一无所有，五中因陋就简开学了，教室和宿舍都设在庙堂殿内，学生每人坐一小凳，一块小木板放在腿上当桌子，没有课本，上课时教师讲，学生记，老师自编教材，自刻蜡版印讲义。每天两顿饭是八个人围着菜盆和馍筐，两年各发一套棉衣和单衣。"③ 如果天气晴朗，全班则移至户外上课："上课时，班长提上小黑板找到任课教师，集合全班同学到山前山后的树荫下，将黑板挂在树枝上，老师授课，同学每人有一画板式的长方形木板，挎在肩上书写笔记。"④ 直到1939年8月李赞亭担任校长，高中部才开始出现供两人合用的高课桌和长条凳。

学习环境尚且如此简陋，五中学子们的衣食住行等基本生活条件可想而知。

---

① 孙东生．国立中学的几个基本问题［J］．教育通讯，1939（34）：6-8.
② 陈立夫．战时教育方针［M］．重庆：正中书局，1939：4.
③ 王有为，王鸿雁．六十年前的国立五中［Z］//天水市政协文史资料委员会．天水文史资料：第11辑．天水：新华印刷厂，2004：8.
④ 梁祚腾．国立五中杂忆［Z］//天水市政协文史资料委员会．天水文史资料：第11辑．天水：新华印刷厂，2004：17.

虽然教育部先后对于国立中学学生实行伙食公费及贷金制，但受战局影响，学子们的伙食水准始终难以得到有效保障。1941 年，一名国立五中学子曾如实记录过自己的就餐场景：

> 早晨上两课，下来便是用早饭的时候，因为本地物价较高，只有馒头和无油无盐的两小碗白菜和一罐白开水，如果迟到一步，便得挨饿，所以每当快要开饭之前的半小时，就有一群人在等吃饭号响，他们很迅速地就把一顿饭解决了。除此以外，还有一部分人任意抢馍带到宿舍去吃，手足迟慢的同学当时会拖个空肚回去的。①

国立五中学子的住宿条件亦简陋至极，且贯穿抗战始终。抗战后期，孟明以非战区第五名的身份考入初中部。在他的记忆中，新入校的学生需自行领取简易材料搭建床铺：

> 报到后总务处发给我课本、笔记纸和三块长木板，并叫我用堆在第十一寝室院旁的土坯自行垒起床铺。……冬夜里，天寒地冻，睡在冰冷的床铺上，既无床垫，又无较厚的被褥，仅铺一条被单，只好把被子盖一半铺一半，上面再盖上棉衣，蜷卧一夜，也将木板温热了。②

1944 年 7 月考入初中分部的毕正培，则对国立五中的寒冬记忆犹新：

> 西北高原，冬季十分寒冷，古庙寺屋，四壁透风，雪天还飘进雪花。寝、教室都不生火，只是在年末期考时，才在教室生木炭火；平常上课，冻手冻脚，同学们都在座位上跺脚、搓手或用嘴哈气暖手；宿舍都是木板床，大房间都是通铺，缺少被褥的两个人睡一被窝，躺在没有褥子的冰凉木板上。早晨洗漱，都用院中水坑的水，冬季结冰很厚，就得用石块敲个洞取水……③

由于生活条件差，五中学子的个人卫生也难以保障。户外扪虱或灯下扪虱成为国立五中校园一景：

> 在春末和夏天，风和天暖之时，同学们不约而同背靠土墙或树干，面向太阳席地而坐，遍寻内衣中的虱、蚬，逐一消灭。但到秋冬季节，只能

① 段济人. 国立五中写真 [J]. 学生之友，1941（3）：13.
② 孟明. 哺育之恩永难忘 [Z] // 天水市政协文史资料委员会. 天水文史资料：第 11 辑. 天水：新华印刷厂，2004：165-166.
③ 毕正培. 记忆中的母校 [Z] // 天水市政协文史资料委员会. 天水文史资料：第 11 辑. 天水：新华印刷厂，2004：57-58.

身披衣被在昏暗的油灯下搜寻，好不容易抓住一个，恨之入骨，将它立刻下了"油锅"——投入灯油碗中，让其溺油而亡，笑而视之："看你横行到几时！"①

加之平日营养匮乏，学生患病概率大大增加。1943年从洛阳辗转流亡至国立五中高中部高二甲班就读的戴振霖回忆："那时不少同学可能因为缺乏维生素A而患夜盲症，在黄昏以后，光线昏暗的情况下，视物不清，看不准路，弄得人跌跌撞撞。……我也患了此症，每晚睡前必须去厕所，到了晚上就忧心忡忡，因为确也跌碰过几次。"②

或许是背井离乡，流亡之痛的刺激，或许是对于抗战必胜和读书救国的坚定信仰，抑或是艰苦的学习条件和生活环境的磨砺和淬炼，物质条件的极度匮乏似乎并没有使五中学子的意志日渐消沉，反而孕育出弥漫五中课堂内外，学生发愤图强、刻苦攻读的独特校风。

据1941年从甘肃平凉中学考入国立五中高中部的刘众生回忆："课本由教务处供给，作业本是土麻纸自制的，同学间流传着一句戏言'一纸值千金'。晚上自习作业，几人合用一盏清油灯。一早起来，校园内外，树荫下、山岗上、球场边，到处是琅琅读书声。"③ 五中学子普遍表现出的苦学精神，并非单纯来自校方压力或教师督促，更多的是源自其自身的内在动力。曾经就读于高中部的陈国林回忆："我们读的教科书是学校借给我们的，届届轮流用，作业本是我们自己买的粗灰纸订的。教师留的作业也不多，高二分在理科的许多人往往自己将数学等作业能从头到尾一题不漏地做完，为此，许多人常到晚上十一二点方才睡觉。"④ 1944年7月考入初中分部的毕正培，日后将这种刻苦攻读的风气形容为国立五中之校风："（大家）觉得读书机会难得，应该克服困难，自觉勤奋攻读，有朝一日报效国家，所以艰苦朴素，勤奋好学，有强烈的求知欲，形成了一种好的传统校风，没有在学习上投机取巧、弄虚作假的恶习。早自习课，

---

① 贾绍曾. 苦乐参半的校园生活［Z］//天水市政协文史资料委员会. 天水文史资料：第11辑. 天水：新华印刷厂，2004：82.

② 戴振霖. 珍贵的回忆［Z］//天水市政协文史资料委员会. 天水文史资料：第11辑. 天水：新华印刷厂，2004：163.

③ 刘众生. 母校往事［Z］//天水市政协文史资料委员会. 天水文史资料：第11辑. 天水：新华印刷厂，2004：29.

④ 陈国林. 艰难生活磨炼了我［Z］//天水市政协文史资料委员会. 天水文史资料：第11辑. 天水：新华印刷厂，2004：180.

教室充满朗读英语声，晚自习都到极为宁静的教室伏案做作业。"①

临近抗战结束，国立五中学子的学习和生活条件一如抗战初期没有实质改观。当然，不曾改变的还有自创校之初就一届一届接续传承的苦学传统。1943年夏初中毕业于山东省立德县中学，辗转流亡至国立五中插班进入高二文科就读的张力对此曾有回忆：

> 教学的课本，非但土纸印刷，还一班一班移交使用，我进校时有的已满篇贴补而面目全非。同学们使用的学习用具，更多是就地取材，尽由自制，如从旧棉被或破棉袄上撕一坨棉花，置于千方百计找来的废鞋油盒、药盒中，磨点墨汁注入，再用竹筷捆上蘸水笔尖，蘸着它在粗糙的草纸上，于豆大的油灯光下做英语、数学等作业。这种"三更灯火五更鸡"的苦读精神，为当地学界普遍推荐。②

（二）弥漫课堂内外的爱国主义教育："关山万重，为国为民的同志来此锻炼自己"

回顾国立五中办学历程，其高度重视寓爱国主义教育于育人全过程全方位，且成效显著。这与抗战时期特定的历史条件下，五中办学者孜孜不倦的启发诱导关系密切。国立五中办学者多途并举，不失时机地将爱国主义教育和民族意识培植融入学校办学实践的各个环节，善于将师生们的爱国情怀及时转化为勤教苦学的思想动力。这一点十分鲜明地表现在首任校长查良钊的办学理念与实践中。

1938年4月，时任国立甘肃中学校务委员会主席兼代校长的查良钊带领全体师生徒步西迁天水，途经关山，为激励师生同心同德战胜困难，查良钊吟咏联语一副："关山万重，为国为民的同志来此锻炼自己。途径多端，自私自利的人们去吧免累他人。"虽然查良钊任职校长不足一年，但他或许没有想到，这副看似不经意间吟咏的联语，却深植于众多国立五中学子的心灵深处，成为激励其弦歌不辍的精神源泉。此联语与校本部东大门外所书写的"发挥教育功能，充实民族力量"，俨然被当年的五中学子视为校训。③

---

① 毕正培. 记忆中的母校［Z］//天水市政协文史资料委员会. 天水文史资料：第11辑. 天水：新华印刷厂，2004：58.

② 张力. 情系天水 缅怀玉泉［Z］//天水市政协文史资料委员会. 天水文史资料：第11辑. 天水：新华印刷厂，2004：145-146.

③ 黄作华. 国立中学的纪念碑［M］//郑锦涛. 抗战时期国立中学的回忆：第二辑. 北京：中央文献出版社，2007：15.

查良钊还不失时机地利用各种场合，积极向五中学子阐释这一联语的深刻意涵，旨在激发他们战时努力求学，为国为民；身处困厄，依然能穷且益坚，不坠青云之志。1938 年至 1941 年就读于国立五中高中部的赵璧如，时隔 60 多年后，仍对当年查校长的一次讲话声犹在耳：

> 有一次，查校长站在大操场的台阶上，根据抗日战争的形势和国难当头的实际要求，从激发爱国主义热情和弘扬中华民族以民为贵的优良道德传统的立场出发，向全体师生大声疾呼，对这一题词的内涵作过全面的和系统的解释，要求每个人要认识到为国为民加强锻炼自己的重要性。这一题词铭刻在不少人的心灵深处，起着深远的教育作用。①

国立五中教师们也十分重视将培养学生的爱国主义和民族意识，巧妙地与课堂教学内容有机结合，积极影响学生的人格和思想发展。抗战期中，由北平四中插班进入初中分部 14 班就读的杜明达，60 年后仍然对自己当年聆听过的历史地理课印象深刻。在他看来，刘学敏老师所讲授的"历史地理课不仅给人以时空演进及事件人物的轮廓和知识，还潜移默化地给人以爱国主义与国际主义情操，而教师则扮演着导演导游的角色"②。而在 1941 年考入初中部的毛应民看来，音乐教师杨宪章将爱国主义教育努力融入音乐课堂的教学方式更是用心良苦，成效显著：

> 音乐教师杨宪章，授课方法颇有创意。抗战时期，所教曲目多为抗日歌曲，尤以《黄河大合唱》为主，词曲并重，全班学生无有不识简谱者；教室原为大殿，后为操场，面临大殿后墙，似是他无意中发现，大殿后墙产生回音，而远处又为高山，因此回音效果极佳，他领全班学生列队操场，面对大墙，教唱《保卫黄河》，几经调整距离，使之回音较歌声恰慢一拍，形成二部轮唱，只听："风在吼……风在吼，马在叫……马在叫"，与二部轮唱毫无两样，一曲歌罢，同学们心潮起伏，激起满腔爱国热情。这般爱国主义教育方法，真乃一大发明，恐世间少有。③

由于国立五中学子长期在课堂内外耳濡目染各种形式的爱国主义教育，致

---

① 赵璧如. 活泼严谨的校风、学风［Z］∥天水市政协文史资料委员会. 天水文史资料：第 11 辑. 天水：新华印刷厂，2004：101.
② 杜明达. 天水情缘［Z］∥天水市政协文史资料委员会. 天水文史资料：第 11 辑. 天水：新华印刷厂，2004：76.
③ 毛应民. 史地与音乐教师［Z］∥天水市政协文史资料委员会. 天水文史资料：第 11 辑. 天水：新华印刷厂，2004：95-96.

使全校学生的精神面貌为之一振，异于他校。1944 年元旦，甘肃全省军训检阅，国立五中和省内其他两所学校由于"军训成绩甚优，殊堪嘉奖"，专门受到国民政府军事委员会军训部嘉奖。军训部还专门致函教育部要求嘉奖三校校长，以示鼓励。①

三、国立五中办学重视延揽品学兼优之良师："十年来，深恩负尽，死生师友"

> 学校老师多已不在了，多么好的一代宗师啊，任劳任怨，兢兢业业，抚育我们成长，视我们如亲生儿女。刘仲芳老师教我们顾贞观词《金缕曲》中有"十年来，深恩负尽，死生师友"句，真是我们生活的写照啊！②

曾经就读于国立五中初中部的李溪林，时隔多年以后，写就了上述文字缅怀自己的授业恩师。文中提及的顾贞观系清代无锡人，其好友吴汉槎以罪谪贬宁古塔。顾贞观作《金缕曲》以词代书寄给吴汉槎。该词后为清代著名词人纳兰性德所见，大为感动，主动代吴汉槎说项，吴氏因此得以释还。"十年来，深恩负尽，死生师友"一句即源出此词。③ 顾贞观的这首《金缕曲》也因情感真挚，成了中国文学史上描写良师益友之间惺惺相惜，赤忱相见的名篇佳作。李溪林引用此句形容自己曾经受教的五中教师，可谓将其既为经师，亦为人师，师生之间亦师亦友的理想风范描摹得淋漓尽致。

国立五中从创校之初就高度重视教师资格甄选，严格按照高标准加以判别和录用。创校之初就入校就读的李溪林曾目睹校方对于教师筛选的严格："同来的有几百名自报的'老师'，经过甄选，把掺杂其中的多数难民遣散了，真正的老师，在层层选拔后，留下来的可谓是师道精英，他们真正培育了一届高素质的有为青年。"④

检索国立五中教师履历，其或毕业于国内知名大学，或在抗战前已经任教于国内知名中学或大专院校。限于篇幅，列举数例，以资佐证。国文教师陈连绶，1932 年毕业于山西大学中文系，1950 年任教于天水高等师范专科学校。教

---

① 佚名. 教育部训令第 44667 号 [J]. 教育公报，1944（9）：47.
② 李溪林. 寻根记：重访礼县后排里村 [Z]//天水市政协文史资料委员会. 天水文史资料：第 11 辑. 天水：新华印刷厂，2004：192.
③ 叶楚伧，汪懋祖，孟宪承. 初中国文：第五册 [M]. 南京：正中书局，1934：38-39.
④ 李溪林. 流亡学校杂记 [Z]//天水市政协文史资料委员会. 天水文史资料：第 11 辑. 天水：新华印刷厂，2004：44.

务主任崔继隆，毕业于武昌高等师范学堂，1946 年任天水扶轮中学首任校长。历史教师谷凤池，1924 年考入北京师范大学史地系，抗战前先后任教于南开中学、山西晋山中学，抗战期间曾任教于国立西北师范学院附属中学。化学教师田涛山，1914 年毕业于北洋工学院化工系，抗战前曾任保定工业学校校长、天津工学院教务长。国文教师薄成名，国立东南大学毕业，抗战前曾任教于山西大学，1955 年担任山西师范学院中文系教授。英语教师李仲威，1917 年毕业于北京师范大学英语系，1929 年任河北大名师范学校校长。张倩玉，毕业于北京师范大学理化系，抗战前先后任教于保定育德中学、邢台师范学校。历史地理教师刘学敏，燕京大学毕业。①

国立五中办学者对于教是为了不教，教是为了学生更好地学这一教学理念有着充分认识，鼓励教师积极尝试教与学良性互动的新方式。国立五中校内曾施行一种旨在打通师生交流渠道，改进和完善教学水平的教学制度，颇能反映出师生之间所具有的民主关系。1941 年，国立五中学子曾对此有过描绘，并将其形容为"每个同学感到最有兴趣的事"：

> 星期六的晚上，便开一个会，检讨一周来的课程，这是一件每个同学感到最有兴趣的事，组织的内容很是简单，先推一位主席，然后大家依次叙说各科的心得和教学法的利弊，再将讨论的结果作成报告，由班长送给老师。②

"一个学校所能给予学生最大的环境影响，莫过先生的学问与人格，其余的都可以说是次要。"③ 教育家任鸿隽的这句话用来形容国立五中十分贴切。五中教师不仅是学有专长，术业有专攻的经师，更是尊重学生人格，极富教育心理，深谙教学艺术的人师。这些品学兼优的教师，不仅向学生传授智识，同时更以身作则，用学识和人格潜移默化地影响学生成长。

1944 年考入初中分部的毕正培，日后对五中教师所作的评价颇为中肯："他们和学生一样，都没有携眷，孤身抱着抗战救国、敬业育人的信念，以孜孜不倦的奉献精神，将知识传授给学生。他们以身作则的敬业精神和艰苦奋斗的作风，都深深地感染着我，为我后来的成长和工作打下了良好基础，影响了我的

---

① 杨华同，樊汝武. 部分校长、教师简介［Z］//天水市政协文史资料委员会. 天水文史资料：第 11 辑. 天水：新华印刷厂，2004：31-42.
② 段济人. 国立五中写真［J］. 学生之友，1941（3）：13.
③ 叔永. 教育改革声中的师范教育问题［J］. 独立评论，1932（28）：8.

一生。"① 曾经就读于国立五中高中部，毕业后考入国立中央大学中文系，日后成为著名中国古典文学专家和诗人的霍松林，坦言自己的学术研究之路始于五中求学阶段："薄（坚石）先生早年毕业于中央大学的前身东南大学，是吴梅、黄侃诸大师的高足，后来在山西大学中文系任教。通过他的讲授，我较系统地学习了国学。另一位国文老师陈前三先生学问渊博，讲课生动。我在薄、陈两先生的影响和指导下博览文、史、哲著作，开始写学术论文。"② 优秀的师资队伍，最终为抗战时期国立五中取得优异的办学质量奠定了坚实基础。

四、国立五中办学重视文化育人："教育贵乎熏习，风气赖于浸染"

早于先秦时期，中国思想家已经深刻认识到，办学者积极营造顺乎人情和寓教于乐的学习氛围之于学生个体成长，具有不可替代的特殊影响。正如《吕氏春秋·孟夏纪》所言："达师之教也，使弟子安焉，乐焉，休焉，游焉，肃焉，严焉。此六者得于学，则邪辟之道塞矣，理义之术胜矣。此六者不得于学，则君不能令于臣，父不能令于子，师不能令于徒。"③ 简言之，通达事理的教师，他们的教诲，能使学生安心、快乐、安闲、自适、庄重、严肃。纵观国立五中办学历程，无论是早期的草创阶段，抑或是日后的臻于成熟，其办学者基本能做到基于学生发展构建具有自身办学特色的学校文化，堪称当之无愧的"达师之教"。

国立五中办学者基本能认识到培育学校文化对于兴学育才的重要意义。1938 年入校的赵璧如，曾完整亲历了五中从草创到逐渐成熟的办学全过程，他的感受颇具有代表性和说服力。在他的记忆中，以首任校长查良钊为代表的一批办学者，从建校伊始就重视营造浓郁的学术自由和民主讨论的氛围："在玉泉观国立五中成立的最初阶段，有些老师是国内著名的学者和专家。他们经常在一些大院中露天做政治、经济、文学等不同领域的学术讲演和时势报告。讲的内容理论联系实际，很能起到提高人们理论思想水平的作用。当时校园学术空气浓厚而活跃，同学们听后，常常在理论观点的认识和理解上展开热烈的讨论。"在办学者的鼓励和支持下，五中校园内雨后春笋般地涌现出大量的壁报和研究会："玉泉观一些大院墙壁上总有各个学术团体主编的壁报。……这些壁报

① 毕正培．记忆中的母校［Z］//天水市政协文史资料委员会．天水文史资料：第 11 辑．天水：新华印刷厂，2004：61.

② 霍松林．古殿书声：五中学习漫忆［Z］//天水市政协文史资料委员会．天水文史资料：第 11 辑．天水：新华印刷厂，2004：138.

③ 王心湛．吕氏春秋集解：上册［M］．上海：广益书局，1936：39.

刊登着哲学社会科学不同学科的谈论研究、时势评论、读书心得、生活思想等各种体裁不同的文章和诗歌，充分反映着在玉泉观内生活和学习的同学们的精神面貌。抗日战争初期，学校中存在着学术民主、思想解放和言论自由的优良学风，壁报中理论思想上不同意见的争论表现得很尖锐。……有些学习兴趣相同的同学，在课外自发组织成立了不少专门学科的研究会，开展学术活动。"① 即使到了抗战后期，国立五中重视校园文化建设的传统依然得以延续。"抗战后期，最后一任校长赵铁寒先生原是大学教授，倡导办报刊，举行演讲比赛，开辩论会，一时学术活动遍及全校，油印手抄小报纷纷出现，内容包括文史、科学、政治、美术、英文等各个方面。"②

国立五中办学者鼓励和支持师生组织形式多样的学术和文娱社团。1943 年插班进入高二文科班就读的张力，时隔多年后仍对当年校内课外活动之丰富印象深刻："课余活动也开展得有声有色，球类比赛、演讲、辩论会，还有壁报更是多达数种，几乎各个班级都有，称得上争奇斗艳，琳琅满目。"③ 当时五中众多的学生结社活动中，既富时代特色，又受到学生热烈欢迎的首推唱歌。这种全校课余时间无处不弥漫歌声的奇特景象，被 1941 年考入高中部的刘众生形容为"课外时间到处飘着丝竹之声"④。高中部如此，初中部亦然。据 1944 年考入初中分部的毕正培回忆："唱歌是学生文娱生活的主要部分。当时乐器稀缺，说起来现在的学生很难理解。分部乐器很少，哪有笙、笛，至多有个口琴，就显得稀罕，所以分部没有乐器队，就靠音乐先生课堂上教唱歌，或组织课余合唱团，节日时各班同学排练一些双簧、相声及小歌剧等。……此外，学校还组织班级之间和个人参加的歌咏比赛。……当时校园内外，到处都可以听到歌声。"⑤

当时五中校园内还活跃着另一个极具特色，并且深刻影响诸多学生日后发展的结社活动——师生共同组织诗社。据 1938 年进入初中部就读，毕业后继续

① 赵璧如. 活泼严谨的校风、学风［Z］//天水市政协文史资料委员会. 天水文史资料：第 11 辑. 天水：新华印刷厂，2004：102.

② 王有为，王鸿雁. 六十年前的国立五中［Z］//天水市政协文史资料委员会. 天水文史资料：第 11 辑. 天水：新华印刷厂，2004：9.

③ 张力. 情系天水 缅怀玉泉［Z］//天水市政协文史资料委员会. 天水文史资料：第 11 辑. 天水：新华印刷厂，2004：146.

④ 刘众生. 母校往事［Z］//天水市政协文史资料委员会. 天水文史资料：第 11 辑. 天水：新华印刷厂，2004：30.

⑤ 毕正培. 记忆中的母校［Z］//天水市政协文史资料委员会. 天水文史资料：第 11 辑. 天水：新华印刷厂，2004：60-61.

升入高中部就读，日后成为著名学者、诗人和作家的马作楫回忆："国立五中诗风很盛，师生结社吟诗，彼此都获益匪浅。由于陈前三先生所重，所以牛汉、郗潭封和我等数人，朝夕相处，互相切磋，在诗的思想和艺术方面，各抒己见，从不相轻，更不相捧。牛汉对诗有敏感卓识，1941 年，在《诗创作》刊物发表长诗《鄂尔多斯草原》，受到全国诗歌界的关注。"① 马作楫提及的陈前三先生，正是前文已述，引导高中部学生霍松林走上学术研究道路的启蒙老师。马作楫提到的牛汉，原名史成汉，现代著名诗人。正是在国立五中学习和生活的四年，深刻影响到牛汉诗歌风格的形成，因此其将天水形容为"我的诗的故乡"②。抗战初期转学至国立五中高中部就读，后考入国立中央大学，日后成为《大公报》著名记者的蒲希平，在校期间则与同学穆天（谷天）、史成汉（牛汉）等成立了"牧歌社"，与名诗人陈敬容、沙蕾等往来酬唱，对于天水青年思想进步影响很大。③

国立五中办学者重视文化育人，亦能从诸如校园建筑命名这样的办学细节中得到体现。日后被五中校友们津津乐道的"闻鸡起舞"和"枕戈待旦"并非两个单纯的成语，它们还是当年高中部学生食于斯，寝于斯的两个宿舍院落的名称。④ 祖逖闻鸡起舞，刘琨枕戈待旦，仅仅从这两个典出《晋书》，旨在激励历代有为之士刻苦发奋、毫不松懈、报国心切的成语，就不难体会国立五中办学者旨在以文化人的苦心孤诣。

五、国立五中办学重视积极影响大后方建设："国立中学应分设于各省文化落后县镇或边区"

天水地处陇南，受制于地理条件等因素，发展相对缓慢，社会风气保守，教育素不发达，其整体情形恰如时人所言："抗战以前在辽阔的西北中，无人注意到天水。"⑤ 抗战前天水教育事业之极不发达，亦可通过时人所进行的一系列社会调查加以印证。1934 年，天水全县总计 252715 人，仅有省立中学 1 所，私

① 马作楫. 浪漫诗缘 [Z] // 天水市政协文史资料委员会. 天水文史资料：第 11 辑. 天水：新华印刷厂，2004：234.
② 牛汉. 我早年的一段生活和创作 [Z] // 天水市政协文史资料委员会. 天水文史资料：第 11 辑. 天水：新华印刷厂，2004：140-144.
③ 果行. 新闻战线的勇士·蒲希平 [Z] // 天水市政协文史资料委员会. 天水文史资料：第 11 辑. 天水：新华印刷厂，2004：219.
④ 何纪生. 重返玉泉观 [Z] // 天水市政协文史资料委员会. 天水文史资料：第 11 辑. 天水：新华印刷厂，2004：202.
⑤ 王咸武. 漫谈天水 [J]. 雍言，1943（4）：39-42.

立中学 1 所，县立女子师范学校 1 所，完全小学 15 所，初级小学 70 所，教会男女小学 7 所。① 1935 年，时人在对天水进行调查之后，认为其教育"整理改进，刻不容缓"："……唯教育落后，文化低落，学校设立虽所在皆有，然类多经费支绌，设备简陋。……有省立初级中学校一所，规范略具。女子简易师范一所，唯仅学生二十名，小学十九所，办理成绩，尚称不恶。总计学生一七七七人。"② 1936 年，调查者甚至得出了如下看似武断的结论："在量的方面来说，天水非再设一百所规模较大之小学，则三万五千六百余之失学儿童永无受教育之机会。"③

抗战前天水社会风气和生活方式之保守亦明显落后于时代。1935 年，一位长期生活于天水的观察者，曾就当地女学生的服饰变迁和男女合校进行过评论："女学生们是以朴素安静称的，衣饰不华，长袖宽身。曾有一个新'教育家'看不惯，要学生一律改装。那些女儿们很为难。心想怎能好胳膊露出，去叫大家看？致命令许久不得实行，以至于捐款缝了几十袭短袖窄身的学生服，强迫发给她们穿。……至于此地教育方式方面，男女学生们都是分校的，不久以前，才正有'合校'的建议，不过由她们的腼腆怯羞来看，或许要觉得'不方便'。"④ 国立五中扎根天水办学以来，其在推动当地教育事业发展、积极投身抗日救亡宣传、引领社会风气、提升民众文化素质以及改良民众生活方式等方面，均发挥了积极影响。

（一）国立五中成为抗战时期甘南文化中心建设不可或缺的重要组成部分

1939 年，一位途经甘肃的游历者在进行了一系列的实地观察后，直言"甘肃教育最进步最显著的是甘南文化区的建立"："这个文化据点以天水为中心，原有中等学校五所，……此外随抗战洪流而来的学校有国立第一甘中，设天水，并设第一分校（师范科及职业科）及第二分校（初中科）于甘谷。第三分校于秦安。"游历完毕，这位观察者得出结论，正是由于包括国立五中在内的一系列文教设施陆续扎根甘南，最终"使甘南亦因抗战之赐，随陕南一跃而为西北的主要文化据点"⑤。

---

① 士升. 甘肃天水县概况 [J]. 开发西北，1934 (2)：61–72.
② 徐桂林. 甘肃天水社会概况 [J]. 明耻半月刊，1935 (4)：39–43.
③ 佚名. 甘肃天水县社会调查（续）[J]. 西北向导，1936 (13)：23.
④ 虎客. 甘肃天水妇女的概况 [J]. 申报月刊，1935 (7)：198.
⑤ 赵敏求. 跃进中的西北 [M]. 西安：新中国文化出版社，1941：79.

（二）国立五中对于天水文教发展和改良民众生活方式起到有力推动和示范作用

抗战以来，天水文化教育面貌之所以会发生改观，国立五中所起到的推动和示范作用至关重要。1943 年，距离全面抗战爆发业已六年，一位途经天水的观察者在对天水进行近距离观察后得出以下结论："'七七'事变后，政府提倡开发西北，而天水当西北之要冲，渐次趋于繁荣，现在已成了陇南文化经济交通的重心。西北文化的落后，是不可否认的事实，可是天水经过教育界的努力，增加很多的文化建设，如国立中学、……以及国民妇女学校等，可见教育事业正在普遍推进中。"① 1948 年，距离抗战胜利已近三年，一位论者在行文谈及天水时，仍对包括国立五中在内的国立中学对陇南教育所起到的示范作用念兹在兹："谈到（天水）教育，可以说普遍低落，……这一次抗战后，有几个学校迁入其境，如国立五中……，将陇南的教育提高了不少，居然又增添了许多中学，……"②

国立五中办学之于当地民众生活方式改良的影响同样屡屡见于校友们日后的回忆。"国立五中立足天水后，对天水的文化教育产生的影响甚大。一是设立了高中，天水原先的最高学府仅有省立天水初级中学，青年学子想读高中就得上兰州。……二是把话剧和歌咏带进了天水，……紧身凸显三围的短式阴丹士林旗袍，也是由五中的女学生推广开来，并代替天水蓝衫黑长裙的服饰打扮，同时也开了天水人男女挽手同行的先河。"③

（三）国立五中在天水开展民众教育与抗日救亡宣传活动，对于提升民众文化素质，丰富民众政治与文化生活产生积极影响

抗战前，天水民众教育发展迟滞不前。1935 年，天水共有民众学校 6 所，学生 300 余人，"但因生计艰难，旷课者甚多，又以经费窘绌，教员资历，殊亦参差不齐"④。国立五中扎根天水办学以来，在校学生充分利用课余时间积极投身民众教育事业。1941 年，五中学子曾颇为骄傲地用文字记录下其参与办理民众夜校的经过和成绩：

> 我们在课余组织了许多民众夜校，它们的成绩都非常的好，记得有一

① 王咸武. 漫谈天水 [J]. 雍言，1943 (4)：40.

② 秦星丹. 天水：陇南的重镇 [J]. 西北通讯，1948 (2)：34.

③ 周用元. 我所知道的国立五中 [Z] // 天水市政协文史资料委员会. 天水文史资料：第 11 辑. 天水：新华印刷厂，2004：14.

④ 徐桂林. 甘肃天水社会概况 [J]. 明耻半月刊，1935 (4)：39-43.

次学校为了测验它们的成绩，曾举行了一次各夜校的会考，题目是写一封家信和认识法币的数目，谁也没有想到在不久以前，还是一个"目不识丁"的厨夫，竟得到五元的奖品，这固然是他们的幸福，也是同学们的光荣。①

即便抗战结束，国立五中复员解散，积极开展民众教育依然作为传统被五中学子继承和发扬。1947年5月5日，国立五中天水校友会成立，决议在天水成立一所名为"五五中学"的平民中学以救助当地失学少年。学校办学经费向社会募集，原五中师生义务任教，当年9月1日正式开学。1949年，五五中学并入天水县中。在短暂的两年里，五五中学共为当地百余名失学少年提供了宝贵的在校学习机会。②

全面抗战爆发初期，天水的抗日救亡宣传运动并未实质性开展。1938年，一位初到天水的国立甘肃中学教职员，曾这样描述自己所看见的平静的天水街头景象："抗战表现，除某师在街头之标语外，不见其他，绝无民情激昂可言。"③ 国立五中积极开展形式多样的抗日救亡宣传活动，不仅激发了民众抗战热情，也带动了当地文教机构积极参与。1940年出版的第5期《戏剧战线》曾以《西北草原上的一支新军：建国剧团》为题专门报道国立第五中学第二分校成立的建国剧团。这个被称为"救亡的一个新的旗帜"的剧团，共由40余人组成，教员不足4人，团长和干事均由学生担任。剧团经费向二分校教员募捐得来。"七七"抗战纪念日当天及次日，剧团面向甘谷县民众公演，受到民众热烈欢迎。当年七月二十七日夜，剧团又冒雨赶赴天水进行为期两天的公演，宣传效果显著。④ 正是在国立五中的示范和带动下，天水师范学校、天水女子师范学校相继面向民众公演抗战话剧，在掀起抗日宣传爱国运动高潮的同时，也丰富了民众的政治与文化生活。

六、国立五中办学的育人成就与历史地位："玉泉三载悟人生"

抗战时期国立五中在近九年的办学历程中，培养了数以千计的毕业生，为西北乃至全国建设储备人才做出积极贡献。五中办学质量有声有色，育人成绩掷地有声。1938年11月3日，在教育部1938年度国立各院校统一招生委员会

---

① 段济人. 国立五中写真［J］. 学生之友，1941，3（3）：13.
② 李溪林. 国立五中生命之延续：五五中学创始记［Z］//天水市政协文史资料委员会. 天水文史资料：第11辑. 天水：新华印刷厂，2004：112-114.
③ 王瑞芝. 从凤翔到天水［J］. 西北论衡，1938（9）：172-173.
④ 单庆麟. 西北草原上的一支新军：建国剧团［J］. 戏剧战线，1940（5）：29.

第一次核定的保送免试升学名单中，仅国立甘肃中学一校就准予保送免试升学 6 人，而当年同批由甘肃一省保送免试升学者亦仅有 6 人。① 国立五中校友的回忆亦是对上述事实的有力印证："历届五中毕业生参加甘肃省教育厅高中会考，各科成绩名列前茅，升学率高于同等学校，除少数学生毕业后参加工作外，五中多数学生均升入高一级学校深造。"②

国立五中扎实的办学质量还可通过以下细节予以证明。据李溪林回忆，1946 年暑假国立五中按照规定复员，包括他在内的 20 名五中学子仍滞留天水，经交涉均转入省立天水中学插班就读。虽然原先的师资和教学已不复存在，但正如李溪林自述："我们继承了国立五中的优良传统，主动学习，勤于动脑动手，学得生动活泼。……毕业后凡知下落的同学，个个都考进大学。而同班的当地学生，点灯熬油死读书的诸君，大都高考落选。"③

国立五中优异的育人成就，亦能从经其栽培和造就的优秀人才的成长历程得到有力印证。日后先后从国立五中走出了中国理论心理学的开拓者和奠基人之一赵璧如，原《大公报》著名记者蒲希平，著名中国古典文学专家和诗人霍松林，现代著名诗人和文学家、"七月派"代表诗人牛汉，国际共产主义运动史专家张汉清，诗人和作家马作楫，建筑学家董鉴泓，小麦遗传育种专家梁振华等一大批知名学者专家。而在他们看来，国立五中的求学经历恰是自己日后事业发展最为坚实的基础。

1943 年 3 月进入国立五中高中部高一班就读，1946 年同时被北大、复旦、同济和暨南大学四校录取，最终选择就读于北京大学历史系，日后成为国际共产主义运动史专家的张汉清，曾用"玉泉三载悟人生"形容五中求学生涯对自己志业选择的深刻影响："我在天水玉泉观国立五中三年高中生活中，不仅刻苦读书，出色地完成了学习任务，大大增长了知识面，提高了认识水平，而且进一步接触了社会，了解到国民党统治的大后方的种种黑暗现实，提高了对抗日战争意义的理解，并对人生的真谛进行了思考。我开始认识到学习历史的重要性，……这一认识的升华，直接影响了我日后一生的选择。"④

① 教育部．教育部二十七年度国立各院校统一招生委员会报告［Z］．1939：7-8.
② 王有为，孙超．国立第五中学纪略［Z］//天水市政协文史资料委员会．天水文史资料：第 11 辑．天水：新华印刷厂，2004：4.
③ 李溪林．国立五中的最后几位学生［Z］//天水市政协文史资料委员会．天水文史资料：第 11 辑．天水：新华印刷厂，2004：108.
④ 张汉清．玉泉三载悟人生［Z］//天水市政协文史资料委员会．天水文史资料：第 11 辑．天水：新华印刷厂，2004：185-186.

　　"玉泉三载悟人生"实际上代表了国立五中学子们的集体心声。曾因"侮慢师长，不堪造就。开除学籍，以儆效尤"而被省立天水中学开除的霍松林，出于偶然机遇考入国立五中高中部。时隔多年以后，已是蜚声海内外的著名中国古典文学专家的霍松林，仍将自己当年有幸进入五中称为"因祸得福"。因为在他看来，五中整体水平划一的师资水平、能够兼顾学生温饱的公费待遇，尤其是"管理宽松，学术思想活跃，便于发挥个人特长"，让自己"在这里学习三年，真是如鱼得水。"①

　　1938 年就读于国立五中高中部，1943 年考入国立西北师范学院教育系，日后成为著名心理学家的赵璧如，直言五中求学经历是自己"记忆中永远也不能忘怀的"："玉泉观的一段学习生活在我们的人生中占有重要地位，国立五中具有战争时期特色的教育环境，仿佛是一个大熔炉使我们深受锻炼。在这个历史阶段，我不仅从老师的讲解中扎扎实实学习到了一些基础学科的科学知识，而且在课外有选择性地阅读了不少哲学社会科学的进步书籍，参加了壁报的编写和研究会的讨论等一些学术活动，学习到了不少课本以外的丰富多彩的知识，特别是玉泉观中具有战争时期特色的教育对我形成艰苦奋斗精神与在理论思想上建立辩证唯物主义和历史唯物主义起到了重大的促进作用。凡此种种对我以后的学术研究工作都有很大影响，是我的记忆中永远也不能忘怀的。"②

　　1938 年，教育部筹设国立甘肃中学的新闻刚刚见诸报端，即有论者呼吁，希望国立甘肃中学的"教职员不要视此为救济失业者，要更比平时努力自身分内的工作，为国家民族造就复兴建设的人才。学生不要以学校为避难所，要更比平时刻苦用功，抱定自己一定是将来新中国建设者的志愿，在德智体各方面力求普遍发展，成为健全的公民，分负建国的艰巨责任"③。时隔 86 年后的今天，当后世再度回望其八年艰难办学历程，不无惊异地发现，国立五中正是以其兴学育才的理念与实践以及精心作育的大批杰出人才，有力回应了建校之初所面对的社会期许，向历史交出了一份满意的答卷，圆满完成了其历史使命！

---

① 霍松林. 古殿书声：五中学习漫忆［Z］//天水市政协文史资料委员会. 天水文史资料：第 11 辑. 天水：新华印刷厂，2004：137—138.

② 赵璧如. 活泼严谨的校风、学风［Z］//天水市政协文史资料委员会. 天水文史资料：第 11 辑. 天水：新华印刷厂，2004：103-104.

③ 流寓. 教部筹设国立陕甘两中学［J］. 西北论衡，1938（2）：22.

第九章

"犹期以精神济物质之穷"：抗战时期国立第六中学在川办学研究[①]

一、"隐隐的炮声中开学"

"山东省立济南初级中学在隐隐的炮声中开学。"[②] 数十年后，已是耄耋老人的刘可牧在追忆 1937 年 8 月自己开学的场景时写下了上述文字。怀着惴惴不安的心情在山东省立济南初中校园中仅仅度过了两个月，刘可牧便怀着对于学校和家乡的不舍与眷恋，和师友们一道仓促踏上了长达八年之久，前途未卜的漫漫流亡之路。

刘可牧的遭遇可谓全面抗战爆发后众多山东中等学校流亡师生集体经历的缩影。七七事变后，战火迅速蔓延至山东，大批山东中等学校师生被迫背井离乡开始流亡之旅。"七七事变遽起，冀鲁相继沦为战区。鲁教厅为保持山东文化命脉计，集合全省中等学校教职员学生近三千人，相率退至河南赊旗镇。"[③] 山东中等学校师生之所以能够有序开展迁校工作，与时任山东省教育厅中等及社会教育科科长杨展云及时向山东省教育厅厅长何思源建议，以及山东省教育厅事先擘画和精心组织密不可分。

华北沦陷后，大批平津学生流亡山东，时任山东省教育厅厅长的何思源委派杨展云具体负责接待平津流亡学生。在与平津流亡学生的接触过程中，杨展云适时向何思源建议，考虑到战局发展，教育厅应该未雨绸缪，提前考虑和部署山东中等学校师生内迁工作，在征得何思源的支持后，杨展云着手草拟山东省各中等学校内迁方案。方案对于内迁学生的选拔条件、行李携带、军训练习、集合地点、行动费用等进行规定和说明。方案经山东省教育厅讨论修正通过，

---

① 本文曾以《私人记忆与历史重建：抗战时期国立第六中学大后方办学研究》为题发表于 2022 年第 7 期《教育与教学研究》第 1—19 页。

② 刘可牧. 七千里流亡 [M]. 济南：山东画报出版社，2015：3.

③ 本校史略 [Z] // 国立第六中学. 国立第六中学概况. 1941：1.

并报教育部备案。方案确定后，杨展云即代表山东省教育厅秘密通知各县教育科及中学校长，要求其积极动员各自所在中等学校师生做好内迁准备工作。由于此时胶东半岛各县已相继沦陷，其所属师生已无法开展内迁工作外，山东其余各地中等学校师生均积极响应内迁计划，相继于 1937 年 12 月踏上内迁之路。①

二、"在风沙中挺进"

自 1937 年年底山东中等学校流亡师生开始内迁，至 1939 年年初师生们最终抵达四川绵阳等地开启长达六年有余的大后方办学，整个流亡过程历时一年有半，其间师生们依次经过了山东、河南、湖北、陕西、四川五省，整个行程长达七千里。日后看来，这次漫长的流亡历程对于身处其中的师生们影响巨大，以至于师生们在抵达四川继续弦诵不辍的同时，仍不忘以特有的方式来适时记录和追忆缅怀这段特殊的日子。

李广田，全面抗战爆发前系山东省立济南初级中学国文教员。全面抗战爆发后，其与济南初中师生一起辗转由鲁流亡至川，成为国立六中第四分校国文教员。1939 年 10 月 12 日，李广田在日记中写道："下午开集体写作讨论会，决定书名为《在风沙中挺进》，相当满意。"② 李广田提到的《在风沙中挺进》，系作为教师的李广田和陈翔鹤积极组织四分校学生利用课余时间集体书写的流亡实录。作为此次师生合作活动的组织和指导者，李广田为编撰这本《在风沙中挺进》可谓倾注了相当多的时间和精力，日后在其日记中频繁能看到其或是为集体创作阅稿③，或是不定期组织学生召开集体创作讨论会④。虽然这部凝聚流亡师生心血的书稿日后不幸散失，最终未能出版面世，但从流亡师生们对其的珍视程度已然可以看出辗转流徙经历对他们影响的至深至远。

李广田及其学生们以文学创作的方式来实录和纪念流亡经历，也得到了时任国立六中四分校校长孙维岳的大力支持。孙维岳，别号东生，山东城武人，国立北京大学 1924 年度国文系毕业。⑤ 全面抗战爆发前系山东省立济南初级中

①　崔增峰. 抗战时期山东流亡学生内迁研究：以国立六中为个案 [D]. 聊城：聊城大学，2018：12-14.
②　李广田. 李广田文集：第五卷 [M]. 济南：山东文艺出版社，1986：244.
③　李广田. 李广田文集：第五卷 [M]. 济南：山东文艺出版社，1986：219，236，254，266.
④　李广田. 李广田文集：第五卷 [M]. 济南：山东文艺出版社，1986：237，244.
⑤　孙维岳启事 [J]. 北大日刊，1931（2591）：3.

学校长。全面抗战爆发后，他与济南初级中学师生们一道踏上内迁之路，完整经历了流亡全过程。因此，当这本名为《在风沙中挺进》的流亡实录被送给孙东生审阅并请其作序时，这位才情横溢的校长显然被四分校师生的集体行为深深打动，其以诗作代序的形式，极富感情地表达了自己的感受：

> 十二月深夜里别了泰山，十二月深夜里又渡了汉江。我们三百人一个微笑——对着，凶险的波涛，无情的风霜。
>
> 十二月深夜里逃出泰安，十二月深夜里离开郧阳。我们七千里一个步伐——跋涉，在黑暗里，挣扎，向着自由，向着光。①

如果说孙东生的诗作偏重于运用文学描绘的手法艺术性地渲染师生们的流亡经历和心路历程，那么，孙东生在同时期另一篇反思战时中学教育的文章中所描绘的流亡经历，则为后世提供了一幅更为逼真的战时流亡图景：

> 自从二十六年冬天济南沦陷以后，我就率领三百多个中学生离开泰安向后方迁移。经过了河南，湖北，陕西来到四川。费了一年半的光阴，走了七千里的路程。这些中学生中最年幼的不过十二岁，而最大的也只十七岁。他们肩起书包和被褥，整齐着行列，一步一步走向征途。遭遇了敌机的扫射与轰炸，遭遇了暴民的追随与监视，餐风露宿，涉川越岭，受尽了种种的灾难折磨。②

李广田及其学生们之所以将这本集体创作的流亡实录命名为《在风沙中挺进》，校长孙东生的上述文字可谓提供了最为直观生动和恰如其分的注脚：面对如风沙般扑面而来的苦难流亡生活，学生们不畏艰险，迎难而上，坚持始终，最终在风沙中强壮自己的身体，成熟自己的心智。

1937 年年底，山东中等学校流亡师生由鲁西南进入河南境内，相继途经商丘、开封、郑州、许昌，最终抵达南阳赊旗镇短暂驻留并开展办学活动。1938年 2 月，教育部指定在湖北郧阳和均县成立国立湖北中学收容和救济鲁籍流亡师生，成立校务委员会治理校政，任命杜光埙为主任委员，杨展云为校长。1938 年 4 月，国立湖北中学师范部师生抵达均县，5 月，国立湖北中学高初中及职业部师生抵达郧阳，先后开学上课。③

---

① 刘可牧. 七千里流亡 [M]. 济南：山东画报出版社，2015：299.
② 孙东生. 战时教育的新收获：以一个从山东迁到四川的初级中学为例 [J]. 教育通讯，1939，2（43）：11-14.
③ 国立第六中学. 国立第六中学概况 [Z]. 绵阳：1941：1.

1938 年 7 月 25 日，国立湖北中学一级一班举行毕业考试。作为国文教师，李广田所出的试题为《流亡生活中最艰苦的一段》。阅卷过程中，李广田发现，学生们对于流亡生活的记忆重合之处颇多，"所谓最艰苦者大致可分为三项：1. 行路难。2. 避飞机难。3. 疾病无钱难"①。刘可牧的晚年回忆充分印证了李广田当年的阅卷印象。刘可牧曾在日后的回忆中详细描绘过济南初中师生离开泰安后，连夜从宁阳县城徒步前往济宁途中所亲历的种种辛酸：

> 因为怕白天敌机扫射和轰炸，我们只好睡半宿即起，摸黑赶路。路上，真困得够呛，虽然脚步比白天走路还快。我们必须一个人挨一个人走，否则就会掉队。但又不能挨在一起，因为两人一接触，后面的就会发困，摔跟头。如果倚着一棵树，或在村头的房舍靠墙休息，就会马上睡着。这样，就得由童子军教员操劳了。他们一手握手电筒，一手执小棍，照顾同学们走路。小同学章士琦、张宏仁等往往掉队。教员先生只好挥舞着小棍敲打，半开玩笑地吆喝着，催他们快走。黑咕隆咚的，他们牵拉着头，不停步地向前走，像几头小牛犊。②

既要躲避日寇飞机的轰炸与扫射，又不得不强忍困倦摸黑赶路，同时还要保持学生行进队列中相互之间的距离不能过近，以防相互接触进而睡着摔跟头，是为不易；为防止年龄幼小的同学睡着掉队，教师们不得不时时刻刻象征性地挥舞小棍吆喝催促使之保持警醒，是为辛酸。

蜀道难，难于上青天。行路难，更为鲜明地体现在流亡师生从湖北郧阳徒步前往四川绵阳的翻山越岭跋涉过程中。1941 年，一位名叫河城的国立六中学子曾描绘过期间的种种艰辛：

> 有谁知道我们爬过了多少山，涉过了多少水呢？起初，我们沿着汉江两岸的羊肠小道，走着，走着，一直走尽了汉江，看见了那潺潺的汉江之源；后来，又顺着那金牛古道（川陕公路）跨过了大巴山脉，江上冷风之味道，我们领略到了，无人烟的劫余荒村，我们投宿过了，啃凉馍连点白开水都得不到的生活，我们就经验过了。经过了将近三个月之久，跋涉了数千里的长途，我们才平安地到达了我们的目的地。③

流亡师生们不仅要克服险恶的自然环境所带来的种种困难，还须时刻提防

---

①　李广田. 李广田文集：第五卷［M］. 济南：山东文艺出版社，1986：81.

②　刘可牧. 七千里流亡［M］. 济南：山东画报出版社，2015：34.

③　河城. 闲话国立六中［J］. 学生之友，1941，3（3）：15.

日寇飞机的扫射和轰炸。流亡之初，山东省立济南初级中学在山东泰安短暂办学，师生们就曾遭遇过敌机的狂轰滥炸，所幸师生幸免于难。曾经亲历此次大轰炸的刘可牧日后忆及当时的恐怖场景仍然心有余悸：

> 自我们到泰安不久，敌机每天都在上午十一时前后来泰安轰炸扫射车站、列车、物质，每次都有铁路员工、旅客、军人伤亡。……敌机多为一架，有时两三架，常常掠城而过，低得可见敌机驾驶员。……24 日下午，我班正在上英文课。……突然，从西北方向响起重轰炸机的吼声，越响越近。啊！反常。过去敌机总是从东南方来，而且是轻轰炸机或战斗机。我们师生都有点紧张。……不料，近处响起了强烈的炸弹爆炸声，我们又站了起来。我们师生略一沉吟，便一齐涌出了教室门口。我们急忙顺楼梯跑下楼去，只听得震耳的连续爆炸声，两楼间平台上的"雨搭"，稀里哗啦掉了下来。……莫大的幸运！敌机这次突如其来的狂炸，全校师生无一受伤者。①

如果说险恶的自然环境和日寇的狂轰滥炸，流亡师生们还能做足准备，尽量提前预防，那么，不知何时会悄然附体的各种疾病，则是师生们在辗转流徙途中防不胜防，稍有不慎则足以致命的未知因素。山东省立济南初中师生流亡至河南许昌时，就发生过学生李启厚突发重病，由于没有得到及时治疗当晚即暴毙身亡的惨剧。② 国立湖北中学郧阳办学期间，由于办学环境艰苦，卫生条件简陋，以至于每日前往校医处就诊的学生络绎不绝，对此李广田曾于日记中有过记录："近来学生病者甚多，每日有百数十人到诊病室治疗，只痢病者百余，疟疾者数十。"③ 众多疾病中，疥疮无疑成为反复困扰绝大多数学生的顽疾。曾经亲历疥疮困扰的刘可牧曾于日后回忆中对此有过描绘：

> 我到郧阳不久就患上疥疮。"疥是一条龙，先从手上行，腰里缠三遭，裆里扎大营。"——我经历了这样的全部过程，且传染了连铺而睡的同学。……我患的疥疮超过歌谣所述，最后竟在右臀部鼓起一个大疮，越鼓越大，且化了脓。我难忍疼痛，睡觉也不熟了。④

虽然经过简单治疗，刘可牧的疥疮最终痊愈。但是好景不长，国立湖北中

---

① 刘可牧 . 七千里流亡 [M]. 济南：山东画报出版社，2015：16-17.
② 刘可牧 . 七千里流亡 [M]. 济南：山东画报出版社，2015：42-43.
③ 李广田 . 李广田文集：第五卷 [M]. 济南：山东文艺出版社，1986：63.
④ 刘可牧 . 七千里流亡 [M]. 济南：山东画报出版社，2015：90.

学迁校四川途经汉中时，刘可牧身上的疥疮再次发作且"又快又猛"，以至于他未能跟随大部队继续前进，不得不和另外几个病号一同留驻汉中养病。[①]

匪患亦是困扰师生们流亡办学的重要因素。1938 年 5 月 30 日，李广田曾于日记中描绘过国立湖北中学郧阳办学时期周边土匪之猖獗："自老河口乘汽车至石岩，以下七十里山路步行，风景佳丽，唯土匪太多，而所谓土匪，乃系农民，放下镰刀之农夫，放下镰刀即匪，三五成一群，要劫行人，过路者无幸免，……"[②] 1941 年，国立六中学生褚衍明也在自述中提及国立湖北中学师生从湖北均县徒步前往四川途中遭遇土匪的经历：

> 沿汉江，经陕南，入四川。这两千多里的途程，是一个多山的地带，有武当山脉的盘旋、秦岭山脉的起伏，和巴山山脉的横亘。所以这一带途程虽不像古人所说的"蜀道难于上青天"，可也很够艰险的了，好在地理上的困难，只要抱定吃苦耐劳的决心，是可以克服的。最可怕的，还是人与人的问题，因为这一带地方土匪支配了一切，政令是不能够畅然推行的，所以虽然行经在祖国的道路上，有时候是要交买路钱的。[③]

漫漫流亡路，风险何其多！后世也只能依靠流亡师生当时与日后的私人记忆来还原与想象当时的他们是如何鼓起信心和勇气艰难地"在风沙中挺进"。

尽管生存不易，条件恶劣，辗转流徙中的流亡师生却依然不放弃任何一个能够进行教学的机会，哪怕没有教室、桌椅、黑板、课本和粉笔。1938 年 6 月 3 日，李广田日记中曾记录过国立湖北中学郧阳办学时期的窘困条件：

> 阴雨已四日，没有不漏的房子，而尤以学生的宿舍为厉害。旧房子自不必说，而校中以数万元筹备了半年而仅筑成的一行茅屋，漏得实皆没法居停。上边淋淋地漏着，前面被雨水抛洒着。满室泥泞，与地下铺的麦穗混在一块，麦穗中的麦粒因潮湿而生芽，日来因雨，生得非常蓬勃，已经有半尺高了。有的学生迁到其他较好的地方，而无处可迁的，则以铺板斜倚墙上，以承漏水，不论昼夜，均蜷伏木板下之湿草上。济中学生住马王庙，有顶无墙，顶上塌漏，地下泉涌，无可如何，只得以麦壤塞堵泉口，风雨交加，天气骤冷，以行半月之疲劳后，又住此房舍，日食冷面饼，或食一半米糠之米饭，真不知将何以堪！[④]

---

① 刘可牧．七千里流亡［M］．济南：山东画报出版社，2015：132.
② 李广田．李广田文集：第五卷［M］．济南：山东文艺出版社，1986：47.
③ 褚衍明．抗战期中的国立第六中学［J］．读书通讯，1941（26）：18.
④ 李广田．李广田文集：第五卷［M］．济南：山东文艺出版社，1986：51.

作为教师的李广田所要面对的不仅仅是破烂不堪的教室，教材缺乏则是另一大问题。尽管如此，李广田并未放松教学要求，仍然尽其所能展开有效教学。正如其1938年6月28日日记所载："明日开始上课，但教室不够，又无教本，故暂以演讲代之。"① 其在1938年7月7日日记中写道："教材困难，拟在课堂上以读代授，凡新刊诗歌、戏剧、小说等，均可在堂上朗读，令学生听取。惜好作品又十分难得也！晚大雨。屋漏甚剧。"②

1941年，一名国立六中学子也详细描绘过流亡师生驻留南阳赊旗店时虽然学习和生活条件匮乏，但师生们依然珍惜时光，努力教学的场景：

> 住了一些时候，因为还是找不着校址，如果就这样地住下去，白消费了时光，所以，就在那里，马马虎虎地上起课来了。……没有教室，我们睡觉的地方，漫野里，树林中，便作了我们的临时讲堂；没有课本子，先生口里讲，我们在下面听，在下面作笔记；物理化学等难讲一点的东西，同时各种设备也都没有，我们就干脆把它们删去，议且不讲，只讲国、英、算三门主科。在这一段的时间里，我们虽然不是在学校里，但，我们过的完全是学校里的生活，是有规律的生活。③

之后，国立湖北中学驻留郧阳办学，虽然办学条件相较于之前得到相应改善，但仍然无法满足教学基本要求，师生们的教学和学习热情却并未因此减退：

> 只是房子太少，住的仍是十分拥挤，并且也都是很简陋的，每逢下雨的时候管保你在房子里立不住脚。后来，经过一番的筹划和建筑，才得着几座屋子来充当教室。但还是不够，只能两班合用一个，今日甲班上课，明日乙班再上，当然，这是不大合适的。课本子倒有了，是预先在汉口买来的，但也不多，有的科门能一人一本，有的便要两人或三人一本。至于图书、标本仪器等东西，其量真是微乎其微了。④

历时一年半，穿越五省，行程七千里的流亡经历，从中收获最大的莫过于身心正处于发育阶段的学生们。对于这些少年们来说，这次耗时颇久的辗转流徙经历不啻是一次艰苦而特殊的人生磨炼，更为重要的是，对于他们日后的人生选择和走向而言更是一笔难得而宝贵的精神财富。正如带领这群少年"在风

---

① 李广田. 李广田文集：第五卷［M］. 济南：山东文艺出版社，1986：65.
② 李广田. 李广田文集：第五卷［M］. 济南：山东文艺出版社，1986：70.
③ 河城. 闲话国立六中［J］. 学生之友，1941，3（3）：14.
④ 河城. 闲话国立六中［J］. 学生之友，1941，3（3）：15.

沙中挺进"的校长孙东生所言："而这些经历和环境却锻炼了这一群'祖国的孩子'。在这七千里的征途中他们接受了大时代的教育，得到新的知识，养成新的能力，表现出新的精神，学习了新的技术。"①

朱健，"七月派"诗人之一，全程经历由鲁至川的流亡生活，并在国立第六中学四分校学习和生活两年。数十年后，已是耄耋老人的他在追忆曾经亲历过的流亡生活时给出的评论至为公允，颇能代表流亡学生的集体心声：

> 从一九三八年元旦离开山东，到一九三九年初春来到罗江，一年多的流亡生活终于结束了。说起来，我当时年纪比较小，一路上并没有怎么觉得艰苦，现在回想起来，这段经历对我的影响还是非常大的，虽然当时吃得也不好，条件也艰苦，但在大自然中栉风沐雨，每天走上一百多里，直到现在我脚上还有一个当年千里行走留下的印记，脚踝关节这里有点突出。这对身体和意志都是一种很好的磨炼，以后什么样的环境都能适应。当时这样的千里流亡，不仅磨炼了人的意志，增强了体质，也真切地接触了当时的社会现实，对国家的现状有一种真切的了解。②

三、"我们在饥饿中生长"

1938 年 10 月，"时武汉告急，郧、均震动，益以交通不便，汇兑迟滞，膏火之需时虞不给"③。1938 年 11 月底，在湖北郧阳和均县两地办学不过半年的国立湖北中学师生不得不分批再次踏上入川之路。历经两月有余，行程达两千余里的翻山越岭，国立湖北中学师生最终安全抵达办学地点，被划分为校部和四个分校，分别在绵阳、梓潼、德阳、永兴场和罗江办学。1939 年 3 月，学校奉部令改称国立山东中学，各部恢复正常教学。同年 4 月，学校奉部令更名国立第六中学。④ 至此，直至抗战结束，国立第六中学终于迎来了六年多相对稳定的发展时期。

从全面抗战爆发之初就一直在流亡路上辗转流徙的师生们虽然不再有颠沛流离之虞，但是办学环境的相对安定并不等于办学条件的根本改善，学生们的学习和生活条件依然窘困如前。

---

① 孙东生. 战时教育的新收获：以一个从山东迁到四川的初级中学为例 [J]. 教育通讯，1939，2（43）：11-14.
② 朱健，肖欣. 人生不满百：朱健九十自述 [M]. 上海：文汇出版社，2017：37.
③ 国立第六中学. 国立第六中学概况 [Z]. 绵阳：1941：1.
④ 国立第六中学. 国立第六中学概况 [Z]. 绵阳：1941：1-2.

学校仓促入川，教室和宿舍均系草就。"本校校舍，均系借用庙宇或工厂，屋少人多，不敷分配。后虽稍事增建，但仍相当拥挤。"① 师生们的感受无疑更为直接。入川后不久即升入国立六中本校就读高中的刘可牧，曾于日后描绘过借用废弃工厂办学的本校校舍之简陋：

> 学生宿舍、食堂、伙房等多为新建。宿舍系竖木为柱，编竹篾填泥成墙，杂七杂八的木梁、木檩支撑着茅草顶，尚堪避风雨、御严寒。舍内床铺连排，亦能安枕。食堂有顶无墙，有饭桌，可立而就餐。②

位于罗江的四分校则栖身庙宇办学。据朱健回忆："当时我们上课是在县城里的一座丰都庙里，庙比较大，隔出了四间教室，庙里还有一个小戏台，改造成了学校的办公室，老师们都在戏台上办公。丰都庙还是老师宿舍和女生宿舍。"③ 1939 年 2 月 24 日，李广田在参观完四分校学生宿舍后不无感慨地在日记中写道："诚然，屋子太挤，暗无天日，床是用土坯架木板，潮湿而仄狭……"④

抗战时期国立中学创建之初衷在于收容和救济从沦陷区和战区退出的中等学校流亡学生。为了使这些家在战区，断绝经济来源的流亡学生能够安心读书，教育部对符合条件的流亡学生实行公费或半公费待遇，后来由于"作伪申请者众多，几乎人尽公费"，教育部为防止冒滥，于 1940 年将公费制改为贷金制，对申请手续和审核标准亦进行严格规定。⑤

以山东流亡学生为主体⑥设立的国立六中入川伊始就执行公费及贷金制度："本校学生，除少数自费生外，大家都乡沦陷，经济来源断绝，饮食所需，或赖政府所发贷金。初入川时，物价较低，每人每月六元之公费，除供每日三餐，隔日肉食外，月终尚可余一两元，以资零用……"⑦ 刘可牧的回忆也印证了上

① 国立第六中学. 国立第六中学概况 [Z]. 绵阳：1941：36.

② 刘可牧. 七千里流亡 [M]. 济南：山东画报出版社，2015：163.

③ 朱健，肖欣. 人生不满百：朱健九十自述 [M]. 上海：文汇出版社，2017：40.

④ 李广田. 李广田文集：第五卷 [M]. 济南：山东文艺出版社，1986：147.

⑤ "国史馆"中华民国史教育志编纂委员会. 中华民国史教育志（初稿）[M]. 台北："国史馆"，1996：82.

⑥ 1941 年第一学期，国立六中校方对包括本校和四个分校在内的全部 1931 名在校学生籍贯进行统计，绝大多数学生均系战区流亡学生，其中山东籍学生 1129 名，占比高达 58.47%。国立六中也兼收来自沦陷区的非鲁籍流亡学生。此次统计的学生中就有河北籍学生 55 名，占比 2.85%；江苏籍学生 46 名，占比 2.38%。百分比系作者根据 1941 年《国立第六中学概况》中的《学生籍贯统计表》数据统计得出。

⑦ 国立第六中学. 国立第六中学概况 [Z]. 绵阳：1941：36.

述国立六中校史记载："物价相当稳定，学校的伙食是米饭、馒头，青菜、豆腐，间有肉食，同学们可以吃饱吃足，也消除了辗转鄂、陕、川的旅途劳顿。"①

好景不长，随着 1940 年英国封锁滇缅公路，国内法币贬值致使物价飞涨，加之四川遭遇旱灾，种种不利因素直接影响到大后方民众的基本生活，国立中学的伙食水平更是每况愈下。据校史记载："但自物价逐日上涨后，每月之膳费，仅足维持吃饭，别无剩余矣。膳费数目，虽不时增加，但总不及物价上涨之速，曾有退后发生恐慌，日餐两粥，几难维持，……"② 日后曾经担任台湾地区"司法院"第五届大法官的史锡恩，此时正就读于国立六中三分校，他在日后的回忆中如实记录下了当时物价狂涨对于流亡学生生活的影响："最令我难忘的是一九四一年九月间，那时我尚在绵阳县辛店子三分校初中部念书，因为英国接受日本的压力，封锁了我国唯一对外交通线滇缅公路，使大后方人心浮动，物价狂涨，我们每天只能吃二顿稀饭，而且每顿尚分配不到两小碗饭，那种饥肠辘辘的滋味，实在痛苦万分。"③

1940 年 3 月 11 日，李广田也愤愤不平地在日记中记录下学生们因饥饿难耐而产生的不满和抵触情绪："早上操，学生缺席者颇多，问其所以，答云：'我们起不来！'物价如此昂贵，而生活费并不增加，他们每日只吃三顿稀饭，当然不行。我们约定，每班作文均作'我们在饥饿中生长'，预备发出一点反抗的呼吁。"④ 客观来讲，导致国立六中学生伙食水准下降并非单纯如李广田所言之"生活费并不增加"。统计 1939 年 2 月至 1941 年 9 月国立六中学生每月伙食费，1939 年 2 月至 11 月，学生伙食费每月 6 元，1939 年 12 月至 1940 年 3 月，每月 7 元。自 1940 年 4 月升至每月 9 元始，以后逐月攀升，1941 年 7 月竟然高达 110 元。⑤ 然而，逐月增长的学生伙食费依然难以赶上飞涨的物价。

随后，国立六中学生伙食费由贷金改为贷米，但学生的伙食情况仍然未得到根本好转。据史锡恩回忆，自 1943 年 4 月 1 日起，国立六中学生伙食费由原先"由教育部按当地中等米价，每月贷给二斗一升价额的贷金，另贷给五十元的菜柴费"，变为"米由仓库外拨，菜柴钱仍由教育部发给"。但在他看来，

① 刘可牧. 七千里流亡 ［M］. 济南：山东画报出版社，2015：169.
② 国立第六中学. 国立第六中学概况 ［Z］. 绵阳：1941：36.
③ 陶英惠，张玉法. 山东流亡学生史 ［M］. 台北：山东文献社，2004：49.
④ 李广田. 李广田文集：第五卷 ［M］. 济南：山东文艺出版社，1986：293-294.
⑤ 国立第六中学迁川后学生伙食费各月份比较表 ［Z］// 国立第六中学. 国立第六中学概况. 1941.

"因为米质太坏，我们的生活就更加痛苦了"。以至于多年以后，史锡恩仍然将1941 年至 1944 年的高中生活形容为"高中三年在饥饿中苦读"：

> 贷金改为贷米以后，我们吃的米很粗劣，菜更谈不上了；同学们都说我们吃的是三多四少的伙食，那就是：我们吃的饭是谷子多、稗子多、小石头多，称为三多；我们的菜是油少（注：三百余人的伙食团，每天食油仅三斤）、肉少、豆腐少、鸡蛋更少，称为四少。①

全面抗战爆发之初，流亡学生随校仓促内迁，随身所带衣物本就较少，一年多的流亡生活，更是加剧了这些本无经济来源的少年们在衣着方面的窘困，以至于国立六中校方甚至使用诸如"敝破不堪""衣履多欠整齐"② 这样的词语来加以形容。既然无力购置，国立六中学子只好尝试着学习亲手制作。在朱健的记忆中，四分校学生夏日所穿的校服和短裤，均系校方发布料和针线，由学生们自己动手制作而成③。

恶劣的生活条件，基本营养的匮乏，致使正处于青春发育期的国立六中学子罹患各种疾病的概率大幅增加。国立六中校方曾对 1939 年 2 月至 1941 年 8 月期间所有在校学生患病就诊的情况分类进行统计，其中 25.35% 的学生患痢疾，为所有疾病中患病率最高，人数多达 474 人；19.89% 的学生患沙眼病，人数为372 人；17.97% 的学生患皮肤病，人数为 330 人；12.51% 的学生患疟疾，人数为 234 人。④

四、"箪食瓢饮，我校同学，无不以自励"

> 晚上去查自习，门是关着的，刚一推开进去，而连门带框就都倒下去了，不料从两门之间又漏出姜耀珍来！天！拾了两条人命，其实不只两条，……而我这已是第三次过窄门了！⑤

上述文字见之于 1940 年 1 月 23 日李广田日记，可以想象，当时李广田在写下这些文字时仍然心有余悸，惊魂未定。其实，不仅仅是四分校的教室在李广田的日记里被吐槽，即使是教员居住的房间同样是千疮百孔。1939 年 3 月 11日，李广田就在日记中描绘了其面对四面进风的破屋和桌上随风摇曳，飘忽不

① 陶英惠，张玉法. 山东流亡学生史 [M]. 台北：山东文献社，2004：49.
② 国立第六中学. 国立第六中学概况 [Z]. 绵阳：1941：36.
③ 朱健，肖欣. 人生不满百：朱健九十自述 [M]. 上海：文汇出版社，2017：41.
④ 国立第六中学学生疾病统计表 [Z]//国立第六中学. 国立第六中学概况. 1941.
⑤ 李广田. 李广田文集：第五卷 [M]. 济南：山东文艺出版社，1986：278.

定的烛光，想方设法减弱风势的无奈场景：

> 我们的屋子四方八方都透风，今晚风特大，刚点起的新烛，一会就流满泪，假设再燃下去，就完全毁了，我对它可惜，吹熄它，于是又取过别人的桐油灯来，和我的桐油灯作伴，但光线不如和蜡烛配合的强，而且依然是被风吹得摇摇的，满书上都光影摆动。我把床上的衬单揭下来，挂在桌前的绳子上，虽然不甚生效，但风势比较小些了。①

李广田发愁的是被风吹晃得飘忽不定的烛光进而被耽误的读书和写作进程，四分校学生担心的则是晚自习人均拥有的灯草数量太少。据朱健回忆，国立六中四分校"晚上都要晚自习，用桐油灯，大约两个小时，点灯草。顶多点三根灯草，一般两个人共用，九点钟就下课了"②。

破败不堪的教室、视如珍宝的灯草，只是抗战时期国立六中极为简陋的教学条件的缩影。多年以后，曾经求学国立六中的胡维兴也为世人描绘过其当年亲历的种种艰苦学习条件：

> 课本是学校发的，但由于数量不足，迫使学校不得不采取措施，一套课本这个年级用后再转交下个年级继续使用。……课本这样欠缺，文具更谈不上了。由于经济困难，作业用的纸虽然很薄也要两面皆用，而且尽量在沙土上写字，如英文单词甚至数学题的演算，都可以利用沙土；没有钢笔，便把蘸水笔尖绑在棍上用。晚自习时，两张桌子拼在一起，四个人就在一盏桐油或菜油灯下作练习，……灯的油烟特大，味道难闻，第二天清晨洗脸时，鼻孔中都是黑呼呼（黑乎乎）的，大家称之为"烟囱"。③

胡维兴的回忆也见诸名叫河城的国立六中学子当时的记录：

> 我们用的课本，还大部是从郧阳带来的，学校里借给我们，用完后再交还给学校，以备下级再用。理化仪器仍是很少，但同学并不因此而减（降）低了学的兴趣，图书馆虽然还是小得可怜，而它的门上，每天都堆满着借书的人们。晚上自习，两个人一盏菜油灯，每人每月只有八角钱的灯油费，虽然两个人合起来才买十二两油，还支持不到半月，但我们总千方百计地弄几个钱来补充它的不足。④

---

①　李广田. 李广田文集：第五卷 [M]. 济南：山东文艺出版社，1986：158.

②　朱健，肖欣. 人生不满百：朱健九十自述 [M]. 上海：文汇出版社，2017：41.

③　胡维兴. 风雨七十年（1924—1994）[Z]. 2010：35.

④　河城. 闲话国立六中 [J]. 学生之友，1941，3（3）：15.

值得注意的是，这位名叫河城的国立六中学子提到了"小得可怜"的图书馆与"每天都堆满着借书的人们"。无独有偶，当年曾经在国立六中三分校就读的名叫张思之的少年，时隔多年以后，已是著名律师的他同样对校内虽简陋至极，但却"散布流淌"着"知识之光"的图书馆念念不忘："当时校舍紧张，校方却辟有图书馆，设在那座破庙的戏台上；阅览室半露天，中置长桌，几份报纸平放，长凳周围，夜燃汽灯，并无人监管，任知识之光由那个简陋的'戏台'上散布流淌。"①

其实，无论是河城还是张思之，他们的文字都传递出一个看似矛盾，但的确存在的不争事实：疏衣陋食并没有阻碍国立六中学子爱智求知。

1940年春，16岁的胡维兴独自一人历时半年从山东利津辗转流亡至四川绵阳，同年9月插班考入三分校初中二年级就读，直至1944年10月投笔从戎。1946年5月，其同时报考北京大学、燕京大学、山东大学和朝阳学院均被录取。选择进入北京大学法律系的他不久转至地质系，从此毕生以此为志业。多年以后，已是地质矿产部天津地质矿产研究所研究员的胡维兴，依然对自己当年在六中发愤苦读印象深刻："进入六中时，我已经16岁，经过一次艰苦的长途自我流亡生活之后，我开始懂得了路是人走出来的，认为像我这样的穷家孩子，只有读好书才是唯一的出路。……我几乎把全部时间都用在学习上去了。"②

史锡恩，全面抗战爆发后随山东流亡师生由鲁至川，初高中相继就读于国立湖北中学和国立第六中学，1944年考入国立中央大学法律系司法组，日后曾担任台湾地区"司法院"第五届大法官。他将自己的三年高中生活形容为"在饥饿中苦读"。高一第二学期时，其与两位同学在三分校国文教员张炳如的指导下，发愿通读四书及部分经史子集：

> 我们三个人决定立即开始读四书。于每个星期日上午九时三十分用餐后，步行三十里到张老师家听讲解，于下午四时前再赶回学校用餐，虽然来回有六十里，我们都在热烈讨论及相互交换读书心得中，愉快地走完了全程。每天晚上，我们在两个多钟头的自修时间内，三个人围在一起，来研讨四书中的问题。并利用每个周六和星期日的早晨，到郊外去朗读四书。我们这样连续不断地听讲、朗读和讨论，在一个学期内读完了大学、中庸和论语。第二学期，我们熟读了孟子七篇。……我在读四书的同时，还阅读了孙诒让著有关墨子、《史记》的论文四本，袁枢著《通鉴纪事本末》

---

① 傅国涌. 过去的中学：增订本［M］. 北京：同心出版社，2012：228.
② 胡维兴. 风雨七十年（1924—1994）［Z］. 2010：36.

两本，及《曾文正公家书》。①

1943 年 9 月，已经初具文史功底的史锡恩选择文科，被编入十级四班。其相继攻读了袁枢著《资治通鉴纪事本末》八大本、吕思勉著《白话本国史》四大本、邓之诚著《中华二千年史》四大本，同时还分别围绕王安石变法、王守仁学说以及南宋杨幺事件尝试着进行专题研究。

徐叙瑢，全面抗战爆发前系山东省立临沂中学高一学生。全面抗战爆发后其跟随山东流亡师生辗转入川，1941 年国立六中高中毕业，同时被重庆大学、四川大学和国立西南联大录取，后选择进入国立西南联合大学物理系就读。1980 年当选中国科学院学部委员，成为中国发光学的奠基人和开创者。② 作为徐叙瑢的同学，刘可牧日后对其的评价为"勤学、正派"③。

章士琦，刘可牧笔下所描绘的那位被教员们督促着摸黑低头赶路，憨态可掬的"小牛犊"同学。初中和高中先后就读于国立六中四分校和校部的他，给四分校同班同学朱健留下了这样的印象："他读书很勤奋，几乎其他什么都不管，也不怎么说话，就是埋头读书，每次都是班上第一名。"④ 章士琦高中毕业后考入武汉大学外语系，日后改名章曙，成为新中国最早的一批外交官，曾经担任中国外交学院院长。

六中学子的好学也感染了教师李广田。李士俊，四分校学生，日后成为著名世界语翻译家、国际世界语学院院士。李广田曾在日记中两次专门提及李士俊的勤学苦读。1939 年 7 月 25 日，李广田在日记中这样写道："学生李士俊，是一个很可爱的学生，最近看他演戏，觉得他很有无产者孩子的神气，……又听说他从湖北来时背了三十几斤的书，都是商务出版的书，关于科学的，他自然不能懂，然而他总是努力读它，那些重大的洋装书，曾给狂飙剧团以方便，在演戏时做了陈设。最近又听说他把自行车卖掉，要买书。"⑤ 1939 年 7 月 26 日，李广田在日记中写道："听说李士俊和刘振祥到成都买书去了。"⑥ 从李广田的语气中，不难感觉其对李士俊勤学的激赏和赞许。李广田对于李士俊的爱护并不仅仅见诸文字。据李士俊四分校同桌朱健日后回忆，李士俊家境贫寒，在校读书期间毫无经济来源。李广田不忍心看其严冬仍然赤脚，遂将自己的一

---

① 陶英惠，张玉法．山东流亡学生史［M］．台北：山东文献社，2004：46-47.
② 马新生．徐叙瑢［M］．北京：金城出版社，2011：34-35.
③ 刘可牧．七千里流亡［M］．济南：山东画报出版社，2015：216.
④ 朱健，肖欣．人生不满百：朱健九十自述［M］．上海：文汇出版社，2017：65.
⑤ 李广田．李广田文集：第五卷［M］．济南：山东文艺出版社，1986：213.
⑥ 李广田．李广田文集：第五卷［M］．济南：山东文艺出版社，1986：214.

双旧鞋赠予他避寒。而作为李士俊毕生进行研究的世界语，其兴趣正是始于国立六中四分校就读期间。

或许当年国立六中学子勤学苦读俨然成为一种校园现象引起了校方关注，抑或国立六中校方深切感受到六中学子身上所具有的此种独特气质，1941 年，校方在撰写国立六中校史论及学生生活时曾写下了这样一段意味深长的文字：

> 总之，齐鲁青年，向具忍苦耐劳精神，况国难家仇，时□胸怀，意志坚强，绝非艰苦所能压服。且深知担当抗建大业，必先培养智能，锻炼体魄；故读书及运动空气，异常浓厚。……昔孔门弟子颜回，一箪食，一瓢饮，在陋巷，人不堪其忧，回也不改其乐，我校同学，无不以自励。①

孔子曾使用"一箪食，一瓢饮，在陋巷，人不堪其忧，回也不改其乐"来评价学生颜回的君子人格修养。国立六中校方有感于同样从齐鲁大地千里迢迢流亡至川的六中学子们历经磨难却依然勤学不辍，借用《论语·雍也篇》中的这句话来加以评价，可谓恰如其分，用心良苦。

五、重视体育锻炼与生产劳动训练

在上述 1941 年校方评价国立六中学生生活的文字中，除去引人注目的"读书空气""异常浓厚"外，还专门提及六中校园同样"异常浓厚"的"运动空气"。国立六中学子喜好运动并非校方对本校学生的过誉之词。1941 年，名叫河城的学子就曾描绘过国立六中学生热衷参加体育锻炼的场景：

> 说起玩球来，本校里可真够人瞧的，篮球、排球、棒球、手球，还有网球以及足球，到了运动的时间，体育场里充满了同学，充满了各色各样的球，跑着、跳着，真够热闹的。②

一面是箪食瓢饮，食不果腹，却依然好学不已，埋头苦读；一面是草鞋跣足，衣衫褴褛，却依然活蹦乱跳，生龙活虎。两幅在日后看来可能彼此矛盾的画面，不仅没有在国立六中学子身上产生违和感，反而相互兼容，相得益彰。

表面上看，六中学子均系少年，天性活泼好动是其喜好运动之主因，但从更深层面来看，则与国立中学办学方针密切相关。1938 年 2 月 25 日，国民政府教育部颁发《国立中学课程纲要》（以下简称《纲要》），明确将体格训练、精神训练、学科训练、生产劳动训练及特殊教学与战时后方服务训练并称五大训

---

① 国立第六中学. 国立第六中学概况［Z］. 绵阳：1941：37.
② 河城. 闲话国立六中［J］. 学生之友，1941，3（3）：15–16.

练。《纲要》明确规定，国立中学办学须"严格且普遍实施"每晨早操跑步和下午练习课外活动，"利用环境，多为爬山、游泳、露营及远足等练习，以养成坚强体魄与军事训练之基本技能"①。

日后看来，国立六中校方在开展体育方面颇费心思。国立六中体育分为体育正课和课外活动两大类。体育正课遵照部颁《中等学校体育实施方案》施行。课外活动则由经常课外活动、周末比赛、星期日球类比赛、健康检查和体格检查五部分构成。经常课外活动即"每学期开始之时，按照体育活动项目及场所，将各级学生人数，平均编成若干组，在课外时间内，轮流参加活动"。周末比赛即"每学期之始，拟定周末比赛项目，分别举行"。截至1941年年底，国立六中已举行过包括跳远、女生立定跳远等在内的21项田径比赛项目。星期日球类比赛分为经常球类比赛和临时球类比赛两类。此外，校方还于每学期针对学生进行一次健康检查，每学期始末针对学生各进行一次体格检查。②

国立六中校方对于学生体育的重视还体现在体育设备的建设方面。校方曾于1941年10月对本校和4个分校的体育设备，按照球类、器械类、田赛类、径赛类以及健康检查类分别进行统计，无论是场地建设还是器械仪器配置均较为齐全。以篮球、排球、垒球、手球4种球类场地为例，本校分别拥有2、3、2、2个球场，4个分校也均拥有数量不一的各类球场。③ 也许在后世看来，上述体育设备难免不够丰富，但在战时物资紧张的大后方已属难能可贵。

教育主管部门从政策方面予以规定，国立六中校方积极推出各种办学举措予以落实，在这种因势利导的氛围营造下，热衷体育在国立六中蔚然成风自然不足为奇。室内发愤苦读与室外运动驰骋，其实是国立六中学生培养过程中兼顾体脑的一个方面。校方有意识地在校内开展生产劳动训练和推行劳动服务，亦是着眼于此。

1938年2月25日颁布的《国立中学课程纲要》明确对生产劳动训练进行规定，要求"国立中学各科各年级学生均须受生产劳动训练"，"除星期日得特别指定外，平均每日至少以一小时为度"。校方"须令每一学生就农业及工业范围内尽量学习，务求确实娴熟，以期养成劳动习惯，增进生产能力"。《纲要》对学生的劳动服务提出明确要求，"凡校内之清洁整理及校外附近之环境卫生，均

---

① 中国第二历史档案馆．中华民国史档案资料汇编：第5辑·第2编·教育［M］．南京：凤凰出版社，1997：571.

② 国立第六中学．国立第六中学概况［Z］．绵阳：1941：17-18.

③ 体育设备一览表［Z］//国立第六中学．国立第六中学概况．1941.

应由全校学生分组轮流担任"①。

1941 年，国立六中校方对入川办学三年来开展生产劳动训练的实践情况进行回顾。在校方看来，开展生产劳动训练既是对抗战建国的有力支持，也是满足流亡学生生活基本需要的有效途径：

> 生产教育，不应再为实验游戏式的偶发活动，必须以有系统有组织合乎经济原则之经常的具体生产为目标。在农业方面，广置地亩，分组授田。工业方面，则著（着）重自产原料之加工，与日用品之制造，均使确为经济计算之经营，以期免于亏损。其生产各组，及农工业之经济关系，再以合作社方式联合之，以形成一团体生活，完全经济社会之雏形，俾学生在校期间，按其实际行动，施以适当之训练，将来服务社会，亦可以其实地经验施诸农工生产组织，而无扞格之弊。②

1938 年 2 月，国立六中校方拟定生产教育实施办法呈报教育部审核，教育部拨款一万一千元设备费令就六中本校原有职业科先行试办，并增设高级农业科。至 1940 年夏，"农工场舍应具设备，始克建设竣事，制造成品，而员生对生产意识，亦渐增浓厚"。此外，为响应教育部举办合作农场，改善学生膳食的号召，国立六中本校和各分校充分利用地形，指导学生种植蔬菜。③

国立六中校方开展生产劳动训练给在校师生留下了深刻印象。1941 年，国立六中学子褚衍明就曾将国立六中调侃为"草鞋工厂"，为世人描绘过六中学子集体自编草鞋的场景：

> 说起做草鞋来，那是怪可笑的：在一块木板上楔上两根钉，便是简单的做草鞋的工具，虽然也有劳作教员做指导（劳作教员为应付同学们的过程需要，特跟卖草鞋的人学了两天），最初总是做得不成样的，以后同学们都弄些破布和稻草混合着用，结果虽然仍不如买来的漂亮，然自做自用，倒也觉得快意。
>
> 现在我们所穿的草鞋，几乎都是自做的了，并且已经有些同学做得很好。
>
> 落雨的日子，除上课的时间外，寝室里坐满了做草鞋的同学们，假使

① 中国第二历史档案馆. 中华民国史档案资料汇编：第 5 辑·第 2 编·教育［M］. 南京：凤凰出版社，1997：573.
② 农工生产［Z］//国立第六中学. 国立第六中学概况. 1941：19.
③ 农工生产［Z］//国立第六中学. 国立第六中学概况. 1941：19-20.

你是一个新来的异乡客，很容易认为我们的学校是草鞋工厂。①

在胡维兴的记忆中，当年还有相当部分六中学子为了节省草鞋，纷纷自学制作更为耐穿的木拖鞋：

> 为了节省草鞋，大家都自制木拖鞋，用木板粗粗地锯成鞋底的样子，钉上一条皮子就成了，上课时像日本人穿木屐子走路，一片呱哒（嗒）呱哒（嗒）声。最令现在的青年人难以想象的，同学踢足球时都是打赤脚，所以当六中足球队和当地学校赛足球时，只要看脚，就知道是那（哪）方的队员了。②

史锡恩日后也曾回忆过其所在的班级在三分校校园内从事蔬菜种植的场景：

> 我班教室前有一块空地，我与有农事经验的同学合作，把它挖掘成田，辟为十六畦菜园，分别种植白菜、茄子和大葱等蔬菜，经过适时的播种、施肥、捉虫和浇水等工作，青菜成长很快，待成熟后卖给学校伙食团，还可以赚些零用钱。……此后数年间，我国立六中及各分校普遍推行校园内种菜活动，即由我班开始。③

从事生产劳动的经历显然给史锡恩留下了极为深刻的印象，以至于时隔数十年后，他依然清晰地记得"每当清晨，我们可以听到蟋蟀在唱歌。在青菜开花时，蝴蝶儿三五成群地飞舞其间，呈现出一片祥和可爱的校园景观"④。

国立六中开展生产劳作课程也引起了教师李广田的注意。李广田在1938年7月18日的日记中写道："我们的劳作课程是打草鞋，全校学生均有草鞋可穿，也许这就是学生最满意的课程了吧？"⑤ 虽然李广田语带辛酸，显得颇为无奈，但是在他看来从事生产劳动训练无疑能够有效改善学生生活。1938年7月28日，李广田则在日记中颇为愉快地记录下作为教师的他，切身感受到生产劳动训练之于课堂教学所带来的实质性改变："下午上课时忽来一场大雨，本拟令学生作文，而教务处没有卷纸，只好讲书了，然而精神太坏，甚不高兴。即至上堂，则学生已自动将笔墨文卷备妥，问之，则云学劳作课时自作者，——我有

---

① 褚衍明. 抗战期中的国立第六中学 [J]. 读书通讯，1941（26）：19-20.
② 胡维兴. 风雨七十年（1924—1994）[Z]. 2010：31-32.
③ 陶英惠，张玉法. 山东流亡学生史 [M]. 台北：山东文献社，2004：43.
④ 陶英惠，张玉法. 山东流亡学生史 [M]. 台北：山东文献社，2004：43.
⑤ 李广田. 李广田文集：第五卷 [M]. 济南：山东文艺出版社，1986：75.

出乎意料的喜欢，因当时正在雨中，故题为《雨中的战士》。"①

国立六中校方同样重视学生参加劳动服务。"查本校（包括校本部及各分校）对于劳动服务，向极注意，大都由教师领导履行。"1941 年秋，校方依照《国立中等以上学校学生贷金暂行规则》之规定，适时对《国立六中劳动服务办法》（以下简称《办法》）进行修订。《办法》规定，凡享受贷金待遇的学生需在校履行每周三小时的劳动服务，设劳动服务委员会为领导机关。劳动服务项目分为日常与临时两类。"其日常服务项目，为整洁农艺警卫三组，均由教师点名分派地点服务，其临时服务事项，为修筑道路、粉刷墙壁、平垫场地等，时期虽未一定，泰半在每星期六下午及星期日举行，合计日常与临时两类，每人每周至少服务三次。至于所用之各项工具，一律指定学生负责管理，代替服务。"而在校方看来，开展劳动服务虽不过半年，但却成效斐然："施行以来，迄已半载，不唯校舍之整洁，环境之布置，农作物之发荣滋长，较前具有进展，而学生勤劳治事之习惯，亦都因之养成，此固不仅训练其服务之精神，实于培养其性行之影响亦属甚巨。"②

六、"绵绵师魂谁继？"

词作多情思，爱读始于初中。启蒙老师是名闻鲁西教育界的王资愚先生，现已不记得是否给我们讲过李清照，但他朗读"大江东去""醉里挑灯看剑"，声情并茂；讲到李煜的"故国不堪回首……"，语含呜咽："国不可亡，决不能亡；否则，月明不再，山河也就变色了。"他说："李煜词绝佳，可读，但决不能当李后主！"他的诗词课，讲"情"，也讲"神"。还教我了解"冬东江支微，鱼虞齐佳灰……"。更重背诵，我至今能大体背出《长恨歌》《琵琶行》这样的长篇。还要求博闻强记。我自学《左传》，也在那时，"肉食者鄙""小大之狱，必以情"，烂熟于心。他讲汉魏六朝文中的名篇直至清代袁枚《祭妹文》，都有声有色。我至今背诵《祭妹文》收尾的"朔风野大，阿兄归矣，犹屡屡回首望汝也。呜呼哀哉"，仍不禁凄凄。先生阐述"屡屡回首"时的音容，依稀可辨。讲解"犹"字，尤其着力。③

2005 年，著名律师张思之在一篇题为《绵绵师魂谁继？——追忆战时中学

① 李广田. 李广田文集：第五卷［M］. 济南：山东文艺出版社，1986：82.
② 劳动服务［Z］∥国立第六中学. 国立第六中学概况，1941：33-35.
③ 傅国涌. 过去的中学：增订本［M］. 北京：同心出版社，2012：226.

生活片段》的文章中写下上述文字，此时的他已经是年近八旬的老人。在这篇字数并不多的文章中，张思之深情回忆了那些在抗战时期曾经深刻影响自己学业发展和人生道路选择的良师们。

颇为巧合的是，张思之在抗战时期就读的初中和高中均为国立中学，初中为国立第六中学第三分校，高中为国立第十八中学。文中提及的这位堪称张思之文学启蒙教师的王资愚先生，山东定陶人，时任国立六中第三分校教务课主任兼国文教员。透过张思之优美的文辞，学识与才情俱佳，具有浓郁爱国情怀的国文教员王资愚的形象跃然纸上。1943 年 11 月，刚刚年满 16 岁的张思之毅然投笔从戎，成为中国学生志愿远征军中的一员，飞越驼峰，前往缅甸前线。

如果说多年以后仍然令耄耋老人张思之心旷神怡的是国文教员王资愚那令人陶醉的课堂教学，那么，多年以后令另一位耄耋老人徐叙瑢行文追思的国立六中本校教务处主任王晓纶，则是其崇高的办学理想与坚忍不拔的办学毅力。王振绪，别号晓纶，山东章丘人，时任国立六中本校教务处主任兼英文教员。多年以后，徐叙瑢忆及抗战时期作为办学者的王晓纶时，仍然充满敬意：

> 王晓纶老师在山东临沂中学及四川绵阳国立第六中学担任教务长的期间，正是硝烟弥漫、国破家亡、哀鸿遍野、背井离乡、白色恐怖、民不聊生的日子。人们生活在恐怖线上，朝不保夕。要在这种既不稳定的日子里办学，而且办出一个有水平的中学，谈何容易，然而，王晓纶老师却确实以其崇高的理想、坚强的毅力、卓越的才能、巧妙的方法，在恶势力的不断侵袭下，团结一批有才华的老师，和大家一道战胜一个又一个困难，造就了一批又一批的人才。……如今，半个多世纪过去了。回忆起当时的困难与学校面临的处境，难免不寒而栗。……王老师作为学校的主要领导，就是在这种恶劣环境中带过来一支很大的队伍，这是通常视为难于上青天的业绩。……王老师的精神永远活在学生的心中。①

张思之和徐叙瑢笔下的良师并非孤例，国立六中诸多学子不约而同地在日后的追忆中描绘自己的授业恩师就是最佳证明。

1939 年年初至 1941 年年初，朱健在国立六中四分校遇到了深刻影响自己人生道路的文学启蒙者："这两年对我的一生是至关重要的，可以说影响了我的一生。在李广田老师、方敬老师的启迪和指导下，我走上了革命的道路，同时终生保持了对文学的强烈热爱。虽屡经坎坷，却至今不悔；不仅不悔，而且总是

---

① 马新生. 徐叙瑢 [M]. 北京：金城出版社，2011：34-35.

怀着感激的心情，把在罗江受业的两年，看作一生最幸福的际遇之一。"① 多年以后，作为"七月派"诗人的代表，朱健仍将自己毕生与诗歌结缘归结为国文教员李广田的影响："受李老师的陶冶和鼓励，我这一生也可算是与诗结下了不解之缘吧！为诗而苦恼，为诗而欢乐，为诗而受难。"②

李广田，山东邹平人，1923 年考入济南省立第一师范学校，1929 年夏考入国立北京大学预科，1931 年进入北京大学英文系学习，1934 年其与何其芳、卞之琳结集出版诗集《汉园集》，并称"汉园三诗人"。1935 年 7 月，李广田北京大学毕业，任山东省立第一中学国文教员。全面抗战爆发后其与学生由鲁流亡至川，担任国立六中四分校国文教员，直至 1941 年前往国立西南联合大学任教。中华人民共和国成立后曾担任云南大学校长。③

朱健在校两年，李广田既是其所在班级的国文教员，同时亦是其导师。时隔多年，朱健仍然对李广田特立独行、充满激情以及文思并重的课堂教学印象深刻：

> 李老师上课是很有特点的，他完全不用那些内容陈腐的教科书，而是自己选用中外文学名著作教材。开始，还把文章石印发给我们，人手一册，照本宣讲。当他发现我们对这些教材有着强烈的兴趣和较强的理解力之后，便不再印发讲义，完全由他一个人在课堂上朗读讲授，我们则全神贯注地洗耳恭听，心领神会，既学了文化，也开拓了思想和精神境界，课堂效果极佳，给我留下了很深的印象，至今我仍记得当年李老师讲授的大部分篇目。④

李广田的国文课之所以能够吸引包括朱健在内的一大批青年，并不是依靠其新文学家的名号与标新立异的言论，而是与其在课前倾注大量精力和时间悉心备课直接相关。曾在四分校任教的方敬，曾于日后回忆过当年作为同事的李广田备课时的用心与负责：

> 广田十分关心那个学校的语文教学，也很看重我们这些他的朋友，想有几个文学爱好者在一块儿照大家新的设想来进行教学，共同教好语文课，培养抗战时期的新青年。……他孜孜不倦地学习和工作。早上在熹微的晨光中，晚上在暗淡的桐油灯光下，阅读马列主义、毛泽东思想的革命理论

① 朱健，肖欣 . 人生不满百：朱健九十自述 ［M］. 上海：文汇出版社，2017：39.
② 朱健，肖欣 . 人生不满百：朱健九十自述 ［M］. 上海：文汇出版社，2017：57.
③ 李广田 . 李广田文集：第五卷 ［M］. 济南：山东文艺出版社，1986：516-557.
④ 朱健，肖欣 . 人生不满百：朱健九十自述 ［M］. 上海：文汇出版社，2017：49.

著作、抗战书刊、进步文学作品。为了适应抗战的要求，结合实际，他精心编选抗战语文教材，在课堂上讲授抗战理论文章和抗战文学作品。他认真批改作文，连星期日也不休息。①

课堂之外，李广田积极参与指导学生进行文学创作，以其特有的文学与人格魅力深刻影响包括朱健在内的一大批校内外青年纷纷走上文学创作道路。

朱寨，原名朱鸿勋，中国社科院文学所研究员、荣誉学部委员，我国第一代新文学评论家。抗战时期，朱鸿勋就读于国立六中二分校。虽然当时没有机会当面向李广田求教，但其日后走上文学创作与评论道路，则是直接受到李广田的指导和帮助。多年以后，朱寨将这个微妙的师生互动与影响形象地比拟为"花蕊授粉"：

> 《麦子秀穗的时候》是经过李广田先生的手发表出来的。李广田先生是我的中学教师……他在罗江四分校任教，我在德阳二分校上学，没有直接求教的机会。……他的《银狐集》给了我胜于生活本身的说不出来的感受，像花蕊授粉一样，孕育诱发了我写作的欲望。于是写了《麦子秀穗的时候》寄给了他，请他指教。②

《银狐集》系李广田1936年11月出版的散文集，当时被收入由巴金主编的《文学丛刊》第三辑。《麦子秀穗的时候》系朱鸿勋就读国立六中二分校期间的一篇文学习作，曾寄给李广田请其指导。1939年7月31日，李广田日记中提及的"得德阳学生朱鸿勋来信并稿"指的就是这篇文章。③ 虽然在校期间朱鸿勋无缘当面向李广田求教，但师生二人的文学交流却从未中断，李广田日记中频频出现朱鸿勋的名字。1939年9月5日、10月20日以及11月10日，李广田日记分别记录了其与朱鸿勋通过书信进行文学交流的事实。④

李广田的文学魅力也吸引了当时正在国立六中一分校就读的初中生贺敬之。全面抗战爆发前，贺敬之刚刚考入山东兖州简师。全面抗战爆发后，贺敬之因为年龄太小被校方劝退回家。1938年春，台儿庄大捷，贺敬之和其他四人结伴同行辗转前往正在湖北均县办学的国立湖北中学师范部。之后其又随国立湖北中学流亡至川，成为一分校学生。正是在国立六中就读期间，贺敬之正式开始诗歌创作。逐渐崭露文学才华的他自然也向往能够前往李广田所在的四分校读

---

① 方敬 . 花环集［M］. 重庆：重庆出版社，1983：36.

② 李广田 . 李广田文集：第五卷［M］. 济南：山东文艺出版社，1986：217.

③ 李广田 . 李广田文集：第五卷［M］. 济南：山东文艺出版社，1986：

④ 李广田 . 李广田文集：第五卷［M］. 济南：山东文艺出版社，1986：227，247，251.

书。少年贺敬之冒着滂沱大雨徒步一百多里路赶到四分校，当面向李广田表达了转校愿望。在被告知由于前来转校人数太多，四分校已经没有多余床位后，失望的贺敬之在返回一分校之后不久就与其他三位同学悄然离校，辗转奔赴延安。① 抵达延安的贺敬之进入向往已久的鲁迅艺术学院学习，期间创作了日后家喻户晓的《南泥湾》歌词，执笔歌剧《白毛女》。20 世纪 50 年代中期，贺敬之创作了脍炙人口的诗歌《回延安》。"文化大革命"后，贺敬之历任原文化部副部长、中央宣传部副部长。

虽然无法穷尽所有国立六中学子对于所有国立六中教师的评价，但上述张思之、徐叙瑢、朱健、朱寨对于诸多良师的美好回忆，还是可以从国立六中教师资历之整齐得到一定程度的印证。1941 年第一学期，国立六中校方对本校和四个分校总计 157 名教职员资历进行统计，其中 26 名教职员毕业于师范大学或大学教育系，52 名教职员毕业于大学本科或高等师范专修科，3 名教职员曾有国外留学经历，上述资历教职员占比高达 52%。② 虽然教师的学术水平和课堂教学质量未必与高资历成正相关，但其的确为成为良师提供了必要的学术基础和知识训练。

国立六中诸多教员后来在多个高校任教，这在一定程度上印证了他们任教国立六中时期的学术水平。其中较为知名者，除四分校国文教员李广田于 1941 年前往国立西南联合大学任教外，还有四分校国文教员冉昭德。冉昭德，字晋叔，山东城武人，1930 年考入国立青岛大学文学院，1934 年毕业后先后进入山东惠民乡村师范学校和济南初级中学任教。全面抗战爆发后跟随山东流亡师生由鲁至川，任教于国立六中四分校。1941 年前往西北大学历史系任教，中华人民共和国成立后一直在西北大学从事秦汉史教学与研究，成为我国秦汉史研究大家。③

多年以后，已是耄耋老人的朱健反复思考一个问题：作为抗战烽火中草创办学的流亡中学，国立六中为何能够在并不长久的办学时间里为日后培养出众多杰出人才？思索良久，朱健给出了自己的答案。在他看来，诸多学识、才情与人格俱佳的良师无疑是至为关键的因素：

> 现在想起来，为什么当时学校虽然条件艰苦，却出人才，还是跟老师，跟当时的学习环境有关系。……一个学校有几个好老师就会带出好学生，

① 丁七玲. 贺敬之传：为时代放声歌唱 [M]. 南京：江苏人民出版社，2014：12-27.

② 教职员资历统计表 [Z]//国立第六中学. 国立第六中学概况. 1941.

③ 杨倩如. 冉昭德文存 [M]. 济南：山东大学出版社，2014：374-383.

"名师出高徒"。好的老师比较重视有才华的学生，和他们接触多一些，对他们有启发。现在想起来，我们那个小小的两三百人的学校，竟有那么多名家为师。①

这个答案虽是朱健一己之体悟，但道出了抗战时期国立六中能够源源不断作育杰出人才的关键所在。

七、"它播下的种子，在未来的岁月里慢慢发芽"

1945 年 8 月 15 日，日本宣布无条件投降，抗日战争结束。同年 9 月，教育部在重庆召开全国教育善后复员会议，决议中等教育仍以地方办理为原则，拟定国立中学复员办法，依照各个国立中学沿革分别交各省教育厅办理，师生则资送返乡继续从教就学。嗣因山东交通尚未恢复，国立六中经准暂缓至 1947 年暑假复员。② 此后国立六中一直滞留在川维持办学，直至中华人民共和国成立后，绵阳、德阳相继解放，国立六中才结束办学使命，退出历史舞台。

回顾国立六中办学历史，其最大贡献莫过于其能够于时危世艰中坚持办学作育人才。日后国立六中校友撰写的校史中，曾对国立六中人才培养的成绩有过整体评价："学校为国家培养了一批高质量的学生，12 年来，总计育才 5000 余人，其中高中部毕业 1700 余人，考进高等院校者达 1200 余人，成为一所颇有名望的中等学校，慕名而来求学者比比皆是。"③

国立六中校友使用"颇有名望""慕名求学"形容自己当年曾经就读过的中学，并非偏袒母校的过誉之词。四分校在罗江办学即对此的有力证明。国立六中入川之前，罗江当地并无中学。四分校决定在罗江招收当地学生后，立即受到极大关注。据刘可牧回忆："在此期间，街头巷尾、广场、公园和学校门前，常见到许多男女少年凑在一起谈论报考的事。他们向我们这些流亡学生投出羡慕和友谊的目光。"④ 而随着李广田师生在四分校如火如荼地开展新文学创作，国立六中四分校俨然成为引发舆论关注的社会一景。1940 年 3 月 4 日，李广田在日记中这样写道，"渝大公战线'文坛小景'载：'梓潼六中学生数十人正在作诗'，也算奇景，'李广田、方敬均在该校任教'。也算奇景！这怎能算是

---

① 朱健，肖欣．人生不满百：朱健九十自述［M］．上海：文汇出版社，2017：69-70.
② 教育部教育年鉴编纂委员会．第二次中国教育年鉴［M］．上海：商务印书馆，1948：375，382.
③ 黄作华，郑锦涛．国立中学的回忆：第一辑［M］．北京：中央文献出版社，2007：65.
④ 刘可牧．七千里流亡［M］．济南：山东画报出版社，2015：157.

奇景呢!"①虽然李广田本人对此颇不以为然,但从报纸用"奇景"来形容国立六中四分校,则不难感觉出其在当时所具有的特殊的社会影响力。

不仅四分校办学质量优异,国立六中整体亦是如此。即使临近抗战结束,其整体办学质量始终在当地民众中享有极佳的声誉。1942年,17岁的烟台少年刘晋从烟台辗转流亡至大后方,其间历经苦难,辛酸备尝。1945年2月,经过考试,刘晋被编入国立六中高中二年级第十五级二班。他还未正式入学,已然有高年级同学向其解读这所特殊的"国立六中大学":"国立六中教学条件是不错的,听高年级同学讲,教师水平很高,有的老师是大学教授水平,学生高中毕业后考取名牌大学比例很高,所以在大后方小有名气,当地百姓叫国立六中为国立六中大学。"②

国立六中之所以在当地被冠之以"大学"的美誉,与其优良师资、教学扎实、校风严谨密不可分。其实在刘晋听来颇觉新鲜的国立六中办学评价,早于胡维兴1940年8月进入国立六中时就已经存在:"国立六中是以其教学质量和高升学率在大后方中学中颇有名气的,这种良好的学风总结起来就是严格(对学校和教师而言)和勤奋(对学生而言)。"日后胡维兴曾详细描述过国立六中严谨的教风和学风:

> 学校和老师对学生的衣着没有任何要求,甚至打赤脚上课也不会干涉你,但对于学习上的要求却非常严格,不用说上课纪律很严,晚自习也是不能随便的。教师和学生都住校,宿舍和教室几乎是紧挨着,晚自习时,老师们也经常来进行检查,每个人的课外作业都由老师自己进行批改。考试制度很严格,不仅有小考、月考、期末考,而且还有"抽考",事先根本不打招呼,说不定什么时候,那一门课的老师带卷子上讲台就来一次考试。这种考试的效果非常之好,迫使学生们必须在平常把功课学习好,基础更踏实,而不是为了应付考试搞"临阵磨枪"。③

1944年秋,刚升入高三年级的胡维兴离开国立六中,投笔从戎,奔赴印缅战场。1946年5月,其报考北京大学、燕京大学、山东大学和朝阳学院均被录取。在他看来,自己能够"四报四取",恰恰得益于当年国立六中扎实过硬的学风:"我高中基本上只上了两年,当兵耽误了两年,又没有复习时间,却在1946年高考中,四报四取,其中包括北京大学,不能不说与当年在国立六中时打下

---

① 李广田. 李广田文集:第五卷 [M]. 济南:山东文艺出版社,1986:291.
② 刘晋. 流亡之路 [M]. 北京:中国青年出版社,1998:182.
③ 胡维兴. 风雨七十年(1924—1994)[Z]. 2010:34.

较好的基础有关。"① 像胡维兴这样同时被多所高校录取的例子当年在国立六中并不鲜见。前文提及的徐叙瑢1941年国立六中高中毕业，即同时被所报考的国立西南联合大学、重庆大学和四川大学所录取。

较高的高中毕业升学率，亦是衡量国立六中人才培养质量的重要指标。1938年8月至1941年7月，国立六中先后培养四届共237名高中毕业生，其中升学者184人，升学率高达78%。② 高升学率具体到国立六中历届高中毕业生来看显得更为突出。第一届62名高中毕业生中有51人升学，第二届27名毕业生中有22人升学，第三届35名毕业生中有34人升学，升学率高达97%，第四届113人中有80人升学。

国立六中历届高中毕业继续升学深造者，大多被知名高校录取。第一届升学的51人中，7人被国立中央大学录取，武汉大学、四川大学、东北大学各录取4人；第二届升学的22人中，6人被四川大学录取，国立中央大学、齐鲁大学、交通大学及西北工学院各录取1人；第三届升学的34人中，西北工学院录取6人，国立中央大学和武汉大学各录取5人，国立西南联合大学和东北大学各录取3人，四川大学、华西大学及西北师范学院各录取2人；第四届升学的80人中，武汉大学录取13人，国立中央大学录取12人，四川大学录取9人，西北师范学院与中法大学各录取7人，国立西南联合大学录取5人，东北大学和金陵大学各录取2人。③

自1938年2月教育部指定成立国立湖北中学救济山东中等学校流亡师生起，至中华人民共和国成立后国立六中退出历史舞台，在近12年的办学时间里，从国立六中走出了诸多日后在各个领域做出贡献的杰出人才。除去前文已述的徐叙瑢、章曙、贺敬之、张思之、李士俊、史锡恩、朱鸿勋、朱健、胡维兴、刘可牧、刘晋外，中国科学院院士、中国激光事业奠基人马祖光，历史学家胡绳武、戚其章、漆侠、刘晴波，政治学家陈荷夫，剧作家岳野也都在国立六中度过了自己的中学时光。

对于国立六中学子而言，或长或短的学习和生活经历，始终是他们记忆深处难以磨灭的深刻存在，始终是他们学生生涯中至为珍贵的精神财富，始终是他们离开国立六中之后深刻影响自己事业走向与发展的人生坐标。诗人朱健对

---

① 胡维兴. 风雨七十年（1924—1994）［Z］. 2010：34.
② 升学率百分比系作者根据1941年《国立第六中学概况》中的《毕业生概况统计表》数据统计得出。
③ 国立六中历届高中毕业生升学总人数及录取高校，系作者根据1941年《国立第六中学概况》中的《高中历届毕业生升学就业统计表》数据统计得出。

此的评论至为公允，可谓道出了众多国立六中学子的集体心声："在罗江虽然只有短短的两年时间，但可以说为我的整个人生的未来走向打下了基础。它播下的种子，在未来的岁月里慢慢发芽。"①

1941 年 12 月，国立六中入川办学已届三年，校长葛为粲在为即将刊印的《国立第六中学概况》所作的绪言中的一段文字，时至今日看来，仍然是对国立六中办学精神恰如其分地进行概括和凝练：

> 年来物价踊贵，生计维艰，袒褐不完，饘粥仅继，然念国运之迍邅，感责任之重大，犹复艰苦支撑密勿从事，弦诵弗辍，传习如常，虽在经费短绌，设备简陋之下，犹期以精神济物质之穷，藉副政府作育抗建人才之旨。②

"弦诵弗辍，传习如常""以精神济物质之穷"，诚哉斯言！对于国立六中办学这一曾经的历史存在而言，其艰辛坎坷的流亡办学历程，办学者面对艰危时局依旧勉力维持，教师身处厄境依旧敬业如常，学生简衣陋食依旧弦诵不辍，这种已然超越物质性的强大信念和学校精神在当时确属难能可贵，时至今日无疑依然值得后世珍视和反思！

---

① 朱健，肖欣. 人生不满百：朱健九十自述［M］. 上海：文汇出版社，2017：70.
② 国立第六中学. 国立第六中学概况［Z］. 四川：国立第六中学，1941：绪言.

第十章

"钻研于秦岭汉水之间，阔怀于陕甘川楚之边"：抗战时期国立第七中学在陕办学研究[①]

一、国立第七中学在陕创办的动因

1937 年 7 月 7 日，全面抗战爆发。7 月 29 日和 30 日，北平和天津相继沦陷。9 月 13 日，山西北大门大同失守。10 月 26 日，山西东大门娘子关失守。11 月 8 日，山西省会太原沦陷。在大量涌入西安的晋冀鲁豫等省的难民中，大批晋籍师生在时任山西省教育厅厅长王怀明的主持下，经与陕西省教育厅反复协商，决定在西安启动山西流亡师生登记工作。[②]

与此同时，教育部委派王怀明、张国瑞、赵一峰、赵煊、杨仁康、赵希复、温伯涵、刘钧、李汾、王钟文、贾业修 11 人为校务委员，指定王怀明为主席委员，张国瑞兼任校长。1938 年 5 月 17 日，第一次校务委员会在西安举行，议决即日起成立国立山西中学。由陕西省教育厅负责办理战区员生登记，先后两次。经教育部审查合格，共分发国立山西中学教职员 140 余名，学生 1500 余名。国立山西中学校务委员会在购置图书和教学用具的同时，加紧派员前往陕南勘觅校址。由于宽敞之所，多已被先前内迁的机关学校占用，最终择定洋县城内的五云宫及城外的智果寺和良马寺作为校址。1938 年 6 月初，经过编班和分组，国立山西中学千余名师生分为四个大队，先后由西安出发乘火车沿陇海路抵达宝鸡，再由宝鸡徒步南行，翻越巍巍秦岭，最终于 6 月 25 日抵达洋县智果寺，27 日正式上课。经校委会决定，初中一年级留驻智果寺，初中二、三年级移至良马寺，校本部及高中各年级迁往五云宫。1939 年 2 月，奉部令改智果寺初中部为第一分校，校务委员刘钧为分校长；良马寺初中部为第二分校，卫衡一为

[①] 本文曾以《抗战时期国立第七中学在陕办学考论》为题发表于 2021 年第 6 期《教育与考试》第 90-96 页。

[②] 国立第七中学校友会校史编辑委员会. 国立第七中学校史（1938—1949）[M]. 香港：天马出版有限公司，2005：1-3.

分校长。1939 年 4 月，奉部令国立山西中学正式更名国立第七中学。①

国立第七中学建校之初，实行校务委员会治校。当时被任命的 14 位校务委员均为山西教育界知名人士。由于担任主任委员的王怀明从未到校，校务委员会形同虚设。② 1941 年，教育部委派杨德荣担任国立七中校长，同时饬令取消校务委员制③。学制方面，国立第七中学实行完全中学制，同时招收三年制初高中和三年制中等师范班。学生待遇方面，对于所招收的学生，早期均实行公费制度，1941 年改为贷金制。

1945 年 8 月 15 日，抗日战争结束。同年 9 月，教育部在重庆召开全国教育善后复员会议，决议中等教育仍以地方办理为原则，着手拟定国立中学复员办法。教育部依照各个国立中学之沿革分别交由各省教育厅办理，师生一律资送返乡继续从教就学。复员工作于 1946 年 5 月开始，1946 年年底基本完成。④ 由于当时山西仍受战局影响，尚不具备复员条件。因此，教育部决定国立第七中学暂不复员。直到中华人民共和国成立，国立第七中学始终在汉中维持办学。1949 年 9 月，国立七中与同在汉中办学的国立第一中学和国立第二十二中学奉命撤销，移交陕西省教育厅办理，合并成立汉中临时中学，校址设于城固县原国立第一中学旧址。至此，在陕西不间断办学 11 年有余的国立第七中学完成历史使命，退出历史舞台。⑤

二、国立第七中学在陕办学的特点与经验

抗战时期国立七中在陕办学条件之艰苦，实为后世难以想象。但是，与其恶劣的生存环境形成鲜明对比的，却是全体师生勤教苦学，最终形成优异的办学质量，作育大批优秀人才。正是在这种看似不合情理的反差中，国立七中办学的特点与经验表现得淋漓尽致。

（一）办学条件艰苦，师生依然弦歌不辍，勤教苦学

1938 年，国立山西中学成立后，面临的首要问题便是如何将登记在册的千

① 佚名. 本校校史 [J]. 国立第七中学校刊，1941（1）：9–11.

② 国立第七中学校友会校史编辑委员会. 国立第七中学校史（1938—1949）[M]. 香港：天马出版有限公司，2005：13.

③ 佚名. 本校校史 [J]. 国立第七中学校刊，1941（1）：9–11.

④ 教育部教育年鉴编纂委员会. 第二次中国教育年鉴 [M]. 上海：商务印书馆，1948：375.

⑤ 国立第七中学校友会校史编辑委员会. 国立第七中学校史（1938—1949）[M]. 香港：天马出版有限公司，2005：70-74.

余名师生安全送达陕南洋县。"当时川陕公路即以宝鸡为起点，穿越秦岭后经由汉中进入四川。但此条公路除偶尔行驶运送军事物资的车辆外，很少有其他车辆行驶，因此全队人马必须徒步翻山越岭，别无他途可行。"① 于是，国立七中千余名师生决定徒步翻越巍巍秦岭，这种在后世可能难以想象的场景，真真切切地被七中师生用自己的双脚一步一步加以证实。当时就读于国立七中高5班的学生张祖斌，日后曾对这次令自己刻骨铭心的特殊经历有过详细回忆，从中可以一窥当时的艰难情景：

> 爬越秦岭最艰苦，山高路险，道路崎岖。早上天不亮就出发，傍晚天黑才休息，每天要走百十里山路，周身疼痛，疲惫不堪。到宿营地后，迫不及待地找一小块平地，躺下就睡着了。次日一大早继续上路，这关节像缺了油似的，僵滞难动，困乏仍未解除。有时同学们成一路纵队前进，腿下在走，脑袋仍迷迷糊糊，一不小心，就会碰撞上前后的同学，彼此也不相怪，只觉得可笑，走过几里后才渐渐清醒。这是一场极为艰辛的长途行军，使我深受锻炼与教育。②

抗战时期大后方受条件所限，内迁机关大多借用当地的寺庙和道观作为工作场所。刚刚长途跋涉翻越秦岭来到洋县的国立七中自然也不例外。校本部借用洋县城内东南的道观——五云宫作为办公场所，兼顾安置高中三个年级师生。由于五云宫年久失修，师生们只能临时搭建茅屋作为教室和学生宿舍。一分校位于距离洋县县城三十里的智果寺，主要安置初中一年级师生，校方借用寺内殿堂和房舍作为教室和学生宿舍，智果寺外的三座祠堂亦被借用。二分校位于距离洋县县城西四十里的良马寺，主要安置初中二、三年级师生，校方临时搭建茅屋作为教室与学生宿舍。1941年，曾有学子对国立七中独特的校园环境进行过绘声绘色的描绘：

> 这座大楼，约有十丈多高，因其高冲云霄，故名曰五云楼。相传是洋县民众为了纪念一位修道成仙的张某而建筑的。连同附近的庙宇屋舍，总称之曰五云宫，昔日香火很盛，因民国以来年久失修，也就颓废不堪了，蛛网鸟粪点缀了一地，古老苍翠而空心的柏树，也都成了老鹰们的宿舍。在二十七年的夏季，古宫便脱去了荒凉的外貌，我们的学校便设立在这里。

---

① 郑锦涛，黄作华. 国立中学的回忆：第三辑［M］. 北京：中央文献出版社，2007：376.
② 郑锦涛，黄作华. 国立中学的回忆：第三辑［M］. 北京：中央文献出版社，2007：317-318.

所有的殿宇僧舍，都作了我们的教室和宿舍，同时还添盖了几十间茅草的房子，……智果寺是一个古老的寺院建筑甚为宏大，在我们未来之前，还有大批和尚在内。……无论在校本部，各分校，同学住的都是殿宇茅屋，年久失修，风吹雨打……①

如此艰苦的办学条件，教学和生活设施之不堪自然不难想象："学生分设有男、女集体宿舍，在寺内原有庙宇厅堂以及新建草房里，设一层及两层通铺或木架子床。课堂设在原有旧房以及新建草房内，课桌则两人或四人一桌，晚上四人一盏油灯，围坐四周自习。桌凳多系旧物，少是新造。有的则以砖砌腿，以木板为桌面，制成简易书桌。"②

虽然教育部先后对国立中学学生实行伙食公费或贷金制，但受战局影响，饥饿仍与七中学子们如影随形。饱餐一顿，对于他们而言，始终是可望而不可即的奢望。1942年，一位国立七中学子曾如实记录过当时真实的就餐场景：

然而我们吃饭总吃不饱肚子。每次开饭，先一律分组站队，每组派两人盛饭，盛毕解散，八个人一圈，捧着一碗饭，围着半碗萝卜小菜，喊了开动口令，即所谓拉了紧急警报以后，方能动筷；但当肚皮犹不知已在吃饭时，就没有东西可吃了，再勇猛地抢，一个个争先恐后的，然而饭桶已经空空如也，只有长出一口气，或瞪瞪眼睛，垂头吁吁而散，饥和饿，是时刻陪伴着我们这一群国家未来主人翁的青年孩子们。③

由于生活条件恶劣，加之药品严重匮乏，"疥疮、打摆子（疟疾）、痢疾、伤寒、肺结核等传染性极强的病，更是不时出现，学校缺医少药，同学们卫生条件又极差，总是几十个学生挤在一个大宿舍里，睡通铺。生病了也无处隔离，仍住在大寝室里"④。不少学生因为缺医少药，延误治疗，最终失去生命。

也许是家园沦陷所带来的流离失所之痛，也许是抗战必胜信念的坚定支持，陕南艰苦的生存环境，不仅没有消磨掉师生们的生存意志，反而激发出他们热情乐观的教知和求学欲望，最终形成了弥漫国立七中上上下下，教师勤教和学生苦学的独特校风。

---

① 杨昌. 五云宫中的七中 [J]. 学生之友，1941，3（3）：17-18.
② 国立第七中学校友会校史编辑委员会. 国立第七中学校史（1938—1949）[M]. 香港：天马出版有限公司，2005：27.
③ 吕恭. 国立七中速写 [J]. 中国青年，1942（5）：56-58.
④ 国立第七中学校友会校史编辑委员会. 国立第七中学校史（1938—1949）[M]. 香港：天马出版有限公司，2005：27.

师生勤教苦学的场景，普遍见于国立七中学子们日后的回忆中。国立七中建校之初即在此就读高中的丁士奇日后回忆："虽然处此恶劣环境中，但同学读书风气之盛，颇值得一提。每当拂晓黎明，曙光初透之际，校园里每个角落都有同学在背诵国文，朗读英文，书声琅琅，处处可闻；而老师们辛勤教课，绝对倾腹相授，毫不保留。"① 1941 年，国立七中学子赵昇直接将弥漫于校园的苦学场景比拟为"七中的校风"："一天到晚，老能看见不少的人们在教室的内外埋头向学，尤其晚自习时，更能看出埋头向学的风气，整个院子里，除了晚风吹动绿叶的□曲外，静寂的像死。如果不是两面的灯光照耀着您的脸，那您最低限度要疑惑这是一个空宫，这股令任何人佩服的用功风气，已有力地长成了七中的校风。"② 1942 年，国立七中学子吕恭更是将校园内盛行的苦学风气形容为"畸形的发展"：

> 读书的风气，在七中可说是一项畸形的发展，上课时当然是静肃而尊严，在课余、图书馆、教室、宿舍……任何一个角落，都有人在孜孜不倦地攻读；星期日或假期野外的坟地上、树林下，或汉江边的沙滩上，都可以看见同学在抱着书本。每天早晨朗诵英文的声音像是一股洪流充满了全校，但到晚上，景象顿异，鸦雀无声，每四个人围坐在一枝黄色光亮闪动着的黄牛油土烛之下，温习整体教过的功课，还要准备明天的新课程，除此而外，又普遍盛行着"开车"的政策，有些人是施行"开夜车"的手段，有些人却"开早车"数小时，往往两趟车是要碰头的；甚至更有些人"开通车"的。③

（二）重视着眼于育人培植学校精神，重视培养学生的爱国精神和民族意识

回顾国立七中办学历程，其高度重视培养学生的爱国精神和民族意识且成效显著。这是在抗战时期特定的历史条件下，在大后方独特的办学环境中，经过办学者有意识的教育而养成。

国立七中办学者因势利导，充分发挥教育的多重功能，积极将师生们的爱国情怀和民族意识转化为勤教苦学的思想动力。1941 年 4 月，杨德荣接任国立七中校长。作为国立七中第三任校长，杨德荣上任伊始，便着手从多个方面重

① 郑锦涛，黄作华. 国立中学的回忆：第三辑［M］. 北京：中央文献出版社，2007：377.
② 赵昇. 五云宫素描［J］. 国立第七中学校刊，1941（1）：15.
③ 吕恭. 国立七中速写［J］. 中国青年，1942（5）：56-58.

塑七中的精神面貌，其根本着眼点就在于激发和培育七中学子们的爱国精神和民族意识。杨氏的这一观念，首先十分鲜明地表现为由其作词，由音乐家黄源洛谱曲的国立七中校歌。

> 天降大任，劳苦先经，懿于七中，志士群英。钻研于秦岭汉水之间，阔怀于陕甘川楚之边。勿忘祖宗奇耻，时念民族颠涟。遵循礼义廉耻的宝训，实践诚明仁行的道传。激励奋发，秋实春花，互助共勉，效力国家，复兴我五千年灿烂的中华！①

至今，依然不难从这首词义古朴，铿锵有力，饱含中华传统文化浓郁气息的校歌歌词中，深切感受到杨德荣希望国立七中学子能够在艰苦卓绝的办学环境中保持民族气节，砥砺自身品行以及修学储能报效国家的殷殷期盼。

除过创作校歌，杨德荣还充分利用多种教育形式影响学生人格发展。上任伊始，其便着手制定校训。经过第三次校务会议议决通过，最终于1941年年底向全校师生公布"诚、明、仁、行"作为国立七中校训。"诚、明、仁、行"后由杨氏亲笔书写，制成巨匾，悬挂于学校大礼堂。为了让全校师生能够更加透彻地理解校训的内涵，以及校训之于学校办学的独特价值，杨氏还专门利用向全校师生讲话的机会，引经据典对此加以阐发。②

重视培养学生的爱国情操和民族意识，对于国立七中学子日后的成人成才产生了潜移默化的深远影响，亦为其日后集体高度认同。2005年，国立七中校友在编撰校史，凝练学校精神时，仍首推"爱国"为国立七中精神之代表。1941年至1944年就读于国立七中初中部，日后成为中国科学院院士的天文学史家席泽宗，亦对此感同身受："国立中学成材率之高，……这既是时势造英雄，又与我们受到的勤奋简朴、敬业爱国的教育分不开。"③

（三）严格遴选教师，教师队伍整体呈现出学有专长，德才兼备，极富教学艺术等特点

国立七中从建校伊始就高度重视教师遴选，始终保持较高标准。"当时就有不是大学本科毕业的学生不能登讲台的说法。可以说，七中教师都学有所长，责任心强，讲究教学艺术，言传身教，培养学生全面发展，即便用现代的标准

---

① 国立第七中学校友会校史编辑委员会. 国立第七中学校史（1938—1949）［M］. 香港：天马出版有限公司，2005：扉页5.
② 杨德荣. 树立校风（校长训词）［J］. 国立第七中学校刊，1941（1）：2-5.
③ 郑锦涛，黄作华. 国立中学的回忆：第三辑［M］. 北京：中央文献出版社，2007：15.

衡量也可说毫不逊色。"①

检索国立七中教师履历，不难发现，其或毕业于国内名牌大学，或为留学学成归国人员，或在抗战前已经担任国内大专院校教职。曾两度出任七中校长的张国瑞，抗战前即相继担任过山西大学教授和山西省立二中校长。日后辞去七中校长一职后，张氏旋即受聘于国立河南大学。② 国文教师申一梵，毕业于国立北京大学中国文学系，中华人民共和国成立后任教于山西大学。国文教师曹述敬，毕业于国立西北师范学院，中华人民共和国成立后任教于北京师范大学。物理教师梁震，毕业于国立西北大学，中华人民共和国成立后任教于太原工学院。化学教师刘锦江，毕业于国立西北师范学院，中华人民共和国成立后任教于河北师范大学。化学教师张象铭，毕业于国立西北大学，中华人民共和国成立后任教于太原工学院。国文教师刁梦楚，毕业于国立西南联合大学。③ 以上所列虽仅为国立七中教师之一小部分，但仍可以从中一窥其师资水平之整齐划一。

国立七中教师不仅学有专长，术业有专攻，同样深谙教育心理，教学注重艺术性，教学水平自属上乘。七中学子从游于后，课堂听讲不啻享受，往往受益匪浅，终身铭记。日后国立七中学子关于母校的诸多追忆，大多围绕此展开，便是明证。限于篇幅，撷取数例，以资佐证。"刘锦江老师是原国立七中学生们最敬重的老师之一，凡是在高中部上过学的人没有不认识他的。他教数学，也教理化，上课的时候，往往只拿几支粉笔，不带书本讲稿，就能把细密严谨的科学知识讲得深入浅出，而又条理分明，真是令人佩服。"④ "梁（震）老师给我们高三教物理，他讲课语言精练，概念清晰，思路敏捷，深入浅出，善于用相对简单的方法步骤求解难题。他的课堂教学，给人以简明、津津有味和美的享受，深受同学们的欢迎。"⑤

（四）重视培养学生全面发展，积极通过办学举措加以践行

国立七中之所以能够取得令后世赞叹的育人成就，师生的勤教苦学固然是关键因素，但从根本上决定其办学质量的仍是遵循教育规律的办学理念。作为

---

① 国立第七中学校友会校史编辑委员会.国立第七中学校史（1938—1949）［M］.香港：天马出版有限公司，2005：20.
② 国立第七中学校友会校史编辑委员会.国立第七中学校史（1938—1949）［M］.香港：天马出版有限公司，2005：84.
③ 国立第七中学校友会校史编辑委员会.国立第七中学校史（1938—1949）［M］.香港：天马出版有限公司，2005：21-22.
④ 郑锦涛，黄作华.国立中学的回忆：第三辑［M］.北京：中央文献出版社，2007：334.
⑤ 郑锦涛，黄作华.国立中学的回忆：第三辑［M］.北京：中央文献出版社，2007：336.

学校发展的灵魂，理念之于学校办学至关重要。简言之，国立七中重视培养学生全面发展，从根本上决定了其办学质量和育人成绩，显著表现为其在重视对学生进行智育的同时，仍不遗余力地组织和开展类型多样，旨在促进学生身心均衡发展的活动形式。

首先，重视和鼓励学生通过组织和办理社团锻炼和发展自治能力。

1941 年 12 月 20 日发行的《国立第七中学校刊》，曾经刊登过一篇题为《社团组织风起云涌》的学校新闻，从中可以清楚地了解国立七中学生社团的成立宗旨和发展情况。国立七中学生社团数量庞大，发展迅猛：

> 本校学生之课外集体活动，本学期颇为活跃，计高中除兄弟社，自励社，七、八班班会，精诚读书会，女生自励社等，系所有团体，虽仍继续工作外，其先后呈准学校新成立者，尚有数种：计具有全班性者，如九班班会、翼社、学艺会、十一班班会等。由部分同学组成者，如露白社、五云周报社等。①

上述社团开展的活动主要集中于辅导同学学业、丰富同学文化生活和发展同学业余爱好等方面：

> 其一般之重要工作项目如下：（1）绘制数学习题演习记录表，公开检点其进度，以供教员稽核抽阅之参考，实寓学业竞争，自行督促之意。（2）集资订阅报章杂志，购买必要读物，各会员出少量钱，可读多种书，堪称购读之最经济办法。（3）汇集各同学中现有书报，由会（社）登记保管，以备会员相互借阅。（4）分设各学科研究会，由各会员依其爱好，自行参加，并聘该科有关教员为指导，对于课外研读之风气，尚多增进。（5）辩论会讲演会座谈会之举办，以练习口才而娴辞令。唯因时间关系，实际举行之次数较少，尚待倡导。（6）编辑壁报，近来校内壁报如雨后春笋，琳琅满目。均属各会社工作成绩之表现，因有竞赛比较之心理，内容均逐渐充实；而各报之封面报头及排版装潢，亦各竭求经济美观，以期醒目引人。课余站立其前浏览者，颇不乏人。②

从形式多样的活动不难看出，国立七中学生社团基本覆盖了当时学生生活的各个方面，且在同学们之中有口皆碑。七中办学者之所以如此重视和鼓励发

---

① 校闻：学生课外活动一班：社团组织风起云涌 [J]. 国立第七中学校刊，1941（1）：5-6.

② 校闻：学生课外活动一班：社团组织风起云涌 [J]. 国立第七中学校刊，1941（1）：6.

展学生社团，究其根本，目的仍在于希望学生能够"分工合作，积极开展工作，以发挥自觉自治自动之精神"①。

其次，重视和鼓励学生通过参加体育活动和竞技比赛强身健体，磨炼意志。

虽然办学条件艰苦，但是七中办学者仍然将体育置于办学实践的重要地位。学校不仅出台相关规章制度强迫每个学生参与体育锻炼，而且大力提倡学生之间开展形式多样的竞技比赛，以达到强身健体和磨炼意志之目的。

国立七中曾长期实施一种涉及每位学生的早操制度，颇能反映出校方对于体育的重视：

> 早晨，在星斗满天的黑暗中，号音一响，人人都是立即起床。一刻钟内，要洗脸刷牙，整理内务。并且不管严寒冷风的刺骨，浓雾里要迅速地站队，报告确实人数，然后把队伍带到校外广场上，绕着佛利塔跑步，实行与自然搏斗，越冷越出汗的办法，这个一年四季除寒暑假外的早操精神，在本地住民的心目中，是非常钦佩而时常加以称赞的。②

校方积极鼓励学生充分利用课余时间开展体育锻炼。当时的国立七中学子曾用文字为世人进行过形象的描述，从中不难感受学生参与体育锻炼的高涨热情：

> 大楼和训导处间隔的地方，是我们的小型运动场，垒球场在当中，左边有排球场，右边两个篮球场，更有双杠、单杠、铁球场、垫土运动场等，都在边缘上，每当课余，同学们在这里嚷着，闹着，跑着，跳着，一个个满面红光，身流大汗，尤其是星期日或例假日，不但照常有很多人在打球，玩铁饼，耍杠子，并且举行种种运动比赛，在比赛的前一天下午，友谊的战报，就贴满墙壁，战牌也有一大堆，什么黄河对长江，教联对流星，生力对长虹……不胜枚举；校外来参观的人们，前拥后挤，鱼贯而入，各种比赛进行时，助兴的喊声，可说是这古城空前未有的稀闻，真像要震得天摇地动似的，邻近的老百姓，时常因此惊慌，以为什么事情突然发生了呢。③

最后，重视和鼓励学生通过参加劳动服务，达到吃苦耐劳，坚忍意志之目的。

---

① 佚名. 社团组织风起云涌 [J]. 国立第七中学校刊, 1941 (1)：5-6.
② 吕恭. 国立七中速写 [J]. 中国青年, 1942 (5)：56-58.
③ 吕恭. 国立七中速写 [J]. 中国青年, 1942 (5)：56-58.

重视劳动教育贯穿国立七中办学始终，目的在于锻炼学生劳动服务的勤苦精神。当时大到建设校园，小至搬运生活必需品，皆由学生亲自施行。1941年7月，教育部命令国立七中一、二分校合并重组为一分校，设于智果寺。8月，七中接收第八服务团中山中学班，将其改设为二分校，设于良马寺。值得注意的是，"所有两分校之校具与行李，均于烈日骄阳下，由学生自行搬运"①。

1939年，国立七中曾面向全校学生发起背米运动。七中学子当时曾对此运动有过详细记载，有助于后世真切地了解国立七中的劳动教育：

> 前年十一月上旬，因为街上买不到米，大批的谷米，要到离城六七十里华阳附近的八里关去买，于是校本部发起了背米运动，一声高呼，众皆应响，但虽说到八里关背米是要越过很高的山峰，况且一日不得往返，在彼处尚需住宿一夜，同学们为了好奇，为了游玩，为了锻炼体格，毅然决然地愿冒着困难前去。是在一个晴天的早晨，我们理好行装，由校役发馒头三个，咸菜一块，以为午餐。一路谈谈笑笑，颇不寂寞，爬过了高峻的山峰令我们腰酸腿痛，但是当到达目的地时，心中的愉快，是无可形容的，当晚每八人一组，洗菜、淘米、煮饭，全由我们自己去做，身体虽困之，而吃得却很痛快。第二天，循原路返校，后来因背回的米，数量太少，于是又去了几次。这种劳动服务，现在回忆起来，还觉得津津有味。②

（五）开展社会教育与服务活动，积极影响陕南地区教育文化和社会发展

近代以来，由于地处交通闭塞的陕南，洋县的教育发展明显滞后。直到1928年，洋县仅有一所私立初级中学。③随着国立七中的到来，原本保守落后的洋县一跃成为大后方的文化中心之一："抗日战争爆发后，为了提高人民文化水平，发展后方生产，增强抗战力量，才把山西中学、陕西高中和山西教师服务团集中设置在这里。一时洋县城便有两所高中、四所初中，成为大后方的一个文化县。"④

国立七中对于洋县及周边县域的教育发展起到强有力的推动作用。建校之初，国立七中就有意识地面向包括洋县在内的陕南诸县招收学生，希望借此积

①　佚名. 本校校史［J］. 国立第七中学校刊，1941（1）：9-11.
②　杨昌. 五云宫中的七中［J］. 学生之友，1941，3（3）：17-18.
③　国立第七中学校友会校史编辑委员会. 国立第七中学校史（1938—1949）［M］. 香港：天马出版有限公司，2005：5.
④　胡三秀. 国立七中和山西教师服务团［J］. 山西文史资料，1997（5）：89-95.

极影响当地教育和文化发展。国立七中曾开设三个师范班，其中师范第二班的 5 名学生中，3 名来自洋县和城固；简易师范科第一班的 15 名学生中，4 名来自洋县本地。① 1943 年春，位于洋县智果寺的一分校设置师范部，其中招收的两个班学生皆来自洋县、城固和西乡等陕南诸县。②。

国立七中在洋县开展社会教育与服务活动，对于改良民众生活方式，提升民众文化水准起到潜移默化的积极影响："七中附设的社会教育推行委员会，在当地，曾发挥了它很大的价值。民众识字班也曾毕业了百余人。宣传、讲演、演剧、劳军访问……都在迅速地展开着。5 月 17 日（校周纪念），教师节、双十节、元旦日，常常演剧庆祝，募捐或劳军，《雷雨》也被我们七中剧团公演了。平剧、秦腔、话剧、相声，对地方的父老兄弟都有了深刻的印象。的确，民众的文化水准较前也提高了数倍。"③

三、国立第七中学在陕办学的育人成就及其历史地位

回顾国立七中办学历史，其为国家培养了一大批具有中等文化知识的合格人才。在将近 12 年的办学历程中，国立七中总共培养出初中、高中、师范、职中毕业生约 3000 余人。"根据国立七中校友会对 1319 名七中校友的不完全统计，他（她）们基于在七中建立起来的基本做人准则，与所获得的扎实的初、高中文化基础，绝大部分考入各类高校深造，……在这 1319 名七中老校友中，具有中、高级职称，或任中、高级职务的约 1019 人（约占 77.26%）。其中从事教育工作者人数最多，约占 33.28%；工程技术与企业家约占 16.53%；农、林、牧、水利干部约占 13.12%；党、政管理干部约占 11.36%；医药工作者约占 10.24%；其他约占 15.47%……"④

国立七中学子在校时的学业表现，亦是对学校整体办学质量的有力证明。1941 届高中毕业生，系 1938 年国立七中创校时招收的高一年级班级，也是由其高中完全自主培养的首届毕业生。当年被国内知名大学录取者多达 112 人，其中国立西北大学 29 人，国立西北农学院 22 人，国立西北工学院 16 人，国立西

---

① 国立第七中学校友会校史编辑委员会．国立第七中学校史（1938—1949）［M］．香港：天马出版有限公司，2005：24.

② 国立第七中学校友会校史编辑委员会．国立第七中学校史（1938—1949）［M］．香港：天马出版有限公司，2005：68.

③ 杨昌．五云宫中的七中［J］．学生之友，1941，3（3）：17-18.

④ 国立第七中学校友会校史编辑委员会．国立第七中学校史（1938—1949）［M］．香港：天马出版有限公司，2005：124-125.

北师范学院 11 人，国立西北医学院 6 人，金陵大学和华西大学各 2 人，国立西南联合大学、国立中央大学、国立武汉大学、国立交通大学、齐鲁大学、山西大学和河南大学各 1 人。[①] 1942 届高中毕业生，系 1938 年国立七中创校时所招收的初中三年级学生，1939 年升入本校高中继续就读。当年两班总共毕业 83 人，81 人被大学录取，同届升学率超过位于邻县城固办学的另一所知名中学——国立西北师范学院附属中学。据国立七中校史记载，当时全校师生"引以为荣"[②]。

国立七中的育人成就，同样能从其孕育和培养的杰出人才得到充分印证。天文学史家席泽宗，1941 年至 1944 年就读于国立七中初中部，1991 年当选为中国科学院院士。国际著名蕈菌学家张树庭，曾就读于国立七中初 30 班和高 31 班，1990 年当选瑞典世界文学与科学院院士。著名黄瓜育种专家侯锋，曾就读于国立七中初 28 班，1999 年当选为中国工程院院士。[③]

抗战期间，七中育才，人数之众，不胜枚举。其实，无论是国立七中作育人才的群体特征，还是从其走出的拔尖创新人才；无论是国立七中学子在校时的学业表现，还是他们日后的人生走向和事业高度，不仅是对其本身办学质量的肯定，更是对抗战时期国立中学整体育人成就与办学历史地位的印证！

① 佚名. 本校三十年度高中毕业生升学统计 [J]. 国立第七中学校刊, 1941 (1): 8-9.
② 国立第七中学校友会校史编辑委员会. 国立第七中学校史 (1938—1949) [M]. 香港: 天马出版有限公司, 2005: 16.
③ 国立第七中学校友会校史编辑委员会. 国立第七中学校史 (1938—1949) [M]. 香港: 天马出版有限公司, 2005: 126-135.

第十一章

"充实我学识，淬励我精神"：抗战时期国立第九中学在川办学研究

一、"对我们真是莫大的福音"

2021 年 5 月 28 日，著名历史学家、教育家、华中师范大学原校长章开沅先生逝世，享年 95 岁。作为在辛亥革命史、中国商会史、中国教会大学史、南京大屠杀历史文献等研究领域做出开创性贡献和享有国际声誉的知名学者①，章开沅先生曾经拥有过的另一个特殊身份却往往被世人所忽略。与之形成鲜明对比，章先生自己倒是对这个看似非常普通的特殊身份极为看重，以至于其在耄耋之年仍然对此津津乐道，难以忘怀。

2017 年，年逾九旬的章先生应邀为一本研究抗战时期湖北教育的学术专著作序，而这篇在其看来"不大像序言的序言"，倒更像是一篇回顾自己抗战时期有幸受业于国立中学进而改变个人命运的回忆文字。这些文字，现在读来，依然能够真切地感受到章先生对于自己曾经身为抗战时期国立中学学生这一身份的无比珍视。

> 当时，我们一家八口逃难困居重庆，贫病交加，缺医少药，外婆与两个幼弟先后死去，剩下的孩子们辍学已经一年多。九中让沦陷区青少年免费入学（名义上为贷金），生活上也可以保证温饱，对我们真是莫大的福音。所以父母赶紧把我们还存活的四个孩子全部送到设于江津德感坝的九中。尽管是偏僻的荒山秃岭，竹篱茅舍难以抵御风寒，但毕竟可以继续升学，而且还有那么好的校长、老师与图书设备。否则我们姐弟的人生将会

---

① 夏静，张锐. 章开沅：史学浩海的远航者 桂子山上的传灯人［N］. 光明日报，2021-06-01（16）.

有另一种书写。①

章先生口中的九中，全称为国立第九中学，前身为1938年9月开始筹办的国立安徽第二中学，1939年4月遵部令更为现名。章开沅，1926年7月出生于安徽芜湖。全面抗战爆发时，小学刚刚毕业，初中仅就读一月的他，不得不中断学业跟随家人从芜湖辗转流亡至重庆。旨在专门收容安徽中等学校流亡学生的国立安徽第二中学在江津德感坝的创办，对于已经辍学一年多的章开沅姐弟四人无疑是雪中送炭。1938年秋，经插班考试，章开沅正式成为国立第二安徽中学初中一年级学生。1943年，因受校园风潮牵连，已经读完高三上学期的章开沅被迫结束为期五年的国立九中学习和生活。②

全面抗战爆发后，大量安徽中等学校流亡员生入川是促成国立安徽第二中学筹办的动因。1938年6月12日，安徽省会沦陷，安合路潜太路战事紧急，安徽省立四所临时中学奉命迁往湘西合组国立安徽中学。由于各个临时中学员生人数众多，诸多抵达武汉后未能随校一起前往湘西者纷纷由宜昌流亡至川。有鉴于本省中等学校员生来重庆者日渐众多，安徽旅渝同乡会于1938年8月7日举行理监联席会议，决议筹设安徽中学予以救济并报教育部请求拨款。1938年9月15日，陈访先被委任为国立安徽第二中学首任校长，邓季宣等皖籍文化教育界在渝知名人士，被聘为国立安徽第二中学各部处主任，同时在重庆设立国立安徽第二中学临时办事处专门负责筹备事宜。③

筹办国立安徽第二中学，勘定校址和修建校舍是首先面临的问题。安徽旅渝同乡会曾租赁重庆南岸大佛寺为校舍，陈访先上任后认为大佛寺房屋过少，附近又无其他适当场所可资租用，加之距离重庆较近，将来日必易受日寇飞机袭扰，乃派员到江津县重新勘定校址，最终择定借用德感坝至善图书馆作为校本部，租赁三共祠、四术祠、云庄祠、五福祠、五美祠、竹贤祠为高中、师范、初中和女生各部使用。另就图书馆隙地建筑教室4座、女生宿舍29间、厨房7间、病室2间、保管室2间、校工室2间。④

截至1938年10月1日，先后有1400余名皖籍失学学生在国立安徽第二中学临时办事处办理登记。10月2日至10日学生前往办事处报到。学生报到后，

① 章开沅.序言[M]//王立.黉府弦歌烽火中：抗战烽火中的湖北联中（1938—1946）.北京：九州出版社，2018：1.
② 章开沅，彭剑.章开沅口述自传[M].北京：北京师范大学出版社，2015：1-46.
③ 陈访先.国立安徽第二中学之筹备经过与设施状况[J].安徽教育，1939（1）：30-32.
④ 陈访先.国立安徽第二中学之筹备经过与设施状况[J].安徽教育，1939（1）：30-32.

校方本应接洽船只将学生运输至江津入学。但由于校舍添建工作尚未竣工，故于 10 月 26 日至 11 月 10 日发给学生每人旅费津贴 2 元，令其自行分批抵校。后因不断有失学学生前来登记报到，远超教育部原定的 1200 名学额，校方经向教育部反复争取，批准予以扩充学额 400 名。①

国立安徽第二中学校方对于登记报到学生进行严格的编级试验。1938 年 12 月 1 日至 2 日、3 日至 4 日，学校分别举行初中和高中编级试验。规定"高初中三年级学生平均不及五十分者，二年级学生平均不及四十五分者，一年级学生平均不及四十分者降班，其平均分数虽及格而一科零分或二科不及格者试读，平均分数在廿分以下或二科零分或三科在十分以下者降级"。经过考试甄选，"高中降班者共八十四名，试读者共十一名，初中降班者共一百廿三名，试读者共十八名，降级者共二名"②。正处于草创阶段的国立安徽第二中学所实行的严格的甄选编级给章开沅留下了深刻印象："由于入学考试成绩不错，我在 1938 年秋入学的时候直接读初一下，而二姐、三哥没有考好，只能从初一上开始读。"③

严格执行以考促学，日后成为抗战时期国立九中一以贯之的办学精神。1945 年 1 月，毕业于国立第十六中学初中分校的李洪山，对于办学声誉日隆的国立九中心仪已久，遂放弃免试保送就读国立十六中高中部的机会，考入国立九中高中一分校。虽然此时已临近抗战结束，但是国立九中近乎苛刻的考试制度依然给其留下了深刻印象：

> 考试非常严格。月考、期考都要停课举行，通常是在饭厅的四方桌上，由不同班级的学生各踞一方。试卷一般规定用毛笔作答，应试者的姓名往往采用"浮签加密写"的方式处理。教师交叉监考、评卷，防止舞弊。学生全学期的成绩，经过补考仍然不及格者，有一门主科的留级，两门主科的默退。④

经过三个月紧锣密鼓的筹备工作，1938 年 12 月 15 日，国立安徽第二中学正式开学上课。包括章开沅在内的大批安徽失学少年终于结束了一年多颠沛流离的流亡生活，拥有了较为安定的学习和生活条件。不难想象，战火纷飞年代，流亡少年重获学习机会时溢于言表的欣喜与激动。数十年后，已是耄耋老人的

---

① 陈访先. 国立安徽第二中学之筹备经过与设施状况 [J]. 安徽教育，1939（1）：30-32.
② 陈访先. 国立安徽第二中学之筹备经过与设施状况 [J]. 安徽教育，1939（1）：30-32.
③ 章开沅，彭剑. 章开沅口述自传 [M]. 北京：北京师范大学出版社，2015：22.
④ 李洪山. 西渡漫记 [Z]. 1997：22.

章开沅先生追忆至此，字里行间依然满满充盈着少年般的快乐："从此，我便在此度过了五年田园牧歌式的中学生活。"①

二、"生活虽然艰苦，可学生都很勤奋"

国立安徽第二中学是在时间十分紧张、条件极为困难以及教职员竭尽心力的情况下正式开学的。首任校长陈访先曾于上课后不久对此有过评论："本校自九月下旬开始筹备，迄今三阅月，以本校规模之大，事务之繁杂，加之人地生疏，隔阂重重，三个月筹备期间，确甚迫促，幸各主任昕夕从公，事务人员加倍努力，各部已大致布置就绪，于十二月十五日正式上课。"国立安徽第二中学创校之初之筚路蓝缕，鲜明表现为正式上课后，全校 1800 余名师生，仍然有三四百人没有课桌凳和竹床使用，仍然有 800 余人没有盥洗架使用。②

草创之初国立安徽第二中学办学条件的艰苦，也能从学子们的日后回忆中得到印证。时隔数十年，章开沅先生仍然对学校简陋至极的教学和生活条件记忆犹新：

> 那时村庄里还没有电灯，晚上自修，人手一盏桐油灯。我们用的桐油灯，多是一个小碗，或者一个破碟子，里面倒点桐油，加根灯草。并且，桐油也好，灯草也好，都是计划供应。灯草好说，我们可以自己到山上采集，把皮一撕，晒干就是了，可以说取之不尽、用之不竭。……桐油燃烧不充分，味道很重，烟也大。……由于烟大，一个晚上下来，鼻孔经常都是黑的。……宿舍内的床铺，有比较正式的木制双人床，更多的则是比较简陋的用竹子编制的床。初中的时候，每个房间睡十多个人，比较拥挤，没有活动的余地。③

国立安徽第二中学的"八宝饭"和日复一日的盐水煮蚕豆同样令章开沅印象深刻。"早餐多是稀饭，午餐和晚餐是干饭。……干饭先煮后蒸，做法似乎很讲究，其实品质并不高，无非是稻壳、稗子、石沙、米虫、老鼠屎等含量较高的'八宝饭'。主食如此，菜更可怜。一年到头难得打一回牙祭，平常吃得最多的是蚕豆，多是用盐煮一煮，偶尔炒着吃，就算'花样翻新'了。"即使是单调乏味的盐水煮蚕豆，也因为每餐供应数量极为有限而显得尤为可贵，以至于章开沅先生和同学们在就餐时约定俗成地形成了"只许骑马，不许抬轿"这样的

---

① 章开沅，彭剑. 章开沅口述自传［M］. 北京：北京师范大学出版社，2015：22.

② 陈访先. 国立安徽第二中学之筹备经过与设施状况［J］. 安徽教育，1939（1）：30-32.

③ 章开沅，彭剑. 章开沅口述自传［M］. 北京：北京师范大学出版社，2015：22-23.

饭桌文化：

> "骑马"云者，指用筷子夹蚕豆。"抬轿"云者，指将两根筷子微微张开，轻轻伸入蚕豆碗里，然后轻轻抬起来。若"骑马"，每次只能取走一颗蚕豆。若"抬轿"，则每次可能取走两颗以上的蚕豆。在那物资匮乏的年代，大家在吃饭的时候，都很守规矩，"只骑马，不抬轿"。[①]

国立安徽第二中学学子的衣着也是简易之至，有时甚至需要学生亲力亲为。"我们还自己做鞋子。说是鞋子，其实是木屐，也叫'呱嗒板'。讲究的木屐我做不来，只能做简易版的。在外面捡到一块牛皮或马皮，便把它当作宝贝。用剪刀一剪，钉两颗钉子，找点帆布做根带子，就可以上脚了。"[②]

章开沅先生的回忆并非博人眼球的夸大之语，在国立九中其他学子的回忆中同样能够寻觅到相似之处。1943 年 4 月，上海少年汪嘉平由上海辗转抵达重庆，同年 9 月考入国立九中高一分校就读，直至 1945 年 9 月高中毕业。与章开沅先生的回忆相比，他记忆中的国立九中学生住宿条件之简陋程度有过之而无不及：

> 我入校之后，先住竹仙祠，后迁三共祠。两处虽是瓦房，但因学校经费拮据，难以维修，屋顶瓦陈漏光，可见天日，室内空间狭小，挤住多人。夏天闷热自不必说，若遇刮风，即积尘飞扬。骤雨袭来，便滴水成泉。雷雨之夜，我常在被褥上铺油布，接脸盆，同学们无法安睡，只能坐以待旦。[③]

早于汪嘉平由上海流亡至江津求学半年以前，一位名叫王洪溥的上海少年已经先行抵达国立九中。1941 年 12 月 8 日，日本发动太平洋战争，上海租界被日寇占领。正在东吴大学附属中学就读高二的 18 岁少年王洪溥，不愿继续在日寇统治下生活，决心前往大后方继续求学。1942 年 7 月上旬，其由上海出发，冒死穿越日寇封锁线，历经江苏、安徽、河南、陕西和四川五省，历时两个月，行程八千里，终于在 9 月中旬抵达重庆，插班进入国立九中高一分校就读，直至 1944 年高中毕业考入复旦大学新闻系。1949 年，这位名叫王洪溥的青年开始用"王火"这一笔名致力于文学创作，其历时十年所撰写的长篇自传体历史小

---

① 章开沅，彭剑. 章开沅口述自传 [M]. 北京：北京师范大学出版社，2015：24.
② 章开沅，彭剑. 章开沅口述自传 [M]. 北京：北京师范大学出版社，2015：25.
③ 汪嘉平. 难忘九中 [Z]//相惟义. 抗日战争时期国立第九中学建校六十周年纪念册. 重庆：江津印刷厂，1998：47.

说《战争和人》三部曲于 1997 年荣获第四届茅盾文学奖①。作为国立九中办学的亲历者，王火也在小说中借主人公童家霆之口对学校艰苦的学习和生活条件有过细致入微的描摹：

> 这里早晨喝的稀饭散发着霉味，喝慢了就添不到了。下粥菜是一人十来粒盐豌豆。午饭和晚饭吃的是"八宝饭"，饭里鼠屎、稗子、砂土、谷子都有。菜不是无盐少油的辣椒莲花白，就是煮萝卜或牛皮菜。吃了这种饭真像"水浒"中鲁智深说的"嘴里淡出鸟来"。学生个个面有菜色。晚上在教室里自修，每人点一盏两三根灯草芯的桐油灯，油灯昏暗无光，冒着黑烟，映着衣衫褴褛瘦削苍白的人脸，使家霆想起但丁《神曲》中的"地狱篇"。②

常年千篇一律和清汤寡水的伙食也为国立九中学子编撰戏谑的打油诗提供了绝佳材料。李洪山曾在日后的回忆中记录了当时盛行国立九中校园，带有鲜明四川方言色彩的打油诗：

> 国立中学堂，遭烟棒！陈年老米沙石拌，八颗胡豆下稀饭（我数过，多时十三颗，少则六颗半）；中午干饭一斤半（0.75 公斤），南瓜皮，和倒干（混煮），你说凄惨不凄惨！③

仅能勉强维持学生基本温饱的伙食水平，最终导致国立九中学子个个食不果腹，面黄肌瘦，以至于"上演反映二战的活报剧，竟找不到一个胖子扮演英国首相丘吉尔"④。

与国立九中艰苦的学习环境和简陋的生活条件形成鲜明对比的是国立九中学子呈现出的积极向上的精神面貌，突出表现为学子们群体性的苦学精神。1941 年，一位国立九中学子曾为世人描绘过全校同学勤奋苦学的场景：

> 六点半，到七点半，是自修，这时候，读书的空气，播送到整个的原野，各处都有人；捧着一本书，在朝气新鲜的大地上，自然的宇宙里，高声地朗诵，这种读书的精神，实在是令人钦佩，教室里更有在那孜孜不倦

---

① 王火. 独特生涯 [M]. 深圳：海天出版社，2019：92.
② 王火. 战争和人：三 [M]. 北京：人民文学出版社，1993：21.
③ 李洪山. 西渡漫记 [Z]. 1997：44.
④ 左克. 母校 [Z]//相惟义. 抗日战争时期国立第九中学建校六十周年纪念册. 重庆：江津印刷厂，1998：44.

的，伏在案上用功，毫不懈怠，不肯让过一分钟的时光。①

1927 年出生的安徽休宁少年汪耕，1938 年至 1945 年在国立九中就读初中和高中，高中毕业后考入交通大学电机工程系就读。多年以后，已是中国科学院院士、著名电机设计专家的他，仍然对当年包括自己在内的国立九中学子穷且益坚的苦学精神印象深刻：

> 那时候因为物价飞涨，每天在学校的师生只有一斤粮食。菜是 8 个人吃一个砂锅，当然不够，吃不饱，喝米汤也感觉好得很。生活虽然艰苦，可学生都很勤奋。②

在国立九中众多勤奋好学的学子中，有一位学生给其他同学留下了尤为深刻的印象。1940 年至 1941 年就读于国立九中高中三年级的冯远明，时隔多年以后，仍然对这位同班同学虽然身处恶劣环境但却安之若素的发愤场景难以忘怀：

> 稼先没有钢笔用铅笔，没有练习本，把机关办公用过的废统计图表背面充分利用；把一枝枝（支支）铅笔削得又细又尖，写在练习本上整整齐齐。由于他长期用铅笔，手指头磨出了很大很厚的老茧，每写一个字，手指很痛，但他始终如一，笔记仍然细致整齐。稼先对物理课特别爱好，苦心钻研。当时没有统一教材，他找到商务印书馆、中华书局出版的教本，反复对照，取长补短；而且还找到了萨本栋物理学、达夫物理学等大学教材作参考。学校的图书馆藏书很少，找不到他所需要的参考书，就跑到隔江的江津县图书馆去借。③

文中提到的稼先，正是日后为国人所熟知的中国科学院院士、著名核物理学家、"两弹元勋"邓稼先。邓稼先，1924 年出生于安徽怀宁。全面抗战爆发后，正在北京就读中学的他被迫中断学业，随家人辗转流亡至大后方，插班进入国立九中高一分校继续学业，直至 1941 年 7 月高中毕业考入国立西南联合大学物理系就读。

三、"从九中走出来的人才众多，和邓校长的苦心经营不可分"

邓先生是一位学者型的校长，尽量延请高水平的教师来九中任教。从

---

① 左克恭. 扬子江滨的九中 [J]. 学生之友，1941，3（3）：21.

② 李定超. 国立九中走出的九位院士 [J]. 红岩春秋，2018（10）：62-67.

③ 相惟义. "两弹元勋"邓稼先 [Z]// 相惟义. 抗日战争时期国立第九中学建校六十周年纪念册. 重庆：江津印刷厂，1998：37.

九中走出来的人才众多，和邓校长的苦心经营不可分。①

章开沅先生口中提及的邓校长，是指国立九中第二任校长邓季宣。2012 年，当他忆及自己的国立九中学生生活时，仍然对邓季宣激赏不已，字里行间表现出对其教育家办学的高度认同。在章开沅先生看来，邓季宣无疑是"九中历任校长中影响最大、任期最长的一位"②。作为曾经担任华中师范大学校长的著名教育家，章开沅先生对于邓季宣办理国立九中能够有如此高的评价，足见邓季宣的教育理念与办学实践对少年章开沅的影响之深。

1938 年至 1941 年就读于国立九中，1948 年毕业于国立中央大学，日后成为中国工程院院士、我国现代草原科学奠基人之一的任继周对邓季宣的办学同样评价颇高："国立九中校长邓季宣，他是个大学者，大气魄的人，演讲非常有风度，这对我们在战争状态下的一代中学生来说是一大福气。"③ 1945 年国立十六中初中毕业考入国立九中高中一分校就读的李洪山，也认为邓季宣"于九中任期最长、办学最力、建树最多、影响最大"④。1942 年至 1944 年就读于国立九中的王火，对于邓季宣也有着和章开沅、任继周与李洪山相同的评价。他曾在自传体历史小说中借主人公童家霆之口细致描绘过国立九中校长"邓宣德"：

> 校长邓宣德，花白头发梳得异常光滑，一个留山羊胡子穿紧身西装的老头儿。早年在巴黎一个什么大学攻读心理学的。比较开明，不大多管事，原先在教育界有点名望和地位，译过些《心理学概论》之类的书。他不大向学生讲政治，甚至在每星期一的纪念周上也不爱讲话，要讲也只是简单谈谈时局，不外是盟军打得不错啦，轴心在走下坡路啦，等等。……学生们对邓宣德印象不算坏。他这人对学生不用高压手段，很少用开除、记过的办法对付学生。他也不贪污学生的公费。⑤

尊师重教、学者气度、思想开明、办学民主、爱护学生、操守高洁、治校清廉，校长邓季宣的办学理念与人格形象，通过章开沅、任继周和王火等人的回忆跃然纸上。

邓季宣，1892 年出生于安徽怀宁。1919 年赴法勤工俭学，先后就读于里昂大学和巴黎大学。回国后历任复旦大学和光华大学文史教授，安徽大学、白沙

① 章开沅，彭剑. 章开沅口述自传 [M]. 北京：北京师范大学出版社，2015：28.
② 章开沅，彭剑. 章开沅口述自传 [M]. 北京：北京师范大学出版社，2015：27.
③ 李定超. 国立九中走出的九位院士 [J]. 红岩春秋，2018（10）：62-67.
④ 李洪山. 西渡漫记 [Z]. 1997：73.
⑤ 王火. 战争和人：三 [M]. 北京：人民文学出版社，1993：29.

女子师范学院哲学教授，先后担任安徽省立高级工业学校、安徽省立宣城师范学校、国立第九中学、安徽省立安庆女子中学校长。中华人民共和国成立后，历任江苏国学图书馆、南京市图书馆和江苏文史馆馆员和研究员。1972 年病逝于安庆。①

邓季宣并非在抗战期间掌管国立九中时才显示出教育家办学的风范，全面抗战爆发前其在安徽任职校长时已是如此。1937 年毕业于安徽省立宣城师范学校的王育璜，在校三年期间曾有幸受教于邓季宣，他曾于日后追忆过时任校长的邓季宣严格遵循教育规律办学的诸多细节：

> 抗战前邓公季宣先生任安徽省立宣城师范（前身为安徽有名的"四师"）校长。他治理学校严格，教育与教学讲究实际反对浮躁，树立师范学校的优良校风、学风。邓公学识渊博，办学独立自主，不与世俗苟同，与上层权势也格格不入，可说是冰炭不容。对社会形形色色官僚不与其往来，疾恶如仇。在那时代邓公"我行我素""我办我校"，真是一个教育家超然风度与气概。②

王育璜笔下的"我行我素""我办我校"，无疑将邓季宣致力于追求教育家办学的高尚境界刻画得淋漓尽致。无论是全面抗战前，抑或战火纷飞年代，作为校长的邓季宣的办学理想和实践努力，可谓一以贯之，清晰可循。

追求教育家办学境界的校长必然重视延聘良师教书育人。国立九中能够在战时汇集一批优良师资潜心作育人才，与办学之初即担任教导处主任，后又长期担任九中校长的邓季宣的经营密切相关。国立安徽第二中学筹备之初，首任校长陈访先即任命邓季宣为教导处主任。由于陈访先常驻重庆，未能时常视校，日常校务实际上从一开始即由邓季宣代理负责。学校正式上课不久，邓季宣即被任命为第二任校长，直至 1942 年秋离职。因此，就抗战时期国立九中办学的奠基和发展而言，邓季宣实为"国立九中的实际创始人，为学校建起一套完整的教学体制，一直沿袭到终结"③。

国立安徽第二中学筹备伊始即重视延聘优良师资教书育人。建校之初，教职员绝大多数就教育部发交审查登记合格之皖籍中等学校教职员中选聘。学校

---

① 邓念陶. 我的父亲邓季宣［Z］∥相惟义. 抗日战争时期国立第九中学建校六十周年纪念册. 重庆：江津印刷厂，1998：31-32.

② 王育璜. 缅怀邓公一代宗师［Z］∥相惟义. 抗日战争时期国立第九中学建校六十周年纪念册. 重庆：江津印刷厂，1998：29.

③ 相惟义. 国立九中史略［Z］∥相惟义. 抗日战争时期国立第九中学建校六十周年纪念册. 重庆：江津印刷厂，1998：25.

规定教员一律为专任，初中教员每周授课 16 小时至 20 小时，高中及师范教员每周授课 14 小时至 18 小时。① 1945 年进入国立九中就读高中的李洪山的回忆也印证了上述说法："国立九中的教师队伍，从战区合格教师中遴选组成。他们多半来自战前的安徽省立二中，和皖境长江沿岸的一些省、市立中学。"②

1939 年 5 月，距离国立安徽第二中学正式开学已逾半载，距离国立安徽第二中学更名国立第九中学刚刚过去一月，校方曾对全校 153 名教职员的学历资格进行统计，其中毕业于国内外师范大学或大学教育学院科系者 25 人，占比 16%；毕业于国内外大学本科高等师范或专修科者 67 人，占比 44%；毕业于国内外专科学校或专门学校本科者 34 人，占比 22%，以上学历资格的教职员整体占比高达 82%，国立九中师资水平之整齐划一可见一斑。③

国立九中优良师资鲜明表现为教师整体学行优良和扎实过硬的教书育人能力。正如李洪山所言："国立九中以学生历年升学率高而为人所称道。成天下之才在于教化，这要归功于教师的言传身教、春风化雨。他们教给学生的不仅是文化科学基础知识，更注重培养学生爱国、进取、正直、友爱等优良品质。"④ 日后众多关于国立九中学生生活的追忆文章中，此种给予学子们学识与人格影响的良师俯拾皆是。

数十年后，章开沅先生曾在一篇回忆文章中为世人刻画过国立九中地理教员张耀祖极富个性魅力，善于寓育人于教书，潜移默化地影响自己人格发育的感人课堂教学场景：

> 有些老师虽然已经印象模糊，但个别特别精彩的课堂瞬间却永远定格在我的心中。如教中国地理的张耀祖老师，长身玉立，江浙口音，板书与绘画挥洒自如，大气磅礴。有次讲到华北某个地区，由于已经沦陷多年，他突然提高声调吟诵陆游的《示儿》："死去元知万事空，但悲不见九州同。王师北定中原日，家祭无忘告乃翁。"边吟诵边板书，吟毕书竟，龙飞凤舞，一气呵成！课堂肃然无声，只见张老师略为间歇，端起随身携带的大茶壶咕咚咕咚喝了几大口，目光如炬，满脸通红，俨然关羽再世。尽管没

---

① 陈访先. 国立安徽第二中学之筹备经过与设施状况 [J]. 安徽教育，1939 (1)：30-32.

② 李洪山. 西渡漫记 [Z]. 1997：20-21.

③ 国立第九中学概况表 [J]. 国立九中校刊，1939 (1)：51. 文中百分比系作者根据《国立第九中学概况表》原始数据统计得出。

④ 李洪山. 西渡漫记 [Z]. 1997：22.

有任何掌声与喝彩，但对我们幼小心灵的滋润都已蕴藏终生。①

正如章开沅先生所言："这样的课堂教学，这样的即兴发挥，只有在那样的时代，那样的环境，才有可能自然涌现，无须任何事先的教案与演习。"② 既富学识文采，亦重德行操守，以身作则，寓育人于教书，类似于章开沅笔下张耀祖这样的良师，也见于国立九中学子任继周的回忆中。多年以后，已是中国工程院院士的任继周依然清晰地记得，当年自己所在班级的国文教员强忍丧子之痛坚持给同学们认真上课的感人场景。③

学校办学之关键要素在人。"在战时的环境里，师生都有国难家仇的深刻体验，由此产生抵御外侮，救国兴邦的理想，成为全校的精神支柱。师生团结一心，诚教勤学，不顾物质上的一切困苦，奋发进取，积极向上，融合成良好的校风。"④ 崇尚遵循教育规律办学的校长、尽职尽责教书育人的良师、发愤图强勤勉苦学的学子，辅以抗战烽火年代国难家仇的精神砥砺，为抗战时期国立九中醇正严谨校风的培育、声誉日隆的办学质量的形成乃至影响深远的育人成效的凸显奠定了坚实基础。

四、"寓改造整顿于救济之中"

瞿老师擅长二胡，常在课余辅导我们学琴，还指导我们做二胡。做二胡的材料基本都是就地取材。琴筒是竹子做的，琴杆是竹子做的，琴柄也是竹子做的。弓用藤制成，挖来之后，在瞿老师的指导下小心地烤制。为了得到蛇皮，我们漫山遍野地找蛇。要是打到一条大的，大家就高兴坏了，分蛇皮，吃蛇肉。马鬃也是就地解决。江津一带山地多，运输多用马。当有马运送东西到学校来，卸了货之后，马被拴在外面，我们就去马尾上取毛。唯一要花钱买的，大概就是松香了。花上一两分钱，买一点，大家分。在瞿老师的带领下，几乎人手一把二胡。瞿老师教我们二胡曲目，以刘天华的作品为主，像《良宵》《病中吟》《光明行》《空山鸟语》，我都学会

---

① 章开沅. 序言［M］// 王立. 簧府弦歌烽火中：抗战烽火中的湖北联中（1938—1946）. 北京：九州出版社，2018：2.

② 章开沅. 序言［M］// 王立. 簧府弦歌烽火中：抗战烽火中的湖北联中（1938—1946）. 北京：九州出版社，2018：3.

③ 李定超. 国立九中走出的九位院士［J］. 红岩春秋，2018（10）：62-67.

④ 潘立斋. 建校六十周年庆祝大会开幕词［Z］// 相惟义. 抗日战争时期国立第九中学建校六十周年纪念册. 重庆：江津印刷厂，1998：10.

了，而且还登台表演过。①

章开沅先生笔下的瞿老师，系国立九中音乐教员瞿安华。瞿安华，著名二胡演奏家、教育家，原南京艺术学院教授。1937 年毕业于上海新华艺专，担任安徽省立中学音乐教员。全面抗战爆发后，担任国立九中音乐教员，在校期间大力推广二胡。在他的提倡和影响之下，国立九中校园内掀起了一场"二胡飓风"②。已故中央民族管弦乐团总指挥，我国杰出的民族音乐大师、著名指挥家、作曲家彭修文，1944 年就读于国立九中初一分校。自幼喜爱操习民乐的他在校期间得到瞿安华的悉心指导和培养，二胡演奏技艺更臻成熟。③

之所以要逐字逐句地将章开沅先生的回忆文字摘录引用，原因在于，上述文字包含了诸多内涵丰富的信息：首先，国立九中学子埋头书本勤奋苦学，并不妨碍其利用课余时间积极参加文娱活动；其次，国立九中学子充分发展个人兴趣爱好与校方的鼓励支持以及教师有意识的引导关系密切。

章开沅先生之于国立九中文娱生活的追忆，折射出抗战时期国立中学办学重视引导和培养学生德智体美劳全面发展的育人理念。重视培养全面发展的人，既是着眼于纠偏战前中学教育办学实践之不足，亦是对抗战时期国立中学特殊办学使命的积极回应，时任教育部部长陈立夫在国立安徽第二中学开学典礼所发表的讲话十分清晰地传达了这一理念。

在陈立夫看来，抗战时期，教育部之所以要在大后方遍设包括国立安徽第二中学在内，在规模和性质上有别于抗战前省立、公立和私立中学的诸多国立中学，其意义并不在于单纯救济和收容来自战区和沦陷区的流亡中等员生，同时还在于积极纠正抗战前中等教育办学业已凸显的诸多弊端："设置目标亦非全在于救济，而为谋改造中等教育制度，以应战时之需要……"用陈立夫的话来说，抗战前中学教育发展存在的最大不足，就在于"过去学校教育之功能，虽复有事实之表现，然其不切事机之缺点，亦皆暴露无遗"，具体表现为"从前智育之偏重灌输，德育之视等具文与体育之误解意义，影响之及于国民性智能者至巨"。因此，战时之所以要创办国立中学，其目的恰恰是要在最大限度救济流亡员生的同时，"寓改造整顿于救济之中"，进而以自身办学实践为其他地方中学做出示范和表率："故别以精神、体格、学科、生产劳动，及特殊教学与战时

---

① 章开沅，彭剑. 章开沅口述自传［M］. 北京：北京师范大学出版社，2015：32-33.
② 李洪山. 西渡漫记［Z］. 1997：32.
③ 陈士骅. 怀念彭修文［Z］//相惟义. 抗日战争时期国立第九中学建校六十周年纪念册. 重庆：江津印刷厂，1998：38-40.

后方服务五项训练代之，凡所以为国立中学实验效果，而逐渐推行于一般中学之地步"。①

陈立夫口中的精神训练、体格训练、学科训练、生产劳动训练及特殊教学与战时后方服务训练，最早见于 1938 年 2 月 25 日教育部颁发的《国立中学课程纲要》，此纲要系抗战时期指导国立中学办学的总体方针和办学思想。② 国立安徽第二中学办学伊始，即明确将《国立中学课程纲要》规定的五项训练作为自身办学指针。③ 纵观其办学历程，这一理念并不仅仅停留于纸面，而是切实付诸其育人实践各个方面。

国立九中办学者和教师善于利用包括课堂教学在内的各种教育教学途径积极影响和培育学生的爱国思想。前文所引章开沅先生追忆国立九中地理教员张耀祖极富感染力的课堂教学场景，时为少年的他不仅在课堂教学中接受知识，同时更多地受到教师爱国情绪的感染："中国不可侮，中国不会亡，张老师的讲课仿佛岳母刺字一样，把'抗日救亡'四个大字永远刻在我们心中，并且成为我们以后大批学生投笔从戎光复神州的前奏。"④

课堂之外，国立九中办学者也不失时机地通过各种方式潜移默化地培育九中学子的爱国观念。据章开沅先生回忆："在全校性的'总理纪念周'上，除了演绎千篇一律的'三鞠躬'、'静默三分钟'、唱'三民主义吾党所宗'、背诵'总理遗嘱'的仪式之外，邓校长总会自己亲自演讲，或从重庆延请各界名流来演讲。我记得冯玉祥和一些文化名人都曾经被他请来讲过。通过这些演讲，开拓学生的视野，使学生在紧张学习之余，关心时局，心系国家。"⑤

国立九中之于学生的爱国教育成效显著。1944 年，冯玉祥前来江津宣传抗日，国立九中专门发起校内献金竞赛大会踊跃响应。全校教职员工，尤其是莘莘学子反应积极热烈，新闻媒体更是极尽能事对此进行大幅报道，直言此为国立九中平日重视对学生进行爱国教育的自然结果。姑将当时新闻报道完整实录于此，以便了解和感受国立九中学子拳拳爱国之心：

> 爱国教育培养出之爱国情绪，在国立九中校内献金竞赛大会中充分表

① 陈立夫 . 国立安徽第二中学开学典礼训词 [J]. 国立九中校刊，1939（1）：1-3.
② 中国第二历史档案馆 . 中华民国史档案资料汇编：第五辑·第二编·教育 [M]. 南京：凤凰出版社，1997：571-574.
③ 陈访先 . 国立安徽第二中学之筹备经过与设施状况 [J]. 安徽教育，1939（1）：30-32.
④ 章开沅 . 序言 [M] // 王立 . 黉府弦歌烽火中：抗战烽火中的湖北联中（1938—1946）. 北京：九州出版社，2018：3.
⑤ 章开沅，彭剑 . 章开沅口述自传 [M]. 北京：北京师范大学出版社，2015：28.

现。十八日下午一时，献金开始，献金者如潮涌至，献金台前，一时欢呼声与军乐并起，至当晚八时，献不犹金者愿休息，枵腹要求延长献金时间。致使邵华校长为难。献金人学生、工友、校警、号兵、女佣、厨工皆有，附小学生朱永葆、刘泽年二人，爬在献金台，各献一千一百余元，工友冷至诚，献金一千二百元，女工郑大姐，献五百二十元，年老女佣杨大娘，献二百余元，号兵李锦堂，献金一千余元，理发师胡海清献五百元，女生张淑瑜先献六千一百元，并献戒指一枚，继将所余之二百二十元，亦全部献出，音乐教员瞿安华，视之甚为感动，立时借来二千元捐献。高一分校高三下一班，全系来自战区无钱可献之学生，乃绝食一日，将膳费献出，其他各班学生亦相继响应。最后全校学生、工友一律绝食一日，将膳费捐献。初三分校女生决定全体食稀饭一日，将省下之饭费献出。学生陈东浮个人捐献三万四千元，李文懋献三万二千元，初中女生刘永兰献二万三千元，其他女生纷纷献出珍贵之纪念品，珊瑚珠、金银链之类，全校捐献总数，除实物外，共达五十万元，与去岁成都五大学献金总数相等，以战区学生占百分之七十五以上之国立九中，仅学生三千余人，有此成绩，江津各界无不为之震动。①

作为一所战时流亡中学，学生大多背井离乡，断绝家庭接济，基本生活全靠国家贷金供给，竟然能以一校之力，捐款数额堪与华西五大学献金总数相等，无怪乎成为当时社会热议现象，竞相引发新闻舆论报道。此次献金大会尤其引人注意者，在于国立九中学子所迸发出的爱国热情，也深深感染了国立九中的校工们。其亦纷纷解囊，唯恐落于人后，争相尽一己微薄之力。

国立九中办学重视学生体育工作。校方积极支持各级学生组织各类球队，鼓励通过学生之间和师生之间定期举办比赛，以达到强身健体之目的。1939年8月1日出版的《国立九中校刊》曾报道过初中分校形式多样的体育活动，包括初中分校各级之间举行篮球级际锦标赛、初中分校学生组建排球队与全校职教员排球队进行比赛以及初中分校学生足球队与教职员足球队进行比赛。②

国立九中学子利用课余时间积极自发参与体育锻炼的热情高涨。1941年，一位国立九中学子曾为世人描绘过国立九中种类繁多的体育竞赛和锻炼氛围：

　　　　九中每一个同学，都是爱好运动的，活跃、纯洁——是他们唯一的天

---

① 佚名. 国立九中举行献金竞赛大会：全校师生共献五十万元 [J]. 工作竞赛月报, 1944 (4)：43.

② 佚名. 本校初中分校体育活动情形 [J]. 国立九中校刊, 1939 (1)：31-32.

性，每天黎明的一刹那，就可以看见很多的同学，踱到运动场上，深呼吸，做各种的运动，升旗以后，便停止了，下午从三点钟以后，篮球场排球场，都充满了活跃的青年，因为运动器具不多，一些小同学不容易得到运动的机会，他们便在运动场上，借"角力"来活动身体。学校在去年五月里，举行一个春季运动会，师生一致参加，这该是一次有价值的运动会，自这次运动会以后，同学对于运动又提高了不少的兴趣，运动会以后，还有一次爬山竞赛，除掉了这些以外，每个学期，每个分校，都有一个班级各种球类比赛，九中里，每个同学，对于运动，都是不肯疏忽的！①

《国立中学课程纲要》明确将生产劳动训练列为国立中学五项课程之一，要求各科各年级学生"均须受生产劳动训练"②。教育部部长陈立夫也在国立安徽第二中学开学典礼训词中指出，忽视生产劳动教育，是抗战前中学教育办学实践之一大不足：

> 过去教育之未能注意于生产化，与劳作教科之多敷衍功令，实为不可讳言之事实。今后之如何重术德兼修，生产部门之技术训练，如何求切实适应地方之需要，均为教学上之重要目标，所当悬的以趋，赴以全力，此则利用厚生，全体师生不可不知其责任之重大者二也。③

从陈立夫的话语中，不难感受其寄希望国立安徽第二中学办学能够对生产劳动教育予以足够重视。

国立九中办学通过两个方面积极开展生产劳动教育。一方面，面向全校学生开展旨在增加生产和改善学生生活为目的的生产劳动教育。章开沅先生晚年仍然对此记忆犹新："我至今都还有参加集体劳动种蚕豆的记忆。"④ 1941 年，一位国立九中学子更是为世人描述了全校学生热火朝天参与校内生产劳动的场景：

> 我们学校，为了要增加农产，供应现实的需要，这样便开了几十亩的菜地、掘土、播种、施粪，是我们男同学的工作，捉虫，是女同学的任务，当地农人，瞥见了这种情况，很惊讶地感叹，我们能做到这种工作，是出乎他们意料之外，虽是有少数同学，没有养成习惯，手掌上竟起满了一手

---

① 左克恭. 扬子江滨的九中 [J]. 学生之友，1941，3（3）：22.

② 中国第二历史档案馆. 中华民国史档案资料汇编：第五辑·第二编·教育 [M]. 南京：凤凰出版社，1997：573.

③ 陈立夫. 国立安徽第二中学开学典礼训词 [J]. 国立九中校刊，1939（1）：2.

④ 章开沅，彭剑. 章开沅口述自传 [M]. 北京：北京师范大学出版社，2015：44.

的泡，但是他们，不但不怨恨，而且还是很兴奋，他们由抗战烽火里生长出来的，不怕任何的艰难困苦的工作，都得去担任，因为将来还有更多的，建国责任，全落在我们的两肩！①

另一方面，学校积极响应抗战建国号召，结合办学所在地生产发展实际，适时增设职业科，旨在培养高级专门人才，助力当地生产事业发展。1939 年，结合江津当地盛产柑橘这一实际情况，国立安徽第二中学校方决定在高级农艺班先行增设园艺科，计划招收 40 名，年龄在 17 岁至 25 岁，身体强健之青少年，修业年限暂定三年，目的在于"以资改进，增加生产，而裕国库"。②

国立九中各分校师生对于推行社会教育同样不遗余力。1939 年 8 月 1 日出版的《国立九中校刊》创刊号曾对此有过专门报道，从中可一窥国立九中开展社会教育的基本情形。

国立九中高中分校专门成立社教推行委员会负责社教推行事宜，在第一次召开的委员会议中，议决通过以下四项提案："一、在德感场设置壁报栏，每周由各级轮流出壁报三次，供给市民各项知识。二、加强歌咏团组织，规定例假日分赴附近市镇及乡村，实行宣传工作。三、设民众夜校一所，第一期训练校工、厨工，及附近文盲农民一班。现已开学多日，教学情绪，颇为浓厚，将来继续举办，收效宏大，定可预期。四、订于'七七'纪念日，举行扩大抗战建国宣传。"③

1939 年 6 月 4 日，高中分校师生发起慰劳伤兵活动，由该校五四歌咏团全体团员暨各级代表组织慰劳队，前往江津德感场三王庙一三一后方医院进行慰劳，先后表演合唱、独唱、口琴独奏、金钱板和平剧等节目，最后慰劳队与全体伤兵合唱《全民抗战》，"全体精神振作，充溢欢愉和乐空气"④。

国立九中初中分校"为辅导学生推行社教，启发民众智力，增强抗战力量起见"，聘请初中分校十六名教职员为社教推行委员，成立社教推行委员会，负责"规划指导学生参加社教活动"。在 1939 年 6 月 14 日举行的第一次会议中，议决由专人负责与当地保甲长士绅接洽，"筹备民众学校二所，阅报室一所"，由专人负责与一三一后方医院接洽，"进行伤兵教育"。⑤ 6 月 9 日，国立九中战时后方服务团初中分团召集干事会议，决定由宣传股派出戏剧员、歌咏队、慰

---

① 左克恭．扬子江滨的九中［J］．学生之友，1941（3）：22.
② 马西苓．国立安徽第二中学增设高级农艺班计划书［J］．安徽青年，1939（2）：24-25.
③ 佚名．本校高中分校积极推行社教［J］．国立九中校刊，1939（1）：31.
④ 佚名．本校高中分校慰劳伤兵［J］．国立九中校刊，1939（1）：32.
⑤ 佚名．本校初中分校积极推进社教工作［J］．国立九中校刊，1939（1）：33.

问书信队于 11 日上午前往一三一后方医院慰劳伤兵，同时向校内教师同学发起募捐活动。截至 9 日晚 8 时共计收款 120 余元，了解到负伤将士急需基本生活用品，慰劳队立即采办折扇及手巾各 400 只。11 日慰劳队入院表演戏剧歌咏，代写并负责邮寄书信 160 余封。①

国立九中师范分校成立社教推行委员会，下设扩大宣传、慰劳伤兵、民众学校、流动教学、通俗演讲、社会调查、壁报和歌咏八组。开展活动为前往一三一后方医院慰劳伤兵，具体为代写书信、时事报告、个别慰问、演讲、歌咏、双簧、口琴及话剧等，"当时情形，极为融洽"②。

五、"在那所简陋而又充满精神财富的学校里"

1946 年 5 月，依照《国立中学复员办法》规定，国立九中迁皖改省立，非皖籍员生各返原籍就业就学，国立九中结束历史使命。③ 此时，距离 1938 年 9 月教育部决定筹办国立安徽第二中学已近八载。

1938 年 12 月 15 日，国立安徽第二中学正式开学，教育部部长陈立夫莅临开学典礼并发表长篇训词。其在开篇即希望全校师生能够切实理解，国立安徽第二中学之所以创设，根本目的在于寓改造中等教育于救济之中："以其缔造之艰难与意义之重大，全体师生必当有深刻之认识，与深切之了解。"随后，陈立夫结合安徽历史文化、地域物产、抗战之于师生的影响、创设国立中学的目的以及师生颠沛流亡经历等方面，对全体师生提出"当知继往开来责任之重大""当知抗战建国责任之重大""不可忘尝胆卧薪之教训"等六点期望。作为抗战时期国立中学的擘画与肇始者，上述期望可谓承载着陈立夫寄予国立安徽第二中学未来办学的殷切"厚望"：

> 凡此六端，皆其荦荦大者，所望全体师生于备尝艰苦之余，知忧戚玉成之义，乘时奋勉，以达成其使命，为中等学校树立更生之楷模，为安徽教育奠定复兴之基础，倡导力行，师勉其弟，以充实健全之新生活，创造笃实光辉之新生命，本部长有厚望焉。④

对于国立安徽第二中学办学寄予"厚望"的还有首任校长陈访先。1939 年

① 佚名. 本校初中分校慰劳负伤将士 [J]. 国立九中校刊，1939（1）：34.
② 佚名. 本校师范分校积极推进社教 [J]. 国立九中校刊，1939（1）：34.
③ 教育部教育年鉴编纂委员会. 第二次中国教育年鉴 [M]. 上海：商务印书馆，1948：385.
④ 陈立夫. 国立安徽第二中学开学典礼训词 [J]. 国立九中校刊，1939（1）：3.

12月15日，国立安徽第二中学正式开学。面对日寇步步紧逼，家园沦陷，回想全校师生忍痛背井离乡，颠沛流离，回顾过往三个月艰辛备尝的建校经过，作为一校之长，陈访先同样将未来收复失地和重建家园的希望寄托于国立安徽第二中学的莘莘学子：

> 安徽全省原有公私立中等学校约六十余所，学生数均达二万人。抗战军兴，各重要县城先后陷入敌手，中等学校数经迁移改组。现全省省境以内除皖南五所中学仍继续开办外，其余几已全部停顿矣。安徽青年之教养，目前唯湘西皖中与本校是赖。是两所国立皖中不啻安徽教育之命脉，将来建设新安徽，当以此两校青年为干。①

陈访先提及的湘西皖中即稍早于国立安徽第二中学创办，同样旨在救济皖省流亡中等学校员生，位于湘西办学的国立安徽第一中学，日后更名为国立第八中学。陈访先将这两所国立中学视为"安徽教育之命脉"，可见它们在其心目中地位之重要与特殊。

检视国立九中近八年的办学历程与育人实践，其可谓并未辜负陈立夫和陈访先寄希望于其的诸多"厚望"。其最大限度发挥了作为战时流亡中学旨在救济与教养沦陷区和战区流亡中等学校员生的作用，为国家和社会培养了一大批合格的中等教育人才，为抗战期间和抗战胜利后中国高等教育发展不间断地输送大批优质生源。办学近八年，国立九中先后招收包括高中、初中和师范在内的各类学生共计21917名，培养各类毕业生总计3185名②，历届高中毕业生70%以上均顺利升入知名高等学府进行深造③。

国立九中孕育和培养出众多在新中国建设和民族复兴进程中做出杰出贡献的国家栋梁，相继走出了九位"两院"院士，分别是中国科学院院士、著名核物理学家、"两弹元勋"邓稼先，中国科学院和工程院院士、中国核动力科学与工程技术研究设计的奠基人和开拓者之一赵仁恺，中国科学院院士、著名电机设计专家汪耕，中国科学院院士、中国计算机事业的奠基人之一夏培肃，中国工程院院士、草地农业科学家、我国现代草原科学奠基人之一任继周，中国工程院院士、著名地基基础工程专家黄熙龄，中国科学院院士、著名地质勘探学

---

① 陈访先. 国立安徽第二中学之筹备经过与设施状况 [J]. 安徽教育，1939（1）：30-32.
② 教育部教育年鉴编纂委员会. 第二次中国教育年鉴 [M]. 上海：商务印书馆，1948：385. 文中数据系作者根据《第二次中国教育年鉴》中《国立九中历年班级学生毕业生经费数据统计》统计得出.
③ 李洪山. 西渡漫记 [Z]. 1997：34.

家、地质教育家赵鹏大，中国科学院院士、著名半导体与微电子学专家陈星弼，中国工程院院士、核化学与化工专家傅依备。① 茅盾文学奖得主、著名作家王火，著名历史学家与教育家、华中师范大学原校长章开沅也均出自国立九中。

国立九中的受教经历深刻地影响到国立九中学子的智识发展、价值观形成以及精神发育，成为影响其日后人生选择和事业发展不可或缺的宝贵财富。"邓稼先一生流露出炽热的爱国心，和坚忍不拔、一往无前的精神，是永远让人敬佩的。这种精神与青年时期的培育，是有一定渊源的。"② 赵鹏大，1945 年就读于国立九中高中一年级。虽然其仅在国立九中学习和生活一年，但用他自己的话来说："我在江津求学的一年，不但是人生观、世界观形成的一年，而且还是我人生具有转折意义的一年"，"国立九中的老师教育对我影响很大"。正是由于受到国立九中地理教师课堂教学的启发与影响，高中毕业的他不顾家人反对，毅然选择报考国立北京大学地质学系，从此毕生从事地质学研究与教学，日后成为著名地质勘探学家与地质教育家③。

战时中学物质生活确实艰苦卓绝，但我们的精神生活却相当丰盈，我们有那么多堪称教育家的优秀校长，为数更多安于清贫、潜心施教的资深教师，还有那比较齐全的图书资料与实验设备，让我们有幸享受历史上难得一见的上乘基础教育，并且较早就拥有一个美好的精神世界。④

章开沅先生晚年论及自己国立九中的学习和生活时曾经有过上述至为精当的评论，这段话既是对国立九中办学之于抗战时期流亡少年特殊而深刻影响的精辟阐释，亦可视为艰苦卓绝的抗战烽火年代国立九中仍能弦歌不辍作育大批人才的原因解读，章先生的话无疑值得后世深思！

---

① 李定超. 国立九中走出的九位院士［J］. 红岩春秋，2018（10）：62-67.
② 相惟义. "两弹元勋"邓稼先［Z］// 相惟义. 抗日战争时期国立第九中学建校六十周年纪念册. 重庆：江津印刷厂，1998：37.
③ 李定超. 国立九中走出的九位院士［J］. 红岩春秋，2018（10）：62-67.
④ 章开沅. 序言［M］// 王立. 黉府弦歌烽火中：抗战烽火中的湖北联中（1938—1946）. 北京：九州出版社，2018：2.

第十二章

"融三育以并进，合文武而兼长"：抗战时期国立第十中学在甘办学研究

一、天水草创

1938 年 6 月，日寇侵占河南省会开封。面对大批西撤的中等学校员生，国民政府在河南和陕西多地设立登记处予以收容和救济并分批遣送至西安集结，随后又分批送往甘肃天水东关造币厂，最初命名为天政学生队，后更名河南流亡学生救济委员会，再易名陇豫公学。①

1938 年，年仅 13 岁的河南偃师少年魏诚离别家人，跟随其他流亡学生一起登上开往陕西的火车。时隔多年，已近古稀之年的他，回忆起当年由虢镇徒步前往甘肃天水，翻山越岭的场景时依然印象深刻，历历在目：

> 不知走了多少时间，火车在虢镇小站停了下来，离宝鸡还很远。我们已经到了大西北的陕西省。稍事休息后，开始徒步行走，一个跟一个，背着自己的小包袱，向越走越远的路上走去。逢山登山，逢水淌河，水深时把小包袱顶在头上，手拉着手两岸连起来，像一支长长的大弓，一个人被冲倒，大家都要喝点水，有哭的有笑的。到了陇县，要翻关山，山高森林大，为了一天能爬过去，天不明就出发，黑洞洞的，什么也看不清楚，只听见风簌簌响，偶尔看见远处树林里一明一暗的"鬼火"，还不时地传来野狼的吼声，真使人毛骨悚然。个个吓得话也不敢说。相互拉着衣襟静悄悄地走着。脚上磨出许多血泡，翻山越岭，终于到了甘肃陇南重镇天水。②

抵达天水后，包括魏诚在内的众多流亡学生被安排住在"古老的厂房四风

---

① 张绍源. 抗日战争时期的国立十中初创阶段 [Z]//清水县政协文史资料委员会，国立第十中学校友清水联谊会. 清水文史：第 2 辑. 1993：2.

② 魏诚. 国立十中求学记 [Z]//清水县政协文史资料委员会，国立第十中学校友清水联谊会. 清水文史：第 2 辑. 1993：64.

不避，夏天倒也清爽，只是冬天好似冰箱"的造币厂，编队开始军训。后来发生军训教官毒打学生，引发学生闹事，遂"每人发了一个小木板，一个小凳子，开始学习文化课"。

在魏诚的回忆中，除了破败的厂房、凶狠的军训教官和简陋的学习用具之外，并未留下更多天水时期的办学细节。当年曾经完整亲历天水办学，1938年编入陇豫公学初中一年级就读直至1944年国立十中高中毕业考入重庆中央政治学校，1948年毕业于南京国立政治大学法政系，日后成为台湾地区著名律师的武忠森，曾对此有过翔实回忆，从中可一窥陇豫公学筹办初期办学条件之艰苦与流亡学生生活之不易。

1938年，15岁的河南偃师少年武忠森辗转流亡至甘肃天水，他和其他流亡学生被安排居住在天水城东郊外，"房屋倒塌，但规模极大，据说已废置多年，连大门都没有了"的造币厂内。多年以后，武忠森仍然能够详细描绘当年恶劣的居住条件：

> 我被分配到北边一列工房内，空空荡荡，似曾被用作马厩，马粪遍地，泥土堆成的马槽犹在，屋顶被大炮炸成一处处天窗，我们没有任何灯火，星月交辉之夜，从天窗里我们还可以仰脸计算蠕蠕而过的银河星数。多亏这些炮弹炸开的天窗，我们因为它在深夜里有了一线光明。由大个子领头，大家赤手空拳推倒土制马槽，沿着墙边堆成一个四五尺宽的土台，略加平整，把每人分配到的六斤麦秸，在平均一砖半宽的面积上，摊好三斤，算作绣褥，其余三斤暂时堆置一头，那是我们的棉被。谁要能在屋沿（檐）下另外找到一块砖来作为枕头，其余的人便啧啧称美不已。[①]

以马厩为屋，屋顶残缺，自制土炕，以麦秸为被褥，以砖头为枕，除过这些，武忠森和同学们还需要面对一日三餐固定不变的"三角板"："三餐饭仍然是每人一块'三角板'，炉灶尚付阙如。造币厂对面不远处便是渭水上游，早上大家跑去河边洗脸时，顺便把水喝够，一天也就不大渴了。"[②]

所谓"三角板"，其实就是造型呈三角形的玉米面糍粑。一周过后，这些饥饿难耐的流亡少年便厌倦了"啃三角板，喝渭河水"，饥肠辘辘的他们将目光投向了渭河两岸的菜园：

---

① 武忠森. 生活在灯笼里（节录）[Z]//清水县政协文史资料委员会，国立第十中学校友清水联谊会. 清水文史：第2辑. 1993：46.
② 武忠森. 生活在灯笼里（节录）[Z]//清水县政协文史资料委员会，国立第十中学校友清水联谊会. 清水文史：第2辑. 1993：46.

首先被我们吃光了白菜心，十位八位小朋友，只消有把小刀子，插进一棵白菜心内，熟练而又轻巧地一转，便可挖出一个既嫩又脆的菜心来，分而食之，其味无穷。尽管菜园的主人，大声吼叫叱骂，赶走了这边，又聚拢了那边，赶走了那边，又从这边聚拢来，最后，所有的园主，索性连菜根也放弃了，而我们也毫不客气地连根拔起一齐吃掉。①

吃光菜园的武忠森们，继而又渡河前往五里远的七里墩，蚕食了那里的果园以及"尚未成熟"的甘薯、芝麻和黄豆。在当时所有能够入口充饥的野生作物中，给武忠森留下深刻印象的首推中药甘草。时隔多年，武忠森忆及此处，仍然感慨万分，不无心酸地将当年他和小伙伴们在野外挖食甘草，形象地比喻为"鼬鼠觅食"：

> 野生物尚可以挖食的，要算是中药甘草了。低矮的茎，好像初生的槐树，遍地皆是。用手一拉，即有丈余黄色的根被拉出地面，我们像鼬鼠一般，漫山遍野挖掘新的食粮。湿嫩的甘草，暂时满足了我们的隆隆饥肠。②

武忠森日后形容当年的他们如同"一群逐水草而居的羊群"，而"这群小羊张牙舞爪"，"吃完了这一处水草而仍无向另一处游牧的计划时"，终于在漫无目的的"游牧"过程中"具备了狼性"：

> 从早到晚，我们等候在造币厂附近的川甘公路上，凡是过往汽车，无论客运或货运，必须停下来接受我们三百两百为一群的小强盗的检查，如有可食之物，一哄而上，抢吃净尽。万一没有可食之物，也必须长鸣喇叭三分钟，然后放行。③

居住环境恶劣，营养和卫生条件严重不足，流行疾病肆虐，医疗设备匮乏，更是成为压倒生活本就万分艰难、异常窘迫的流亡学生的最后一根稻草：

> 医疗设备之欠缺，每天大家轮"流"死"亡"着。用门扇抬出去一个个瘦短的僵尸，掩埋在荒山乱冢间。谈什么装殓，就是那套煤灰色制服，说什么棺材，就是一个三尺深浅的土坑。从河边找来一个大石头，堆放墓

---

① 武忠森. 生活在灯笼里（节录）［Z］//清水县政协文史资料委员会，国立第十中学校友清水联谊会. 清水文史：第2辑. 1993：47.

② 武忠森. 生活在灯笼里（节录）［Z］//清水县政协文史资料委员会，国立第十中学校友清水联谊会. 清水文史：第2辑. 1993：47.

③ 武忠森. 生活在灯笼里（节录）［Z］//清水县政协文史资料委员会，国立第十中学校友清水联谊会. 清水文史：第2辑. 1993：48.

前，还天真地用毛笔写上"某某之墓"作为牌记。……疾病的狂飙一阵阵吹进这个人间的枉死城。以患白痢、赤痢及猩红热而死亡的最多。……当我们整装离开天水造币厂，出发到清水前，……杨委员率领我们到山上的墓地里，向那数百位躺着的小伙伴告别。墓前大石头上用毛笔写下的姓名，早已被雨水洗刷干净，那位是"小乎兰儿"？那位是"小狗儿"？已难分辨得清。不禁悲从中来，荒山上响起了一片哭声。别了，安息着的小朋友们![①]

武忠森笔下的"杨委员"，即时任甘肃省政府民政厅社会处处长的杨集瀛。有鉴于天政学生队在收容流亡学生之外并未采取任何教养措施，甘肃省政府特委派杨集瀛为主任委员主持办学。正是在杨集瀛有条不紊地治理下，陇豫公学逐渐开始走上正轨，呈现出欣欣向荣的办学气象：分班测验、赶制教学用具、恢复正常教学。始终心系学生成长，一心一意专注办学的杨集瀛，成为众多学子心目中敬仰的"杨委员"。

1938 年 5 月，时为河南登封县立初中二年级学生的刘炳文，在河南偃师登记报名参加天政学生队辗转抵达天水，其后一直在国立十中就读初中和高中直至考入大学。杨集瀛重视办学育人受到流亡学生集体拥戴给他留下了深刻印象：

> 甘肃省救济灾区流亡学生委员会的主任委员叫杨集瀛，从他的讲话看，他很有学识，听说是北京大学毕业的，在甘肃省政府民政厅任职。他是主张办学，把我们培养成建国人才的，因此我们都很拥护他。[②]

1938 年 9 月，作为第二批天政学生队成员抵达天水的齐沛浩，也曾于日后详细回忆过杨集瀛关爱学生、热心办学的形象：

> 大家都称他为"杨委员"是在 1938 年的八九月间甘肃省政府派来主持工作的。约五十来岁，个子不高，胖乎乎的，对工作深入细致，认真负责；早上督促学生起床，晚上检查小学生是否盖好了被褥。灶房、课堂杨委员都要去检查。他对一些老师说："这些孩子都远离父母，不会照管自己，我们要关心他们……"杨委员在人们的心目中，认为他对老师要求严格，对学生既严肃认真，又和蔼可亲。有的称他为"可亲可敬的老人"，一点也不

---

① 武忠森. 生活在灯笼里（节录）[Z]//清水县政协文史资料委员会，国立第十中学校友清水联谊会. 清水文史：第 2 辑. 1993：50-51.

② 刘炳文. 回忆国立十中的创建经过 [Z]//清水县政协文史资料委员会，国立第十中学校友清水联谊会. 清水文史：第 2 辑. 1993：32.

错。但更重要的是他工作认真，事业心强。①

面对同学们普遍以"流亡学生"四字为耻的心理，杨集瀛循循善诱，结合中国历史耐心开导和教育学生，并借机激发学生的民族意识和爱国观念：

> 在一次早晨的集会上他极为耐心地为我们解释"流亡"的意义，他说："流是孔夫子周游列国的流，亡是晋文公重耳亡命国外的亡，日本军阀使你们流亡到大后方来，你们应为收复失地，打回老家而努力读书。岂可把'流亡'两个字忘掉！"②

在杨集瀛演讲的过程中，站在前排的两名小学生不知何故突然打架，杨集瀛接下来的一系列举动，时隔25年之后，仍然深深地镌刻在武忠森的脑海中：

> 杨委员走下他站立的木凳，跑上去把打倒在地上的最小的一个抱了起来，这小鬼最多不过七岁，哭叫着伏在杨委员的怀里，紧抱着他的脖子。像一只受伤的小猫，不，真像是儿子见到了爸爸。杨委员一声不响，若无其事地抱着这位小朋友，又走上木凳，继续讲下去。骚动平静了，大家都为杨委员的仁慈表现，感到亲切而懊悔。去年已二十五年，我仍清楚地记牢着这一幕。③

面对流亡学生衣不蔽体，杨集瀛专门请来裁缝，细心地为学生量体裁衣，制作校服；针对流亡学生生吃食物，食不果腹，杨集瀛令人在校内搭建伙房，为学生提供熟食。为了在有限条件下尽快恢复正常教学，杨集瀛因陋就简地为学生连夜赶制教学用具：

> 木工连夜为我们每人赶制了一只轻便的小木凳，一块三四平方尺的木板，由木板两对角穿上一根棉绳，套上脖子，活像是火车站上卖零食的小贩。木板向外的边缘，钉上一条二三分宽的木条，以防板上的铅笔或拍纸簿轻易滑下去。黑板也有了，还配着一副活动木架。一本拍纸簿，要抄国文，要演算术，也要抄史地讲义，还要画图画。④

---

① 齐沛浩. 我记忆中的国立十中［Z］//清水县政协文史资料委员会，国立第十中学校友清水联谊会. 清水文史：第2辑. 1993：23.
② 武忠森. 生活在灯笼里（节录）［Z］//清水县政协文史资料委员会，国立第十中学校友清水联谊会. 清水文史：第2辑. 1993：48.
③ 武忠森. 生活在灯笼里（节录）［Z］//清水县政协文史资料委员会，国立第十中学校友清水联谊会. 清水文史：第2辑. 1993：49.
④ 武忠森. 生活在灯笼里（节录）［Z］//清水县政协文史资料委员会，国立第十中学校友清水联谊会. 清水文史：第2辑. 1993：49.

由于杨集瀛的办学热忱与不懈努力，学校一扫之前的消极与颓废，无论是课堂教学还是学生生活均开始呈现出勃勃生机，他也因此被学生们亲切地冠之以"老奶奶"的雅号：

> 我们的"老奶奶"终获鸿猷大展，几经奔走，又在天水城内各中、小学校聘来十位各科教员，杨委员一位在北京燕京大学读三年级的女婿温敬守先生，也赶回来担任教务主任，排出了一般学校的课程表。时已隆冬，我们抬着黑板，在院落里，在造币厂外宽处追寻向阳的地方，然后放下小凳子围拢来，静听老师讲课。委员会不久又发给每人一套灰棉衣，伙食也改善多了，每日三餐，全吃机制面粉，有菜有肉。中医、西医均已聘来，天主教会的外籍修女，还经常为我们免费诊治，一切进入常规。①

多年以后，武忠森回忆这段艰辛备尝的苦难时光时，依然对杨集瀛始终关爱学生、一心着眼育人的教育家办学风范铭记在心，感恩不已：

> 我们小孩却一致支持公认的"老奶奶"杨委员，因为他时露笑容，日夜关心我们。他经常怀里抱着一位瘦弱的小朋友，有时三五成群跟在他屁股后面哼哼哼哼地做娇。他是家长，不是委员，他是真正的教育家，不是学阀也不是政客。屈指算来，他老人家应已作古，但他却仍活在我们心里。②

二、清水办学

因天水造币厂房屋不敷应用，考虑到清水县地处山区，生活条件相对较好，加之易于避免日寇空袭，1938 年 12 月，陇豫公学全体师生在杨集瀛的带领下迁至清水县，改为教育部直接管理，更名为国立甘肃第二中学，教育部督学许逢熙任校长。1939 年 4 月，奉部令更名为国立第十中学，直至抗战胜利复员回豫。

清水县地处陇南，环山多水，偏僻闭塞，人口较少。1941 年，一位名叫陈惠齐的国立十中学子曾为世人描绘过清水县城的地貌和概况：

> 县城四山环抱，形成天然的屏障。城北有渭河支流——牛头河——经过，蛇一样地向西奔跑（余水皆东流独此水向西），能使你感到一种特别的

---

① 武忠森. 生活在灯笼里（节录）[Z] // 清水县政协文史资料委员会，国立第十中学校友清水联谊会. 清水文史：第 2 辑. 1993：51.
② 武忠森. 生活在灯笼里（节录）[Z] // 清水县政协文史资料委员会，国立第十中学校友清水联谊会. 清水文史：第 2 辑. 1993：50.

滋味。县城只有东西二门可以通行，南北二门虽设而常关。据说是因此地迷信的关系，在学校还未迁来以前，城中居民有五百来户，东关也不过二十多户，西区的十几户中还有一个天主堂，在东方大亮的时候，街道上还很寂静，民众们都怀有一种怡然自乐的样子。①

相较于天水办学时期，国立十中迁校清水后的办学条件略有改善，但仍异常艰苦。校址借用城内的文庙与关帝庙以及城外的保安营房。教室则纯系自建，由于建筑简易，造型独特，以至于被学生们调侃为"糊好的大灯笼"："几根木柱撑起一个菅草顶，四壁以麻秆编成的方格，用甘肃人以麻质料作的白纸糊起来。晚自修时，每人一盏菜油灯，在这数百个大灯笼里，照耀的通明。"②

国立十中教学设施相当匮乏："抗战期间，一切艰困，尤其物资感到特别缺乏，校中没有仪器的设备，大多数同学在上物理化学时都感到有些隔阂，未免减少兴趣，校中设有图书馆，但是也苦不能扩充，存书仅有一千多种……"③

除过教学设备与图书资料严重匮乏外，学生的衣食住条件也相当简陋和有限：

> 鞋子真是简单朴素咧，每个男生都穿着麻绳鞋，这倒觉得卫生些，刚穿上麻绳鞋时脚上打些水泡，觉得十分痛苦，现在已成家常便饭了。……吃饭得抢，在这里也是常常可以看到的，……露天饭厅用不着开门，所以在开饭以前，饭厅前便挤满了人，一听见值星的口令发出，大家便拼命地抢，一个馍没有吃完，菜就被扫得干干净净了。吃饭得抢，吃菜得抢，喝开水也得抢，在水未开以前，就听见院中的碗声乱响，一看见水开由灶房担出，同学们便飞也似的去抢，抢到点滴不剩为止。更苦的要算是"住"，斗室之中倒住了一百多人。床分上下两层，美其名曰"楼上""楼下"，住在"楼上"的情形较好，腰可以自由伸直，灰尘也较少，若是住在"楼下"可就糟啦！身体是伸展不得，甚至"楼上"的同学动一下，"楼下"的同学都得把眼闭住，因为落灰往往会使你窒息；冬天马虎点不要紧，夏天可受不了，那燥热的天气和蚊子臭虫的袭击，就够你睁眼待明了，虽然睡不着，也不能随便动弹，否则就会影响到邻居的不安。下雨的时候更是

---

①　陈惠齐.国立十中在西北 [J].学生之友，1941，3（3）：23.

②　武忠森.生活在灯笼里（节录）[Z]//清水县政协文史资料委员会，国立第十中学校友清水联谊会.清水文史：第2辑.1993：53.

③　陈惠齐.国立十中在西北 [J].学生之友，1941，3（3）：23.

糟糕，那呆重的雨点一样会袭击着你，逼迫着你得到一种坐卧不安的滋味。①

由于流亡学生多来自战区和沦陷区，背井离乡，断绝家庭接济，仅能依靠贷金维持基本生活。因此，其经济拮据程度远非后世可以想象。1944 年，一位名叫刘炳善的国立十中学子，曾为外界描绘过国立十中学子的"穷酸"程度：

> 他们都是来自乡村的孩子，有着"乡下人"能具有的性格，更加上几年来在山窝里一直生活着，使他们更加"土气"了——又因为他们的家乡也陷入敌人或旱灾水灾手里，他们的"穷酸"的程度是使都市里住惯的大手大脚的人们能不齿。不过，事实是如此，你有什么办法？有的穷得发一封信都成问题！②

如果说教学条件和生活环境的简陋以及衣食住的不如意尚可凭借个人意志加以克服，那么疾病的侵袭甚至对于个体生命的无情吞噬，则完全不因人的主观意志而转移。刘炳善在校期间曾对此有过刻骨铭心的体会。

刘炳善，1939 年冬至 1942 年夏就读于国立十中初中部，1942 年秋至 1945 年 5 月就读于高中部，后因参加学潮被校方开除。1946 年考入重庆大学中文系，后转入外文系。多年以后，身为著名翻译家、外国文学专家、莎士比亚研究专家的他，依然清晰地记得自己初到清水时所经历的"灾难三部曲"：

> 一到清水县，迎接我们的是虱子—疥疮—斑疹伤寒，几乎每个学生都经历过这个"灾难三部曲"。许多同学尚未来得及上课，就葬身在黄土坡上。我自己就几乎被斑疹伤寒夺去了生命，多亏一位姓焦的老大夫在那生死关头把我抢救过来。③

国立十中教师的生活同样清贫。国立十中国文教师陆会川，曾专门以此赋诗一首：

> 经月曾无肉上盘，东郊苜蓿作春餐；
> 常愁灶冷烧柴贵，深感客来留饭难。
> 佛子斋厨原淡素，儒家生活本寒酸；

---

① 陈惠齐. 国立十中在西北［J］. 学生之友，1941，3（3）：24-25.
② 刘炳善. 生活速写［J］. 十中青年，1944（1）：37.
③ 刘炳善. 作家 学者 老师：回忆万曼先生［Z］//清水县政协文史资料委员会，国立第十中学校友清水联谊会. 清水文史：第 2 辑. 1993：170.

不能绝食学甘地，但愿赤松劈谷丹。①

与师生们备感艰辛的物质生活形成鲜明对比的，则是他们勤教苦学的昂扬精神面貌。1942 年至 1945 年就读于国立十中初中一部的陆兆魁，日后曾对此有过详细回忆：

> 教师绝大部分来自沦陷区和战区，深受敌人蹂躏之苦，具有强烈的民族感。他们的业务比较熟练，工作认真负责。当时教学条件很差，设备简陋，教室是临时用高粱秆搭起的，教具、参考书很少，实验仪器全无，甚至连课本也是几个学生一套。他们克服重重困难，自制教具、模型，收集参考资料，编写教材。讲课时，想方设法启发学生思维。……尽管学习环境很苦，学习风气都是很好的。冬天，豆大的油灯，三更不息，夏天，东方发晓，琅琅书声充满校园。星期天，寒暑假，校内伏几而学者比比皆是，校外就地面读者不乏其人。紧急警报响了，同学们被赶出教室钻入防空洞，解除警报未响前，永清堡原上就已三三两两伏地而学了。他们从不轻易放过一分钟，真把时间当作财富、生命。②

陆兆魁提到的"冬天，豆大的油灯，三更不息，夏天，东方发晓，琅琅书声充满校园"并非虚言，国立十中学子普遍发奋攻读，能够从其他学子的当时记述和日后回忆中得到充分印证。1941 年，这位名叫陈惠齐的国立十中学子曾如实记录过校内苦学成风的场景：

> 在夜之神未离开大地以前，便能听见那杂乱的脚步声和盥洗声在院中交响，即使你是个懒睡虫的话，听到了这种声音也会使你感到良心上的责备，从床上一骨碌翻身起来。起床号吹后，你如果到寝室里去一看，室中见不到一个同学，所剩的也不过是那些洗脸盆、手巾、架子床和折叠得整整齐齐的被褥。在那时，同学们都到城外或公园里去了，你处处可以见到那一个个穿制服的青年学生，他们或在大树下，高山上，亭子上，或站着，走着，坐着，或是读国文，读英文。……除星期日外，其余阅览时间总是挤满了同学，在那里阅书或看报，来来往往一直到闭馆时间为止。③

---

① 陆兆魁. 回忆国立十中在清水 [Z]// 清水县政协文史资料委员会，国立第十中学校友清水联谊会. 清水文史：第 2 辑. 1993：12-13.
② 陆兆魁. 回忆国立十中在清水 [Z]// 清水县政协文史资料委员会，国立第十中学校友清水联谊会. 清水文史：第 2 辑. 1993：17-18.
③ 陈惠齐. 国立十中在西北 [J]. 学生之友，1941，3（3）：24.

李牧华，当年曾就读于国立十中的清水籍学子。时隔多年，他依然清晰地记得深夜站在自己家中遥望国立十中一排排灯火的难忘场景：

> 在漆黑的夜里，我看到永清堡上一排排灯火，我想到那些同学们正在上晚自习，假如我不是回家，现在我也正在用讲义夹遮着风，在油灯下读书。在十中，我们是本地学生，我们的成绩平均不如外地同学，他们大部分都很用功，有的读书到深夜，有的半夜起来，读到天亮。①

国立十中学子废寝忘食的学习状态，也深深镌刻在初高中均就读于国立十中的刘炳文的记忆中："学生的学习热情很高，学习也很刻苦，记得当时有规定不准学习'开夜车'，发现谁在熄灯就寝后起床学习的，就要给校纪处分。"② 1944 年，正在国立十中就读高中的刘炳善，曾用速写的方式为外界刻画过十中学子穷且益坚、嗜书如命的群体形象：

> 尽管吃不好，用黄馍来填饱肚子；尽管有的同学在冬天还是穿着烂麻鞋，他们的生活情绪并不低落，毫不向困难低头！书籍，成为他们不可少的课外伴侣，一本好书，借给别人之后会半年收不回，为什么？——看的人太多了，一个人读着的时候，别的人已经在旁边等着了："喂，看过后叫我看吧！"他们把自己的整个的年青的心，和书结合在一起，而且结合得那么紧！你时常听见三两个女同学在一起小声然而急促地谈着《家》《雷雨》《复活》里面的人物故事……在他们中间有不少的小作家、小画家、小科学家、小运动健将，依照着自己的兴趣而努力，但对功课办起来又是那么的严肃，考试的前夜，他们都默默地开夜车。③

刘炳善本人就属于他笔下提及的将书籍视为"他们不可少的课外伴侣"的典型代表。多年以后，他在回顾国立十中生活时，仍然将读书形容为"当时生活中的唯一乐趣"："我贪婪地阅读着一切能到手的好书，并且参加各种文艺活动，在思想上则追求进步。"④

与国立十中学子备感艰辛的物质生活形成鲜明对比的，还有其积极参与生产劳动和体育锻炼的昂扬精神面貌。学校初迁清水，暂借庙宇作为校址，学生

---

① 李牧华. 十中生活琐忆［Z］//清水县政协文史资料委员会，国立第十中学校友清水联谊会. 清水文史：第 2 辑. 1993：71.
② 刘炳文. 回忆国立十中的创建经过［Z］//清水县政协文史资料委员会，国立第十中学校友清水联谊会. 清水文史：第 2 辑. 1993：33.
③ 刘炳善. 生活速写［J］. 十中青年，1944（1）：37-38.
④ 刘炳善. 永远做学生：我的求学之路［J］. 外语与外语教学，2000（6）：1.

们则需在露天上课之余参与校舍修建。加之当时物资紧缺，为了尽量改善学生伙食，校方鼓励学生自力更生种植农作物。当年曾有国立十中学子记录下在校学生争先恐后参与生产劳动建设的火热场景：

> 因无教室的关系，只好暂时露天上课，课余之时，同学们又可充当小工：搬沙、搬木头、石头……帮助工人建造房子。每日由校中发给每人大洋二角以作报酬，这不过是学校的意思，其实同学哪一个是为了二角大洋去工作呢？都是为了建造教室能早日完工，可以早日安心读书，早日达到为国家服务的目的。所以都是争先恐后地去工作；忙碌一月之久，才能在那简陋的草屋里读书。……山城地狭人多，出产不够消费，又因山路阻隔，交通不便，外援不能接济，所以物价逐渐进涨，为了减少食的困难，校中又在牛头河附近开辟了一个农场，同学们分了好些区队在课余时不遗余力地去工作，因为附近水利便利，加上同学们的努力灌溉，所以种的谷类和蔬菜都长得非常茂盛，碧绿可爱。①

1944年，高中生刘炳善也为外界描绘过国立十中学子普遍吃苦耐劳，踊跃参与学校劳动建设的场景：

> 穷人倒有穷人的长处：他们都能吃苦。有一次，学校为了盖新教室，而运坯这件事很成问题，因为用驴子驮，不但运得少而且太慢，并且是桩很不少的开支，于是学生亲自搬运，每人十四个，一个坯有十斤光景，可是两三万个坯在几天之内，同学们都把它运光了——女同学和小学生都一样的搬！"众志成城呀！"②

受办学条件所限，学校迁至清水两年后仍缺乏充足的体育器材供学生锻炼，但同学们参与体育锻炼的热情似乎并未受到影响，依然蓬勃高涨：

> 说到球类的设备，也是因为受经济的限制，不能扩充，每部同学一学期仅领到足、篮、排球各一个。同学们虽然都很欢迎球术，然而在清水或清水附近没有学校可以作对手来做比赛，所以只好关住大门自己比赛，最驰名的球队有先生所组成的联队和高中部所组织的恒光队。③

---

① 陈惠齐. 国立十中在西北 [J]. 学生之友，1941，3（3）：23-24.
② 刘炳善. 生活速写 [J]. 十中青年，1944（1）：37.
③ 陈惠齐. 国立十中在西北 [J]. 学生之友，1941，3（3）：24.

三、校长与良师

从 1938 年 10 月筹办陇豫公学至抗战胜利复员河南，国立十中先后历经五位校长，其中有两位堪称教育家办学的校长深刻影响着学校发展和学生成长，一位是主持办理陇豫公学之杨集瀛，另一位则是许逢熙。

许逢熙，字季康，河南鲁山人，哈佛大学毕业。长校国立十中前曾历任河南大学教务长①、国立中山大学教育学系主任②、国民政府教育部督学③。1938 年 12 月至 1941 年 10 月，其以教育部督学身份兼任国立十中校长。许逢熙既是继杨集瀛之后的第二任校长，也是陇豫公学迁校清水办学更名为国立十中后的首任校长。

仅就任职时间论，无论是仅有数月的杨集瀛，还是不足两年的许逢熙，均不是国立十中办学史上任职时间最久的校长。但是，在他们长校的历程中，却不约而同地呈现出一种教育家办学的治校风格与办学风范。

曾经完整经历杨集瀛天水办学和许逢熙清水办学的武忠森，日后曾高度评价许逢熙，将其形容为"我们的家长"：

> 许氏河南鲁县人，曾任河南大学教务长，矮而又胖，与杨集瀛先生有着同样的慈祥，但却比杨先生有更丰富的学识，一口河南乡音，我们真的有了家长。④

无独有偶，同样被武忠森冠之以"家长"称号的还有爱生如子的杨集瀛。从武忠森之于许逢熙相同的评价中，不难看出两位校长所具有的相同气质。

许逢熙的慈祥令武忠森记忆犹新，也给国立十中学子石子玉留下了深刻印象。全面抗战爆发后，小学刚毕业的石子玉失学在家。1940 年元月，其考入国立十中就读初中，在清水度过难忘的三年时光。石子玉刚入校时亲身经历的一件事，使他深深为校长许逢熙"以情感人，以理服人"的长者气度所折服。

> 大概是 40 年的端午节前后，同学们正在睡午觉的时候，天水专署的庄专员带着一队警察闯进了中三部。他们用棍棒大打出手，把全部的同学赶到院内，稍有抵抗就棒打脚踢，罚跪罚站，其情其景惨不忍睹。正是在这

---

① 会务［J］. 复旦同学会会刊，1933（1）：3-4.
② 启事［J］. 国立中山大学日报，1936（2226）：3-4.
③ 教部督学许逢熙先生莅校视察［J］. 川大周刊，1937（10）：7.
④ 武忠森. 生活在灯笼里（节录）［Z］//清水县政协文史资料委员会，国立第十中学校友清水联谊会. 清水文史：第 2 辑. 1993：52.

个时候，我们要打倒的许校长赶到了，他见此情景十分气愤，当场痛斥了那位庄专员的恶劣作风，逐个把罚跪的同学扶了起来，边泪流满面边帮痛哭的同学擦泪，他历数同学们吃不饱吃不好的客观事实，又痛述了自己没有尽到责任的内疚心情。就是这样一次谈话，把杀气腾腾的紧张空气缓和了，把延续三个月之久的学潮平息了。不论许逢熙校长的内心世界如何？但他那种以情感人以理服人的心理学专家风度，却实起到了化险为夷，由被动转化为主动的伟大作用。①

石子玉之所以将许逢熙称之为心理学专家，缘于许逢熙当年留学美国时所习专业为心理学，且抗战前担任国立中山大学教育学系主任时曾出版个人学术专著《普通心理学》。② 石子玉提到的"延续三个月之久的学潮"，是指 1940 年因物价飞涨导致国立十中学生伙食一连三月未见改善，进而由此引发的学生罢课风潮③，许逢熙作为校长首当其冲成为部分学生的迁怒对象，于是出现了石子玉笔下的"我们要打倒的许校长"。即使要被学生打倒在地，当他们处于危险之际许逢熙仍然不遗余力地保护学生，其对于学生的怜爱由此可见一斑。

许逢熙办理国立十中体现出唯才是用、兼容并蓄的特点。由于其曾经担任河南大学教务长，因此，国立十中许多教师均毕业和曾任教于河南大学。但是许逢熙并非任人唯亲，存有门第之见，而是严格秉持"三专主义"予以选拔任用：

> 许校长因为曾任河南大学的教务长，所以他带来的百十位老师，几乎全为河大的毕业生或教授，他并不存门第之见，而是在"三专主义"下唯才是用。所谓"三专主义"，是选聘教员的三个条件：第一要专业——以办教育为职志，第二要专任——不得兼任其他工作，第三要专科——学什么就教什么。④

许逢熙兼容并蓄的办学风格，表现为其对不同政治倾向的师生持宽容开明态度，努力在校内营造宽松的学术氛围。许逢熙长校国立十中时曾担任教务主

---

① 石子玉. 文化知识再生地 理性知识的奠基石：母校学习生活回忆 [Z] // 清水县政协文史资料委员会，国立第十中学校友清水联谊会. 清水文史：第 2 辑. 1993：78-79.

② 启事 [J]. 国立中山大学日报，1936（2226）：3-4.

③ 张绍源. 抗日战争时期的国立十中初创阶段 [Z] // 清水县政协文史资料委员会，国立第十中学校友清水联谊会. 清水文史：第 2 辑. 1993：4-8.

④ 武忠森. 生活在灯笼里（节录）[Z] // 清水县政协文史资料委员会，国立第十中学校友清水联谊会. 清水文史：第 2 辑. 1993：52.

任的张绍源，日后对此记忆犹新：

> 许逢熙曾对我谈过："共产党有什么可怕，我的朋友也有共产党。""一个几千人的学校，师生来源这样复杂，谁敢保证这里没有共产党，但愿能相安无事。我们是不求有功，但求无过，只要不出问题都好。"①

许逢熙是这样说的，也是这样做的，国立十中曾经发生的李希三事件即例证。李希三，国立十中小学部教师，任职国立十中前曾"到过陕北，并住过抗大"。当有其他教师向许逢熙汇报此事时，许逢熙在安抚这些教师的同时，及时找来李希三与其坦诚相谈。面对李希三的坦白，许逢熙认为国立十中已非其安身之处，为避免日后遇到危险，建议其离校并表示愿意鼎力相助。当李希三表示愿意前往重庆时，许逢熙立即支给其三个月的薪金，并为其写介绍信请重庆国民政府教育部某司长代为关照。李希三离校后，面对其他教师的质疑，许逢熙轻描淡写地表示，李希三已应朋友邀约离职前往重庆。据张绍源日后回忆，"此事除教务、训导两主任曾参与计议，校内绝少知者"②。

在许逢熙的治理下，国立十中逐渐培育出相对自由的校园风气，国立十中学子刘炳文对此曾有过亲身感受：

> 校长许逢熙，是位教育心理学者、教育家，他聘请教师只看学识和人品，而不问其政治倾向；他对学生注重品德培育，在学习上也无什么政治限制。因此，学生的学习热情很高，学习也很刻苦……本来是国共合作抗战时期，加上许逢熙校长的兼容并蓄风度，学校的自由风气很盛，但在学生中广泛流传的进步书刊却是秘密的。就我的记忆，我读过的有中国共产党的《抗日救国十大纲领》《论抗日民族统一战线》；毛主席的《论持久战》《新民主主义论》《论文艺问题》等，以及《大众哲学》（艾思奇著）、《新哲学大纲》（米丁著）等等，这些读物我们虽是偷读，但也有被校方发觉的时候，如有一次我在课后偷读艾思奇的《大众哲学》就被训导员王若虚先生抓住了，也把书拿走了，这下我可真有点害怕，怕因此受处分！不料几天后他送还了我，还问我"读得懂不懂？"此外他竟连一句告诫的话也

---

① 张绍源．抗日战争时期的国立十中初创阶段［Z］∥清水县政协文史资料委员会，国立第十中学校友清水联谊会．清水文史：第 2 辑．1993：9.
② 张绍源．抗日战争时期的国立十中初创阶段［Z］．清水县政协文史资料委员会，国立第十中学校友清水联谊会．清水文史：第 2 辑．1993：8-9.

没有说，这事对我印象很深。①

作为校长，许逢熙同样重视通过培育学校文化来潜移默化地影响学生，表现为其作为填词者亲自参与创作国立十中校歌。

> 渭水之湄，关山之阳是伏羲的故里，黄帝的家乡。
>
> 肇汉族五千年文明，开中华九万里边疆。
>
> 我来自东，负笈此方缅怀先贤，追念前王。
>
> 齐努力，莫彷徨，和平奋斗，自立自强。
>
> 融三育以并进，合文武而兼长，
>
> 担当起抗战建国的责任，泱泱乎为国家民族之荣光。②

许逢熙撰写的这首校歌歌词，至今读来，仍觉气势恢宏，大气磅礴，巧妙地将清水历史文化与着眼于抗战建国而兴学育人熔于一炉，吟唱起来，既富有历史文化的厚重与沧桑感，又具有极强的现实针对性。"清水是历史名城，有古上邽之称，自建制迄今已有两千多年历史，是我国古文化发祥地之一，相传中华民族的始祖——轩辕黄帝诞生于清水轩辕谷……缅怀人文始祖及中华民族五千多年历史，面对日寇侵略，山河破碎，更加激发了十中师生的爱国主义和奋发图强的精神。"③

正是在许逢熙的努力下，国立十中在短时间内会聚了一批品学兼优的教师潜心教书育人：

> 到大后方逃难的教授、学者被许校长约集不少，像作家万曼、画家杨默等在初中一年级生的课堂上，经常与我们谈论着与徐志摩、赵元任、徐悲鸿间的交往。北大出身的魏士冕先生及燕京大学出身的温敬守先生教我英文，清华出身的孙诚先生教公民，许校长则教我国文，其他各班老师，也都是国内有名大学教授或讲师……先来的河大毕业生，都降到小学部教书了，读书风气，一时高涨。④

---

① 刘炳文. 回忆国立十中的创建经过 [Z]//清水县政协文史资料委员会，国立第十中学校友清水联谊会. 清水文史：第2辑. 1993：33.
② 国立十中校歌 [Z]//清水县政协文史资料委员会，国立第十中学校友清水联谊会. 清水文史：第2辑. 1993：扉页.
③ 崔杨，刘树汉. 国立十中与清水的文化教育 [Z]//清水县政协文史资料委员会，国立第十中学校友清水联谊会. 清水文史：第2辑. 1993：136.
④ 武忠森. 生活在灯笼里（节录）[Z]//清水县政协文史资料委员会，国立第十中学校友清水联谊会. 清水文史：第2辑. 1993：52-53.

文中提及的万曼系现代作家、古典文学研究专家。全面抗战爆发前历任教于天津南开中学和济南师范学院。抗战后相继任教于南阳中学、国立一中、国立十中、天水师范学院、国立梓潼师范学校。1951 年任教于开封师范学院中文系。[①] 1942 年下半年至 1945 年年初，万曼任教于国立十中，担任国文教师。

> 我很幸运，在万先生的课堂上听了大半部中国文学史，从先秦讲到唐代，是配合着课本上的选文讲的。没有讲义，学生们一边听、一边随手做笔记。我从小没有念过古书，脑子里"不知有汉，无论魏晋"。不料竟在流亡生活之中，在穷山窝的破教室里，受了一年多的古典文学训练。万先生讲的文学课新鲜别致，当时课堂上的警句，有些至今还能记得……这些讲解，新旧互证，中外结合，我们觉得新奇有趣，真是茅塞顿开。……这样，在潜移默化之中，老师对我们进行着文学训练，好像一位老练的舵手带领一群少年，一面操舟绕过急流险滩，一面指点着岸上的山川形势，"两岸猿声啼不住，轻舟已过万重山"。无知的少年获得了知识和技能。不知不觉地，少年时代能够遇到这样的语文老师，实在是一种幸福。[②]

上述文字，系著名翻译家、外国文学专家、莎士比亚研究专家刘炳善多年以后追忆当年聆听万曼授课时的场景，从中能够深深感受到万曼精湛而美妙的课堂教学以及对学生的启发和影响。

虽然万曼教授刘炳善所在班级仅一年半时间，但是正如刘炳善对其课堂教学所做的评价，"他的教学在我们心里留下的印象是永远不会忘记的：他讲课时声音是低低的、清晰的，态度是沉静的、安详的，总的来说给人的印象是细水长流、深邃有力，使我想起列维坦的名画《秋天的溪流》"[③]。

当时国立十中类似于万曼这样的良师还有很多，广泛见于国立十中学子们日后的追忆中。1942 年至 1945 年就读于国立十中初中一部的陆兆魁，曾刻画过自己当年受业的三位教师：

> 教理化课的田涛山老师，把书上所有的实验图都能画在黑板上，边讲边演示，教学效果很好。数学老师李继邺，教课尤其认真负责，每堂课学

---

① 齐庆祥. 万曼老师简介［Z］//清水县政协文史资料委员会，国立第十中学校友清水联谊会. 清水文史：第 2 辑. 1993：168-169.

② 刘炳善. 作家 学者 老师：回忆万曼先生［Z］//清水县政协文史资料委员会，国立第十中学校友清水联谊会. 清水文史：第 2 辑. 1993：174-175.

③ 刘炳善. 作家 学者 老师：回忆万曼先生［Z］//清水县政协文史资料委员会，国立第十中学校友清水联谊会. 清水文史：第 2 辑. 1993：180-181.

生活动多，教师讲的精，有讲有练，讲练结合，重视学生基础知识和基本技能训练。每下课必要求："今日事，今日毕。"这种好习惯，在他所教班级的学生均已养之有素。初中一部主任吴辑之，对学生要求很严，各种活动均以身作则。教师的教课，学生的作业，均随时抽看抽查。①

陆兆魁提到的数学教师李继邺，也出现在丁兴茂的回忆中。1938年，正在河南偃师县立第二小学读书的丁兴茂辗转流亡至天水陇豫公学就读。此后，从小学四年级至高中毕业，他在国立十中度过了八年的难忘时光，日后当他缅怀往事时，自谓"难以忘怀的是在清水读书时的老师们"：

> 不论是在小学，还是在初、高中，他们都是认真负责，循循善诱地教育我们。在生活上百般体贴，倍加关心。尤其初中教数学的李继邺老师，还兼我们班的班主任，由于工作认真，执教有方，在同学中很有威信。班级工作，在班干部的协助下，井井有条，很少发生什么问题。还有彭子英老师，是从西南联大毕业来的，年轻，从没有一点架子，和同学们之间的关系处理得极其融洽。周震中老师是教我们高二的英文，又是我们的班主任。对教的英文课严格要求，凡布置过的作业，认真检查。对要求背诵的课文，从不马虎了事。星期天或假日带领全班同学到了香山等地赏花游玩，以弥补课堂上学不到的东西。对同学们更是态度和蔼，在学习成长方面是无微不至关心。因而在同学中留有深刻的良好印象。②

丁兴茂提到的高中班主任周震中，同样出现在常耿武的回忆中。1943年，因经济困难无法在洛阳继续求学的常耿武考入国立十中就读，直至1946年春高中毕业。多年以后，已经更名为林伯野，曾任中国国防大学马克思主义研究所所长的他，忆及周震中仍然感念不已，直言"周老师教我有了理想"：

> 我怀念的老师很多，其中最难忘的是我的英语老师周震中同志。……我这个十七岁的青年在迷雾中探索。这时候，周老师像一颗星星出现在我面前，使我在黑暗里看到了光明。……课后我常到他家里去，去得多了，彼此增强了了解，周老师又给我讲解他听到的红军长征故事，给我看当时在国民党统治区很难看到的我党的《群众》杂志和《新华日报》。这样，

---

① 陆兆魁. 回忆国立十中在清水［Z］//清水县政协文史资料委员会，国立第十中学校友清水联谊会. 清水文史：第2辑. 1993：17-18.

② 丁兴茂. 深切怀念［Z］//清水县政协文史资料委员会，国立第十中学校友清水联谊会. 清水文史：第2辑. 1993：82.

我开始知道了马克思、列宁、毛泽东、朱德；开始看到了人类的希望、祖国的希望和人生的光明；我开始产生了共产主义这个最美好的理想，我这只生命的小船，开始鼓起了风帆，向着共产主义前进了，我一生过得这么充实，这么幸福，全因为有了这个理想，而这个理想是周老师教给我的。①

高中毕业后的常耿武，再次得到周震中的无私帮助。正是在他的帮助下，常耿武得以前往位于西安七贤庄的十八集团军西安办事处，进而进入晋冀鲁豫解放区参军。尤其令常耿武感动不已的是，为了使他能够在西安顺利被党组织接纳，在他离开清水后，周震中也尾随其后，步行四百余里，翻越秦岭前往西安。当常耿武即将离开西安前往解放区时，周震中又将身上所带的绝大部分钱留给其作为路费，他自己则选择徒步回到清水。

同样在校期间深受教师影响的还有河南偃师少年关家驹。1938年，关家驹进入国立十中小学部五年级就读，直至1946年夏高中毕业考入朝阳大学法律系。在国立十中学习和生活的八年间，他对诗歌产生了浓厚兴趣，而启发和诱导者正是从小学到高中教过他的三位国文教师：

> 我是于1938年从小学五年级开始在十中读书的，在小学五年级时，一位丁老师教我们国文，他让我们背诵白居易的五言绝句，还教过唐代李绅的名诗……背诵唐诗在我心中孕育了对诗的爱好。到初中时期，陆会川老师教我们班国文，他爱写旧诗和书法，他的爱好也深深地影响了我。进入高中以后，郭兆儒老师教我们班国文，他爱好新诗，我同郭老师有深厚的感情，经常到他宿舍拜访他和请教他有关文学创作的知识。与几位国文老师的交往，使我对诗歌有了浓厚的兴趣。②

就读高中时，关家驹对于诗歌的痴迷已经达到了废寝忘食的程度："有一个时期简直读诗、背诗达到了如饥似渴、如醉如痴的程度。有次因为一面背诵诗篇，一面脚踏石级往教室走去，不小心一脚踏空，而摔破了脑袋，竟因此养伤两个月之久。"③

出于对诗歌的热爱，1944年，就读高二的关家驹通过发起组织诗社和刊行

---

① 常耿武. 老师恩德 没齿难忘 [Z] // 清水县政协文史资料委员会，国立第十中学校友清水联谊会. 清水文史：第2辑. 1993：155-156.

② 关怀. 关于十中"诗社"的回忆 [Z] // 清水县政协文史资料委员会，国立第十中学校友清水联谊会. 清水文史：第2辑. 1993：113.

③ 关怀. 关于十中"诗社"的回忆 [Z] // 清水县政协文史资料委员会，国立第十中学校友清水联谊会. 清水文史：第2辑. 1993：113-114.

诗刊，逐渐提升了自己的诗歌创作能力与水平。多年以后，已经改名为关怀，身为中国人民大学法学院教授、中国劳动法学主要奠基人之一的他，仍然津津乐道于自己曾经作为诗歌少年的青春往事：

> 办"诗刊"提高了诗友们的写诗的兴趣，大家踊跃供稿。我当时在"诗刊"上发表了自己大量的诗作，并把自己的作品寄到西安的报纸投稿。我的诗作在《西安日报》的副刊上曾陆续获得发表，当西安的报纸发表我的题为《画像》的诗作时，更加鼓舞了我写诗的兴趣。因为这是我在报纸上公开发表的第一篇诗作，所以对此印象特别深刻。①

四、积极影响清水教育发展

1941 年，甘肃省教育厅主办的《甘肃教育半月刊》刊载了一篇题为《清水县教育概况》的专题报告，作者张鸿模时任清水县教育科科长。② 报告从地方情形、教育行政、教育经费、学校教育、社会教育、师资训练与改进计划七个方面对清水县教育基本情况进行介绍。值得注意的是，作者在开篇就郑重提及刚来清水办学仅两年的国立十中：

> 本县僻处山陬，交通不便，教育向称落后。……近国立十中设立其间，对教育事业居倡导地位，风气顿开，教育始为社会一般人所重视，今后或有长足之进步也。③

虽然只有寥寥数语，却给阅读者形成了反差强烈的鲜明印象：一方面是清水教育向来落后；另一方面是作为当地最高学府，国立十中办学产生了开风气之先和革新民众观念的特殊影响。

国立十中在清水办学之前，当地教育极不发达。"全县原来仅有原泉、阿阳、白驼三所高小，边远山区连初小也未设立。本县无中学，赴外地上中学者为数不多，且为富户子弟，上大学者更是寥寥无几。"④ 在如此落后和闭塞的环境中，女子接受小学以上教育几乎成为不可想象和难以企及的奢望。王慧明，

① 关怀. 关于十中"诗社"的回忆 [Z] // 清水县政协文史资料委员会，国立第十中学校友清水联谊会. 清水文史：第 2 辑. 1993：114.
② 陆兆魁. 回忆国立十中在清水 [Z] // 清水县政协文史资料委员会，国立第十中学校友清水联谊会. 清水文史：第 2 辑. 1993：19.
③ 张鸿模. 清水县教育概况 [J]. 甘肃教育半月刊，1941 (3-4)：16-18.
④ 陆兆魁. 回忆国立十中在清水 [Z] // 清水县政协文史资料委员会，国立第十中学校友清水联谊会. 清水文史：第 2 辑. 1993：19.

清水籍女生，1941 年考入国立十中初中一年级，1944 年初中毕业后考入十中继续高中学业。1946 年夏国立十中复员迁回河南后，其转学至兰州继续高三学业，毕业后考入兰州大学医学院。中华人民共和国成立后，其转学至大连医学院就读直至本科毕业，日后成为主任医师和教授。多年以后，王慧明追忆当年的中学生活时，依然对国立十中之于清水女子教育事业和民众观念所带来的深刻改变感慨不已：

> 原来的清水，是个穷乡僻壤，交通不便，经济文化教育落后。最高学府只有一所原泉小学，女校也只有一个霁月女子小学，全校学生，不足百人，能念到六年级毕业的，只是凤毛麟角。当时因人民生活贫穷，大多数家庭要女孩子在家劳动，帮助母亲带孩子做饭，供不起念书，上中学是更想不到的事。十中迁来我县之后，学校女生不少，又加之是男女同校，因此大开人们的眼界，使我县女子上中学的就逐渐增多，这在我县来说真可谓史无前例，使我们幸运地能由初中上到高中。从我的记忆中，自十中迁来清水，前后上该校读书的女生有……十多名。这些同学后来大都成了清水教育界与其他工作中的骨干力量。①

从凤毛麟角的女子小学毕业生，到逐年增多的中学女生；从之前闻所未闻的男女同校，到后来民众普遍习以为常。短短数年内，国立十中以一校之力影响了当地根深蒂固的保守观念。

国立十中通过开设专班的形式主动吸纳本地学生入学接受中学教育。1941 年，与王慧明同期进入国立十中就读初中者还有三名女生，四十一名男生，他（她）们作为一个整体尚有两个共同称呼：首先是"原大毕业生"。由于清水当地没有中学，他（她）们毕业于清水县最高学府——原泉小学就意味着毕业即失学，因此被国立十中学子戏称为"原大毕业生"。其次是"清水班"。1941 年 7 月，原泉小学共毕业七十二人，有鉴于如此多的小学毕业生面临着没有中学可以继续升学的窘境，经清水地方教育部门和乡绅联名与国立十中校方接洽联系，国立十中破例招收了"清水班"共计四十五人，编入初中二部就读。1944 年夏，"清水班"初中毕业，其中四人考入兰州航空测候班，包括王慧明在内的两名女生继续升入国立十中高中就读，一人考入国立西北师范学院附属中学，八

---

① 王慧明. 国立十中生活琐忆［Z］//清水县政协文史资料委员会，国立第十中学校友清水联谊会. 清水文史：第 2 辑. 1993：88.

人考入国立十中师范部继续就读，其余学生走上工作岗位。① "1943 年秋，高二部附设后期师范班，本县上学者十多人。八年内清水县从十中高中部毕业的学生二十多人。初中部毕业的八十余人。这些人多数成为本县发展教育事业的骨干力量，有十数人积极参加了清水新中国成立新政权的建设，有的还担任重要职务。"②

与此同时，国立十中积极协助和支持清水当地创办中学。"在十中的启迪和引导下，激发了清水县热爱教育的乡绅，他们协同当时的教育科长张鸿模共同筹划，聘请十中理科教师，于 1942 年秋办起了清水第一所初级中学。第二年附设国教班（简师班），为清水各方面的发展培养了人才。"③

作为一所战时中学，国立十中通过多种方式向当地民众宣传抗日爱国观念。正如 1941 年一位国立十中学子所言："此外还组织有话剧团、京剧社、艺术研究会等，每逢纪念日，我们的话剧团便到民间去表演宣传，以唤起民众们爱国的热情。"④

正如国立十中学子日后所言："十中对清水经济活通、教育发展、文化开拓、思想启迪、风俗改革等方面起了促进作用。"⑤ 的确，大至普遍接受男女同校这样的民众观念，小至首次将西红柿引进清水种植这样的生活方式，国立十中办学之于清水的改变可谓潜移默化，影响深远。

五、作育人才

1946 年 5 月，遵照国立中学复员办法，国立十中迁回河南改为省立，非豫籍员生各回原地就业就学。⑥ 实际上，国立十中复员回乡办学之路并不顺利。"1946 年夏，全校师生先迁到新乡，后又迁郑州。这时仅有高中一部，初中两部和师范一部，河南省教育厅既无这一笔为数不小的经费，又无适当的校址，乃

---

① 汪源湘. 国立十中的"清水班"[Z]//清水县政协文史资料委员会，国立第十中学校友清水联谊会. 清水文史：第 2 辑. 1993：90-92.

② 陆兆魁. 回忆国立十中在清水 [Z]//清水县政协文史资料委员会，国立第十中学校友清水联谊会. 清水文史：第 2 辑. 1993：19.

③ 陆兆魁. 回忆国立十中在清水 [Z]//清水县政协文史资料委员会，国立第十中学校友清水联谊会. 清水文史：第 2 辑. 1993：.

④ 陈惠齐. 国立十中在西北 [J]. 学生之友，1941 (3)：23-25.

⑤ 陆兆魁. 回忆国立十中在清水 [Z]//清水县政协文史资料委员会，国立第十中学校友清水联谊会. 清水文史：第 2 辑. 1993：18.

⑥ 教育部教育年鉴编纂委员会. 第二次中国教育年鉴 [M]. 上海：商务印书馆，1948：386.

将所有学生分别并入其他省立中学，至此，历时八年的国立第十中学即宣告结束。"① 其实，国立十中刚迁回河南新乡办学时就已经呈现出难以为继之势。鉴于当时全校师生已经到了"衣不蔽体，请求拨发旧衣，以资救济"的程度，国立十中校方曾函请国民政府善后救济总署河南分署予以救济。善后救济总署后河南分署遂令就近驻扎的新乡第六工作队"配发旧衣十包"予以救济。②

办学八年来，国立十中充分发挥其办学初衷——收容与救济战区和沦陷区流亡学生，先后招收 14620 名高中、初中和师范生入学就读，共培养 2380 名高中、初中和师范生毕业生。③ 对于抗战时期众多背井离乡，流亡漂泊的失学青少年而言，能够就读于国立十中，重新燃起生活的希望，这种特殊的心情已无法单纯用激动或兴奋来加以形容。1939 年 8 月 5 日，15 岁的河南新野少年陈克己从河南镇平考入国立十中。多年以后，他关于入校之初的感受的描述相当具有代表性：

> 我于 39 年 10 月中午时分到校，第一件事，即领一只碗和一双筷子（只发一次，碗打烂了自买）。十中属公费学校，伙食不算好，主食一般以棒子面为主，星期天改善生活，中午每人可领到 4 个白面馒头（一个馒头约重 2 两），间或有肉。对我一个穷孩子来说，就算吃到"天上掉的馅饼"啊！④

国立十中在收容与救济战时流亡学生，维系战时中等教育发展，培养大批合格中等教育人才，为高校提供优质生源方面功不可没。办学八年来，其积极提升办学质量，作育人才，在不长的办学时间内一跃成为陇南地区乃至甘肃省内办学质量优异的中学。1942 年度甘肃省中学会考中，国立十中以优异成绩被甘肃省教育厅予以表彰奖励。⑤

从国立十中走出的诸多学子中，日后不乏杰出代表。著名翻译家、外国文

---

① 张绍源. 抗日战争时期的国立十中初创阶段［Z］//清水县政协文史资料委员会，国立第十中学校友清水联谊会. 清水文史：第 2 辑. 1993：10.
② 本署拨发振衣十包，救济国立十中员生［J］. 善后救济总署河南分署周报，1946（35）：2.
③ 教育部教育年鉴编纂委员会. 第二次中国教育年鉴［M］. 上海：商务印书馆，1948：386. 文中数据系作者根据《第二次中国教育年鉴》中《国立第十中学历年班级学生毕业生经费数据统计》统计得出.
④ 陈克己. 忆十中二三事［Z］//清水县政协文史资料委员会，国立第十中学校友清水联谊会. 清水文史：第 2 辑. 1993：69.
⑤ 本年度中学会考平均成绩最优［J］. 甘肃教育半月刊，1942（21-22）：22.

学专家、莎士比亚研究专家刘炳善，中国人民大学法学院教授、中国劳动法学主要奠基人之一关怀，中国国防大学马克思主义研究所原所长林伯野，著名话剧史家、记者、编剧石曼，台湾地区著名律师武忠森均在国立十中度过了自己宝贵的中学时光。

抗战时期众多学子受业国立十中，在成长身体的同时也在汲取知识、磨炼品性、发展心智和形成思想。烽火年代特殊的学习和生活经历，无疑成为影响他们日后人生选择与事业发展的宝贵资源。

1943 年，15 岁的吕贤文就读于国立十中高中一年级。初中就喜好文学的他，就读国立十中期间深受校内进步诗刊和进步师生的影响，开始通过诗歌、小说，尤其是戏剧等文艺形式来从事进步活动。1946 年 5 月高中毕业，同年 10 月担任无锡《人报》记者、编辑并易名石曼。多年以后，身为著名话剧史专家的他在回顾三年高中生活时，仍然将其形容为"路从这里开始"："我认清人生的道路，接受了革命思想，却是从 1944 年在甘肃清水国立十中读高中的后两年开始的。"①

著名莎士比亚研究专家刘炳善初高中均就读于国立十中，其曾对自己当年受业国立十中的感受进行评价，至今读来仍觉公允客观，颇能代表国立十中莘莘学子之于母校辛勤培养的心声，更可视为抗战时期国立十中大后方办学历史与育人影响的恰当评价！

> 回顾平生，我最怀念的是上中学和大学的时代。那正是抗日战争和解放战争时期，我以流亡学生的身份度过了自己的青少年时代。尽管是在战乱、流亡、饥饿、苦难的交织中生存，我却是以青年人的朝气寻求着人生和学习的道路。支撑着我的力量，一方面来自许多好老师、好同学对我的无私关怀和潜移默化的教育，另一方面来自我自己旺盛的求知欲和对文学艺术的强烈爱好。……这一段生活，物质上贫穷，精神上丰富，是我一生的"原始积累阶段"，此后就成为我一切活动的精神核心。几十年的求学和习作生涯，就围绕着这个内核，以此为基础发展下来。②

---

① 石曼．路从这里开始［Z］// 清水县政协文史资料委员会，国立第十中学校友清水联谊会．清水文史：第 2 辑．1993：120.

② 刘炳善．永远做学生：我的求学之路［J］．外语与外语教学，2000（6）：1.

第十三章

"在炮火下过活，在炸弹下长成"：抗战时期国立第十三中学在赣办学研究

一、"国立第十三中学招生了"

1939 年 3 月 27 日，日寇攻陷江西省会南昌，赣北一带中等学校被迫停办，大批员生流离失所，教育部着手筹办旨在"收容战区中学教职员及学生继续施教受教"的国立第十三中学①。同年 9 月，教育部令就赣西莲花一带觅地筹设，后因莲花无适当校舍，乃于距离江西吉安县城十五里的青原山寺及阳明书院设校，另于赣东铅山县设分校，赣西莲花县设分班，以便就近收容战区学生。1940 年 3 月 16 日，国立第十三中学正式开学，陈颖春为首任校长。②

从动议筹设到正式开办，作为一所仅用半年时间就仓促步入办学轨道的战时中学，国立十三中的建校之路充满了艰辛与不易。确定校址后，校方在加紧修建校舍的同时，着手办理登记招生工作，分别在《江西民国日报》等十种报纸刊登招生广告，印制招生简章五千份、登记表一万份，分送各处。除在吉安本校办事处办理登记外，另派员分赴浮梁、铜鼓、清江、临川、上饶、宁都、宜春、赣县及赣北岷山游击区办理登记。1939 年 10 月至 1940 年 1 月 20 日，先后登记战区学生 5903 人。由于远超教育部原定的收容数额，后经审查委员会进行资格审查，合格准予应试者共计 4006 人。鉴于战时交通不便，同时考虑到战区学生经济穷困，1940 年 2 月 20 日至 24 日，国立十三中校方在上述登记地点同时举行招生考试，最终择优录取 1200 名学生。此外就中央赈济委员会拨款增加班额及扩充自费生名额添收 105 名考生，同时商得江西省政府同意拨款省校增加班额，就落第考生中成绩尚可或无家可归者录取 463 名，移交江西省教育

---

① 佚名. 本省增设国立第十三中学［J］. 江西地方教育，1939（163）：42.
② 教育部教育年鉴编纂委员会. 第二次中国教育年鉴［M］. 上海：商务印书馆，1948：388.

厅分发江西省立中等学校肄业。①

国立十三中的创立之于因战火蔓延不幸失学的大批流亡学生而言，犹如枯木逢春，绝境逢生。筹备建校之初，面向社会公开办理登记招生仅三日就已经达到教育部规定的一千二百名学额。即便如此，来自赣浙皖等沦陷区要求登记入学者依然源源不断，以至于校长陈颖春不得不会同江西省教育厅"电请教育部扩充名额至少三千人"②。

熊祝华，1924 年出生于南昌。全面抗战爆发后，小学刚刚毕业的他成为沦陷区众多失学失业少年中的一员。本已"萌发弃学找工作的念头，以解父母之困"的他，当得知国立十三中招生的消息时，心情之激动溢于言表。多年以后，身为著名固体力学家和力学教育家，曾经担任湖南大学副校长的熊祝华曾这样描绘自己当年难以抑制的喜悦心情：

> 天无绝人之路，正当我万分困难，走投无路之际，国立第十三中学招生了，真是喜出望外，当即在赣州参加了入学考试，有幸被录取。当时的心情，真如同遇困境而获救一般，高兴异常。春节之后，就携带简单的行李，乘民船顺水而下，按期到达学校。③

熊祝华插班进入初三上，1940 年春至 1944 年春，他在国立十三中度过了四年的难忘时光。高中毕业后，他考入重庆国立中央大学航空工程系，后因战时交通阻隔无法入学，最终进入国立中正大学土木工程系就读。

与熊祝华有着类似经历的还有张鸿业。国立十三中的创办之于始终在流亡路上颠沛流离的他而言不啻救命稻草。全面抗战爆发后，正在江苏淮安中学就读初一的他，不得不接受学校被迫解散的事实，开启"离乡背井，到处逃亡"的生活。几经辗转，有幸进入江西泰和中学就读初二的他不幸罹患重病，"卧床数月，几至送命"。病情稍有好转，张鸿业即前往遂川投考江西吉安高中。仅就读一学期的他，在获悉"专收沦陷区学生"的国立十三中成立的消息后欣喜万分，于是"又马不停蹄，投奔到青原山来"。一年半后，在国立十三中读完高二的张鸿业被迫离校。时隔多年以后，身为著名莎士比亚戏剧研究专家、吉林大学教授，已经更名张泗洋的他依然对这段时光留恋不已："虽然时光短暂，但却

---

① 佚名. 校史 [J]. 国立十三中学校刊, 1941 (1)：18.

② 佚名. 电请教部扩充国立十三中学学生名额 [J]. 江西地方教育, 1940 (169-170)：80.

③ 熊祝华. 难忘的四年 [Z]//国立第十三中学台湾校友会. 青原山：30. 2000：41.

是我人生旅途驻足最久的地方，也是我最幸福的一段生活。"①

国立十三中的创办，对于生活无望的战区学生而言固然是漫漫黑夜中的一线光亮和希望，但众多学子努力逐光的过程依然充满了不易与危险。

1938 年夏，16 岁的江西彭泽少年刘子暎初中毕业于九江行健中学。由于家乡业已沦陷，他被迫失学在家。1939 年冬，在获知行健中学教师李士襄已经代自己和兄长刘子暄登记报考刚刚成立的国立十三中的消息后，刘子暎兄弟二人随即前往浮梁景德镇应考并被录取。1940 年春，刘子暎进入国立十三中高一就读。1942 年秋，其以同等学力考取国立中正大学工学院土木系。时隔 50 年后，已是耄耋老人的刘子暎仍然清晰地记得 1940 年春节后自己和兄长徒步涉险穿越沦陷区前往国立十三中的经历：

> 我家在赣东北彭泽，是沦陷区，与吉安相距千余里。我至今还记得在民廿九年春节刚过，由亲友凑借了二百四十元法币，连同我母亲压箱底的七块银元（圆），作为盘缠。我弟兄二人，合共一床棉被，徒步启程，经过鄱阳、余干、进贤、余江、丰城等几个沦陷区县，绕道敌后山径、小路，艰难跋涉，到达清江樟树镇，再搭乘小轮船沿赣江南行到达吉安。沿途多耽误了不少时日，抵校报到注册时，已是杂花生树群莺乱飞的暮春季节，学校开学上课已两个星期了。②

1938 秋，跟随家人从湖北黄梅县辗转流亡至江西吉水县小南镇并在此读完初一上学期的余淘自，1940 年 3 月考入国立十三中初一下学期，1945 年夏高中毕业。数十年后，她依然记得当年自己从吉水前往吉安求学途中遭遇土匪的场景：

> 欣闻国立第十三中学在吉安招生，我随邻居汤姓父子翻山越岭去投考。行至丛山小路上，突闻口哨声，接着迎面走来三个壮汉，大声喝道："留下买路钱！"我们吓得战战兢兢地说："我们是穷学生，到吉安报考中学，没有钱。"强盗们看着我们一身旧衣裳，很寒酸的模样，居然就跑进山林中，幸好我们有惊无险。③

国立十三中在江西吉安办学的消息，同样吸引了远在孤岛上海的众多青少

---

① 张泗洋．悼故友祖述［Z］//国立第十三中学台湾校友会．青原山：29. 1999：35.
② 刘子暎．悟往追来集［Z］. 1995：208—209.
③ 余淘自．我的回忆与祝愿：记这几年来级友的聚会和笔会［Z］//原国立第十三中学海燕级《海燕轶事》编委．海燕轶事：再续集. 2002：170.

年慕名前来求学。"两弹一星"功勋奖章获得者、著名冶金学和航天材料专家姚桐斌即其中的一位。全面抗战爆发后，初中尚未毕业的无锡少年姚桐斌失学在家，以在乡下摆摊贩卖日用品为生。一年后，求学心切的他与父亲据理力争，最终获准"拿了在一年中做摊贩赚下的本利"前往上海私立成秉中学就读高中，半年后转入上海江南中学。由于经济极度困难，每晚均睡在教室的姚桐斌决定和其他几名同学一起冒险前往国立十三中继续学业："再隔半年，由于上海环境恶劣，精神和物质生活都觉得非常痛苦，于是在 1940 年年初，我与同学 4 人，从上海经浙江镇海偷跑到内地，进了江西吉安的国立十三中。"① 经过一年半的学习，姚桐斌于 1941 年 6 月高中毕业，并以江西省高中毕业会考个人总分第一名的优异成绩被武汉大学、湖南大学等 7 所高校同时录取，最终其选择进入在贵州平越办学的交通大学唐山工学院矿冶系就读。

几乎与姚桐斌同期从上海涉险前往吉安求学的还有上海少年方福涛。1939年，方福涛进入位于上海公共租界的乐群中学就读，由于不堪忍受租界的恶劣环境，在偶然得知国立十三中即将于吉安设立的消息后，方福涛与其他几位同学相约一同奔赴吉安求学。在方福涛日后的回忆中，其由上海前往吉安的路线较之于姚桐斌的自述更为清晰，即"最后的决定是走浙东。先坐轮船到宁波，再到金华，转乘浙赣路火车到江西"。由于种种原因，最终仅有方福涛只身一人踏上流亡之路。其于 1940 年 2 月 11 日由上海出发辗转抵达吉安，错过招生考期的他后经补考插班进入国立十三中初中部就读。②

二、"俱付阙如"与勤教苦学

办学伊始，国立十三中校方首先必须面对办学基本设备"俱付阙如"的窘况：

> 本校创办伊始，图书、仪器、校具等俱付阙如，唯以战时交通梗阻，筹备经费亦属有限，整批购办自非易易，图书仪器除设法购置一部分外，曾向江西高安县立中学借用图书千册，理化仪器约五百件，化学药品二百四十余种，动植矿标本各若干件，关于校具一项，除陆续购置外，亦向江

---

① 航天材料专家姚桐斌 [Z] //原国立第十三中学海燕级《海燕轶事》编委. 海燕轶事：再续集. 2002：9.
② 方福涛. 从孤岛到青原山 [Z] //国立第十三中学台湾校友会. 青原山：30. 2000：65-68.

西省立吉安中学、章贡中学及江西建设人员养成所借用一部分。①

上述国立十三中校方的自述，将其草创之初一无所有，靠借办学的艰难境遇描绘得淋漓尽致。校内图书的匮乏也给国立十三中学子留下了深刻印象："学生书籍由校方借给，每学期注册时，交还上学期所借旧书，换借新书。"② 与物理和化学教学关系密切的实验设备更是少之又少。1943 年夏考入国立十三中高中就读的傅宜春日后回忆至此仍然感慨不已："我唯一感到不足的是母校未能开展物理和化学实验，至少是我未能参与或见过这些实验。当然因学校新建，无法置备实验仪器和物资，留此遗憾，似难避免。"③ 实验设备的严重匮乏，成为长期制约抗战时期国立十三中理科教学的重要因素，即使抗战结束也未得到根本改善。1945 年秋考入国立十三中就读高一，高中毕业后考入武汉大学数学系，日后成为中国概率论研究的先驱和主要领导者之一、中国科学院院士、原北京师范大学校长王梓坤的回忆印证了这一事实。④ 据他回忆："这所学校的老师很强，可惜没有实验设备，高中毕业时我连水分解都不会。"⑤

学生日常习作所需的学习用品，也成为国立十三中学子眼中可遇而不可求的奢侈品。1940 年年初，年仅 13 岁的南昌少年刘耿直顺利考取刚刚创办不久的国立十三中，插班进入初二上学期就读，此后在青原山度过五年半的初中和高中生活。多年以后，已经更名公刘，身为著名诗人和作家的他仍然对当年在校期间自制简易学习用品的情景历历在目：

> 那时候抗日战争正处在最艰苦的后期，能买到一些毛边纸都是极大的幸运，因此，从计算开本到动用针线装订，都成了煞费苦心而又欢欣鼓舞的事情。然后是买那三分钱一小袋的灰锰氧，兑上水就成了紫墨汁；再用蘸水钢笔（用钢笔是长大以后的"进化"）工工整整、密密麻麻地写满整张整张的纸页；整个的过程就像制作一件工艺品一般，这样说，绝不夸张。⑥

---

① 佚名 . 校史 [J]. 国立十三中学校刊，1941（1）：18.

② 国立第十三中学简介 [Z] // 国立十三中校友志编纂组 . 青原山人共忆录 . 1998：8.

③ 傅宜春 . 国仇家恨忆少年 思亲怀德谢母校 [Z] // 国立十三中校友志编纂组 . 国立十三中纪念文集 . 2004：302.

④ 裘法祖，师昌绪，戴复东，等 . 共和国院士回忆录：一 [M]. 北京：东方出版中心，2012：102.

⑤ 袁向东，范先信，郑玉颖 . 王梓坤访问记 [J]. 数学的实践与认识，1990（4）：79-89.

⑥ 公刘 . 不可泯灭了爱国之心 [Z] // 原国立第十三中学海燕级《海燕轶事》编委 . 海燕轶事：续集 . 江阴：天江印刷厂，2000：45.

国立十三中师生的居住条件异常简陋。1940 年春，刘龙瑞由江西省立工业专科学校转至国立十三中任教。多年以后，耄耋之年的他忆及于此依然感慨良多："居住在陋室中，阴暗逼人，足蔽风雨，唯山野蚊蚋特多，夜眠无法安枕，学校给每人配发一个用竹片拱着麻布的罩子，入睡前用被单裹住上身和下体，然后躺下，用罩子罩着头部，以逃避蚊虫的叮咬、吸血。"①

相较于教师尚且有罩子可以遮蔽身体勉强抵抗蚊虫叮咬，学生们则只有直面蚊虫以及可能由此造成的疾病——疟疾。1943 年秋，小学毕业考入国立十三中就读直至抗战结束的南昌少年徐钟泽，日后曾描绘过当年包括他在内的诸多学子依靠跑步发汗来"治疗"疟疾的场景：

> 蚊子咬人，造成疟疾流行（又名打摆子、打皮寒），当时，大家都没有蚊帐，抗疟特效药金鸡纳霜（奎宁）又买不到，在万般无奈下，我们只能在开始感觉畏寒发颤要发作时，向老师报告，请假到教室外去跑步，直到全身发热，大汗淋漓又跑回来上课，在缺医少药的情况下，只能如此。②

寒冷的冬天同样给国立十三中学子留下了刻骨铭心的体验。1943 年秋，19 岁的江西吉水青年徐有守考入国立十三中高一就读，1945 年秋刚刚读完高二的他，以同等学力考取国立中正大学政治系。晚年的徐有守忆及青原山生活，依然津津乐道于当年寒冬催生出的特有的生活方式：

> 我们早上起来用冷水洗脸，冬天常常带了毛巾去教室后面的小溪旁敲开薄冰用那冰冷的溪水洗脸。有的同学实在怕冷，就跑到厨房里去，将毛巾下垂到煮饭的大锅里沾一点热水洗脸，这种动作，我们称之为"钓鱼"。③

给徐有守留下深刻印象的还有国立十三中质量欠佳的伙食。"如同战时许多团体一样，吃的饭菜并不很好，糙米饭里的砂子和稗子很多，菜很粗，油水很少。……到了第二节课下课了，发育期的青年人肚子很饿，……"④

徐有守笔下并未细说的清汤寡水的菜式，在国立十三中其他学子的回忆中不难找到答案。1939 年秋，正在江西省立樟树中学就读初二的王石民，插班考

---

① 刘龙瑞. 青原圣地，山高水长 [Z]//国立十三中校友志编纂组. 青原之光：国立十三中学纪念文集. 2004：15.
② 徐钟泽. 回忆青原山 难忘十三中 [Z]//《青原山人共忆录》第八集编委会. 国立十三中纪念文集：第八集. 2007：52-53.
③ 徐有守. 永难忘怀青原山 [Z]//国立第十三中学台湾校友会. 青原山：30. 2000：34.
④ 徐有守. 永难忘怀青原山 [Z]//国立第十三中学台湾校友会. 青原山：30. 2000：34.

入国立十三中初二下学期就读直至高中毕业。晚年的他曾描绘过当年日复一日单调乏味，学子们却依然甘之如饴的伙食状况：

> 十三中的生活相当艰苦，特别是刚开办那两年，不提常年用冷水洗脸，点桐油灯上晚自修，夏天臭虫叮咬，蚊子乱飞，单说吃的，每餐不是一大钵老芥菜，就是一盆子连汤带水的空心菜，但大家都不以为苦，连臭腌菜也往往被一扫而光。①

1941年，一位名叫洪琴芳的国立十三中高二女生，曾为世人惟妙惟肖地描绘过十三中学子进入膳厅就餐时的诸多细节，从其略显顽皮的调侃文字中不难感受国立十三中学子们生活的清苦：

> 不拥挤，亦没有声息，进入了饭厅，便一个个敏快地去装饭，然后队长发出"立正，坐下，开动"的口令，顿时全场空气一换，一个个好似在作"食战"。两只竹筷子，无形地变成了作战的戈戟，俗话说，似乎有些相像，只要把"脚快"掉（调）换了"嘴快"就成，所谓这三快——眼快、手快、嘴快——十足地表演着"食战"的喜剧，犹似一幕有趣的活动电影。假如你平心静气地在旁边看一看，立刻就可以看出"饭"是绝对不生问题的，只是担忧着"菜"。每次当一场"食战"过后，每桌总是碗底朝天的。即使别桌上还有一些剩余残肴时，那些尖巧、机警的同学，便一骨碌地跑去实行他们的所谓"游击"了。尤其是星期六的午饭，还有肉吃，那时游击战还要有趣。当然添饭时同学们不管三七二十一的到别桌去打游击，在这时，根本不讲什么客气与公理，无疑的，就"明抢"。他们的游击战，能使个个同学红光满脸，个个同学兴高采烈，真不愧为一幕有趣的"食战喜剧"。②

国立十三中师生们的衣着同样至为简陋。"冬季衣单，全年赤足。……当年，很多老师，……都是终年穿草鞋，很少有人穿袜。学生终年赤足者甚普遍。"③ 1942年5月，日寇大举进攻浙东，提前从浙江东阳初级中学毕业的金经乾失学在家。1943年夏，其偶然获悉国立十三中正在吉安办学，向往公费待遇的他与同学一行五人，由东阳徒步前往国民政府设于福建崇安县武夷宫的战地失学失业青年招待所。经过考试，金经乾被保送至国立十三中高中部就读直至

---

① 史明. 跟往事干杯 [Z]. 2006：96.

② 洪琴芳. 国立第十三中膳厅今昔观 [J]. 江西妇女，1941（1-2）：43.

③ 国立第十三中学简介 [Z]//国立十三中校友志编纂组. 青原山人共忆录. 1998：10.

1946 年高中毕业。据金经乾同班同学日后回忆，在校三年期间从未见其穿过鞋。
而高中生活的前两年，日后也被金经乾形容为"'贫、冻、病'交加"：

> 由于战乱，邮路不通，家庭接济断绝，加上没有带铺盖和棉衣、棉裤
> 等御寒之物，开始两年，真是"贫、冻、病"交加。……冬天坐在教室听
> 课，身上总是发抖，两手紧紧抱住前胸；终年赤足，有时可能穿过草鞋，
> 据同班同学黄祖德回忆，他没有看到我穿过鞋。同时，我一直患疟疾，久
> 而久之，变成了"慢性疟疾"，每天发作一次，先发冷后发热，真是度日
> 如年。①

由于先后从"武夷宫"保送至国立十三中就读的几十名学生，"大多数境遇
都比较困难，面黄肌瘦，破衣烂衫，身上有一股臭气，使人望而生厌"，以至于
包括金经乾在内的这些学生竟然被同学们冠之以"武夷宫"这样的不雅绰号。②

金经乾的回忆绝非危言耸听的夸大之语。1943 年至 1945 年就读于国立十三
中的徐有守的回忆即对此的有力佐证：

> 十三中的同学大部分很穷，有部分更是特别穷，常常会一两个月身无
> 分文，我们称之为"紧守最后一道防线"，意思就是在生存线上拖延
> 度日。③

破屋当头、疏衣陋食、卫生和营养条件极差、教学设备和学习材料匮乏，
虽然这些都是发生在烽火连天的战争年代，但是时隔 80 年后读来依然能够感受
到强烈的巨大压抑感和孤独无助感，依然不难想象国立十三中学子身处厄境所
承受的身体苦楚和精神压力。日后看来，上述困难似乎并未击垮国立十三中师
生勤教苦学的顽强意志。相反，之于他们而言，简陋至极的办学条件代表的恰
是高涨的精神面貌和美好的无限希望。

> 菜根的滋味实在长，愈嚼愈甜香，谁不说做人先要学吃苦，越练越坚
> 强，嘿！同学们，糙米饭粒粒香，维生素 B 内中藏……④

上述歌词出自歌曲《菜根的滋味实在长》，该歌曲由国立十三中音乐教师贺

---

① 诚毅级金经乾学长来信［Z］//原国立第十三中学海燕级《海燕轶事》编委. 海燕轶事:
　再续集. 2002: 198.
② 诚毅级金经乾学长来信［Z］//原国立第十三中学海燕级《海燕轶事》编委. 海燕轶事:
　再续集. 2002: 198.
③ 徐有守. 永难忘怀青原山［Z］//国立第十三中学台湾校友会. 青原山: 30. 2000: 34.
④ 唐运筹. 青原山往事［Z］//国立第十三中学台湾校友会. 青原山: 29. 1999: 89.

师武和孟文渊合作完成，激发他们创作这首歌曲的灵感正是学校至陋至简的膳食。咀嚼着简陋至极的饭食，吟唱着极富内涵的歌曲，国立十三中师长因势利导学生化苦为乐和寓教于唱的良苦用心令人心生钦佩，感动不已。国立十三中学子日后的回忆也充分印证了这首歌曲的特殊影响："歌曲没有哀怨，没有叹惜和忧伤，却突出了以苦为乐、奋发向上的欢快情趣。歌词寓意深刻，曲调富于乡土气息，韵味无穷，给了同学们一份最好的精神食粮，唱得我们欢欣鼓舞。"①

　　国立十三中师友穷且益坚的昂扬面貌鲜明地体现为学生苦学和教师勤教。1941 年，一位化名云光的学子，曾经刻画过十三中学子求书不得，购书不能，却嗜书如命的情景："是的，我们这群流浪的孩子，不但衣服无钱雇人洗，甚至无钱购书。所以弄到一本书，总是不要命地看，甚至开着通夜的夜车呢。"②

　　　　课堂里，最引人注意的，是那些少年英俊的教师们，他们来自各地，大都抛弃了他们原有的职业，来从事于这新生的教育事业，他们对于这大批流亡青年的愤怒之火和求知之愿，开始感觉到无穷的兴趣，为了适应环境的要求，他们大都操着相当纯粹的国语，对于学生功课的重视和教授方法的讲求，我敢大胆说一句："实足开江西中等教育的新纪元。"他们的确具有无穷的热和力，他们不会因刻板式的进度影响到读者的兴趣，他们什九富有幽默感，恰如我们年青人同样天真，……③

　　1941 年，一位名叫翟因寿的国立十三中学子在题为《十三中学生生活素描》的文章中写下了上述文字。在他的笔下，国立十三中师长教学激情与育人情怀兼具，敬业认真的人格形象被刻画得栩栩如生。值得一提的是，这位名叫翟因寿的江西奉新青年于 1940 年春插班考入国立十三中高中就读，恰与前文已述的姚桐斌系国立十三中高中第一届同班同学。1941 年秋，其高中毕业考入交通大学唐山工学院。

三、"校长带来幸福，吾校增荣光"

　　1939 年，江西省教育厅主办的《江西地方教育》第 163 期刊载了一则题为《本省增设国立第十三中学》的新闻。在这篇字数并不多的报道中，三分之一的文字都是在介绍即将出任国立十三中首任校长的陈颖春："……派陈颖春任校

---

① 唐运筹. 青原山往事 [Z]//国立第十三中学台湾校友会. 青原山：29. 1999：89.

② 云光. 国立十三中学的剪影 [J]. 新青年，1941（7-8）：35-36.

③ 翟因寿. 十三中学生生活素描 [J]. 学生之友，1941，3（3）：30.

长，陈校长，以前曾任本省省立第一中学校长，赴德考察归国后，即在江浙服务，富有教育经验，……"① 寥寥数笔，陈颖春拥有丰富的中学办理经验这一形象给人留下了深刻印象。

陈颖春，字际唐，1896 年出生于江西高安。1911 年春进入南昌私立心远中学就读，1916 年高中毕业。1917 年考入国立北京大学理科预科，一年后进入国立北京大学物理系就读，1923 年毕业。大学毕业后，陈颖春回到江西从事教育工作，先后担任私立心远大学教务长，江西省立第二中学、私立心远中学高级数学教师，参与筹建江西省立理科实验室并任主任。1926 年加入中国国民党。1927 年 10 月，时任江西省教育厅厅长的陈礼江委任陈颖春担任江西省立第一中学校长。1929 年陈颖春请假前往德国柏林大学进修物理，1930 年回国复任省立第一中学校长，1932 年 7 月卸任。1933 年，其受国立浙江大学校长程天放之邀出任训导长。1935 年历任安徽省教育厅第三科科长、江苏省政府第三科科长。全面抗战爆发后，任湖北省教育厅第二科科长，主管全省中等教育。1938 年夏秋之交，奉派江西省国民党党部委员。1939 年 9 月，受命筹办国立第十三中学并出任首任校长。1946 年 1 月，陈颖春辞去国立十三中校长一职，举家迁回南昌。是年夏，国立十三中复员归江西省办理，先后易名江西省天祥中学、泰和中学。1947 年，陈颖春当选国民政府立法院立法委员，任立法院教育委员会召集人。1949 年举家赴台。1958 年 11 月 28 日因病逝世，享年 63 岁。②

梳理陈颖春办理国立十三中之前的人生经历，无论是作为学习者受业于国立北京大学，还是作为教育管理者从事地方教育行政管理和各级学校治理，其主要精力与时间均专注于教育文化事业，这一特点无疑为抗战时期其筹备与办理国立十三中奠定了坚实基础。

1940 年春至 1942 年秋高中就读于国立十三中，日后成为著名学者的费海玑，曾高度评价抗战时期国立十三中的校风："十三中之校风，确同北大，乐观进取，有建设性，有大魄力。"③ 费海玑将国立十三中校风与国立北京大学相提并论并非夸大之词。陈颖春长子，1941 年秋至 1944 年秋高中就读于国立十三中的陈方增，日后在追忆其父一生行止时给出了相同的答案："因为际唐先生是北

---

① 佚名. 本省增设国立第十三中学 [J]. 江西地方教育，1939（163）：42.

② 廖作琦. 一代作育英材（才）之领导者：陈颖春先生传略 [Z] // 国立十三中校友志编纂组. 青原之光：国立十三中学纪念文集. 2004：205-212.

③ 费海玑.《十三中：浴火重生的凤凰》和《青原散忆》的回响 [Z] // 国立第十三中学校友会. 青原山：28. 1998：112.

大学生，无怪乎十三中的校风有似北大，是一所有北大风味的国立中学。"① 从1917 年陈颖春进入国立北京大学理科预科，到 1923 年物理系毕业，其在国立北京大学学习和生活六年之久。难以想象，在当时中国最高学府熏染六年而不受其影响，更何况此时正值蔡元培执掌国立北京大学。

1917 年至 1927 年，蔡元培长校国立北京大学。在校期间，其有感于旧北大学风之陈旧腐败和大学精神之萎靡不振，力倡"大学者，研究高深学问者也"，凭借其国民党革命元老地位、教育家做派和学识与人格魅力，对国立北京大学进行全方位改革和重新塑造，努力发扬"思想自由，兼容并包"的大学精神。正是在蔡元培持续深入的改革与努力之下，国立北京大学一扫往昔颓势，汇聚了一批大师级的知名学者和来自全国各地的优秀青年，一跃成为五四新文化运动的策源地，成为深刻影响近代中国学术、文化与教育发展的科学和民主堡垒。

抗战时期陈颖春办理国立十三中的诸多理念与实践，均不同程度地受到蔡元培时期国立北京大学办学风格与特色的影响。1940 年春至 1941 年秋高中就读于国立十三中的翟因寿，日后将抗战时期国立十三中的创办赞誉为"在当时的江西教育界造成了一个新形势，那就是使吉安青原山立即成为当时江西中等教育的重心所在"。在他看来，正是校长陈颖春"思想自由，兼容并包"的办学理念促成了这一局面：

> 国十三中的校长是际唐师，他乃是在江西教育界有着崇高声望的人。他做事有魄力，有眼光，动作又敏捷，不到几个月，居然把吉安青原山的招牌弄得全省皆知，不仅学生要去青原山，有许多江西中等学校的著名教师也都要去青原山投效，于是就在际唐师礼贤下士、兼容并蓄的大原则下，很快地就组成了国十三中的一支精锐的教学队伍，这支队伍对于从各地来的青年学生具有无比的吸引力。②

陈颖春兼收并蓄的办学风格给国立十三中学子留下了深刻印象。"当年在青原山，学术思想是很自由的。除了大量流行歌唱陕甘宁边区的抗日歌曲外，老师可在课堂讲苏联文学作品，同学可以在口头或墙报谈论从马克思到希特勒的观点。"③ 1943 年考入国立十三中就读高中的黄敬人，多年以后仍然清晰地记得当时校园内政治倾向不同的教师和谐共处的情景：

---

① 陈方增. 先父陈公颖春号际唐传略［Z］//《青原山人共忆录》第八集编委会. 青原山人共忆录：第八集. 2007：2.
② 翟因寿. 忆念际唐师［Z］//国立第十三中学校友会. 青原山：21. 1991：2.
③ 国立第十三中学简介［Z］//国立十三中校友志编纂组. 青原山人共忆录. 1998：13.

十三中教师，人上一百武艺俱全。生旦净丑，无所不有。不仅各科教学有权威。教育思想也"中山""马列"兼容并蓄。刘德荣、邓康南、王国铨等高唱三民主义、五权宪法；漆裕元、胡以群、余家宏等则大讲高尔基、普希金和二万五千里长征。他们百花齐放，南腔北调。①

黎先耀，1926 年出生于杭州，全面抗战爆发后开始流亡，后考入国立十三中铅山分校初一下，毕业后升入十三中高中继续就读。1945 年高中毕业后考入暨南大学。多年以后，身为诗人、散文家和科普作家的他，仍然对当年国立十三中校方对于思想进步教师的包容和开明态度印象深刻：

> 我们母校的英语老师漆裕元先生思想进步，常选些高尔基、爱伦堡的作品，作为英语教材，很受同学欢迎。他曾开办书店，经营进步书籍，被国民党当局逮捕，自泰和马家洲集中营关押过。……家中收藏着一些如《铁流》《夏伯阳》《西行漫记》等书籍。课后，有时我偷偷跑到他家去借文艺书看，……②

钟立民，1925 年出生于南昌，1943 年春高中毕业于国立十三中，后考入中山大学外语系。多年以后，已是著名作曲家的他依然记得音乐教师贺师武在校内带领同学教唱左翼作家创作的抗战歌曲的场景：

> （贺师武）还把左翼作家在延安和太行山抗日根据地创作和流行的抗战歌曲介绍到学校里传授，如《游击队之歌》《在太行山上》《黄河大合唱》《生产大合唱》《晋东南进行曲》等，率领学校合唱团到江西省的战时省会——泰和演出气势磅礴的《黄河大合唱》轰动了社会各界。③

陈颖春深知办学的关键在于良师，抗战时期国立十三中能够拥有一批具有较高学术水准的教师队伍，作为校长的陈颖春功不可没。1945 年秋，王梓坤考入国立十三中就读高一。日后身为中国科学院院士和北京师范大学校长的他，忆及自己的青原山求学时光，心生钦佩的仍然是校长陈颖春重视引进高水平人才以保持卓越教学质量："一所学校的教学质量主要靠教师。十三中老师如余心乐、马巨贤等先生，学术水平的确都很高。这与校长陈颖春先生多方引进人才

---

① 黄敬人. 青原五忆［Z］//国立第十三中学校台湾校友会. 青原山：29. 1999：112-113.
② 黎耀先. 两幅画［Z］//国立十三中校友志编纂组. 青原山人共忆录. 1998：30.
③ 钟立民，陈敏海. 正气歌声永不落：记贺师武老师［Z］//国立十三中校友志编纂组. 青原山人共忆录. 1998：45.

密切相关。"① 王梓坤提及的余心乐和马巨贤，时为国立十三中国文和地理教师，中华人民共和国成立后均成为江西师范大学教授。

曾经就读于国立十三中的周逸芳日后提及的一件小事，将陈颖春爱惜人才的办学风格刻画得淋漓尽致。1940 年春，国立十三中刚刚开办不久，教师张理文和胡采繁夫妇欲返乡侍奉年老的双亲，虽经陈颖春一再挽留，但终未能如愿。时隔多年以后，周逸芳仍然清晰地记得当时陈颖春溢于言表的惋惜和失望之情："校长失望得双眼通红，真是可怜天下父母心。"②

重视培养学生的自治能力是陈颖春十分看重的办学关切。多年以后，费海玑回顾自己当年在国立十三中所受的自治训练，直呼陈颖春为"真正自由主义的教育家"：

> 民以食为天，我们在青原山，食是不足饱的。记得我们做膳食委员的时候，操了多少心啊！……陈校长是一位慈祥的人，学生们的办法，不同是怎样的，他均批准。大（饭）桶变小桶，小桶变中桶，我认为均是多事；他均批准，是何缘故？原来他就是真正自由主义的教育家，他要同学去独立思考，并要同学们想好就去做。③

费海玑提及的膳食委员，系国立十三中学生为自办膳食所成立的专门性自治组织——学生膳食委员会中的学生代表。1939 年冬考入国立十三中高一，1942 年冬毕业的刘子暎，在校期间曾亲自主办过一届学生膳食委员会。在他看来，"由学生自办膳食，这是陈先校长率先民主办学，经济公开的创举"。日后他曾详细描绘过国立十三中学生膳食委员会的组织与运作：

> "膳食委员会"是由学生自己主办的，办法是：由高中学生班级轮流主办，每届轮办班级推选三人组成"膳食委员会"，分别任主任委员、会计组长、庶务组长，主持应届膳食一切事宜，所有全校学生贷金及自费生伙食费，全由主任委员、会计组长联名具据向部派驻校会计组领出。再交由庶务组长分配支出每日菜金，校方不予干预。每天由高中班轮流派采买二人，负责到吉安市买菜，前一天午饭后出发，夜宿西萧家巷校办事处，翌日凌

① 裘法祖，师昌绪，戴复东，等．共和国院士回忆录：一［M］．北京：东方出版中心，2012：103.

② 周逸芳．断片零絮忆《青原》［Z］//国立第十三中学校台湾校友会．青原山：29. 1999：44.

③ 胡德明，胡晓加，戴佳臻．著名教育家陈颖春年谱［Z］//国立十三中校友志编纂组．青原山人共忆录：第三集. 2000：30.

晨押运菜担回校，由初中班每天轮派二人负责监厨，从早到晚，三餐负责量米称菜下锅，真是做到一丝不苟，点滴不漏。①

担任采买和监厨任务的学生，难免会因此耽误一天功课。但是对于常年忍受清汤寡水伙食的十三中学子而言，这种差事仍然具有无可替代的巨大诱惑力。正如刘子暎所言："然而一年好不容易轮到这一天，也可一饱口福，有所补偿，有的同学还巴不得早轮到这趟'美差'。"

通过鼓励学生自办膳食进而培养其自我管理和服务能力，这成为国立十三中引导学生全面发展的重要举措。1943年至1946年在国立十三中就读高中的邓敦同，日后即对此大加赞赏："尤其是学生的伙食，由学生自行管理，不仅伙食办得很好，而且培养了学生民主管理自己服务的精神。"②

作为校长，陈颖春清楚地认识到培育学校文化在育人过程中所能够发挥的独特影响，因此其在办学实践中不遗余力地利用各种方式，通过各种途径，以此潜移默化地影响学生发展。1941年秋至1944年秋高中就读于国立十三中的王石民，日后曾对此有过回忆：

> 走过待月桥，首先映入眼帘的是一栋建筑物上的赫然大字"思来处"，这是十三中可容千余学生用膳的大饭厅，地处阳明书院的左侧。陈校长把全校学生用膳的地方名之曰"思来处"，用心可谓良苦。他是用"一粥一饭当思来处之不易，半丝半缕恒念物力维艰"这句教育名言和中华民族的传统美德来教育学生而又不显痕迹。……陈公教育学生很少训斥和说教，启发、诱导居多。每作报告也常常是谈笑风生，往往还插叙一些笑话，从不感枯燥。……别小瞧"思来处"这三个字，悬挂在千余人的大饭厅上意义就大了，足见其对教育学生之苦心。他总是把"思想教育"贯穿于学校的每件事情，渗透到学校的各种活动中。③

陈颖春重视文化育人的教育理念也深刻影响到毕生从事教育工作的王石民："我从教的三十余年中，仍然常会想到这段中学生活，真是师恩难忘啊！"

王石民提到的待月桥和阳明书院均位于抗战时期国立十三中办学所在地——青原山。1942年，一位受邀前往青原山游览的访者，经过两日逗留观察，归来后曾这样形容自己眼中堪称人文胜景的青原山：

---

① 刘子暎. 悟往追来集［Z］. 1995：211.
② 邓敦同. 青原杂忆［Z］//国立第十三中学校台湾校友会. 青原山：29. 1999：54.
③ 史明. 跟往事干杯［Z］. 2006：95-96.

立吉安廓外东望，有山翼然起于云中者，青原山也。山势盘纡，外望蔽亏，旁有一径萦洄而入。自古为儒教圣地，佛祖道场，人文鼎盛，昭著史册，自来过吉安者，未尝不以游青原山为乐也。①

这位游览者在沿途欣赏青原山美景的过程中，也不忘如实记录下当时正在此地办学的国立十三中师生勤教苦学的场景："南行抵阳明书院，明王守仁先生讲学处也，现国立第十三中学驻此，该校学生共千人，多隶属战区，施以严格之军事管理，功课亦甚紧张云，……"②

1940 年夏，江西省中学教员暑期讲习讨论会在青原山举行，一位与会者在对青原山史迹进行一番考察后，不由得心生慨叹："青原山是江西最著名的名山古迹，不但山水清幽，尤其与历代学术文化有很大关系，本届暑期讲习讨论会在青原山举行，是极有意义的。"自唐代始，青原山便是弘济禅师道场。禅宗南宗惠能门下两大弟子之一的行思禅师，便在青原山安隐寺阐扬教化，四方求法者众多，这也造就了青原山堪与庐山齐名的佛教道场地位。青原山与理学发展亦关系密切。作为明代理学大师，王阳明曾在青原山讲学。"明代理学至阳明而极盛，阳明讲学之地，又以青原山为极盛。……所以青原山讲学的风气，盛极一时。"阳明书院也因此成为与白鹿洞书院、鹅湖书院三足鼎立的江西著名书院。③

日后看来，使用"儒教圣地，佛祖道场，人文鼎盛，昭著史册"这样的词汇形容青原山并不过分，实至名归。抗战时期国立十三中选择将青原山作为校址确有其独到之处，不仅因为其山清水秀、风景旖旎，更在于其历史绵长悠久，人文积淀深厚，十分适宜作为熏染习性和化育人才的施教授业场所。"十三中设立于特定的历史时期抗日战争时期，选址于此是有其特殊意义的。有利于以往哲先贤的高尚风范和治学精神来熏陶学生，使能在做人和治学方面都树立正确的态度。"④

作为校长，陈颖春在充分利用青原山已有的历史文化资源办学的同时，也积极发挥校训等文化符号对学子们励志敦品的独特影响。陈颖春将"尊师重道"定为校训并置于校园最为显眼之处："为励志敦品，在寺院相连的山岗上树立四

①　刘克鹤.青原山两日游［J］.旅行杂志，1943（6）：11.
②　刘克鹤.青原山两日游［J］.旅行杂志，1943（6）：12.
③　欧阳祖经.青原山的史迹［J］.江西地方教育，1940（194-196）：65.
④　史明.跟往事干杯［Z］.2006：82.

块木牌，上书'尊师重道'四个大字，是为校训。"① 陈颖春之所以特别看重代表理想、道德和情操的"道"，目的也在于希望国立十三中学子能够将"做人、读书统一起来，追求德、业双修的完人境界"②。陈颖春将校园内一株 3 米多高的含笑花定为校花，希望国立十三中学子能够"和平处世，笑对人生"③。其希望背井离乡、食不果腹、衣不蔽体的十三中学子们，依然能够保持乐观，自强不息，发奋苦读的寓意意味深长。此外，陈颖春还努力将中国传统文化精华融入校园建筑，用"忠、孝、仁、爱、信、义、和、平"命名学生寝室，其希望十三中学子体认中国文化传统进而以此修身养性的用意一目了然。④

作为校长，陈颖春在办学实践中也充分表现出爱护和关心学生，严于律己、以身作则，坚持办学方针，不畏权势等特点。着眼于育人而办学是陈颖春自筹备国立十三中以来即始终坚持不动摇，即使是在创校之初办学条件十分受限的情况下也努力追求的目标。1941 年，曾有十三中学子高度评价陈颖春在办学初期一无所有的同时，仍然不忘为学生们积极参加体育锻炼创造必要条件，进而想方设法尽力完善学校体育场地与设施的情景：

> 我们的学校，是个将满周岁的幼童，各事都很幼稚，设备更不完备（化学物理实验品，都从高安中学借来，课桌床铺，多系吉安中学留下）。但是，我们的校长是最热心办教育的，所以，校内能在短期里，增加不少的房屋，五个运动场，和男、女游泳池，使同学得尽情地去锻炼身体。⑤

心系学生成长和发展始终是陈颖春办学关注的重中之重。1942 年秋至 1945 年秋初中就读于国立十三中的杨玉龙，多年以后忆及陈颖春时仍然对当年那些看似并不起眼的小事难以忘怀。陈颖春与"青原山上的夜明珠"的故事就是至今读来依然暖心的代表。国立十三中学子晚上自修每四人一盏煤油灯，每遇刮风下雨雪等恶劣天气，煤油灯光摇曳不定甚至不时熄灭，严重影响学生学习。有鉴于此，陈颖春想到能否充分利用每日加工全校师生所食糙米剩余的粗糠来为全校师生提供照明。经过反复试验，终于试制成功独具青原山特色的糠汽灯。

① 刘龙瑞. 青原圣地，山高水长［Z］// 国立十三中校友志编纂组. 青原之光：国立十三中学纪念文集. 2004：15.

② 国立十三中学校志（1940—1946 年 8 月）［Z］// 国立十三中校友志编纂组. 青原之光：国立十三中学纪念文集. 2004：83.

③ 国立第十三中学简介［Z］// 国立十三中校友志编纂组. 青原山人共忆录. 1998：14.

④ 万加锃. 青原忆旧［Z］// 国立十三中校友志编纂组. 青原山人共忆录：第三集. 2000：164.

⑤ 云光. 国立十三中学的剪影［J］. 新青年，1941（7-8）：35.

晚年的杨玉龙依然记得当年全校统一开灯时的场景："顿时，青原山净居古寺，和阳明书院的各个教室，四处灯光通明，光如白昼，同学们高兴得跳了起来。"自此，"陈校长给我们送来了夜明珠"的故事不胫而走。①

国立十三中素以办学质量优异著称，这与作为校长的陈颖春坚持办学方针，严把教学质量直接相关。曾经就读于国立十三中的周逸芳日后回忆的一个细节很能说明陈颖春的这一办学风格。1943年夏，在国立十三中读完高一的周逸芳转入江西永新女子师范高工继续学业直至毕业。是年暑假，周逸芳回到国立十三中度假。恰逢一位女师同学拿着当地驻军司令上官云相的介绍信想转学至国立十三中。当周逸芳陪着这位同学一起去面见陈颖春时，遭到陈颖春的严词拒绝，"理由是女师课程内容及进度与普通中学不同不能跟班"。多年以后，忆及此事，周逸芳依然对老校长严格维持办学标准感慨不已："像陈校长这样坚持办学方针，不畏权势，严格把关的高风亮节，在今日来看也是难能可贵的。"②

陈颖春严于律己，以身作则，不任人唯亲的形象，也给国立十三中学子留下了深刻印象。1941年至1944年高中就读于国立十三中，1949年毕业于南京大学物理系，日后成为大连理工大学教授的陈方培，时隔多年，仍然对既是校长，又是家族长辈的陈颖春在办学过程中不任人唯亲的特点记忆犹新。抗战时期国立十三中在吉安办学，校内职员相当数量均为江西高安籍，这固然与陈颖春是高安人有关，也与高安地区深受战争影响导致大量居民逃难至吉安有关。但是，陈颖春在任用职员时原则性极强，首重工作能力，绝不因姻亲或血缘关系降低任用标准："校长任用员工是有原则的，首先要看工作能力；对于亲戚要求更严，往往'降级'使用。"据陈方培回忆，陈颖珊系陈颖春大妹，毕业于武昌美术专科学校，完全能够胜任美术教师一职。但是陈颖春长期令其担任十三中图书管理员，直到数年后方才转为教师。左海波系陈颖春连襟，当年在国立十三中仅是校工编制，长期担任初中部传达员，兼管上下课摇铃。③

作为国立十三中高中第一届毕业班学生，翟因寿虽然只在学校学习和生活一年半时间，但是基于自身受教经历，他在1941年就曾为世人描绘过校长陈颖春以校为家、关爱学生的形象：

① 杨玉龙.庆祝校庆，缅怀陈校长［Z］//国立第十三中学台湾校友会.青原山：29.1999：84.

② 周逸芳.断片零絮忆《青原》［Z］//国立第十三中学校台湾校友会.青原山：29.1999：44.

③ 陈方培.对十三中总务工作的片段回忆［Z］//国立第十三中学台湾校友会.青原山：31.2001：76.

校长陈际唐先生，是江西有名的教育家，实际上也是今日青年的一位模范导师，……他的大部分时间，都是和我们同起居共饮食的，平时在学校里他从来没有吃过和我们同学不同的菜饭，尤其对于我们全体同学的营养卫生诸问题，如食米的筹购，农场的规划，以至于毕业同学升学问题的解决，更经常地尽了他最大的努力，换句话说，这便是他工作的重要部门，他从不和学生们隔绝，大至有关国家民族，小至有关个人本身痛痒的事，都是陈先生注意的范围，尤其对于流亡青年的同情和帮助，更可以说他是尽了最大的努力，这是早在社会人士耳目的，记得在校长从重庆受训归来的时候，全校师生热烈欢迎，鞭炮声中，腾起了一阵狂热的"回来了，可敬的校长……校长带来幸福，我校增荣光"的歌声，这更足说明陈先生所以受到全校同学如此的敬仰，实非偶然。①

翟因寿文中提及陈颖春积极协助"毕业同学升学问题"并非虚言，其本人正是受惠者之一。1941 年秋高中毕业的他考入远在贵州平越办学的交通大学唐山工学院。抗战时期如何从江西吉安顺利抵达贵州平越，无疑成为困扰清寒学子翟因寿的最大问题。多年以后，他之所以仍然久久难以忘怀，正是由于陈颖春的积极协调和安排，其才得以顺利前往贵州继续深造。②

当年在升学方面受到陈颖春帮助的还有与翟因寿同班，"两弹一星"功勋奖章获得者姚桐斌。断绝家庭接济，身无分文的姚桐斌，正是在陈颖春的资助下才得以赶赴湖南衡阳参加高校招生入学考试。由于其先后被七所高校同时录取，加之又获得江西省高中毕业会考个人总分第一名的优异成绩，陈颖春专门为其颁发一笔奖金作为升学旅费，以示奖励。正是因为有了这笔路费，姚桐斌方才得以前往贵州平越交通大学唐山工学院入学就读。③

翟因寿文中提及陈颖春从重庆归来受到全校师生热烈欢迎的场景，也为国立十三中其他学子日后的回忆所印证。1943 年秋至 1946 年秋，高中就读于国立十三中的傅宜春曾对此有过描述：

1944 年秋，陈颖春校长从重庆开会、述职并携回学校急需的资金时，同学们由衷地列队欢迎，高唱起发自内心的、动听的《欢迎校长歌》：回来了，可爱的校长，回来了，可爱的校长，大家都来，大家都来欢乐地歌唱，

---

① 翟因寿. 十三中学生生活素描 [J]. 学生之友，1941，3 (3)：30.
② 翟因寿. 忆念际唐师 [Z]//国立第十三中学校友会. 青原山：21. 1991：2.
③ 航天材料专家姚桐斌 [Z]//原国立第十三中学海燕级《海燕轶事》编委. 海燕轶事：再续集. 2002：9.

我们不再彷徨，我们不再彷徨，校长带来幸福，吾校增荣光！①

数十年后，当年在青原山度过自己青春岁月的国立十三中学子大多已成为耄耋老人。但是，当他们追忆自己的中学时光时，都会不约而同地念及这位执掌国立十三中，伴随和呵护他们成长近七年的校长陈颖春，大至办学理念和治校方略，小至家长里短和嘘寒问暖，点点滴滴，涓涓细流，无一不成为镌刻于他们心底至为珍贵的历史记忆，也为后世重新认识和深入了解这位抗战时期国立中学校长提供了饱含温度的文字实录。正如当年全校师生集体欢迎陈颖春时所唱的那首《欢迎校长歌》中所描述的那样："校长带来幸福，吾校增荣光！"也许这句话正是对陈颖春办理国立十三中至真至诚至重的最高评价！

四、"畜道德，能文章，做青年好模样"

论及国立十三中学子日后之于母校的共同记忆，除过堪称教育家办学的校长陈颖春之外，当首推活跃于国立十三中课堂内外，学术功底扎实、教学水平精湛、勤恳认真敬业的教师群体。

作为一所旨在救济沦陷区和战区流亡学生，存世时间不足七年的中学，却能够依靠优异的育人质量一跃而成为享誉东南地区的名校，关键正是在于拥有一批能够潜心教书育人的良师，而能够将良师们网罗招致进入国立十三中的功臣则是校长陈颖春。曾任教于国立十三中的刘龙瑞，日后曾站在教师的角度对此有过阐述：

> 陈颖春校长，是江西早所闻名的教育家。他久任南昌一中校长，卓育群英，素孚众望。他的复出，可说是东山再起，驾轻就熟。我初一接触，唯觉其人大度恢宏，诚挚恳切。他又重视人才，赏识人才，顿时门生故友，招之即来。一时名师荟萃，我还记得的有彭以齐、王国铨、邓康南、熊化奇、江焕、胡守仁、余心乐、贺师武等一批名师，这是办学育人的环节，抓好这一环节，便一切迎刃而解。十三中是后起，由于名师如云，顿时声名鹊起，成为享誉东南地区的名校。②

刘龙瑞的观点也为国立十三中学子日后的回忆所印证。1943 年秋至 1946 年

---

① 傅宜春. 国仇家恨忆少年 思亲怀德谢母校［Z］//国立十三中校友志编纂组. 国立十三中纪念文集. 2004：302-303.

② 刘龙瑞. 青原圣地，山高水长［Z］//国立十三中校友志编纂组. 青原之光：国立十三中学纪念文集. 2004：14.

秋高中就读于国立十三中，日后成为台湾著名女作家的邱七七曾直言："那时的老师都是极一时之选，所以学生程度都很高。"① 前文述及的王石民，晚年撰写回忆录时也将高水平师资队伍视为国立十三中实现办学卓越的"最主要原因"："十三中之所以能在那么艰苦的战争年代，迅速培养出一大批有用人才，除了办学目标明确，以先贤圣哲和民族英雄的事迹激励学生，有个优美的读书环境，有一套严格的管理制度和民主的管理方法外，最主要的还是因为有一批高素质的教师。"②

从国立十三中教职员的学历能够一窥其师资队伍建设之整齐划一。1945 年 1 月刊行的《国立第十三中学同学录》完整记录了时任职于国立十三中 62 名教职员的学历，毕（肄）业于大学本科者 45 人，其中北京大学 7 人，北京师范大学 4 人，武汉大学 6 人，复旦大学 2 人，圣约翰大学 2 人，其余教职员也均毕业于山东大学、大同大学、广西大学、大夏大学、安徽大学等国内高校。③

国立十三中教师的学术功底和教学水准，也能从其日后离开国立十三中之后的职业选择和发展一窥端倪。据统计，中华人民共和国成立后，尤其是 20 世纪 50 年代，原国立十三中教师中，至少有二十余位先后进入高校担任教授职务。④ 其中较知名者如国文教师余心乐、邓志瑗、胡守仁，数学教师黄贤汶，地理教师马巨贤和音乐教师刘天浪均成为江西师范大学教授，生物教师杨向塕成为华中师范大学教授。

国立十三中教师不仅专业功底扎实过硬，而且教学艺术精湛，课堂教学效果极佳，学生反响普遍良好。时隔多年以后，诸多教师当年课堂教学的风采，仍然牢牢镌刻在国立十三中学子的脑海中，成为其毕生难以磨灭的宝贵记忆。

王梓坤多年以后回忆自己负笈求学国立十三中的高中生活时，仍然将数学教师黄贤汶视为当年对自己"影响最大"的三位教师之一，仍然对其精彩的课堂教学、严谨的演算推理和认真敬业的教学态度肃然起敬：

> 传说黄贤汶老师是江西数学界"四大金刚"之一。我们班很幸运，高

---

① 邱七七. 咏歌忆旧［Z］//国立十三中校友志编纂组. 青原之光：国立十三中学纪念文集. 2004：310.

② 史明. 跟往事干杯［Z］. 2006：102.

③ 原国立第十三中学教员一览表［Z］//国立第十三中学同学录，1945. 转引自国立十三中校友志编纂组. 青原山人共忆录［Z］. 1998：21-23. 文中数字系作者根据《国立第十三中学教育一览表》信息统计得出.

④ 胡广熙. 名师荟萃［Z］//原国立第十三中学海燕级《海燕轶事》编委. 海燕轶事：续集. 江阴：天江印刷厂，2000：50.

中的数学都是他教的。他上课不看书，不带讲稿，一直讲下来。演算推理却极严整，不会出错；板书写得漂亮，语言又风趣，无形中把学生的注意力全集中起来，不觉下课铃响。有一次有人临时问他一道代数题，他立刻不假思索地在黑板上演算起来，最后结果与书末的答案完全一致。这使学生们心服口服。黄先生教学认真负责，吃过晚饭黄昏前后还把黑板搬到教室外面给我们补过课。①

在王梓坤的笔下，黄贤汶的数学课似乎具有一种特殊的魅力和无形的吸引力，这种魅力和吸引力同样给其他学子留下了深刻印象：

> 黄贤汶老师讲代数，他的魅力能使全班几十双眼睛老跟着他的两个指头转。他善于图解，任何难题，经他一比划（画），都会迎刃而解。老师就是这样不知不觉地，引导我们进入科学的世界。②

与黄贤汶相仿，国文教师余心乐的课堂教学也属于国立十三中学子口中所谓的"讲课时的语言和手势都具有一种魅力，吸引着学生的眼神"：

> "老夫子"余心乐老师在讲到《青青河畔草》时，不免嫣然一笑；讲到《石壕吏》时，定会愤慨不已。一番激情过后，他习惯地用左手理一理在动容时散乱的分头。有时，他也为自己的动容而不好意思地笑了起来。他声情并茂的解说，使我们陶醉于课文的意境之中。③

在当时诸多陶醉于余心乐课堂教学的学子中，有一位名叫刘耿直的高中生"把听语文课当作了一大乐事"。多年以后，这位更名为公刘的著名诗人和作家，仍然对余心乐文采飞扬、精彩纷呈但又不失认真严谨的课堂教学，对于自己走上文学创作道路所产生的深远影响难以忘怀：

> 整个的高中三年，我有幸遇上了一位令人终生难忘的好老师——现任江西师范学院中文系教授的余心乐先生。他讲授《桃花源记》时的惊喜之状和讲授《秋声赋》时的凄楚之情，至今仍然历历在目。我以为，他是一位不可多得的，不但有真才实学，而且充满人情味的好老师。他讲课时态

---

① 裘法祖，师昌绪，戴复东，等.共和国院士回忆录：一[M].北京：东方出版中心，2012：103.

② 若非.魅力[Z]//原国立第十三中学海燕级《海燕轶事》编委.海燕轶事：续集.江阴：天江印刷厂，2000：51.

③ 若非.魅力[Z]//原国立第十三中学海燕级《海燕轶事》编委.海燕轶事：续集.江阴：天江印刷厂，2000：51.

度严谨，成语典故背诵如流。这说明了他的博闻强记；神采飞扬有声有色，这说明了他的职业自豪感。这些，都促使我这个当学生的也不禁陶醉其中，把听语文课当作了一大乐事。他过细地批改作文，从不潦草厌倦，甚至从不使用套话作批语。我的作文几乎篇篇都能得到余老师的恰如其分的鼓励。这是我回忆起来就感到愉快并且引以为荣幸的事。很难设想，如果没有余心乐先生的谆谆教诲，我怎能达到今天的水平？①

马巨贤的地理课亦是最受国立十三中学子欢迎的课堂教学之一。1940年春考入初一下，1945年夏高中毕业的余淘自，日后曾回忆论及马巨贤特有的教学魅力：

> 马老师是母校最受欢迎的老师之一。上课从不带讲稿，一边画地图一边讲，出口成章。同学们莫不全神贯注地听。结合形势教学，是马老师的绝技，而大家最爱听他讲时事，有时应同学要求约定时间作专题报告，别班同学闻讯而来，教室内外挤得水泄不通。②

1923年出生于江西高安，1940年春至1942年秋高中就读于国立十三中，日后成为赣剧名家的武建伦，多年以后，同样无法忘怀马巨贤老师令人叫绝的课堂教学：

> 我难忘马巨贤师讲课的口才，当然，那其实是他学有根底的表现。一上讲台，他通常一言不发，信手先将一幅地图轮廓画好在黑板上，然后再将山川都会、水陆交通一一口讲指画，有条不紊。一堂课下来，一幅所讲地区的全图粲然毕具。我就是个刘姥姥，仿佛大观园我也随他游了个遍。③

谢国章，1929年出生于江西丰城，1943年秋考入国立十三中就读高中直至毕业，1951年毕业于清华大学物理系。日后身为河海大学教授、微电子和微机械专家的他在论及英文教师漆裕元的课堂教学时仍然感慨万分：

> 漆老师以其渊博的知识和高超的教学方法，任教此课都驾轻就熟，深受学生欢迎。他的讲课特点是：讲得透，讲得活，特别对语言逻辑关系以及单词的连锁记忆等方面讲得尤为生动、透彻。他还十分注意课外实践，除安排不少针对性强的课外练习外，还鼓励学生用英语记日记、出壁报，

① 公刘. 不可泯灭了爱国之心 [Z] // 原国立第十三中学海燕级《海燕轶事》编委. 海燕轶事：续集. 江阴：天江印刷厂，2000：44-45.
② 余淘自. 马老师的魅力 [Z] // 国立十三中校友志编纂组. 青原山人共忆录. 1998：61.
③ 武建伦. 青原续忆 [Z] // 国立第十三中学台湾校友会. 青原山：29. 1999：71.

并经常带学生到他家阅读他自订的英语报刊。这些严谨而又灵活的教学方法，使学生学业进步很快，成绩普遍看好。①

漆裕元的课堂教学也深刻地影响到谢国章未来的专业发展：

> 漆裕元老师是我的高中英语教师，对我的知识成长、素质培育及生活引导，都有厚泽。……就我而言，英语一直是我各门功课中学习成绩最好的一门。我高中毕业能考取清华大学，以及毕业数十年来能在科技领域取得一些受到瞩目的成就，都得力于我的英语功底和造诣；英语使我有条件广泛涉猎世界先进科技，极大地开阔了我的思路和视野，从而加速和促进了我的科技成就，这都得归功于漆老师给我的启蒙教育，饮水思源，我不能不感谢漆老师当年的辛勤浇灌。②

诸如漆裕元这样潜移默化地影响谢国章学业发展与个人成长的教师，当年活跃于国立十三中课堂内外者还有很多，广泛见于国立十三中学子的日后回忆。

作为中国概率论研究的先驱和主要领导者之一，王梓坤不仅著有《随机过程论》《概率论基础及其应用》《生灭过程与马尔可夫链》《布朗运动与位势》等多部学理高深的研究专著，同时又著有《科学发展纵横谈》《科海泛舟》这样"在青年中影响较大""内容涉及许多文史哲方面的典故，行文流畅，读起来挺有味道"的通俗易懂的科普著作。③ 而王梓坤身上所体现出的这种难能可贵的兼顾文理和重视通识的素养，其实早在其就读国立十三中时就已经开始萌芽，而对其影响最大者莫过于国文教师兼级任教师邓志瑗。多年以后，王梓坤在为邓志瑗所著的《梦樵诗词文寄情集》一书所作的序言中仍对此感念不已：

> 邓志瑗先生是我们的级任老师，相当于现在的班主任。他学问既好，为人又谦和，所以同学们常到他的工作室去玩。他古书读得很多，诵读起来，抑扬顿挫，全神贯注。记得给我们讲《说文解字·序》，那文章自然是难懂了，可还是引起了我的兴趣，同时也增添了对邓老师的敬佩，可惜我后来学了数学，不过对文史哲，仍至今乐之不疲，可见老师影响之深。④

与王梓坤相仿，1943年春至1946年春高中就读于国立十三中的徐有守在校

---

① 谢国章. 怀念漆裕元老师［Z］//国立第十三中学台湾校友会. 青原山：29. 1999：56-57.

② 谢国章. 怀念漆裕元老师［Z］//国立第十三中学台湾校友会. 青原山：29. 1999：57.

③ 袁向东，范先信，郑玉颖. 王梓坤访问记［J］. 数学的实践与认识，1990（4）：79-89.

④ 王梓坤. 《梦樵诗词文寄情集》序［Z］//国立十三中校友志编纂组. 青原山人共忆录：第三集. 2000：49.

期间则深受生物教师马希贤的影响：

> 我在十三中两年之中，最感兴趣也是成绩最好的一门功课是生物学。每次考试都是九十八九分。记得我那几年里，随时都能够画出疟疾虫生活史的详图来。我之如此喜欢生物学，完全是由于任教那一课程的马希贤老师教得太好了。他矮矮微胖的身材，一口九江卷舌音，脸孔上似乎绝无表情，而且讲笑话时自己绝对不笑，却把这门枯燥无味的课程讲得十分生动有趣，常常引起同学哄堂大笑。①

马希贤之于徐有守的影响，甚至延续到其进入大学就读期间。1945 年秋，刚读完高二的他，以同等学力考取国立中正大学政治系。出于对生物学的喜爱，他在大学一年级毫不犹豫地选修了生物学课程。第一学年终了时，"内心里充满了强烈的冲动"的徐有守找到生物任课教师表达了转系的想法，后经任课教师理性分析，徐有守最终打消了这一念头。

以一曲《鼓浪屿之波》闻名于世的著名作曲家钟立民，1940 年春至 1943 年春高中就读于国立十三中。学生时代已经开始进行歌曲创作的钟立民，正是在十三中读书期间得到了音乐教师刘天浪的悉心指点和教诲。② 1941 年秋，高二学生钟立民认识了刚刚来校任教的刘天浪。时隔多年，他依然清晰地记得刘天浪首次指导其修改习作的场景：

> 认识刘老师不久，我就把我的两首歌曲习作请他指点。他接过歌谱，不言语地看了两分钟，然后说："你的第一首歌曲用了短音阶（今称小音阶或小调）开始，结尾转入长音阶（今称大音阶或大调）不太自然；第二首在仅有的三十一小节的短歌中，各个乐句结束用了过多的'完全终止'，即终止于加一音，这些都不符合作曲原理。"随后，他就告诉我应如何修改，这就是刘老师给我上的"歌曲写作"的第一课。③

此后，钟立民陆续将自己的习作送给刘天浪指点，每次都会得到他的热情点拨。正是在这样看似平常的师生互动和交往中，钟立民的作曲能力与水平迅速得以提高：

> 通过批改，他教给我如何开展"动机""主题"；如何运用全曲最高音，形成高潮；如何使用歌曲的曲体形式；如何在旋律中体现关系转调；

---

① 徐有守. 永难忘怀青原山［Z］//国立第十三中学台湾校友会. 青原山：30. 2000：33.

② 国立十三中校友志编纂组. 青原山人共忆录：第三集［Z］. 2000：86-87.

③ 钟立民. 怀念天浪师［Z］//国立第十三中学台湾校友会. 青原山：31. 2001：33.

以及如何根据歌词的感情运用旋律的不同音区、音高等。我觉得，每一次指点都使我有新的收获。①

除过手把手指点钟立民修改习作，刘天浪还不忘帮助钟立民提高作曲的理论修养，适时为其推荐并指导其阅读当时国内稀见的作曲理论书籍。此外，刘天浪还不失时机地为钟立民提供难得的实践机会。他将为国立十三中雄狮级（初中第六届，1940 年秋至 1943 年秋）级歌谱曲的机会交由钟立民独立完成。日后钟立民直言："这是刘老师当时对我很大的鼓励。"

1943 年 2 月桂林出版的《新音乐》杂志发表了钟立民完成的少年歌曲《打麦》，对于刚刚从国立十三中高中毕业不久的钟立民而言，这既是对其过往勤奋努力的证明，更是对在校期间刘天浪不懈指导的回报："这使我这个普通中学毕业生无限欢喜，也给我以后走上音乐工作之路带来了充分的信心，这首歌创作于刘老师在校期间，是由刘天浪老师指点写成的。"②

1941 年秋至 1944 年秋高中就读于国立十三中，日后成为大连理工大学教授的陈方培，则将在校期间诸位教师潜移默化的影响整体归纳为"启发性教育"：

> 我希冀攀登科学高峰的愿望是在十三中孕育萌发的，老师生动的课堂教学使我产生了探索自然规律的兴趣，他们常结合教学介绍一些著名科学家事迹又使我产生了对科学事业的景仰和热爱。……十三中还培养了我的独立工作能力。记得江焕老师在几何课上讲到三点共圆问题时提出了九点共圆难题，他教给我们一个证明方法并指出可有十种证明方法，要同学思考，我花了几天时间，在江老师的指导下，终于完成了这个作业，登在级刊上。这算是我第一次学写科学论文。胡以群老师讲化学课极富启发性，在讲原子结构时，他用太阳系的结构来比拟，引起了我对原子内部是否存在真空的思索。这类思索也是对科学研究的一种初步训练。回想起来，十三中的启发性教育对我的帮助极大，影响深远。③

千言万语，难以逐一道来学子们眼中那些品学兼优，对他们成长产生深刻而独特影响的良师们。对于国立十三中学子而言，再多的回忆与文字，也难以道尽其心底对于恩师的敬仰与缅怀。

国立十三中教师教书育人的模范形象，其实早在当年就已经成为学子们口

---

① 钟立民．怀念天浪师［Z］//国立第十三中学台湾校友会．青原山：31. 2001：33.
② 钟立民．怀念天浪师［Z］//国立第十三中学台湾校友会．青原山：31. 2001：34.
③ 国立十三中校友志编纂组．青原山人共忆录［Z］. 1998：107.

耳相传，争相议论的校园美谈。当年国立十三中盛行一时，将那些受学生们爱戴与尊敬的教师名号融为楹联的校园风气即明证。"余见余心乐，余心乐"（国文教师余心乐）、"阳照阳升阶，阳升阶"（数学教师阳升阶）、"小小生金屋，盈盈在紫薇"（国文女教师吕小薇）、"贤达闻世，风范常在；汶水长流，细说几何"（数学教师黄贤汶）、"应付裕如，才高八斗；学界元老，艰苦一生"（英文教师漆裕元）。①

1938 年 7 月 7 日，全面抗战爆发一周年，江西省大中学校导师会议在青原山召开，日后任教于国立十三中的诸多教师均参加了此次会议。此时，在此筹办国立十三中的动议尚需一年半后才会出现，但此次导师会议会歌中的一句歌词，倒像是专门为这些日后即将长期扎根于青原山任劳任怨、勤勤恳恳、作育人才的优秀教师们量身定做："畜道德，能文章，做青年好模样。"② 短短十二个字，其实道出了众多国立十三中学子之于授业恩师最为真挚的心声，更是对抗战时期国立十三中教师潜心教书育人的最好评价！

五、"这种风度，对我们同学毕生行事的影响太大"

新生学府十三中，灿灿文风生活融。钢铁洪流翻巨浪，巨轮主力御长风。青原风劲溪流急，北极星尊爝火红。星火血花相映彩，黎明号角夺先锋。古刹晨钟催曙光，朝晖剑气健风扬。台风突击雄狮吼，壮志笃行海燕翔。宇宙文光诚毅著，春秋正气力行彰。神州魂寄阳明院，绿满秋山蓓蕾香。③

1944 年秋，15 岁的江西泰和少年萧希龄考入国立十三中初中就读。多年以后，喜好诗词格律的他写就了上述两首描绘抗战时期国立十三中办学的七律。这两首题为《国立十三中级名赞》的七律的独特之处，在于其将国立十三中自

---

① 熊季成. 欣逢甲申话当年 [Z] // 国立十三中校友志编纂组. 青原之光：国立十三中学纪念文集. 2004：337.

② 刘龙瑞. 青原圣地，山高水长 [Z] // 国立十三中校友志编纂组. 青原之光：国立十三中学纪念文集. 2004：14-16.

③ 萧希龄. 国立十三中级名赞 [Z] // 国立十三中校友志编纂组. 青原山人共忆录. 1998：64.

创办以来存在过的 37 个班级名称①，巧妙加以连缀，使之琅琅上口，富含韵味。上述诗句下画横线文字即为国立十三中历届高中、初中、六年一贯制及铅山分校各届班级名称。萧希龄所在的初中第十二届级名即为诗句"朝晖剑气健风扬"中的"健风二级"。

关于国立十三中级名的由来历来有两种说法。一是源于电影说。1935 年上映的电影《大路》中的序歌名为《开路先锋》。1940 年春，国立十三中创办招收的第一届高中班级遂取"先锋"二字作为本班级名。② 前文已述之姚桐斌和翟因寿均系"先锋级"级友。一是源于刊名说。据 1940 年 3 月国立十三中成立时考入初一下，1942 年秋毕业的初中第四届"海燕级"级友回忆，"级名原来是班级墙报的刊名，久而久之，刊名就成了级名"③。

无论为班级命名的灵感源于何处，国立十三中每班均有自己的专属级名，且各不相同，富含寓意，这在当时的中学并不多见。"国立十三中学每班有级名，丰富多彩，寓意深长。有的是自然景观如北极星、宇宙、朝晖、黎明、曙光；有的仰效先贤风范，如青原风、阳明、正气、文光、神州魂、力行、诚毅；有的充满战斗气息，如先锋、巨轮、主力、号角、长风、突击、钢铁、洪流、雄狮；有的富有文艺色彩，如海燕、蓓蕾、文风、秋山、溪流、新生、星火。1945 年 8 月抗日战争胜利，这一届初一取名为胜利。"④ 前文已述之国立十三中诸多知名校友均拥有专属级名，如熊祝华初中所在班为"号角级"，高中所在班为"正气级"；公刘初中所在班为"海燕级"，高中所在班为"春秋级"；邱七七高中所在班为"诚毅级"，钟立民高中所在班为"文光级"。

小小的级名，看似平淡无奇，其诞生过程却体现出浓厚的民主气息。"级名是在班会上产生，先有人提名，经讨论，表决通过。"⑤ 1943 年秋至 1946 年秋高中就读于国立十三中，为自己所在班级取名"文风"的邓敦同，日后曾回忆过当时全班讨论级名时的热烈场景：

---

① 准确地说，国立十三中自创办至结束办学使命先后存在过 41 个级名，除过诗句中出现的 37 个之外，还有习斋、胜利、建新和明霞四个级名。习斋系 1942 年春至 1945 年春就读于国立十三中铅山分校班级名称，铅山分校于 1942 年秋改为铅山师范学校；建新、胜利和明霞均系抗战胜利后国立十三中招收初中各届班级名称。

② 国立第十三中学简介 [Z]//国立十三中校友志编纂组. 青原山人共忆录. 1998：15.

③ 级史简介 [Z]//原国立第十三中学海燕级《海燕轶事》编委. 海燕轶事：续集. 江阴：天江印刷厂，2000：前言 3.

④ 国立第十三中学简介 [Z]//国立十三中校友志编纂组. 青原山人共忆录. 1998：15.

⑤ 国立十三中学校志 [Z]//国立十三中校友志编纂组. 青原之光：国立十三中学纪念文集. 2004：102.

当时，我编在高一上甲班。开学初的一天，我们班导师张勳扬老师召开班会，要大家民主决定本班的级名。于是好些同学提出各自认（为）应取的级名，特别是由本校初中升上来的不同班级的同学，都想沿用原初中时各自班的级名，颇有些争论。我想了想，应取个新级名。这时正是抗日战争最艰苦的时期，我们这些流亡学生在吉安青原山求学，而历史上杰出的爱国主义者文天祥就是吉安人，也在青原山读过书，我们应该学习文天祥的风范，以便将来救国。于是我提议可以"文风"为级名，并作了一点简单的说明。最后表决竟多数同意以"文风"为级名。①

级名一经确定，其在本班学生心目中的重要地位也远超后世想象。"一旦确定即成这一集体的标志，用于级刊、球队，有的还编级歌、铸级徽。"② 1940 年秋至 1943 年秋初中就读于国立十三中雄狮级的朝鲜籍学生金勇哉，日后曾描述过当年因为自己绘图能力较强而被委以设计级徽这一重任的情景：

> 我是在抗日复国的家庭中长成，反日意识浓厚，对日本诸事颇为留意，而绘画能力也不差，雄狮级徽也由我所设计，吉安银楼竟擅将雄狮模样打成银币发售，我班导师为黎国昌老师，彼亦佩带（戴）我级徽，洋洋自得。③

从金勇哉的回忆中，不难感受到其作为雄狮级级徽设计者所具有的强烈的自豪感。同样为雄狮级建设贡献自己力量的还有钟立民。正是在音乐教师刘天浪的推荐下，时为文光级高中生的钟立民独立承担起为雄狮级级歌谱曲的重任。

> 我们是雄狮，我们是雄狮，我们有健壮的体魄，骁勇的英姿，我们有沸腾的热血，万里的胸襟，咆哮吧，雄狮；猛扑吧，雄狮；扫荡残暴的顽敌，巩固我们的国基。④

上述雄狮级级歌歌词是否同样出自学生之手，现在无法得知，但是至今诵读起来仍然能够感受到扑面而来，浓厚而强烈的爱国情怀。

1940 年春入学，1942 年秋毕业的国立十三中高中第三届取名巨轮。该级级歌作于其行将毕业之际，词曲均系该级级友自作，其中就包括前文已述，日后

① 邓敦同. 青原杂忆［Z］//国立第十三中学校台湾校友会. 青原山：29. 1999：53.
② 国立十三中学校志［Z］//国立十三中校友志编纂组. 青原之光：国立十三中学纪念文集. 2004：102.
③ 金勇哉. 怀念母校十三中学［Z］//国立第十三中学台湾校友会. 青原山：29. 1999：29.
④ 雄狮级歌［Z］//国立第十三中学校友会. 青原山：21. 1991：94.

成为台湾地区著名学者的费海玑与赣剧名家武建伦。

> 莫道我们是流浪的一群，莫道我们是脆弱的一环，十三中已把我们铸成了一个巨轮，一个铁的巨轮。
>
> 三十个精密的头脑，是三十个坚强的齿轮。坚强的巨轮，灵活的巨轮，象征着我们的力量，表现着我们的精神。我们要互切互磋，砥砺学行。我们要互勉互励，锻炼身心。我们要认识自己，要导引后面更广大的一群。
>
> 我们是时代的巨轮，掀起赣江白浪；我们是时代的巨轮，振起青原吼声。前进，前进，来碾碎前面的艰困，来开辟十三中的新途径。①

相较于《雄狮级歌》的简单明快，《巨轮级歌》无论在篇幅还是内容上都要更为深邃，这可能与其作者均系即将告别国立十三中的高中毕业生有关。至今读来，仍然能够想象出当年巨轮级级友齐声高唱级歌时所表现出的澎湃气势与勇于担当的远大志向。

除过自制级徽、自编级歌，定期改选级会和召开级会讨论与议决班务，也是国立十三中各班高度重视的集体活动。"每学期改选级会，先提名的后表决，由同学们举手通过。级会有学习、墙报、文体、卫生四部分人组成。到高中，每个班级每学期轮流管理全校伙食一个月，级会里还必须事先选好伙委。"②

徐有守 1943 年春至 1946 年春高中就读于阳明级，他曾于日后论及国立十三中每周每班定期召开级会的场景，以及其对自己和同学们产生的影响：

> 我们每周每班都有班会，每个人发言都十分注意风度，很研究表达意见的方法和措辞，而且都很识大体。纵然偶有同学措辞稍有欠当，对方也很少逞意气，而且知道要表示泱泱大度，在回应时予以谅解。事后，同学在闲谈中，一定有评估性的意见交换，对某某赞许，对某某不以为然。说实话，我至今不知道这种好风气是如何培养而成的。这种风度，对我们同学毕生行事的影响太大。③

国立十三中各班在编辑级刊方面也十分踊跃。"各班级刊和社团壁报、油印报琳琅满目，是学术活动的重要园地。每班一个学期要出好几期，起初多为控

---

① 巨轮级歌 ［Z］//国立第十三中学校友会. 青原山：21. 1991：89.

② 海燕级史 ［Z］//原国立第十三中学海燕级《海燕轶事》编委. 海燕轶事：再续集. 2002：前言 5.

③ 徐有守. 永难忘怀青原山 ［Z］//国立第十三中学台湾校友会. 青原山：30. 2000：35.

诉日寇暴行；后来很多内容深入一些学术性的讨论和创作。"① 1940 年春至 1943年春初中就读于爝火级，1943 年春至 1946 年春高中就读于阳明级的晏华琳，日后曾回忆过当时各班学生通过级刊和壁报积极探讨学业和交流思想心得的场景：

> 每个班级均有自己的壁报，内容多为同学们学习的心得体会、问题探讨，也有诗歌、短小文艺作品。贴壁报的地点除了教室内外，初中部贴在大雄宝殿外面墙上，高中部则贴在小礼堂墙上。记得有一次经过小礼堂时，看见新贴出了一板壁报，由于好奇过去一看是道数学题的解答：九点共圆的小钟证明方法。可惜那时尚在念初中，不懂共圆的小钟证明方法。②

在当年国立十三中校园内琳琅满目的级刊和壁报中，由高中长风级主办，旨在批评校政的新闻类壁报颇为引人注目，极显该级学子跃跃欲试，积极"参政议政"的风采，俨然成为校园一景：

> 本校高三上乙级（文组）自改级名为"长风"后，即出版一小型新闻性之壁报，旨在吸引读书与发挥舆论力量，乃专载师生之逸闻轶事，并对校政颇多□议与批评，同学满意，而校方及学生自治会当局则感头痛，闻亦将实行新闻检查办法。③

至今读到上述不无诙谐的文字，仍然能够感受到国立十三中校园气氛的民主开明与学生自治精神的蓬勃发展。

融入国立十三中学子学习和生活方方面面的级名，逐渐成为代表和凝聚国立十三中班级精神的特有符号。无论是刚刚进入国立十三中的少年，还是离开青原山投身社会的青年，抑或时光流逝的垂垂老者，无一不受其影响。

1943 年秋考入高中文风级的邓敦同，多年以后，依然清晰地记得初次进入校园首先给自己留下深刻印象的便是级名："入学后，第一个给我最深的印象是各个班级有一个级名。这不但便于记忆，更重要的是给级名中可以为这个班的同学树立一种理想，激发向上的精神。"④

1946 年 12 月，距离国立十三中首批高中毕业班先锋级离开青原山业已五年零五个月，距离抗战结束国立十三中复员不过数月，一份仅有四个版面，名为

---

① 国立十三中学校志［Z］//国立十三中校友志编纂组. 青原之光：国立十三中学纪念文集. 2004：95.

② 晏华琳. 青原忆旧［Z］//国立第十三中学台湾校友会. 青原山：31. 2001：45.

③ 佚名. 学校小景：国立十三中学［J］. 正谊周刊，1944（6）：13.

④ 邓敦同. 青原杂忆［Z］//国立第十三中学校台湾校友会. 青原山：29. 1999：53.

《先锋通讯》的小型刊物正式创刊，并在先锋级级友中广泛流传。这份刊物看似并不起眼，但是刊头横亘着由陈颖春题写的两个大字"先锋"却显得格外醒目。虽然在这份本质上属于级友通讯性质的刊物内，不外乎是级友动态、校友会近况和青原山动态之类的个人和学校新闻，但"先锋"这一级名所具有的独特魅力和精神纽带作用由此可见一斑。①

1997年5月，距离国立十三中初中海燕级毕业业已五十五年，一本名为《海燕轶事》的集体回忆录正式刊印，并在众多级友和校友中广泛流传。2000年9月和2002年11月，《海燕轶事》（续集）和《海燕轶事》（再续集）相继问世。时隔五年，呈现三本关于国立十三中青春岁月的追忆。很难想象，对于这些白发苍苍的老人而言，如果没有强大的信念支撑和精神维系，如何能够发起、坚持并最终完成如此繁复的编辑和校对工作。

国立十三中校友始终顽强地保持着使用级名来形容和评论当年班级的习惯。1942年春至1945年春高中就读于健风级的王业西，多年以后在谈及母校体育盛况时即如此："北极星级坚持每天的晨跑和体育锻炼，篮球曾获全校比赛第一。"② 王业西口中的北极星级，即1941年秋至1944年秋就读于国立十三中的高中班级。级名之于国立十三中学子的意义，正如其校友总结："级名是这一集体的灵魂，形成一个自我教育、自我激励、自我管理和严格自律的班级集体。人人都爱护这一集体的荣誉，其意义之深远，实出乎初始所能预料。"③

级名的出现衍生出国立十三中校园文化中另一个极具特色的荣誉庚传制度——哥姐班带弟妹班。此处的哥姐弟妹并非血缘意义上的兄弟姐妹，而是校长陈颖春在校实施的高年级班级传帮带低年级班级的学生管理制度："十三中有个独特的创举，就是哥姐班传带弟妹班，这是其他任何大中小学都从未有过的新鲜事物，也是先校长陈公际唐别出心裁在树人育才中的标新立异。"④

1941年秋，国立十三中高中第一届先锋级毕业离校，正在就读高三下学期的青原风级成为全校最高班级，此时刚入校的六年一贯制新生班级遂被冠以青原风二级的级名。青原风级与青原风二级结为兄弟姐妹班，开启了国立十三中历史上高年级班级与低年级班级结对帮扶的办学传统："与青原风级结为兄弟姐妹班，由一级的哥姐传带二级的弟妹，带他（她）们办理入学手续，无论是学

① 先锋通讯［Z］//国立第十三中学校台湾校友会．青原山：27．1997：20-21.

② 王业西．青原山之恋［Z］//国立第十三中学台湾校友会．青原山：30．2000：50.

③ 国立十三中学校志［Z］//国立十三中校友志编纂组．青原之光：国立十三中学纪念文集．2004：102.

④ 刘子暎．悟往追来集［Z］.1995：214.

习上的辅导、生活上的照料,大哥姐都有责任心和义务感关怀着小弟妹,真是无微不至胜似同胞。"① 自此,国立十三中开始出现诸如巨轮二级、主力二级、力行二级等在一代级名基础上形成的二代级名。1945 年秋考入国立十三中就读高一的王梓坤所在班的级名即为文光二级。

1940 年春至 1943 年春高中就读于主力级,曾经担任级会主席的刘子暎,日后曾详细描述过其与 1942 年秋入校就读六年一贯制主力二级同学互动的情景:

> 我在主力一级,于三十一年秋负责传带的弟妹班是六年一贯制的一年级(即实验班)。当时我是主力级的级会主席,每逢星期六下午的周末级会和星期日假期,都时到弟妹班看望小弟妹,他(她)们也时常来哥姐班走动玩耍或问学求教。我还记得主力二级几位小弟妹,如曾少达喜欢诗词,时常问我,后来他随家转学湖南,给我来信。有个汤宏杰,爱好英语,我在中正大学时,他几次给我信,约我到泰和他家玩。有个萧昭镜,数学较好,生性腼腆,打得一手好太极拳。②

出现在刘子暎回忆中的还有一位主力二级小学妹,她就是日后著有《中国教育史》《楼廊闲话》等书,与国学大师钱穆结为伉俪,相濡以沫 30 余年的胡美琦。晚年的刘子暎仍然能够清晰地逐一描述当年学弟学妹的姓名、个性与兴趣爱好,足见哥姐班传带弟妹班这一制度,确乎能起到增进高低年级学生之间相互了解、彼此切磋、共同进步的作用。

截至 1946 年春,国立十三中办学历史中先后存在过 41 个一代级名,16 个二代级名。所有这些班级"全被这一代代赓传的精神纽带联系成一个友谊团结的整体。这种班班取级名,哥姐带弟妹的荣誉赓传制度,不仅充分体现了团结友爱的精神,而且把良好的学风传给新生,并增进了同学之间的感情"③。

六、"青原山是我的圣地"

1946 年 6 月,国立十三中遵照国立中学复员办法留赣改为省立,易名江西省立天祥中学,嗣后改名泰和中学。至此,国立十三中结束办学使命,退出历史舞台,此时距离 1940 年 3 月 16 日正式开学不过六年三个月。

---

① 国立十三中学校志 [Z]//国立十三中校友志编纂组. 青原之光:国立十三中学纪念文集. 2004:102.
② 刘子暎. 悟往追来集 [Z]. 1995:214-215.
③ 国立十三中学校志 [Z]//国立十三中校友志编纂组. 青原之光:国立十三中学纪念文集. 2004:103.

　　回顾抗战时期国立十三中办学历史，作为一所战时由教育部专门成立并直接管理的国立中学，其忠实履行了旨在救济和教育战区和沦陷区失学青少年的办学使命。1940 年第二学期国立十三中各级各类学生人数总计 1378 人①，其中绝大部分学生均来自战区和沦陷区，其中赣籍学生 1017 人，占比 73.8%；苏籍学生 117 人，占比 8.5%；浙籍学生 110 人，占比 8.0%②。抗战时期国立十三中之于众多流亡青少年的重要意义，正如在其中度过五年半初高中时光的公刘日后自述："我家家境贫寒；如果不是当时成立了专门招收日本占领区的流亡学生，全部免费，吃饭不要钱的国立中等学校，我肯定念不完中学，更谈不上后来的大学深造了。"③ 在国立十三中不足七年的办学历程中，其先后招收包括高中、初中和六年一贯制在内各级各类学生 14618 人入学就读，培养高初中毕业生总计 1444 人。④ 其在维系战时中等教育发展，为战时高校源源不断地输入大量优质生源方面功不可没。

　　国立十三中的成立并不仅仅局限于收容流亡学生，其更看重通过办学作育人才。高强度的课程和高水平的教学，成为抗战时期国立十三中办学特色之一。"高中的数学、物理和英语比省内其他几所中学确实是超程度的，英语的听、说、读、写水平可达到大学二年级水准。"⑤ 国立十三中各科课程教学的这一特点也给学子们留下了深刻印象。

　　高中就读于国立十三中，毕业考入清华大学物理系，日后成为微电子和微机械专家的谢国章，就对母校英文课程与教学的高标准与高要求印象深刻：

　　　　以教学而论，国立十三中的英语教学水准一向较高，初中毕业时英语语法都已过关，进入高中即转入大量的英语阅读课，像《鲁宾孙漂流记》那样一课就是七八页的长篇课文并不少见。要消化这些课文，对教师和学生都有较高要求。⑥

　　1940 年春至 1945 年夏就读于国立十三中的陈敏海，同样在高中化学教师胡

---

① 佚名. 各级学生人数统计表 [J]. 国立十三中学校刊，1941（1）：19.

② 佚名. 学生籍贯统计表 [J]. 国立十三中学校刊，1941（1）：4.

③ 公刘. 不可泯灭了爱国之心 [Z]//原国立第十三中学海燕级《海燕轶事》编委. 海燕轶事：续集. 2000：44.

④ 教育部教育年鉴编纂委员会. 第二次中国教育年鉴 [M]. 上海：商务印书馆，1948：389. 文中数字系作者根据《第二次中国教育年鉴》中《国立第十三中学历年班级学生毕业生经费数据统计》中的数据统计得出.

⑤ 国立十三中学校志（1940—1946 年 8 月）[Z]//国立十三中校友志编纂组. 青原之光：国立十三中学纪念文集. 2004：79.

⑥ 谢国章. 怀念漆裕元老师 [Z]//国立第十三中学台湾校友会. 青原山：29. 1999：56.

以群的课堂中发现了这一特点：

> 恩师胡以群是高中的化学教师，他试图在高中课程里用物理的概念来剖析化学变化的过程。编了一部讲义，把一部分大学一年级的理论化学放到高中来讲。为了保证物理与化学两科的衔接，我们宇宙级的这两门课均由他来任教。①

抗战时期由外校转学至国立十三中就读的学子对此的感受更为强烈。1943年在私立赣省中学读完高一转学至国立十三中的王绮梅，日后直言如何跟上国立十三中的课程教学进度成为自己当时面临的主要挑战："由私立赣省中学来到十三中，课程很多不衔接，除数学外很多功课进程差距很大，深感学习上'先天不足'，基础没打好。第一学期，我简直有点晕头转向，……"②

知识水准高的课程教学，辅以教学水平高的教师、发奋苦学的学生以及遵循教育规律办学的校长，使得国立十三中在较短时间内迅速营造出教学氛围浓厚、认真严谨的校园风气，一跃成为东南地区办学质量卓越的名校，鲜明表现为国立十三中优异的高中毕业升学成绩。

1941年秋毕业的先锋级系国立十三中首届高中毕业班，是年毕业的52人中，"除有5人因家庭困难就业外，47人升入高校，9人保送入中央政校、中央大学、厦门大学等"③。1946年12月，先锋级通讯处编辑的《先锋通讯》刊载的级友动态印证了上述说法。此届毕业生大多考入北京大学、中央大学、交通大学、暨南大学、厦门大学、武汉大学、广西大学、中正大学等知名高校。④ 杰出代表即为当年同时被七所高校录取，日后成为"两弹一星"功勋奖章获得者的姚桐斌。

北极星级系国立十三中1944年秋毕业的高中第七届班级，是年毕业的43人中，除7位学生因家庭困难或疾病没有参加考试，升入高校继续深造者多达36人。⑤ 据陈颖春长子、北极星级友陈方增回忆，是年国立中央大学委托江西

① 陈敏海. 胡以群老师的改革 [Z]//国立十三中校友志编纂组. 青原山人共忆录. 1998：38.
② 王绮梅. 王绮梅来信 [Z]//原国立第十三中学海燕级《海燕轶事》编委. 海燕轶事：再续集. 2002：209.
③ 国立十三中学校志（1940—1946年8月）[Z]//国立十三中校友志编纂组. 青原之光：国立十三中学纪念文集，2004：79.
④ 先锋通讯 [Z]//国立第十三中学校台湾校友会. 青原山：27. 1997：20-21.
⑤ 方钟，史明. 北极星级琐记 [Z]//国立十三中校友志编纂组. 青原山人共忆录. 1998：205.

省教育厅在泰和招录的 50 名新生中，来自国立十三中者竟然多达 30 名，"一时传为佳话"。①

海燕级系国立十三中 1940 年 3 月成立时招收的初中一年级下学期班级，日后从该班升入高中宇宙级和春秋级继续就读者，其中有 5 人于 1945 年秋高中毕业考入北京大学（2 人）和清华大学（3 人）。时隔多年，海燕级友在撰写级史时仍不无自豪地直言："即使如今的重点中学，一个高中毕业班级有 3 名清华生，2 名北大生也是不多的吧！"②

从国立十三中走出的众多学子中，涌现出诸多日后在海峡两岸各个领域发光发热的杰出校友。如前文已述"两弹一星"功勋奖章获得者姚桐斌，中国概率论研究的先驱和主要领导者之一、中国科学院院士、原北京师范大学校长王梓坤，固体力学家、力学教育家、原湖南大学副校长熊祝华，吉林大学教授、莎士比亚戏剧研究专家张泗洋，河海大学教授、微电子和微机械专家谢国章，诗人、作家公刘，诗人、散文家、科普作家黎先耀，作曲家钟立民，赣剧名家武建伦，安徽师范大学教授、历史学家万绳楠，诗人、作家黎风，作家章明，台湾地区学者费海玑，台湾地区女作家邱七七，台湾地区原高官徐有守，台湾地区原高官翟因寿。

烽火年代国立十三中特殊而丰富的学习和生活经历，为诸多学子留下了难以磨灭、亦苦亦乐的人生体验，成为深刻影响他们日后人生与事业的宝贵资源。

公刘直呼其为"圣地"："那儿的峡谷还储藏着我的书声和歌声，那儿的溪水还复印着我的童稚和青春。""不管我在青原山尝了多少酸甜苦辣，青原山都是我的圣地。"③

徐有守将其视为"生命中十分重要的两年"："我在十三中只读两年。但是那短短的两年，却是我生命中十分重要的两年，因为它对我以后几十年的实际发展关系甚大；另外，国立十三中那种充满朝气和奋斗精神的学风，所给予我人格上的陶冶，也影响长久。所以我毕生永难忘怀青原山。"④

熊祝华则将其形容为"一生最为难忘的四年"："这四年是我这一生最为难

---

①　陈方增. 先父陈公颖春号际唐传略［Z］//《青原山人共忆录》第八集编委会. 青原山人共忆录：第八集. 2007：2.

②　海燕级史［Z］//原国立第十三中学海燕级《海燕轶事》编委. 海燕轶事：再续集. 2002：前言 9.

③　公刘. 青原山捡脚印［Z］//原国立第十三中学海燕级《海燕轶事》编委. 海燕轶事：续集. 江阴：天江印刷厂，2000：144.

④　徐有守. 永难忘怀青原山［Z］//国立第十三中学台湾校友会. 青原山：30. 2000：31.

忘的四年，也是最为关键的四年。""无论如何，十三中的四年，仍然是我终生难忘的四年，仍然是对我尔后学习和工作最为关键的四年，因为她毕竟为我定下了人生的指标。"①

除了莘莘学子之外，无比留恋青原山生活的还有校长陈颖春。1949 年赴台后，陈颖春曾计划筹办一所青原中学，旨在"以绍文山阳明之传统，重振青原优良之学风"，后因其病逝遂陷于停顿②。陈颖春提及的文山，即南宋末年政治家、文学家、民族英雄文天祥，文山系其号。出生于江西吉州的文天祥，青年时期曾在青原山净居寺读书。抗战时期国立十三中青原山办学时期，青原山门尚存有一方由文天祥亲笔书写"青原山"三字的巨石。据时人记载，巨石"广约七尺，高三尺许，刚迈苍劲，凛然若不可犯，千载下犹令人想见其沛然之气节焉"③。阳明即曾于青原山聚徒讲学，力倡"致良知""知行合一"的明代理学大家王阳明。

无论是试图通过重建学校大力推崇与青原山有着深厚历史与文化渊源的文天祥和王阳明，还是试图通过重建学校接续抗战时期国立十三中优良办学传统，陈颖春梦想在台重建青原中学的做法，其实都充分说明其对抗战时期国立十三中办学影响与育人成就的极为看重与引以为豪。一所存世不足七年的战时中学，为何能够成为全体师生毕生的美好记忆，这可能正是值得后世反思和研究其的真正意义和价值所在！

---

① 熊祝华. 难忘的四年 [Z] // 国立第十三中学台湾校友会. 青原山: 30. 2000: 41-42.
② 胡德明，胡晓加. 抗战教育中的一朵奇葩: 陈颖春教育思想初探 [Z] // 国立十三中校友志编纂组. 青原山人共忆录: 第二集. 1999: 23.
③ 刘克鹤. 青原山两日游 [J]. 旅行杂志, 1943 (6): 11.

第十四章

"在抗战里，附中，成长了起来"：抗战时期国立西北师范学院附中办学故事四谈[①]

一、从国立七中师生"引以为荣"谈起

抗战时期，地处陕南的汉中作为大后方曾经先后接纳过两所"堪称中国教育之传奇"的国立中学驻地开展过长时段的办学活动，并且育人成绩卓著。1938年5月17日，旨在救济山西流亡师生的国立山西中学成立于西安。同年6月25日，全校师生长途跋涉，翻越秦岭抵达洋县开展教学，1939年4月更名国立第七中学，直至1945年抗战胜利始终扎根洋县维持办学。有别于国立七中开始映入研究者的视野，1938年3月跟随西安临时大学迁至城固开展办学活动长达五载的国立西北师范学院附属中学则显得相对落寞，在某种程度上成为抗战时期国立中学研究的失踪者和被遗忘者。

全面抗战期间，国立七中育人成绩斐然，由其孕育和培养的杰出人才即明证。席泽宗，享誉国际的天文学史家，1941年至1944年初中就读于国立七中，1991年当选为中国科学院院士。国际著名蕈菌学家张树庭，曾就读于国立七中初30班和高31班，1990年当选瑞典世界文学与科学院院士。著名黄瓜育种专家侯锋，曾就读于国立七中初28班，1999年当选为中国工程院院士。[②]

国立七中的办学质量也可由其学生当年在校时的学业表现得到充分印证。1942届高中毕业生（高7、8班），系1938年国立七中创校时招收的初中三年级（初1、2班）学生1939年升入本校高中继续就读。1942年两班共毕业83人，81人被大学录取，同届升学率超过位于邻县城固办学的另一所知名国立中

---

① 本文曾以《抗战时期国立西北师范学院附中大后方办学述论》为题发表于2023年第1期《陕西理工大学学报》（社会科学版）第71-78页。

② 国立第七中学校友会校史编辑委员会. 国立第七中学校史（1938—1949）[M]. 香港：天马出版有限公司，2005：126-135.

学——国立西北师范学院附属中学。① 尽管已经时隔多年，当国立七中的老校友们于 2005 年撰写校史忆及此时，仍然毫不掩饰地使用了"引以为荣"这样的文字来表达当年全校师生发自内心的喜悦与自豪。后世如果对于抗战时期国立西北师范学院附属中学的育人成绩稍作了解，便不难理解国立七中师生"引以为荣"的原因所在。

1938 年和 1939 年，国立四大学招考新生，均由教育部统一招生委员会规定办法分区同日举行。1938 年 9 月 1 日至 4 日，全国分 12 个考区进行统考，共有786 所中学计 11119 名学生参加考试。1939 年 8 月 7 日至 10 日，全国分 15 个考区进行统考，共有 974 所中学计 20006 名学生参加考试。考试结束后，教育部通过核算各校学生应考与录取之比例以及各科平均成绩，对成绩优良学校传令嘉奖。1938 年度的统考成绩，教育部统计发布了应考人数在 30 人以上，录取人数在 21 人以上，总平均成绩位列前十的中学，国立西北联合大学附属中学名列第二。1939 年度的统考成绩，教育部统计发布了应考人数在 30 人以上，录取人数在 15 人以上，总平均成绩位列前十的中学，国立西北联合大学附属中学名列第八。值得注意的是，1938 和 1939 年度均受到教育部奖励之成绩优良学校仅有三所，国立西北联合大学附属中学赫然在列。也许是为了表彰这三所中学极为优异的办学成绩，也许是为了激励其他中学追赶超越，包括国立西北联合大学附属中学在内的三所中学除受到教育部传令嘉奖外，还获赠由时任教育部部长陈立夫亲笔题写的"启迪有方"匾额"以昭激励"。②

对于国立西北联合大学附属中学而言，陈立夫亲笔题写的这块匾额无疑成为彰显学校办学成绩最为有力的证明，自然也成为激励全校师生努力维持战时教学，做出更大成绩的精神支柱，当年附中学子曾对此有过描绘：

> "启迪有方"的匾额，高悬在办公室里的正墙上，这是前两年全国统考成绩优者，教育部给学校的一种奖励，也是我们前两班的老大哥们，替我们挣来的光荣。每当吃饭时，师生们齐聚在办公室里的时候，大家抬头看着这块匾额，脸上都带着得意的欢笑，同时心里坚决地立定了一个志愿——抓紧训练自己，和□□同学们走上正当的途径。③

直到抗战末期，这块匾额仍然是国立西北师范学院附中师生津津乐道的校

---

① 国立第七中学校友会校史编辑委员会. 国立第七中学校史（1938—1949）［M］. 香港：天马出版有限公司，2005：16.

② 佚名. 教育部奖励全国优良中学［J］. 教育杂志，1940（9）：41-42.

③ 鹿明. 西北师院附中在陕南［J］. 建进，1943（9-10）：61.

园逸闻。1944 年 9 月，国立七中初中毕业生席泽宗考入国立西北师范学院附中高中 1947 班就读，在此学习和生活三年的他日后曾对此有过评论："凡是与西北师范学院附中有关系的人都对这个牌匾有兴趣，对其中的'方'字尤甚，这个字一语双关：除字面意思外还指人，即直接指当时的校长方永蒸。学校以获赠此牌匾为荣，更加劝学生多念书了。……在这样的良好气氛中，许多学生都成了'大学迷'，我一心想念大学的思想就是在这种气氛中养成的。"① 据席泽宗回忆，其所在的班级同学学习成绩都很优秀，1947 年高中毕业，有九位同学考入国立清华大学，占全班总人数的三分之一。

虽然教育部没有公布上述受到传令嘉奖中学的高中毕业生的具体录取院校，但还是可以从当年国立西北师范学院附中的工作总结中得到进一步的明确和印证。1939 年，附中曾对 1938 和 1939 两个年度高中毕业生的升学去向有过介绍："去年高中毕业生三十四名，就业者一名，余悉考取国立各大学。本年高中毕业生三十六名，考取国立各大学，各学院及专科学校者，三十一名，私立大学二名，就业者一名，不详者二名。"② 通过计算发现，附中 1938 和 1939 两个年度的高中升学率的确很高，分别为 97% 和 92%。虽然 1942 年度附中的高中升学率不得而知，但是从国立七中 1942 届高中升学率超过国立西北师范学院附中同届毕业班，时隔多年，依然能够成为国立七中老校友们"引以为荣"的校史佳话，便不难体会当年国立西北师范学院附中办学质量之卓越。

二、从"十八罗汉捧观音"谈起

论及抗战时期国立西北师范学院附中办学，首先需要从抗战前国立北平师范大学附中谈起，正如时人所言："国立西北师院的前身是战前的北平师大，这是社会人士素来深知的。该校亦即先前的师大附中。教职员仍多系一般旧人。几年来它和师院同纪念着师大的成立纪念日，算来已将有四十年的历史了。"③

全面抗战爆发后，随着北平和天津相继沦陷，各个大专院校旋即迁往内地。国立北平师范大学附中也随之迁往西安，暂名西安临时大学高中部，校址位于西安玄枫桥。随着日寇威胁潼关，西安临时大学于 1938 年 3 月迁至陕南继续办学，农学院和工学院分别独立设置，西安临时大学改组为西北联合大学，西安临时大学高中部改称西北联合大学高中部，校址位于城固县城西南三十里的古

---

① 席泽宗，郭金海．席泽宗口述自传［M］．长沙：湖南教育出版社，2011：53.
② 佚名．院务概况［J］．国立西北师范学院校务汇报，1939（2）：5-8.
③ 鲁夫．国立西北师范学院附属中学速写［J］．城固青年，1942（1）：19-21.

路坝。随着教育部在全国划分六个师范区，西北联大设立师范学院，考虑到实习教学的方便，高中部划属师范学院，更名为西北联大师院附中。随着西北联大分为西北大学及西北医学院和西北师范学院，附中仍归西北师范学院管辖，更名为国立西北师范学院附属中学，并于1939年暑假由古路坝迁至城固东门外办学。[①]

国立西北师范学院附中办学忠实继承了抗战前国立北平师范大学附中优良的办学传统，鲜明地表现为学校优良的师资水平与业已形成的校风和教风。"从北平西来复校的老师们不曾从战火中带出一张课桌、一本教材，甚至他们本人辛苦积累的手稿资料也在流亡中毁失殆尽，但是他们各自胸中的'书山学海'却都完好无损地随身携带而来，附中久经考验的校风、教风也由他们带到了城固。附中迁至陕南后，英才汇聚，名师云集，著名教育家方永蒸教授担任校长，赵慈庚、魏庚人、高元白等名师荟萃一堂，人称'十八罗汉捧观音'，形成了强大的师资阵容，再加上附中良好的教风学绩蜚声海内，四方有志青年跋山涉水慕名而来者不在少数。当时进附中的学生都需经过严格考试才可录取，在时人眼中，附中的金大门是极难进入的，以至在陕南各地曾有'联大附中金銮殿，考进附中难于上青天'的民谣广为流传。"[②]

所谓"十八罗汉捧观音"，"观音"是指国立西北师范学院附中校长方永蒸，"十八罗汉"是指原任教于国立北平师范大学男附中和女附中的18位优秀教师。[③] 这句诙谐而不失形象的文字，既是国立西北师范学院附中与国立北平师范大学附中办学历史渊源的写照，更是国立西北师范学院附中优秀师资水平的充分证明。席泽宗初中毕业时选择高中的过程以及其高中就读于国立西北师范学院附中的体验，是对"十八罗汉捧观音"所代表的附中优良师资与校风的最佳证明。

1941年6月，14岁的山西少年席泽宗跟随亲戚南渡黄河，沿陇海路西行至西安投奔亲友。是年7月，其乘火车由西安至宝鸡，徒步翻越秦岭到洋县投考国立七中，8月被分配至第二分校，编入初19班。1944年夏，初中毕业的席泽宗同时报考国立七中和国立西北师范学院附中均被录取。正当其犹豫不决时，国立七中教师反而劝说其应该就读国立西北师范学院附中，理由是国立西北师范学院附中教师均毕业于国立北平师范大学，均受过正规的师范教育训练，教

① 鲁夫. 国立西北师范学院附属中学速写 [J]. 城固青年，1942（1）：19-21.

② 刘信生，荆孝民，蒋大年. 西北联大附中时期的王浩 [J]. 丝绸之路，2014（20）：72-74.

③ 席泽宗，郭金海. 席泽宗口述自传 [M]. 长沙：湖南教育出版社，2011：50.

学水平整体高于国立七中。1944 年 9 月，席泽宗抵达已经迁校至兰州的国立西北师范学院附中，被编入高中 1947 班。初入附中的他立刻就感受到了有别于国立七中浓厚的学术风气："此校与七中不同，读书空气特别浓厚，同学间关系也较融洽。"①

随着席泽宗在附中学习与生活的逐渐深入，他也愈发强烈地感受到国立北平师范大学附中优良办学传统之于国立西北师范学院附中的深刻影响。"在兰州学习期间，西北师范学院附中给我留下了美好的印象。这里读书的空气非常浓厚，大家除了做好功课外，竞读各种课外书籍，把追求知识当作一种享受，而不是负担。在晚间，老师还经常组织和引导学生做读书报告。学生像小专家一样，各讲一套，有人谈收音机如何安装，有人介绍煤焦油工业，有人谈法布尔的《昆虫记》等。这种传统在北平师范学院附中就有，是'十八罗汉'带到兰州的。当时我对此很羡慕，于是也寻找了一些课外书来读。"② 正是在"十八罗汉"倡导和组织的学生读书报告的影响和带动下，席泽宗在附中时期即坚定地确立了自己日后从事天文学研究的志向："最使我发生兴趣的一本书，是张钰哲的《宇宙丛谈》。这本书是 32 开本，也不厚，竟决定了我一生的道路。在它的影响下，我找了更多的天文学书籍来读，……打算高中毕业后学习天文学。"③ 1947 年 5 月 31 日，席泽宗高中毕业，不顾家人的强烈反对，毅然投考国立中山大学天文系，并于是年 10 月入学。时隔多年以后，已经是中国科学院院士的席泽宗仍然十分感念国立西北师范学院附中师资与校风对其人生与专业发展的深远影响，将其形容为"科学家的摇篮"。④

三、从王浩与路见可的成才经历谈起

王浩，20 世纪杰出的数理逻辑学家、哲学家、数学家、人工智能先驱。1993 年，王浩曾在撰文追忆父母时提及抗战时期自己就读西北联大附中的经历。1933 年年初，王浩考入山东省立济南初中。1936 年秋，王浩前往南京国立中央大学实验学校就读高中。全面抗战爆发后，王浩曾考虑回鲁借读济南高中，但在此校任教的父亲王祝晨觉得此举有徇私之嫌，并不赞成。1937 年秋，王浩离家随中大实校前往安徽屯溪，后转长沙。"到屯溪上课不久，战局恶转，和家中也失去了联络。随校到长沙几个月后，才听说父亲在湖北，母亲在西安跟二哥

---

① 席泽宗. 自叙年谱（1927—1994 年）[J]. 中国科技史杂志，2008（1）：1-29.
② 席泽宗，郭金海. 席泽宗口述自传 [M]. 长沙：湖南教育出版社，2011：51.
③ 席泽宗，郭金海. 席泽宗口述自传 [M]. 长沙：湖南教育出版社，2011：52.
④ 席泽宗，郭金海. 席泽宗口述自传 [M]. 长沙：湖南教育出版社，2011：49.

二嫂住，姐姐在陕西城固西北联大教书。我于 1938 年夏秋之交由长沙到西安，陪送母亲到了城固。虽然已以同等学力考取西南联大经济系，但因父亲反对，又在西北联大附中念完高中三年级。"①

历史学家何兆武先生曾在其口述史《上学记》中提及抗战期间王浩就读西北联大附中的经历，其中的某些细节可以与王浩自述相互参照。全面抗战爆发后，王浩随中大实校迁至长沙。刚刚在国立北平师范大学附中读完高一的何兆武也于此时考入中大实验学校。在何兆武先生眼中，王浩俨然属于"大才子"："王浩高我一级，不过那时候已经头角峥嵘，在校内非常有名气，所以我也认得他。1938 年暑假，王浩读高二，以同等学力考大学，数学考试中有个题目非常难，是中学没有学过的，只有他一个人做出来了，大家传为美谈。那年他考入西南联大的经济系，而且是第一名，可是他却去了汉中的城固。北师大那时在汉中，它的附中也在那里，王浩就在师大附中又上了一年高三。……第二年，我以同等学力考入西南联大，他也考了，这回考的是数学系，而且又是第一名。所以还没入学，王浩就有了名了，大家都知道他是大才子，连续两年考了第一名。"②

相较于王浩略显简单的自述，何兆武先生笔下的王浩可谓才气纵横，出类拔萃，但是二人均对王浩在西北联大附中的学习与生活细节较少涉及。王浩在西北联大附中所受的数学教育深刻地影响到其日后的专业发展："特别是在数学方面，王浩受惠于我国著名的数学教育家赵慈庚和魏庚人两位老师的严格要求和循循教导，奠定了他日后驰骋数学界必不可少的中学数学基础。……后来王浩在数学界颇有建树，与这段时间内所激发的兴趣、养成的习惯和打下的坚实基础是密不可分的。"西北联大附中宽松自由的学习氛围则为其日后与哲学和数理逻辑结下一生不解之缘奠定了基础："在附中，王浩不仅数学成绩优异，其他课业也很出色，其外文等科成绩也在班上名列前茅。课余时间，王浩最大的爱好就是读书。……在当时的附中，尽管书籍难寻，但只要一有机会，他就如饥似渴地阅读各类书刊。广泛的阅读和积淀使他的文化底蕴日益丰厚，为其日后海外讲学、著述打下了坚实的基础。各类书中，最令王浩痴迷的还是哲学著作。……进入高中，他偶然间得到一本金岳霖写的《逻辑学》，其中介绍了罗素的名著《数学原理》第一卷的内容，他感到这些内容通俗易懂而趣味无穷，便

① 王恒. 王祝晨传 [M]. 长春：吉林人民出版社，2004：306-308.

② 何兆武，文靖. 上学记 [M]. 修订版. 北京：生活·读书·新知三联书店，2008：221-222.

反复地去思考、研究，并从此与哲学、数理逻辑结下了一生的不解之缘。"西北联大附中的学习经历虽然短暂，但对王浩而言却影响深远，以至于其与同学在回忆这段艰苦却美好的学习生活时直言："那些日子是令人终生难忘的，不光是学业，许多东西是一生受用的。"[1]

与王浩相同，深受西北联大附中数学教育影响的还有我国著名复分析专家、数学教育家路见可。路见可，1922年出生于江苏宜兴，曾经担任武汉大学数学系主任。1939年，路见可荣获全国数学统考满分，以第一志愿考入国立武汉大学数学系。1940年，全国举行高校一年级学生数学竞赛，路见可摘取第一名桂冠。[2] 西北联大附中数学教师魏庚人和赵慈庚深刻地影响了路见可日后坚定地选择将数学教学与研究作为自己终生奋斗的事业："1937—1939年间，在西北师范学院附属中学，魏老师教我们班高中代数课整整两学年，他高尚的师德修养，渊博的专业和知识，精湛的教学艺术，都给我留下了深刻的印象；也为我于1939年毕业后，决心选择从事数学教学与研究作为终生的事业起着重要的作用。"[3] 时隔多年，路见可在感念魏庚人和赵慈庚的同时，仍然将两位老师的教学理念与艺术作为自己教书育人的榜样："六十年前左右，我得益于好几位大、中学校的数学老师，如已故的吴大任教授、魏庚人教授和现还健在的赵慈庚教授，他们的讲课能深入人心，给我们终生难忘的印象，其中最重要的原因之一，就是他们所讲的，正是我们学生们所最需要的。五十余年自己在数学教学中，常以这些老师为学习的榜样，努力试图按照这个原则进行教学。"[4]

日后深深怀念魏庚人和赵慈庚的远不止王浩和路见可。1999年，赵慈庚逝世。抗战时期曾在国立西北师范学院附中受业于他的众多学生纷纷撰文悼念。在众多的悼文中，第42届学生梁晓天撰写的悼念诗颇能代表众多附中学子的心声，颇能传神地刻画出赵慈庚之于附中学子的独特影响："往事如烟六十年，铭心难忘汉江边，恍如城固校园内，犹有吾师执教鞭。"[5]

① 刘信生，荆孝民，蒋大年. 西北联大附中时期的王浩［J］. 丝绸之路，2014（20）：72-74.

② 佚名. 贺数学家路见可先生85华诞［J］. 宁夏大学学报（自然科学版），2006（2）：92.

③ 路见可. 忆魏庚人教授：纪念魏老师逝世五周年［J］. 中学数学教学参考，1996（12）：42.

④ 路见可. 为学生而教［J］. 数学通报，1998（6）：1.

⑤ 张友余. 教书一时 教人一世：记一群年逾古稀的老人痛悼他们的中学数学老师赵慈庚［J］. 中学数学教学参考，1999（10）：58-59.

四、从师生们的追忆与时人的评价谈起

1947 年 10 月，席泽宗历经千辛万苦，如愿以偿进入国立中山大学天文系学习。也许是高中就读于国立西北师范学院附中的学习体验刻骨铭心，在他看来，作为国立大学的中山大学的读书风气反而不如附中："中山大学的读书风气，比我读高中时的西北师范学院附中要差一些，但学校的整体学习氛围还是比较浓厚的。"① 附中三年的高中学习经历无疑也深刻影响到席泽宗日后的学术研究："现在回忆起来，我觉得兰州读西北师范学院附中高中对我以后能上大学、做科研起到了很大的作用。这在很大程度上得益于学校雄厚的师资力量与方永蒸校长和十八罗汉把北平师范学院附中的优良校风带到了大后方，在西北撒下了永不熄灭的火种。"② 而在席泽宗看来，附中教师日后大多任教于全国各个师范大学，正是对国立北平师范大学附中注重选拔优秀教师留校任教这一优良办学传统的最佳证明："事实证明，西北师范学院附中的教师队伍是经得起考验的。我在附中读书时的教师，大部分后来都成为全国各地师范大学的教授。"③ 前文已述，曾经深刻影响包括王浩和路见可在内的众多附中学子的魏庚人和赵慈庚，即席泽宗口中的这类优秀教师的代表。

魏庚人，著名数学家、数学教育家。1916 年考入国立北京师范学校，1921 年毕业，同年考入北京高等师范学校数理部。1925 年毕业于北京师范大学数学系。1929 年，魏庚人开始在国立北平师范大学附中任教。全面抗战爆发后，魏庚人任教西安临时大学高中部。1938 年学校迁至城固，魏庚人依然在西北师范学院附中任教。1941 年，已经是国立西北大学副教授的魏庚人，仍在附中兼课。1950 年暑期其转入北京师范大学任教。1958 年调入陕西师范大学担任数学系主任。④ 赵慈庚，著名数学家、数学教育家。1929 年考入国立北平师范大学预科。师大毕业后，经数学家傅种孙推荐，任教师大附中长达 9 年之久，日后曾任北京师范大学数学系教授。⑤

不仅附中学子日后会缅怀自己的老师，追忆当年的学校生活，抗战时期附

---

① 席泽宗，郭金海. 席泽宗口述自传 [M]. 长沙：湖南教育出版社，2011：70-71.

② 席泽宗，郭金海. 席泽宗口述自传 [M]. 长沙：湖南教育出版社，2011：57-58.

③ 席泽宗，郭金海. 席泽宗口述自传 [M]. 长沙：湖南教育出版社，2011：53.

④ 魏庚人. 魏庚人自传 [Z]//政协安国县文史资料委员会. 安国文史资料：第 1 辑. 1988：128-132.

⑤ 赵慈庚. 忆傅种孙先生 [Z]//政协高安县文史资料研究委员会. 高安文史资料：总第 3 辑. 宜丰县印刷厂，1988：43-60.

中任教的经历同样给老师们留下了难以磨灭的印象。1988 年，已经 87 岁高龄的魏庚人在撰写自传论及自己曾经的附中教学经历时，仍然将其形容为"这是我一生最愉快的七年"："我在附中任教或兼课，长达七年之久。在抗战期间，城固附中是一所有名的中学，教师好，学生好，环境好，生产好，安全好，是一所五好中学，师生关系非常融洽，老师们既教书，又育人，这是我一生最愉快的七年，我才真正体会到孟子的名言：得天下英才而教之，三乐也。直到今天我还把他（她）们，如同自己的子女一样看待。"①

从师生们对于附中的整体评价中，不难感受附中优良的校风、教风和学风在学校办学和育人过程中所发挥的独特影响。相较于亲历附中办学的师生而言，时人对于抗战时期附中办学的实地体验，则是从校外人士的视角为上述附中师生的回忆和评价提供了新的观察。

1942 年，一名校外人士在对附中进行近距离观察后专门行文介绍其办学概况，字里行间充满了对于附中师生勤教苦学的敬意：

> 教员多系师大毕业，以成绩优良聘留附中的，他们视教育为终身事业，把毕生的精力用在学术研究上，他们多在大学兼课且多有著述，对课程认真教授，对同学热心训导，他们的薪金并不优厚，但无论怎样穷困，除非万不得已，决不愿轻易离开附中，其中在附中教课在十五年以上的大有人在。学生来自全国各角落，每年投考的特别踊跃，所以被录的较为优秀。他们都很重视自己的课业，学习的情绪特别浓厚，读书的风气最好。当自习时，大家都埋头书案去研究功课，教室静肃的坠针可闻。有时在江畔的柳荫下、草坡上，稻田的阡陌间，常会见到附中的学生在读书。

也许是有感于抗战烽火中附中师生依然能够弦歌不辍，也许是有感于附中师生所呈现出的与当时艰苦恶劣生活极不相称的高昂的精神面貌，这位观察者最终给予附中办学极高的评价与期许："附中在社会上负着盛誉，他们师生间都很奋勉，一切都在突飞猛进，那种生气勃勃的朝气，埋头苦干的精神，我敢说附中的前途是更灿烂光明的！"② 日后看来，本文所述的抗战时期国立西北师范学院附中的诸多办学故事正是对上述时人评价和期许的最佳证明。

陈平原在论及老北大时十分看重校园故事与传说在构建学校历史传统与文化精神中所能够发挥的独特作用。因为在他看来，"大凡历史稍长一点的学校，

---

① 魏庚人. 魏庚人自传［Z］//政协安国县文史资料委员会. 安国文史资料：第 1 辑. 1988：129-130.

② 鲁夫. 国立西北师范学院附属中学速写［J］. 城固青年，1942（1）：19-21.

都有属于自己的'永恒的风景'。构成这道'风景'的，除了眼见为实、可以言之凿凿的校园建筑、图书设备、科研成果、名师高徒外，还有必须心领神会的历史传统与文化精神。介于两者之间，兼及自然与人文、历史与现实的，是众多精彩的传说"①。抗战时期国立西北师范学院附中办学的诸多故事无疑是构建与还原附中办学历史不可或缺的"永恒的风景"。作为一所战时中学，全面抗战期间艰难办学，却依然能够成为师生们毕生铭记的美好记忆，这可能正是其自身的历史魅力与教育价值所在，也是值得后世反思和研究其的意义所在！

---

① 陈平原，夏晓虹. 北大旧事［M］. 北京：生活・读书・新知三联书店，1998：代序 1.

第五篇 05

评 价

第十五章

育人："培之溉之，八载悠长，教之化之，期为才良"

回顾抗战时期国立中学办学历程，审视其创办初衷，无论是救济流亡员生，使之能够继续施教与受教，还是积极实验战时教育新制度，形成卓越的办学质量，使之成为大后方中学办学之典范，抑或为日后中华民族复兴储备人才，涵养元气，均可谓完整地履行了其办学使命。

一、"这是决定我一生命运的起点"

1948 年，教育部曾对全面抗战八年来 34 所国立中学自 1937 学年度至 1945 学年度第一学期办学期间所招收的各级各类学生数和毕业生数分别进行统计，从中可以直观地了解国立中学在全面抗战期间作育人才的完整情况。

表 15-1　34 所国立中学 1937 学年度至 1945 学年度第一学期毕业生数

国立中学校名	1937 学年度至 1945 学年度第一学期毕业生数	国立中学校名	1937 学年度至 1945 学年度第一学期毕业生数
国立一中	2060	国立十一中	2349
国立二中	3041	国立十二中	2014
国立三中	1518	国立十三中	1444
国立四中	1704	国立十四中	666
国立五中	1538	国立十五中	472
国立六中	3000	国立十六中	1414
国立七中	1893	国立十七中	636
国立八中	5502	国立十八中	800
国立九中	3185	国立十九中	744
国立十中	2380	国立二十中	371

续表

国立中学校名	1937 学年度至 1945 学年度第一学期毕业生数	国立中学校名	1937 学年度至 1945 学年度第一学期毕业生数
国立二十一中	1236	国立西南中山中学	159
国立二十二中	1717	国立汉民中学	505
国立女子中学	487	国立东北中学	306
国立第一华侨中学	376	国立绥远中学	570
国立第二华侨中学	675	国立黔江中学	230
国立第三华侨中学	830	国立河西中学	104
国立东北中山中学	1222	国立湟川中学	114
总计			45262

资料来源：教育部教育年鉴编纂委员会. 第二次中国教育年鉴［M］. 上海：商务印书馆，1948：376-404. 各个国立中学毕业生数系作者根据《第二次中国教育年鉴》相关数据统计得来。

需要说明的是，上述 45262 名国立中学各级各类毕业生远非全面抗战期间曾经受教于国立中学的全部学生人数，因为其中尚未包括大量由于各种原因中途离开国立中学，未能顺利完成学业进而获得毕业证书的学生人数。日后看来，仅退学人数一项，就占据了抗战期间国立中学受教学生人数的相当比例。这一点可以从国立六中校方当年对于本校各部退学学生的公开统计中看出端倪。1941 年，国立六中校方对 1941 年度第一学期全校学生人数进行统计，本校和四个分校包括高中、初中和师范各类学生在内共计 1931 人①，而校方同期统计包括本部和四个分校在内的各级各类退学总人数竟然多达 1266 人②。仅国立六中一校即有如此众多的退学人数，其余国立中学学生退学情况可想而知。

抗战时期国立中学及时接纳并教育为数众多的流亡学生，使其学业在烽火

---

① 附表十三 学生人数统计表［Z］//国立第六中学. 国立第六中学概览. 1941.
② 国立第六中学. 国立第六中学概览［Z］. 1941：160-169. 国立六中 1266 名退学人数及各级退学人数系作者根据国立六中校方提供退学学生名单统计得来。具体来说，高中一级退学生 14 人，高中二级退学生 12 人，高中三级退学生 32 人，高中四级退学生 99 人，高中五级退学生 95 人，高中六级退学生 92 人，高中七级退学生 39 人，高中八级退学生 23 人，高中九级退学生 10 人，初中一级退学生 55 人，初中二级一班退学生 50 人，高农退学生 30 人，初职退学生 13 人，纺训班退学生 17 人；第一分校高中部退学生 38 人，师范部退学生 67 人，第一分校简师部退学生 96 人；第二分校退学生 164 人；第三分校退学生 55 人；第四分校退学生 265 人。

年代得以维系并发展，也成为日后众多国立中学学子感念于心的难忘经历。

1944 年 10 月，年仅 16 岁的朱镕基，离开饱经日寇侵略之苦的长沙，徒步从新化、溆浦、辰溪、泸溪，远涉千里，抵达湘西永绥国立八中就读高中，开始了长达两年半的国立中学求学生涯。朱镕基后转入湖南省立一中，高中毕业后考入清华大学。多年以后，已是中华人民共和国国务院副总理的朱镕基在给国立八中同班同学杨开卷的回信中，仍然对国立八中的学习和生活情景怀念不已：

> 回想中学时期，生活虽极清贫，但一心埋头向学，心情尚舒畅，故友同学切磋，互相帮助之情景，尚历历在目。①

曾经就读于国立二十二中的王鼎钧，日后即认为国立中学的创办救济了大约 20 万流亡学生，不啻"不可磨灭的一大功德"：

> 无论如何我得感谢当年创办流亡中学的人，他提供机会使我们有书可读。事无全美，读书便佳。经师易得，人师难求，经中自有人师。估计沿着沦陷区边缘设立的数十所中学，吸纳造就了大约二十万青年。在非常时期、非常地区创办这样非常的学校，定非寻常人物，事到如今，那些人一世勋业皆成镜花水月，唯有偶尔办了这么个学校，是不可磨灭的一大功德。②

1938 年至 1940 年在国立二中就读两年半高中的吴良镛，日后直言"这一段时光让我非常留恋。在抗日战争的不安定环境下，还能够比较安静地读了两年多书，非常难得"③。

1938 年，安徽萧县沦陷，正在就读小学四年级的王文兴辍学在家务农。1941 年，其考入萧县临时中学就读初中一年级。1942 年春，其跟随游击队前往安徽太和就读于鲁苏豫皖边区战时中学，即日后的国立二十一中初中二年级。多年以后，已是中国工程院院士、著名环境化学家、山东大学教授的王文兴将就读于国立二十一中形容为"这是决定我一生命运的起点"：

> 从 1942 年春天到 1946 年夏，也就是从二十一中的建立到复员，我没有离开过二十一中，我将二十一中当作我的家，供我衣食，管我住行。二十

---

① 中共花垣县委，花垣县人民政府. 故园情：国立八中校友与花垣的往事 [Z]. 湖南省化工地质印刷厂，2001：131.

② 王鼎钧. 山里山外 [M]. 北京：生活·读书·新知三联书店，2013：序言 6.

③ 吴良镛. 良镛求索 [M]. 北京：清华大学出版社，2016：18.

一中的艰苦生活培养了我吃苦耐劳的精神，给我一生事业打下了基础。……国立二十一中，永远存在我的记忆里。①

张凤祥，1943 年考入国立十四中高中部，1946 年高中毕业后考入清华大学电机系。多年以后，曾经担任中华人民共和国水利电力部副部长的他，仍然将抗战期间自己有幸在国立中学接受教育形容为青少年时代"起到了决定性的作用"的经历：

> 在国民党官僚腐败统治的后方，能够有这样一个好的环境，好的学校，在其中生活、学习，这对我青少年时期的成长、成型，在德智体方面全面均衡的发展，确实起到了决定性的作用。②

方同德，高中三年就读于国立东北中山中学高 30 班，毕业后考入交通大学机械系。多年以后，曾经参加新中国第一批飞机厂、发动机厂和拖拉机厂设计工作的他，直言国立东北中山中学的高中经历是其"人生道路的重要里程碑"：

> 静宁寺的三年是我踏上人生道路的重要里程碑，没有静宁寺的三年就没有我投身建设的四十年……静宁寺的教育，静宁寺的友情，静宁寺的中山精神仍会伴随我走完终生。③

全面抗战爆发后，相继成立的国立中学同样成为救济流亡教师的重要途径。1938 年 7 月，教育部对全面抗战一年来战区中小学教师救济情况进行统计，在分发的 8027 名教师中，最先成立的国立河南中学、四川中学、贵州中学、陕西中学、甘肃中学、湖北中学和山西中学七所国立中学就承担了 1189 名教师的救济工作。④

全面抗战八年来，包括国立中学在内的大后方中小学教育机构更是成为接纳为数众多的战区流亡教师的重要途径。1977 年，抗战时期曾经担任国民政府教育部高等教育司司长的吴俊升，参加在美国伊利诺伊大学举行的战时中国（1937—1945）研讨会，其在所发表的题为《战时中国教育（1937—1945）》

---

① 王文兴. 怀念我的母校：国立二十一中 [Z] //抗日烽火中的国立二十一中. 编印年份不详：178.

② 张凤祥. 母校培育 永志不忘 [M] //许祖云. 青春是美丽的：续集. 北京：华夏出版社，1997：95.

③ 方同德. 我们为祖国长翅膀 [Z] //国立东北中山中学校友会. 桃李报春晖：国立东北中山中学花甲纪念文集（1934—1994）. 自贡：新华印刷厂，1993：40.

④ 教育部统计室. 中华民国二十六年度战区各级教育机关损失情形及政府办理救济情况 [Z]. 1938.

的论文中对此同样有过明确论述：

> 中小学学校校数过多，无法迁移，或在沦陷区内苟存，或转入地下，由教育部遣派之战区工作人员暗中主持办理，其员生迁移后方者，为数亦甚众多，教育部均分区加以登记与安置。据统计自一九三七年——三八年度至一九四五年度登记之中等教师共六九七八人，小学教师共一一六三一人。其安置办法为特设中小学教师战时服务团及国立中学等学校，俾获服务机会，或分发至后方各省市教育机构指派工作，均能各得其所。此等教师多来自沿江沿海教育发达地区，加入后方学校任教，对于后方中小学教育，也很有改进。①

与上述国立中学学子相同，抗战时期国立中学的教书育人经历，同样给流亡教师们留下了无比深刻的印象。

吴冶民，1922 年毕业于国立北京大学采矿冶金学门，1923 年 2 月开始任教于河北省立正定中学，后担任该校教务主任。全面抗战爆发后，其辗转流亡至河南淅川上集担任建校不久的国立一中教务主任直至 1948 年暑期离校。1949 年 1 月，其赴台成为台北建国中学高中化学教师直至 1964 年退休。多年以后，已经年届八旬的吴冶民仍然对抗战时期任教于国立一中难以忘怀：

> 回顾四十多年的教书生活，恍如昨日。在这漫长的岁月里，也有遭逢困难的时候，例如在抗战那一段时日，物资缺乏，生活艰苦。但这种苦所给予精神上的愉快，更使我一生难忘。②

同样对于抗战时期国立中学办学经历倍感难忘的还有国立三中校长周邦道。距离国立三中创校三十年后，1968 年，周邦道曾用七个"最"字来形容创办国立三中之于自己毕生的难忘影响：

> 草创国立三中时，年甫四十，体力充强，鉴于抗战建国，匹夫有责，遂倾全副精神，夙兴夜寐，从事校务，乐而忘疲，故三年生活，为平生最兴奋、最认真、最踏实、最饶有情趣，而最堪寻思回忆之一段生活，……平生从事教育，滥竽政治，已四十七载于兹，往来历历，每一追维，辄萦

---

① 吴俊升. 文教论评存稿 [M]. 台北：正中书局，1983：15.
② 吴冶民. 八十自述 [Z]//国立一中校友会. 千里逐飘蓬：第三辑. 1994：13.

回脑际而最堪忆念，最饶滋味者，实无过于国立三中之一时期。①

1936 年，余鉴方自无锡国专毕业，在江苏邳县从事教育工作。1939 年台儿庄战役爆发，邳县各校奉令解散。正当前途黯淡之时，经人介绍，其于 1943 年前往安徽太和国立二十一中任教。数十年后，余鉴方仍将曾经任教于国立二十一中视为自己"人生道路上最重要的一站"：

> 就是对我这个当教师的说，这一阶段的工作，也是我人生道路上最重要的一站。在我"壮志未酬国先破，报效无门苦彷徨"之际，是二十一中给了我从事抗敌救亡工作的机会，为我后来工作奠定基础。②

二、"这些国立中等学校对于当地学校作了很好的示范"

抗战时期国立中学在努力收容流亡师生，使之能够安心施教与受教，积极影响国立中学学子身心发展的同时，其也通过积极实验战时教育新制度，在维持自身高水平课程与教学质量的同时，为大后方办理中学教育提供了良好的示范。多年以后，吴俊升对此有过明确阐述：

> 在中国历史上，中国教育部首先设立了各类的国立中学学校。这是为了从战地迁至后方的中等学校教师和学生而设立的。由于标准课程和较好的教学方法以及有效的行政，这些国立中等学校对于当地学校作了很好的示范，也提高了它们的水准。因此一般中等教育有普遍的改进。③

在吴俊升看来，国立中学之所以能够对大后方中等教育"作了很好的示范""提高了它们的水准"，主要原因还是在于国立中学所施行的"标准课程和较好的教学方法"。吴俊升的这一观点并非一己之见，抗战时期国立中学高水平的课程与教学质量，同样为诸多国立中学学子日后所认同。

> 李英瑜老师教我们语文，讲解清楚，重点突出，要求我们理解并要熟读背诵古文。一个一个的学生站起来背书，还要我们背得滚瓜烂熟，印象深刻。叶琼老师教英语，她的口语真好听，结合语法分析课文清晰，选了

---

① 周春境. 国学卢阳带砺雄：先父庆公艰苦创校事略［Z］//中国人民政治协商会议贵州省委员会铜仁地区工作委员会. 铜仁地区文史资料：第 3 辑. 铜仁：人民印刷厂，1993：8.

② 余鉴方. 功在国家民族 惠及莘莘学子：太和二十一中生活回顾［Z］//抗日烽火中的国立二十一中. 编印年份不详：24.

③ 吴俊升. 文教论评存稿［M］. 台北：正中书局，1983：4.

不少考大学的范文要我们熟读背诵。地理老师高品珊讲课只带一根粉笔，在黑板上画出的地图：城镇、山脉、河流等，如同专业绘图师所绘制的，真是太神奇了。物理老师吴淑珍讲课井井有条、头头是道，使我们好像是亲历其境。张启镛老师教微积分，教我们格物致知，板书整整齐齐，列出许多方程式；深入浅出，反复论证；讲课条理分明，容易做笔记。当时的教学方针是深教材、高标准、严要求。我们毕业后，打听到全班都考上了免费的国立高等学府。①

王篠兰，1941 年以初二同等学力考入国立十二中就读高中，1944 年高中毕业考入国立上海医学院。多年以后，已是劳动卫生学家、上海医科大学教授的她在追忆自己的国立中学生活时写下了上述文字。国立十二中"深教材、高标准、严要求"的教学方针以及全班同学悉数考入国立高等学府，无疑给王篠兰留下了深刻的印象。

其实，类似于王篠兰的国立十二中就读体验，日后也频繁见于其他国立中学学子。张铎庄，1940 年考入贵阳国立中央大学实验学校，1943 年毕业于国立十四中。多年以后，任教于贵阳工学院的他，同样用"高水平的教学质量"来形容母校的办学特色：

> 辛勤劳动的老师们大多是中央大学毕业的。高中的课程中如数学、物理、化学等都是采用原文本，讲授和做练习也都尽量用英文。在这一点上给我后来上大学带来许多方便，我在大学看英文书就不费力了。不特是采用英文本，而且这些课程的教材都是当时大学的一年级教本。学生学起来当然得付出一定的努力，否则是很难学好功课的。老师对学生要求严格，学校也有相应的制度保证。如一科主科不及格便留级，二科主科不及格则要退学等。因此十四中高中毕业的学生百分之九十以上均能考上全国的名牌大学，其原因也就在此。②

严要求的教学同样见之于国立西北师范学院附中办学。1942 年，一位校外来访者在近距离观察附中后写下了如下观感：

> 考试在附中成了家常便饭，一学期中除却开学后的一两周外，几乎每

---

① 王篠兰. 国立十二中：我的人生基石［M］∥郑锦涛，黄作华. 负笈千里山水间. 北京：中央文献出版社，2011：227.

② 张铎庄. 母校好在哪？［M］∥南京师范大学附属中学校友会. 青春是美丽的. 贵阳：贵州人民出版社，1992：137.

周都有考试。有时一周内有六七门考试，考时同学们多很规矩，评分是很严格的，五十九分也难通融及格。每待授课过一学期之半时，教务课便调查各科成绩，如遇某个同学有不及格倾向时，便提出书面警告，促其注意。成绩系按学分计算，平时成绩占百分之六十，期考占百分之四十。学年终了升降级及补考的办法与他校无异。不过如果不及格的功课太多了，便有被令退学的可能。①

1942 年 3 月 5 日，国立十一中校方就因为平时教学扎实而严格受到教育部嘉奖："所呈上学期月考，国数两科试卷及记分册，及各班最优作文本等件准予备查。该校能切实举行月考，对于平时成绩亦能认真考核，殊堪嘉许，本学期各科月考，仍仰切实举行。"②

抗战时期国立中学高水准的教学质量，也能够从当时由大后方其他中学转入国立中学或者由国立中学转入大后方其他中学的学生就读体验中得到印证。

李今朝，曾在国立八中初一分校就读三年。由他在日后回忆中曾经提及的一件小事，可以一窥国立中学的教学质量：

> 我清楚地记得在上初中二年级时，从所里别的学校转学到我们班的一位同学对我说："我已经读过二年级了，怕到这里跟不上，仍读二年级。可在原来的学校代数老师教解方程式的方法，只教了四种，而咱们的万老师教我们解方程式的方法则教了七八种，到底还是国立中学教学质量比一般中学高得多。"③

李今朝口中的万老师，是指时任国立八中初一分校教导主任兼算术和代数教师的万晏南。万老师因为身材瘦小，形象酷似印度领袖甘地，当时即被初一分校学子们私下调侃为"甘地老师"。虽然不能仅仅从解方程式的方法数量多少来评价一所中学的教学质量，但是这位已经在其他学校读完初二的学生仍然要求继续在国立八中就读初二，还是能够在一定程度上说明国立八中高水准的教学质量。

1943 年冬考入国立十一中初中一年级就读的邓麦秋，日后的回忆中也出现过与上述李今朝类似的场景：

---

① 鲁夫. 国立西北师范学院附属中学速写 [J]. 城固青年，1942（1）：19-21.
② 学校简讯 [J]. 资声月刊，1942（4）：36.
③ 李今朝. 怀念诲人不倦的万晏南老师 [Z] // 蚌埠市政协文史资料委员会. 1938—1946 烽火弦歌：国立八中回忆录. 水利部淮河水利委员会印刷厂，2000：150.

由于日寇入侵，北方的学校南迁，名师云集，加之国立中学名声大，又有公费，投考的人特别多，录取的学生成绩都是拔尖的，我们班上就有二十几个同学是读完了初二又来投考初一的，……大学在辰溪招考时，外校的学生见哪个学校穿草鞋戴斗笠的（我们学校的学生）报名多，便自动退出哪个学校，自知比我们不上。①

日后从邓麦秋的自述中不难感受到其当年作为国立十一中学子的自豪与荣耀，国立十一中在课程水平、教学质量以及师资力量方面遥遥领先于当地普通中学的形象随之跃然纸上。

1946 年，国立十四中复员迁回南京，当时学校唯一的一名黔籍苗族学生王维龄转入处于贵阳中上等水平的某中学继续就读高中三年级。原本在国立十四中处于中游水平的他，一跃而成为全校第一，从这一反转不难体会国立十四中明显高于当地中学的教学质量：

> 我本来在班上（秋逸级）只是个中等水平的同学，46 年母校迁回南京后，我转学到贵阳某中学读最后一年高中，该校的教学水平，在贵阳也是中上等的。而我却是它那时最出名的尖子，各门功课的成绩，不但在班上是绝对第一，而且在全校也是第一。大有山中无老虎，猴子充霸王的气概。一个从深山老林里来的苗家孩子，居然在省城贵阳的一个汉家子弟众多的学校里充霸王，这本身就很有点讽刺意味的。其实，充霸王的不是我这个人，而是国立十四中。②

国立中学优异的办学质量使得其在大后方办学所在地民众中有口皆碑。国立十一中办学所在地位于湖南武冈，1941 年，顾荫宁从湖南洞口县兰陵中心小学顺利考入国立十一中就读初中，并在此完成了自己的初中学业。多年以后，他依然清晰地记得国立十一中在武冈当地民众中的极好口碑：

> 由于十一中名声大，我居然能一举考取，我的名声，在洞口这块僻远的小镇也就很快传开了。不仅小学负责人来我家送喜报，我家房东和临近乡绅也准备摆酒为我庆贺。……可见当时十一中在群众中的声望是多

① 邓麦秋. 难忘母校 [Z]//政协邵阳市学习文史委, 政协洞口县委员会. 山高水长：忆创建在竹篙塘的国立十一中. 邵阳：资江印刷厂，1999：208-209.
② 王维龄. 苗族子弟致母校 [Z]//南京师范学院附属中学校庆筹备处. 青春是美丽的：第一册. 1981：130.

么大。①

而武冈本地少年蒋兴锦也正是有鉴于国立十一中办学口碑过硬，考虑到竞争激烈，因而对其望而生畏，以至于舍近求远，决定选择报考位于湖南蓝田的国立师范学院附中。1945 年蒋兴锦从附中高中毕业后考入湘雅医学院就读。多年以后，已是军队卫生学专家、中国人民解放军军事医学科学院教授的他依然对此记忆犹新：

> 1941 年夏季，我在老家湖南武冈县城里一所初中毕业，看到报上刊登国师附中招考高中生，文、理组各三十名，而且是公费。当时我不知学校的质量好坏，只知它是公费，正好解决我家境穷困的问题。我就和十多个刚从初中毕业的同乡，长途跋涉，跑了四天，到达了蓝田。那次考试，大约有千来学生参加，我幸运地通过初试和复试，被录取了。当时，我们武冈县也有所国立十一中学，虽然也是公费，但那里主要是招收沦陷区的学生，招收本地的学生很少。我自知水平低，怕考不上，不敢去试试。②

国立中学在办学所在地所形成的特殊影响力，直到抗战结束国立中学复员回乡后仍然在大后方得以延续和保持。"当国立中学复员后，各地利用原校址大都办起了地方中学，……它们多少继承了原国立中学的教学与管理模式，都取得了很大的成绩，成为当地的名校。……许多家长千方百计地要把孩子送到这些学校上学，理由之一是：它们是国立中学的后续学校，教育质量高。由此可见国立中学在当地的影响了。"③

即使随着国立中学复员回乡办学，其在抗战期间业已形成的办学声誉也一如既往地对迁回地的莘莘学子产生着巨大吸引力。张万岱，1930 年出生于沈阳，日后成为著名消化内科专家、第一军医大学教授、"三九胃泰"的主要研制者。1947 年，即将升入高中的他决定报考从四川迁回沈阳办学的国立东北中山中学。而促使他选择离家距离 15 里路的国立东北中山中学的重要原因，就在于"国立东北中山中学师资好，教学设备好，教学质量高"。最终，张万岱凭借优异的成绩从几千名竞争者中脱颖而出，成为国立东北中山中学高 47 班学生。国立东北中山中学卓越的教学质量也为张万岱日后的教学和科研奠定了扎实基础："如果

① 顾荫宁. 在母校时的趣事 [Z] // 政协邵阳市学习文史委，政协洞口县委员会. 山高水长：忆创建在竹篙塘的国立十一中. 邵阳：资江印刷厂，1999：263.

② 蒋兴锦. 国立师范学院附中漫忆 [M] // 郑锦涛，黄作华. 负笈千里山水间. 北京：中央文献出版社，2010：28.

③ 黄作华，郑锦涛. 国立中学的回忆：第一辑 [M]. 北京：中央文献出版社，2007：26.

说中山中学对我有什么影响的话，那就是中山中学教学质量高，为我后来上大学、工作、科研打下了良好的基础；中山中学治学严谨，指导到我的工作、科研、教学态度。"①

抗战结束后国立中学办学影响力依然持续发挥影响，同样显著表现在江苏省立溧阳中学的创建动议过程。抗战胜利后，有鉴于战时在大后方办学的诸多国立中学陆续复员迁回原籍，有感于溧阳尚无一所省立中学，战时流亡在贵阳的江苏溧阳教育界人士，遂以溧阳旅筑同乡会代表的名义，于1946年5月向教育部提出申请，希望能够将复员回江苏的一所国立中学分设于溧阳办学，"以补救教育偏枯，解决青年失学"。这一倡议迅速引起了溧阳当地教育人士的高度重视，其迅速推动溧阳县临参会与地方民众团体联名向教育部呈文申请："请将后方迁苏之国立中学，准在溧阳设立一所，以救济本县及附近各县失学青年，提高偏僻县份文化水准。"溧阳县政府随后亦向教育部提出同样要求。最终在征得江苏省教育厅的同意后，以江苏省立旅川临时中学、省立江苏临时中学、江苏省立第五临时中学三校为基础合并成立了江苏省立溧阳中学。② 虽然最初国立中学分设于溧阳的动议并未实现，但是这一动议也从一个侧面说明了抗战时期国立中学办学质量之优异无疑是有目共睹的。

抗战时期国立中学高水准的教学质量，同样能够从其与办学所在地中学的联考成绩比较中得到印证。初中就读于国立二十二中二分校的陈嘉枢曾于日后的回忆中提及，国立二十二中教学质量明显高于阜阳当地中学的一个突出表现就是参加全县统考成绩名列前茅："当22中学与当地的中学如阜阳县中、临泉县中、颖上县中的统考时，22中学生成绩，总平均总是名列前茅。如我在22中高中仅读了一年半就考取了大学，这同初中三年的基础课打得坚固是有关系的。"③

三、中学毕业会考和高中升学成绩优异

1932年5月，教育部公布《中小学学生毕业会考暂行规程十四条》。1933年11月，教育部废止暂行规程，另行公布《中学学生毕业会考规程十八条》。

① 谢湘云．张万岱和"三九胃泰"［Z］//国立东北中山中学校友会．桃李报春晖：国立东北中山中学花甲纪念文集（1934—1994）．自贡：新华印刷厂，1993：61.

② 江苏省立溧阳中学的创建及其初期情况［Z］//中国人民政治协商会议江苏省溧阳县委员会文史资料研究委员会．溧阳县文史资料：第2辑．1984：171-172.

③ 陈嘉枢．难忘的岁月［Z］//国立第22中学校史编辑委员会．难忘的岁月：国立第22中学校史资料汇编：第一集．宝鸡：渭滨印刷厂，1999：198.

中学毕业会考自出台之日，就被教育部视为旨在改进中等学校质量的重要政策。战前作为教育文化相对发达的江苏省，其中等教育质量的进步亦深受会考影响。"会考制度，在某种观点上，或有其不可讳言之缺憾，而在提高程度，改进质量方面，则实有其特殊之作用。即以江苏而言，因实施毕业会考之结果，学生一般程度，逐年提高，则为明显之事实。"① 因此，会考成绩不失为衡量国立中学办学质量的重要标准。

1938 年 11 月 3 日，教育部第一次核定会考各省市及国立各中学保送免试升学学生共计 288 人。其中 6 所国立中学保送免试学生人数多达 77 人，仅次于四川省教育厅保送免试的 97 人，远超江西省教育厅保送免试的 51 人。②

再以全面抗战时期在陕西和贵州办学的国立中学为例予以说明。1942 年 9 月，陕西省教育厅曾对 1941 学年度暑期全省 55 所各类高级和初级中学毕业会考成绩进行统计。是年参加陕西省毕业会考的国立中学共有 5 所（3 所高中，2 所初中）计 559 人，省立中学有 19 所（6 所高中，13 所初中）计 1996 人。在及格人数方面，国立中学明显优于省立中学：国立中学及格人数为 497 人，及格率达 88.91%；省立中学及格人数为 1747 人，及格率达 87.53%。在一二科不及格人数方面，国立中学略优于省立中学：国立中学不及格人数共 60 人，不及格率为 12.07%；省立中学不及格人数共 244 人，不及格率为 12.22%。③

1942 年，贵州省教育厅对 1939 年度、1940 年度和 1941 年度全省的国立、省立、县立和私立中等学校参加毕业会考人数、毕业人数和不及格人数进行汇总，连续三年，国立中学毕业会考及格率均稳居榜首。

1939 年度，国立中学参加毕业会考 70 人，毕业人数 65 人，不及格人数 51 人，及格率高达 92.86%；省立中学参加毕业会考 836 人，毕业人数 378 人，不及格人数 458 人，及格率仅为 45.22%；县立中学参加毕业会考 173 人，毕业人数 51 人，不及格人数 122 人，及格率为 29.48%；私立中学参加毕业会考 292 人，毕业人数 242 人，不及格人数 50 人，及格率为 82.88%。就及格率而言，国立中学最优，私立中学次之，县立中学最劣。

1940 年度，国立中学参加毕业会考 286 人，毕业人数 235 人，不及格人数 5 人，及格率为 82.17%；省立中学参加毕业会考 1008 人，毕业人数 681 人，不及

---

① 中国文化建设协会. 十年来的中国 [M]. 上海：商务印书馆，1937：552-553.
② 教育部. 教育部二十七年度国立各院校统一招生委员会报告 [Z]. 1939：7-8.
③ 陕西省政府教育厅. 陕西省教育概况 [Z]. 1942：120. 是年参加陕西省中学毕业会考成绩统计的还有县立和私立中学。此处仅就国立中学与代表一省中学教育最高水准之省立中学之会考成绩进行比较。文中百分比系作者根据原始数据统计得出。

格人数 327 人，及格率为 67.56%；县立中学参加毕业会考 222 人，毕业人数 88 人，不及格人数 134 人，及格率仅为 39.64%；私立中学参加毕业会考 389 人，毕业人数 284 人，不及格人数 105 人，及格率为 73.01%。就及格率而言，国立中学最优，私立中学次之，县立中学最劣。

1941 年度，国立中学参加毕业会考 144 人，毕业人数 110 人，不及格人数 34 人，及格率为 76.39%；省立中学参加毕业会考 830 人，毕业人数 608 人，不及格人数 222 人，及格率为 73.25%；县立中学参加毕业会考 314 人，毕业人数 169 人，不及格人数 145 人，及格率为 53.82%；私立中学参加毕业会考 377 人，毕业人数 201 人，不及格人数 176 人，及格率为 53.32%。就及格率而言，国立中学最优，省立中学次之，私立中学最劣。①

国立中学在贵州全省中学毕业会考中的优异表现，日后也为国立十四中学子的回忆所印证。据 1944 年至 1946 年就读于国立十四中，日后成为著名俄罗斯文学研究专家、资深文学评论家、贵州师范大学教授的谭绍凯回忆："1943 年夏，贵州全省高中毕业班学生云集贵阳，统一会考，前十名全是十四中的学生。"②

教育部于 1938 年首次举行大学入学统一考试，连续举行三年，后因战事加剧于 1940 年改为各院校分区联合招生。当时实行大学入学统一考试的目的之一，就在于"促进中等教育之改进"③。因此，理应能够从大学入学统一考试成绩有效评价包括国立中学在内的各类中学的办学质量。

1938 年，在首次举行的国立各院校统一招生考试中，如果按照应考生及录取生的出身学校加以统计，是年国立中学应考人数为 752 人，录取人数达 488 人，录取率为 64.89%；是年省市立中学应考人数为 2889 人，录取人数为 1659 人，录取率为 57.42%。从录取率来看，国立中学明显优于省市立中学。④

1938 年和 1939 年全国统考结束后，教育部通过核算各校学生应考与录取之比例以及各科平均成绩，对成绩优良学校传令嘉奖。1938 年度的统考成绩，教育部统计发布了应考人数在 30 人以上，录取人数在 21 人以上，总平均成绩位列前十的中学，国立西北联合大学附属中学和国立三中赫然在列。1939 年度的

---

① 贵州省政府教育厅编审室. 贵州省教育统计 [Z]. 1942：22. 文中百分比系作者根据原始数据统计得出。

② 谭绍凯. 抗战时期的国立十四中 [M]//南京师范大学附属中学校友会. 青春是美丽的. 贵阳：贵州人民出版社，1992：200.

③ 吴俊升. 文教论评存稿 [M]. 台北：正中书局，1983：28-29.

④ 教育部. 教育部二十七年度国立各院校统一招生委员会报告 [Z]. 1939：92.

统考成绩，教育部统计发布了应考人数在 30 人以上，录取人数在 15 人以上，总平均成绩位列前十的中学，国立中央大学实验学校和国立西北联合大学附属中学榜上有名。①

再以个别国立中学为例予以进一步论证。1941 年 3 月，杨清望考入国立一中一分校就读直至 1946 年离校。他在日后的回忆中曾提及国立一中参加全省会考的优异表现："1943 年我们参加了河南省会考，获得优异成绩。从会考中体会到，外校的优等生仅相当于我们的中等水平。"②

上述外校优等生仅相当于国立一中中等生水平的观点，也在阎培肃的回忆中得到了印证：

> 在每年的河南省会考中或者各项体育比赛中，总是这些穿得土里土气的不起眼的学生们囊括了所有第一名。其他学校的高才生仅仅相当于国立一中的一般中等水平。使那些穿着比较漂亮的青少年们，不得不刮目相视，羡慕不已。有些学生也就因此争相考往国立第一中学学习。当时青少年们流行着一句顺口溜是"要吃饭，慈幼院，要读书，考一中"。③

国立一中在毕业会考中的优异表现，并非孤例，而是当时国立中学整体办学质量的写照。

据档案记载，国立二中"第一届高中毕业生共有 187 人。152 人考入各类大学，其中保送生 29 人；经统一招生考试录取者 123 人，其中有西南联大 9 人，中央大学 14 人，重庆大学 14 人，武汉大学 12 人，浙江大学 9 人"④。

据国立五中学子日后自述："历届五中毕业生参加甘肃省教育厅高中会考，各科成绩名列前茅，升学率高于同等学校，除少数学生毕业后参加工作外，五中多数学生均升入高一级学校深造。"⑤

国立第七中学 1942 届高中毕业生，系国立七中建校后由本校初中自主培养的首届高中毕业生，两班共 83 名毕业生。1942 年当年即考取大学 81 人，超过同届的国立西北师范学院附属中学。据校史记载，七中全校引以为荣⑥。

① 佚名. 教育部奖励全国优良中学［J］. 教育杂志，1940（9）：41-42.
② 国立一中校友会. 千里逐飘蓬：续辑［Z］. 1992：35-36.
③ 阎培素. 悲欢园丁［M］. 北京：中国戏剧出版社，2000：44.
④ 郑锦涛. 烽火弦歌到山城［M］. 沈阳：白山出版社，2015：81.
⑤ 王有为，孙超. 国立第五中学纪略［Z］//天水市政协文史资料委员会. 天水文史资料：第 11 辑. 天水：新华印刷厂，2004：4.
⑥ 国立第七中学校友会校史编辑委员会. 国立第七中学校史（1938—1949）［M］. 香港：天马出版有限公司，2005：16.

1942 年，国立第十一中学高 4、5、6 班参加湖南全省统一考试。全省前三名悉数为高 4 班学生囊括，全省前十名中有 8 名学生来自十一中，全省前五十名中就有 38 名十一中学生。1942 年，国立第十一中学高中十三个班近 500 人毕业，升学率高达 80% 以上，被誉为全国十大名牌中学。①

1940 年，国立十一中校方对本校第一届毕业学生升学就业人数进行统计，在高中毕业的 35 人中，升学 27 人，其中考入国立西南联合大学 3 人，国立中央大学 2 人，浙江大学 1 人，中山大学 1 人，中正大学 1 人，湖南大学 8 人，广西大学 1 人，云南大学 2 人，国立师范学院 3 人，陆军机械化学校 5 人，升学率高达 77%。② 1942 年，国立十一中校方对高中部历届毕业生动态进行统计，在统计的 99 名学生中，进入国内各知名高等学府继续深造者多达 56 人，进入军事院校深造者有 11 人。③

俞咸宜，1940 年秋进入贵阳中大实校，1942 年秋高中毕业于国立十四中，1946 年毕业于浙江大学理学院数学系。时隔多年，已是中国人民解放军国防科技大学教授的她，仍然难忘自己当年所在的东元级十三名女生悉数通过全国统考，升入名校深造的场景："我们东元级女生十三名，毕业后全部通过全国统考，均考入了以中央大学（六名）、浙江大学（四名）及湘雅医学院及贵阳医学院等名牌大学，其中一名已于上一年以同等学力考入了浙江大学。"④

俞咸宜口中国立十四中极高的升学率以及高二同等学力考取大学，同样见诸 1942 年国立十四中学子李孔谋的自述：

> 以考大学的成绩说：在以往的统考中，本校二次参加考试者，各二三十人，结果只有一两个因病而未考终，其余都被录取，并且大多进第一志愿学校，其中有十九个还是高二同等学力考取的呢！⑤

值得注意的是，在李孔谋的描述中，国立十四中竟然有 19 名学生尚在高二就已然考取大学，这也从一个侧面印证了国立中学的高标准和严要求的课程与教学水平。上述中学毕业会考和高中升学成绩，可谓有力地证明了国立中学的

---

① 郑重. 享有全国十大名牌中学之誉 [Z] // 政协邵阳市学习文史委，政协洞口县委员会. 山高水长：忆创建在竹篙塘的国立十一中. 邵阳：资江印刷厂，1999：251.

② 国立第十一中学第一届毕业学生人数及升学就业人数统计表 [Z] // 国立第十一中学. 国立第十一中学周年概览. 武冈：国立第十一中学石印室，1940：18.

③ 本校高中部历届毕业学生动态表 [J]. 资声月刊，1942（4）：34-35.

④ 俞咸宜. 难忘的马鞍山中大实校 [M]. 许祖云. 青春是美丽的：续集. 北京：华夏出版社，1997：60.

⑤ 李孔谋. 马鞍山麓的国立十四中 [J]. 学生之友，1942（4）：33.

教学质量和育人水平。

四、"我们的身心发展人格形成皆受其影响"

1943 年，全面抗战已逾六年，包括中等教育在内的战时教育的整体质量不退反进，已经成为当时社会的共识："六年以来，各级教育在数量上均各有相当之进展，……足见我国教育不但不因战事而萎缩，反以暴敌之压境，而益显其共同努力之成果。"① 就中等教育而言，早在 1939 年，时任江西省立第一中学校长的吴自强已经发现，中等教育似乎并未出现全面抗战爆发时预计的大规模倒退，某些方面较之战前反而得到了充实和提升：

> 抗战军兴，于今两载，在此时间，全国中学教育，无论何省，不是受敌机轰炸，将学校本身，炸毁殆尽，就是东迁西移，或合并办理，在艰苦困难中，尽力维持，际此第二期抗战紧急之秋，政府当局无不竭尽心力，通盘计划，寓改造整顿于救济中，两年来中学教育之机构，虽稍有变更，各校物资设备虽多有损失，而中学教育之根本精神及其对于青年训练，反较战前为切实有效……②

在吴自强看来"反较战前为切实有效"的诸多改革举措中，其中就有"国立中学之创设"，至于他提及的"课程的改造""导师制之推行""战区教职员之救济"等更是与国立中学的创办关系密切。

时任教育部部长的陈立夫也发表了与吴自强类似的观点。1939 年，陈立夫指出，抗战在很大程度上改变了战前学生"习于都市化"的生活习惯："过去学生生活习惯之习于都市化，亦是由而荡涤净尽，艰难困苦，玉汝于成，不可谓非教育上之一绝大收获也。"③ 陈立夫口中学生所发生的这种特殊变化，在全面抗战爆发六年后的 1943 年体现得更为明显："就教育方面一般现象而言，则近年学生已多能刻苦耐劳，对于实际生活之体验服务能力之增进，非常局面之应付能力，较战前多显有进步。"④

抗战之于学生身心发展的此种特殊改变，在本就因抗战而形成的国立中学

---

① 中国国民党中央执行委员会宣传部. 抗战六年来之教育［M］. 重庆：国民图书出版社，1943：2.
② 吴自强. 两年来之中国中学教育［J］. 抗战月报，1939（8）：369-372.
③ 陈立夫. 战时教育方针［M］. 重庆：正中书局，1939：44.
④ 中国国民党中央执行委员会宣传部. 抗战六年来之教育［M］. 重庆：国民图书出版社，1943：3.

学子身上表现得尤为突出。由于国立中学大多地处大后方偏僻山乡，异常艰苦的生活环境和学习条件，反而在促进学生身心全面发展，养成健全人格方面，起到了战前不易收获的教育效果，亲历国立中学教育的学子们无疑对此有着最为深刻的感受。

与王鼎钧同为国立二十二中同窗的袁慕直，直言抗战是他们这一代人的"峥嵘岁月""身心发展人格形成皆受其影响"：

> 对于我和鼎钧兄这一代人来说，抗战是我们的峥嵘岁月，因为：第一，我们曾全力投入；第二，我们的身心发展人格形成皆受其影响；第三，无论如何抗战最后是胜利了，给我们一个圆满的安慰。①

屠秉铎，原北京电力科学研究所高级工程师，从事残旧发电设备恢复性大检修和新电厂安装工程的施工技术工作，全国电力建设系统第一位知识分子劳动模范。其于 1943 年年底插班至国立十四中高二下就读，虽然仅在国立十四中生活和学习一年时间，但是其日后仍高度评价这一年之于自己一生的影响：

> 总之，马鞍山上一年，使我们对人的整个一生各方面都打下一定基础，有一个美好的憧憬和开端，激励我们奋进向前。这就是为什么马鞍山的一年总是令人怀念，至今不忘的道理。②

1942 年至 1946 年就读于国立十四中，日后身为大连铁道学院教授的戚正风则直言国立中学生活之苦让自己收获了特殊的思想之甜：

> 低标准的伙食、艰苦的生活，不可否认地对我们发育、健康带来不利的影响，但在思想上却使我们尝到什么是苦，什么是甜？从而更加珍惜得到的甜。这也不能不说是我们的一个收获。③

从国立八中考入国立中央大学地理学系的徐成龙，则认为国立中学扩大了他们这一代人的视野与胸怀，为其日后的事业成就奠定了强有力的基础：

> 专业人才有赖于大学培养，但人才的基础培育于中学。由于流亡苦学的特殊历史磨炼，经风雨，见世面，扩大了国立八中学生的视野与胸怀，坚强了他们自立奋斗、不畏艰难、努力上进的信心，从而构成了他们事业

---

① 王鼎钧. 山里山外 [M]. 北京：生活·读书·新知三联书店，2013：446.
② 屠秉铎. 回忆马鞍山的一年 [Z] //南京师范学院附属中学校庆筹备处. 青春是美丽的：第一册. 1981：119.
③ 戚正风. 母校的"盘中餐" [M] //许祖云. 青春是美丽的：续集. 北京：华夏出版社，1997：85.

成就强有力的基础。①

初中就读于国立第十六中学，高中就读于国立九中的李洪山，日后同样认为贫困和艰苦的环境培养和锻炼了国立中学学子"做人做事做学问的基础"：

> 为了抗日救国，同学们食不果腹、衣不蔽体却甘之如饴、弦歌不辍，大有长年风雨不知寒的悠然风度。贫困鞭挞了惰性，嚼得菜根百事可做。严谨的生活和艰苦的环境，培养了学生自强不息、锲而不舍的精神，锻炼了克服困难的意志和适应逆境的能力，从而奠定了一生做人做事做学问的基础。②

1940 年 9 月至 1944 年 10 月，在国立六中就读初中和高中，日后考入北京大学的胡维兴，也将国立中学艰苦的生活环境之于自己的身心锻炼形容为"着实令我难忘"：

> 在国立六中的四年学生生活，着实令我难忘，不仅是由于那艰苦的生活环境，锻炼了我能够吃苦耐劳、自强自立和给我这个穷家孩子以难得的学习机会，更重要的是她给予我此后的人生以极大的影响。……在这一时期，在文化学习上我打下了较好的基础，为尔后升学和工作，创造了有利条件……③

1937 年 11 月 19 日深夜，14 岁的高一少年苏笺寿，开启了从家乡江苏常州到湖南长沙的流亡历程。1938 年 2 月登记进入国立贵州中学。是年 3 月 6 日，其乘船离开长沙前往辰溪，再从辰溪徒步经榆树湾、芷江、晃县最终抵达贵州铜仁，历时一个月零八天。1940 年高中毕业于国立三中，1944 年毕业于国立中央大学机械系。多年以后，已是机械震动学、工程力学专家，同济大学教授的他，直言这段特殊而艰苦的流亡经历从根本上影响了自己的人生观和价值观：

> 回顾以上经历，共一个月零八天，对我来说，是非常可贵的。一定程度上扫除了幼时的娇气，适应了艰苦生活的环境，使自己在今后学习期间，能习惯于没有电灯，没有汽车、自行车，没有剧场影院的闭塞山城条件和没有礼堂、没有浴室的学校条件，安心完成高中阶段的学业。……提高了学子生活自理能力；阅历了荒山野岭的一隅和底层社会的一些现状，增长

---

① 徐成龙．抗战时期的国立八中追忆［M］//中国社会科学院近代史研究所近代史资料编辑部．近代史资料：总 107 号．北京：中国社会科学出版社，2003：206.

② 李洪山．西渡漫记［Z］．1997：52.

③ 胡维兴．风雨七十年（1924—1994）［Z］．2010：43.

了见识，亦无形中加深了民族忧患感……忍受一定的艰苦，就等于为战时的苦难祖国分担若干困难；这种肤浅的觉悟，足以支撑我度过八年全面抗战中的颠沛岁月而毫不沮丧，并且老而无憾。①

曾经就读于国立二十一中的周仁杰，日后则将深远影响自己身心发展的三年国立中学初中受教经历形象地比拟为"流学"：

> 我在这里所说的"流学"，是指流亡、流浪、流动中把初中一段学程结束了，除了学一点书本上的基础知识外，更学到了课本以外的实用之学，大自然的科学和人生哲学，如逃亡、走路、爬山、乞讨、吃苦、受难、逆来顺受。自己穿衣自己缝，自己吃饭自己做，打草鞋、上山打柴、下水筑堤坝……三年初中在流动中学习，故曰初中流学毕业。这样的学习环境奠定了我一生中不畏苦，不畏难，对天无绝人之路的古训深信不疑。然后产生了信心，拿出天赋的勇气和办法，淬炼出我乐观奋斗的人生观。②

不仅国立中学学子们日后对此感受极深，当时任教于国立中学的教师也直观地感受到了流亡求学经历之于这群少年们的特殊影响。1939 年 12 月 28 日，时任国立六中四分校国文教师的李广田就在日记中记录下他眼中的学子们所发生的此种改变，同时他也写下了这段特殊的教学经历之于自己的生活观、文学观以及政治观的影响：

> 由于抗战，这才打破了小圈子生活，由于抗战，我才重新建立新的生活态度。抗战前期，我带了学生流亡，在长途跋涉中，看到了政治的败坏、人民的痛苦，而青年的进步之快简直令人惊讶，这时候已经不是先生领导学生，实际上是学生领导先生了。以后在大后方安定下来，虽然还是过学校生活，但一切也完全变了，学生们在校外开展救亡工作，在校内也展开了学习运动，思想斗争更是日趋尖锐化。在工作中，我感到了无上的快乐，因为我同青年人紧紧地结合在一起，我们共同生活，把流亡学校造成了一个战斗的堡垒，这时候，对于政治问题，才有了更进一步的认识，对于文学，也确定了新的观点。③

诸如以上国立中学师生的自述还有许多，虽然无法逐一列举，但是已足以

---

① 苏笺寿. 从长沙赴校入学经过 [Z] // 中国人民政治协商会议贵州省委员会铜仁地区工作委员会. 铜仁地区文史资料：第 3 辑. 铜仁：人民印刷厂，1993：36.
② 周仁杰. 西迁途中 [Z] // 抗日烽火中的国立二十一中. 编印年份不详：142.
③ 李广田. 李广田文集：第五卷 [M]. 济南：山东文艺出版社，1986：533.

证明抗战时期所受国立中学教育之于学子们身心所产生的前所未有和无法替代的特殊体验和感受，这也从一个侧面印证了前文已述之吴自强所谓"反较战前为切实有效"和陈立夫所谓战时教育"绝大收获"等观点的合理性。

王鼎钧，散文大师，1942年夏至1945年抗战胜利就读于国立二十二中。刘敬坤，历史学家，全面抗战爆发后在国立八中就读初中和高中。茆智，1944年考入国立二中，日后成为中国工程院院士、著名农田水利学家。一文一史一理，同为拥有国立中学受教经历的他们，均在日后从各自的专业角度对当年那段虽苦亦甜的流亡岁月进行审视与评价，可谓代表了抗战时期国立中学学子关于此的集体心声。

在王鼎钧看来，这段经历让自己有机会和能力去追求生活的意义："我常常想念阜阳，阜阳养育我，锻炼我，给我机会、给我能力去追求生活的意义，这样的经历，必有一魂一魄留在那里。"[1]

刘敬坤则用富含哲理的"太不幸"与"太幸运"来形容流亡苦难与成人成才之间的辩证关系：

> 语云："行万里路，读万卷书。"我们以童稚之年，在漫天烽火的国难家仇之中，离乡背井，行经皖、豫、鄂、湘，翻越了奇峰拔地的大别山，航行在烟波浩渺的扬子江上，听彻江汉的渔歌唱晚，涉洞庭以临湘沅，使我们游历了祖国的山河，领略了各地的风土人情，孕育了爱国主义思想感情，并由此初步奠定了我们的人生观与世界观基础。从那时起，我就品味章乃器先生在《给青年们》那封长信中所说的太不幸和太幸运的辩证法含意。[2]

作为科学家的茆智，则将自己在20世纪60年代发现并提出的作物受旱后再灌溉生长发育的"反弹效应"理论，用以形容国立中学艰苦的学习和生活环境之于他们一代人所独有的影响。因为在他看来，之所以"反弹"，是因为在外界环境不利的"逆境"条件下，生物自身发展了适应"逆境"的器官与能力。而"反弹效应"理论的意义并不止于作物，逆境对于青少年来说同样有着不可替代的价值，因为"在逆境中的成长能让人受益终身"[3]。

---

①　王鼎均.怒目少年［M］.北京：生活·读书·新知三联书店，2013：102.

②　刘敬坤.抗战时期颖州三校西迁记［Z］//蚌埠市政协文史资料委员会.1938—1946烽火弦歌：国立八中回忆录.2000：52.

③　陈宛吟，张晗.茆智院士：逆境中的成长让人受益终身［N］.中国青年报，2021-12-27（8）.

五、"筚路蓝缕，固然是辛苦；而青葱蓬勃，却非常可喜"

全面抗战期间，国中育才，人数之众，不胜枚举。多年以后，陈立夫在为国立四中创校五十五周年纪念撰文时曾专门提及于此。据其自述，当时旅台和在海外活动的国立中学学生"估计约有一万七千多人"，"均负担各种重要职务"，陈立夫也将国立中学优异的育人成就视为"余亦引为自慰，为生平对党国最有价值之贡献也"①。

陈立夫的观点可以从各个国立中学校友日后的统计中得到印证。"据 2000 年出版的《1938—1946 国立八中校友录增补订正本》记载，1500 余位在世校友，分布于全国 32 个大行政区，仅海南、澳门未见入录，而台湾校友达 100 多位，美国、日本也近 30 位。入录的这 1500 余位仅居八中校友总数 5000 余人的 26% 左右。作为一所仅存在 8 年的中学，校友的地区分布如此之广，实属罕见。就高二部同学来说，在海内外的学者专家不少，有大学校长、院长，有教授、研究员、高级工程师、编审、学术刊物主编，有中专校长及特级教师，有著名文史学家，有地区大报主管，也有其他部门的高职人员，甚至政府的高层领导。总的看来，以文教科技界最多，职业文化层次高。"②

2001 年，国立二十一中校友联谊会统计的 755 名校友中，旅台和海外校友 141 人。据粗略统计，大陆校友中正副教授 40 余人，高级职称 60 余人，讲师、工程师 40 余人，企事业单位各级领导人 140 余人。③

而在数量庞大的国立中学校友中，以两院院士、知名学者专家、各行各业专业骨干为代表的杰出校友，无疑是其中最能体现国立中学办学质量和育人水平的佼佼者。以下仅以前文个案研究未曾涉及的国立中学为例予以说明。

从国立一中走出了中国高温合金奠基人之一、战略科学家、中国科学院院士、中国工程院院士师昌绪，著名剧作家、"七月派"诗人鲁煤。

从国立第二中学一校走出了 12 位"两院"院士和 2 位美国国家工程院院士。他们分别是大气物理学家、中国科学院院士陶诗言，理论物理学家、中国科学院院士杨立铭，物理学家、中国科学院院士汤定元，计算机专家、中国科学院院士张效祥，建筑学与城市规划专家、中国科学院院士、中国工程院院士

---

① 陈立夫. 回忆五十年前国立第四中学成立之经过及抗战后之改组 [Z]//国立第四中学创校五十五周年纪念册. 1992：185.

② 徐成龙. 抗战时期的国立八中追忆 [M]//中国社会科学院近代史研究所近代史资料编辑部. 近代史资料：总 107 号. 北京：中国社会科学出版社，2003：206.

③ 李冬昕. 怀念国立二十一中 [Z]//抗日烽火中的国立二十一中. 编印年份不详：280.

吴良镛，工程力学专家、微波与光纤专家、中国科学院院士黄嘉宏，生物地层学家、中国科学院院士盛金章，昆虫学家、中国科学院院士尹文英，数学家、中国科学院院士王元，理论物理、粒子物理学家、中国科学院院士戴元本，大地测量学家、中国工程院院士宁津生，农田水利学家、中国工程院院士茆智，工程力学专家、美国国家工程院院士徐皆苏，应用力学专家、美国国家工程院院士鲍亦兴。①

从国立三中走出了中国科学院院士、著名自动控制学家冯纯伯，中国科学院院士、船舶设计专家许学彦，著名固体物理学家方俊鑫，著名数学家、大连理工大学教授徐利治，著名茶树栽培与茶学教育专家周海龄，历史学家、台湾大学教授傅乐成，著名矿物学家、中国地质科学院研究所研究员黄蕴慧，机械震动学、工程力学专家、同济大学教授苏篯寿，著名畜牧经济学专家、沈阳农业大学教授李明哲，气象专家洪世年，著名画家戚明君，地震专家沈禹昌，诗人、作家吴纯俭，翻译家张维，美国西弗吉尼亚州州立华山学院生物学教授单国桢，国家统计局原副局长毛邦基。

从国立八中走出了中华人民共和国总理朱镕基，美籍华人学者、历史学家、传记文学家、红学家、中国口述历史的开创者之一唐德刚，美籍华裔学者、地图学家、旅美词人阙家蓂，历史学家刘敬坤，历史学家、南京大学教授刘毓璜，当代著名古代文学专家、书法家、淮阴师范学院教授周本淳，中国文艺理论家、中国当代著名"龙学"专家、安徽师范大学文学院教授祖保泉，资深翻译家丁祖永，作家、诗人刘钦贤，原郑州铁路局总工程师姚德鑫等。

从国立第十一中学走出了中国科学院院士、著名土壤微生物及细菌分类学家陈文新，台湾地区前副领导人、法学家李元簇，著名经济学家、湘潭大学教授尹世杰，著名妇产科专家陆韵华，著名诉讼法学家许晓麓，著名金相及金属物理学家姚卫薰，著名电力系统规划专家、原华中理工大学教授侯煦光，长江水利委员会技术委员会委员、教授级高级工程师韩承荣，原上海铁道大学教授胡匡璋，新华社高级记者杨翙等。

从国立第十二中学走出了著名作家聂华苓，劳动卫生学家、上海医科大学教授王簃兰，重庆大学教授童頫等。

从国立第二十一中学走出了中国工程院院士、著名环境化学家王文兴，甘肃省政府原副秘书长邹雅林，中国人民解放军文艺工作者武角，新中国第一代

---

① 常熟市档案局（馆），江苏省常熟中学．国立第二中学（1938—1946）［M］．上海：上海科学技术文献出版社，2013：244．

优秀编辑孙培镜，书法家戚卓人，安徽省作家协会会员、宿州学院中文系教授张鹏彭等。

从国立第二十二中学走出了中国工程院院士、著名黄瓜育种专家侯锋，散文大师王鼎钧，台湾大学教授侯健，著名中国画画家李山，中国外交学院原副院长石磊等。

限于篇幅，无法逐一列举当年曾经受教于国立中学的每一位优秀学子。但是，抗战时期国立中学办学质量优异，育人成效显著无可讳言。无论是学生的身心发展，抑或学生的成才培养；无论是与大后方的其他中学相比，还是其对战时中国高等教育所做的贡献，国立中学办学皆可圈可点。其在努力维系进而有效提升战时中等教育的整体水准的同时，也有力促进了战时高等教育发展和战后民族复兴。

关于抗战期间国立中学作育人才的整体质量，吴俊升在日后曾进行过较为公允的专门评论：

> 在基础教育与人才教育方面，均曾尽力而收到效果，以至尚能维持教育的相当水准。此种收效，可以高等教育为例证。因为高等教育的水准，一部分决定于基础教育的水准，由高等教育的成效，亦可以部分窥见基础教育的成效。在战时培育的大学毕业生（大部分是由战时中学毕业升入大学而毕业的），在台湾甚至在中国大陆在工作上有很优良的表现，已如前述，可见在战时所受教育合于水准。①

张振鹍，1939 年进入北平辅仁大学附属中学就读至高中三年级，1945 年 1 月其辗转由北平经山西太谷，过汾河，穿过吕梁山区到达山西吉县，继而渡过黄河抵达陕西宜川，南下经韩城到华阴，最终乘坐火车至西安。是年 6 月底，其经宝鸡抵达重庆，最终考入国立中央大学。多年以后，身为著名历史学家、中国社会科学院荣誉学部委员的他，所作的观察与吴俊升的上述观点不谋而合。在张振鹍看来，大陆诸多在文化教育、科学技术、医药卫生等领域的专业骨干，拥有流亡学生身份者不在少数："他们的专业基础很大程度上是到大后方上大学打下的，他们也在当年的大后方之行中得到锻炼。事实证明，那条路对他们的人生成长是有益大有益的。"②

1939 年，时任国大代表的皖籍人士黄梦飞在寄语刚刚创建不久的国立安徽

---

① 吴俊升. 文教论评存稿 [M]. 台北：正中书局，1983：51.

② 张振鹍. 抗日战争中沦陷区青年学生投奔大后方的回顾 [J]. 抗日战争研究，2008（3）：208-216.

中学和国立安徽第二中学时，曾专门指出抗战期间国立中学办学固然需要着眼当下，但更重要的是展望未来：

> 第四，我要指出的，两校的教育工作者和学生们不要只看见现在，忘记了将来。教育本身的目的，在将来，不在现在。筚路蓝缕，固然是辛苦；而青葱蓬勃，却非常可喜。……我们在这里可以看出：国家设学校于现在，而寄其无穷的希望于将来；教育工作者和学生们也应该把眼光放得远远的，不要只顾目前。因此，我希望两校的教育工作者和学生们必须忘记了目前环境上的否泰，生活上的苦乐，工作上的难易，打起精神，立定志趣，向光明的前途迈进。①

日后看来，黄梦飞的这段话仿佛是为日后评价抗战时期国立中学办学地位与育人成就量身定做，尤其是"筚路蓝缕，固然是辛苦；而青葱蓬勃，却非常可喜"一语用来评价抗战时期国立中学作育人才的实践与成就可谓形象贴切，恰如其分。因为"筚路蓝缕，固然是辛苦"真实地道出了烽火年代国立中学弦歌不辍，艰难办学的艰辛与不易，"而青葱蓬勃，却非常可喜"则十分形象地展现出国立中学为日后中华民族复兴所培养和造就的数不胜数的大批杰出人才这一不争事实！

---

① 黄梦飞.贡献给国立安徽中学［J］.安徽教育，1939（1）：15-17.

第十六章

精神：“国立中学应特别注重精神的陶冶”

一、从《国立中学的回忆》谈起

2007 年，一本名为《国立中学的回忆》的回忆文集问世。这是一本特殊的回忆录，其特殊之处在于这本书的编著者曾经是抗战时期国立中学学子，这本书中诸多回忆文章的作者也悉数为抗战时期国立中学学子。

这本回忆文集的编著者分别是黄作华和郑锦涛。黄作华，1932 年出生，抗战时期流亡入川，初中就读于国立十二中，高中就读于国立青木关中学，1952 年毕业于重庆大学，日后为西安科技大学教授。郑锦涛，1928 年出生，抗战时期流亡入川，分别就读于国立十六中和国立青木关中学。1949 年参军，曾经入朝参战，长期担任部队新闻宣传工作。回国转业后担任峨眉电影制片厂文学部高级编辑。回忆文集出版时，黄作华已经 75 岁高龄，郑锦涛已经 79 岁高龄。

尤为难能可贵的是，2007 年这本回忆文集问世以后，两位老人又相继于 2008 年、2009 年、2010 年、2011 年、2014 年和 2015 年出版了六册关于抗战时期国立中学的回忆文集。两位年逾古稀之年的老人，为何要在晚年不辞辛劳地组织和出版这样一套旨在打捞抗战时期国立中学记忆，还原抗战时期国立中学办学风貌的回忆丛书，他们在 2007 年出版的回忆文集中其实已经给出了自己的答案：

> 现在，我们这些受过抗日战争洗礼的国立中学校友们都已进入古稀之年了，对于直接或间接遭受过日寇迫害的事实，对于亲身经历或耳闻目睹的往事，尽管伤心惨痛，甚至刻骨铭心地悲愤过，却经不起长期的搁置、漠视与误解，随着时间的流逝，也会像烟雾一样越飘越远，逐渐模糊，以至销声匿迹，成为忘却的历史。这是令人感到十分遗憾和无奈的。……本书的意图就是用一篇篇纪实的回忆文章，记述国立中学的创办与迁徙，反

映当年国立中学的学习与生活，希望能勾起有共同经历的读者的共鸣与回忆，从而有更多的历史史料被挖掘出来，使历史的面目更加清晰完整，并给予恰当的评价。①

正是在这样的历史使命感和责任感的驱使下，一册册承载着诸多国立中学校友烽火年代难忘青春记忆的回忆文集便相继呈现在世人面前，让后世有幸能够从中一窥抗战时期国立中学的办学历史和精神文化，进而更为客观和公正地认识和理解更为完整的国立中学。

黄作华和郑锦涛两位老人的举动，其实并非孤立的个体行为，而是抗战时期各个国立中学校友们追忆和缅怀逝去岁月的集体行为，最为典型的代表就是各个国立中学校友日后定期刊行，旨在沟通和联络校友之间思想和感情的内部纪念文集。

1988年，适逢国立第一中学建校五十周年纪念，名为《千里逐飘蓬》的国立一中纪念册正式问世，纪念册的名称取自国立一中一分校校歌"卢沟月冷，大河无声，千里逐飘蓬"一句，十分形象地表现出全面抗战爆发后，广大河北流亡师生像飘飞的蓬草一样辗转千里，历经各种苦难，流亡至河南淅川继续办学育人的场景。紧接着，国立一中校友会又相继于1993年、1994年、1998年、1999年和2001年国立一中建校五十五周年和六十周年之际分别刊印了《千里逐飘蓬》第二辑至第六辑。

类似于国立一中校友会的举动同样表现在其他国立中学校友身上。1988年，适逢国立第二中学建校五十周年纪念，国立二中校友联谊会编辑刊印了《国立二中建校五十周年纪念集》。1993年，适逢国立第二中学建校五十五周年纪念，国立二中校友联谊会又编辑刊印了《国立二中建校五十五周年纪念集》。

1992年，位于台湾地区的国立第四中学校友会在建校五十五周年之际编辑刊印了《国立第四中学创校五十五周年纪念册》，年届九十的陈立夫亲笔题写纪念册名并撰文回顾抗战时期国立四中成立的经过及抗战后的改组。

1994年，国立七中校友会刊印了《秦汉洋》（校友通讯），在刊印的38期近300个版面上，国立七中校友们纷纷以各种形式追忆和缅怀自己的受教经历。2005年，国立七中校友会校史编辑委员会正式出版了《国立第七中学校史（1938—1949）》，旨在全面呈现1938年至1949年国立七中在陕南艰难办学的历史面貌。殊为难得的是，校史在显要位置刊印了1998年国立七中建校六十周年时，年近百岁的陈立夫亲笔题写的"育才兴国"四个大字。

---

① 黄作华，郑锦涛. 国立中学的回忆［M］. 北京：中央文献出版社，2007：前言5-6.

以编撰校史的方式来还原抗战时期国立中学办学历程的还有国立二十二中校友。2002年，国立二十二中校史编辑委员会刊行了《国立第二十二中学校史述略》，全面回顾了国立二十二中自1941年冬创办至1950年6月退出历史舞台历时十年的办学图景。与此同时，国立二十二中校史编辑委员会还连续编辑刊印了校史资料汇编《难忘的岁月》第一集至第四集。

除过上述国立中学纪念文集和校史以外，当年国立中学办学所在地政治协商会议文史资料委员会积极组织编印旨在反映国立中学办学史实的地方文史资料，也成了集中呈现国立中学师生战时回忆的另一种方式。国立三中当年所在的贵州铜仁市，国立五中当年所在的甘肃省天水市，国立十中当年所在的甘肃省清水县，国立十一中当年所在的湖南省邵阳市，日后纷纷以文史资料的形式刊印了相关国立中学的纪念文集。

此外，中大附中校友会出版了四集《青春是美丽的》文集，国立东北中山中学校友会出版了《桃李报春晖》和《桃李荫长》，国立八中编印了六本《烽火弦歌》，国立十一中编印了十本《母校情思》，国立二十一中编印了《抗日烽火中的二十一中》及《图片集》。①

在日后涌现出的为数众多的国立中学纪念文集和校史中，海峡两岸的国立第十三中学校友各自出刊共同缅怀母校的方式给人印象尤其深刻。身处大陆的国立十三中校友于1998年创刊名为《青原山人共忆录》的纪念文集，截至2007年总共刊印八集。青原山，位于江西吉安，抗战时期国立十三中办学所在地。位于台湾地区的国立十三中校友则显得尤为执着，早于1971年，其便创刊发行名为《青原山》的纪念册，用以纪念1939年创办的国立第十三中学建校三十二周年，此后从未中断，直至2001年刊印第三十一期，用以纪念国立十三中创校六十一周年。三十一年如一日，一年一册，很难想象，如果没有强大的信念支撑和精神维系，旅台国立十三中校友是如何发起、坚持并最终完成如此繁复的编辑和校对工作？国立十三中校友在《青原山》第三十一期编后记中的自述或许可以告诉世人答案：

> 第31期《青原山》现在呈现在各位校友前面，标识着十三中校友会又长了一岁，31岁了。在台湾，从大陆搬迁来的学校不少，但成立校友会的却不多，成立校友会且像我们一样每年发行刊物的更是少之又少；而这些学校，不但继续存在，而且都是有了好几十年的历史。那（哪）像我们，只有短短六年的存在，却年复一年的以校友会的形式存在，而且继续活动。

① 郑锦涛，黄作华. 负笈千里山水间 [M]. 北京：中央文献出版社，2011：5.

何以能如此？重要的，我们都具有"使命感"，这是我的想法，也应该是我们在台校友都有的想法。就因这"使命感"，而使这数量很少的在台校友结合在一起，而产生了力量。①

为什么从大陆迁台的学校为数甚多，且办学历史远较存世仅六年的国立十三中悠久，唯独国立十三中不仅较早成立了校友会并坚持每年发行一期刊物来纪念自己的中学生活？方福涛的答案虽然简短却有力，那就是"使命感"。

如果说方福涛口中的使命感还不够直接，那么国立一中校友的表述则相对清晰。2001 年，国立一中校友会刊印《千里逐飘蓬》第六辑。历时十四年，出版六辑，国立一中校友会的这一执着行为被其校友形容为"皇皇六大卷，洋洋百万言"。之所以会有如此结果，国立一中校友将其归因为"以一中精神集辑一中魂，这是广大校友的贡献"②。

赵淑侠，全面抗战爆发后曾经就读于国立东北中山中学附属小学，抗战结束后曾经就读于国立东北中山中学，日后成为著名作家。而在她看来，广大校友关于国立中学所表现出的集体性记忆行为本身就是国立中学精神的直接体现："一个已不存在三十多年的学校，还被她的学生们如此怀念着，珍视着，不能说不是奇迹，而这正是'中山精神'！"③

诚哉斯言！无论是国立一中校友口中的"以一中精神集辑一中魂"，还是赵淑侠口中的"中山精神"，可谓道出了国立中学精神与国立中学学子之间这种弥足珍贵而又绵延持久的特殊关系，可谓道出了上述各个国立中学的老校友们为何会在古稀乃至耄耋之年仍然热衷于通过持续刊印纪念文集或出版校史的方式来表达自己之于母校的殷殷之情。因为在他们看来，学校之魂魄系于学校之精神，国立中学精神正是维系和支配抗战时期国立中学在艰难困苦的办学环境中坚持作育人才而没有"失魂落魄"的关键所在。正是国立中学在抗战期间办学所形成的特有的学校精神至深至远地影响了众多学子的身心发展、志业选择乃至人生道路，以至于时隔多年，当他们垂垂老矣依然难以忘怀此种特殊而珍贵的学校精神，并将此种精神视为内化于己的宝贵精神财富。也正是有鉴于国立中学精神所具有的这种看不见，摸不着，却能够穿越时代，发挥恒为久远的育人影响的特质，使得其成为维系和联结广大国立中学校友内在情感的精神纽带，

---

① 方福涛. 编后记 [Z]//国立第十三中学台湾校友会. 青原山：31. 2001：封底.

② 国立一中校友会. 千里逐飘蓬：第六辑 [Z]. 2001：前言.

③ 国立东北中山中学校友会. 桃李报春晖：国立东北中山中学花甲纪念文集（1934—1994）[Z]. 自贡：新华印刷厂，1993：87.

使得曾经亲历于此的广大国立中学校友带着强烈的使命感，试图通过刊印刊物和编纂校史来向世人积极展示和宣扬这种国中精神，希望它能够持久地发挥其特有的精神育人魅力！

二、国立中学办学重视精神育人

日后让诸多国立中学老校友念兹在兹和魂牵梦萦的国中精神，关于其之于国立中学办学和育人的重要意义，频频见诸时人和国立中学师生当年的记述和日后的回忆。

1935 年，一位名叫锦园的校外来访者在对国立东北中山中学进行近距离观察后，撰文向世人介绍这所"中国前所未有的一个特殊教育机关"。其在全文开篇即提出大至民族，小至学校，其存在与发展的基础在于其精神，而这种精神之于草创不久的国立东北中山办学显得尤为重要：

> 本来无论任何一个团体，他的存在与发展，都基础于他的特殊精神。这种精神，在一个民族里，称为民族性，而在一个学校里，便是校风。中山中学成立以来，在同仁同学紧张的工作之下，虽然大体上已略具规模。但，在校风一方面，到现在还没有确切地形成。这固然是因为历史浅短的缘故，而缺乏社会的鼓励与批评也实在是最大原因。中山中学，和他的学生一样，需要鼓励，恳切地需要鼓励。同时，社会也有认识他的必要，因为他始终是个中国前所未有的一个特殊教育机关。①

不过在锦园看来，国立东北中山中学因为草创不久尚未形成确切的学校精神。1936 年 11 月，鉴于时局紧张，国立东北中山中学迁校至办学条件极不完善的南京板桥镇。1937 年，当另一位校外来访者在对学校进行近距离观察后，不无欣喜地在中山学子艰苦至极的日常生活方式中发现了已然超脱于物质因素的精神要素。正如其引用国立东北中山中学学子自述："是的，我们的生活虽苦，精神却没有不是很兴奋，很快乐的，我们自己铲平了土地做成操场，自己从车站搬运从北平运来的校具桌椅……"此次国立东北中山中学之行给这位校外来访者留下的最为深刻的印象同样是学生高昂的精神面貌：

> 这次的参观给我们的印象最深刻一点就是学生精神的良好，似乎这六百多个从数千里外来此的青年，全是生气勃勃的，从他们的生活、谈话……可以看出他们的"干"的精神，他们真是眼含着眼泪，心藏着悲愤，

---

① 锦园. 一个国立中学素描：国立东北中山中学 [J]. 黑白半月刊，1935（1）：62.

胸怀着希望地苦干呢!①

1938 年，校长周厚枢在国立四川中学高中部开学典礼上的讲话中提及学校办学经费的捉襟见肘时，直言抗战期间国立四川中学办学应该以培植精神为主："我们不能因钱少而感觉困难，我们应当有我们的精神，我们要费最少的钱，而收最大效益。"而在谈及学校各位校委及教员生活费较低，几乎等同于小学教员待遇时，周厚枢更是直言教育事业本质上就是精神事业："各位校委及教员，皆是为办教育而来，均认为这种事业，是精神事业，故不嫌待遇少，不怕吃苦，本校教师，均是专任，并无兼任的，这也是本校的特点。"②

1939 年，时任国立六中四分校校长的孙东生也在反思究竟应该如何办理国立中学的文章中专门提及的"国立中学应特别注重精神的陶冶"。其对于国立中学精神培植的看重，甚至达到了关乎国立中学发展根本的高度：

> 唯首先要解决的乃是国立中学的组织和精神问题。假若没有一种教育精神，没有一种适当学制，若对国立中学学生只存救济之心，助以衣食之资，那真有负国家设立之本意了。③

1941 年 12 月，国立六中入川办学已届三年，时任校长的葛为葇回顾学校由鲁至川筚路蓝缕的办学历程，更是将精神视为维持和支撑学校办学的根本动力：

> 年来物价踊贵，生计维艰，祖褐不完，饘粥仅继，然念国运之迍邅，感责任之重大，犹复艰苦支撑密勿从事，弦诵弗辍，传习如常，虽在经费短绌，设备简陋之下，犹期以精神济物质之穷，借副政府作育抗建人才之旨。④

上述国立中学办学者之所以如此看重精神在国立中学办学中的重要作用，一方面固然与抗战时期国立中学在大后方办学所处的艰苦环境和恶劣条件密切相关，毕竟在物质严重匮乏的战争年代，倚重精神维持办学实属必然，同时更与上述国立中学办学者关于中学教育的性质与宗旨的深刻认识关系密切。

1941 年，由国立各师范学院共同负责编辑的《中等教育季刊》创刊发行，时任教育部部长的陈立夫不仅为刊物题字，而且亲撰发刊词。陈立夫在发刊词的开篇即对中学教育的性质与定位有过明确阐述：

---

① 李肇瑞. 板桥镇国立东北中山中学访问记 [J]. 现代青年，1937（4）：20.
② 佚名. 周校长高中部开学训词 [J]. 川中校刊，1938（1）：10-13.
③ 孙东生. 国立中学的几个基本问题 [J]. 教育通讯，1939（34）：6-8.
④ 国立第六中学. 国立第六中学概况 [Z]. 绵阳：1941：绪言.

中学为训练青年心身培养健全国民之场所（见中学规程），其功能且有在于继续小学之基础训练，并为研究高深学术及从事各种职业之准备（见中学法）。故中等教育之得失，其影响所及，大之则国民训练之完成，学术研求之造诣，国家现代化基础之建立，细之则个人心身之发展，职业效率之增高胥系焉。实施之际，可不慎欤！①

而在陈立夫看来，作为青年求学历程中的重要阶段，中学教育实具有枢纽般的特殊地位：

至于中等教育则不尔。基础训练可以之而继长增高，是所以继往也；高深学术可由是而开辟途径，是所以开来也；职业训练可得之而充实周详，又所以培能力裕适应也。故中等教育有如修己成物治学立业之津梁，实为青年求学历程中之一重要阶段。②

中学教育的根本宗旨在于培养学生身心全面发展，造就健全国民。其理应根据中学学子不同天性特点之趋向，分类培养既具有日后从事高深学术研究的基础能力的人才，也具有日后能够胜任各种社会职业的基本素养的人才。陈立夫关于中学教育的这一认识，也多见于抗战时期及以后诸多学者关于此的表述之中。

历史学家钱穆曾对中学教育的宗旨有过论述：

中等教育本与大学有别。知识学业之传授，并不当占最高之地位。青年期之教育，大要言之，应以锻炼体魄、陶冶意志、培养情操、开发智能为主，而传授知识与技能次之。③

教育史学家沈灌群对中学教育之功能有过详细阐述：

中学教育之功能，则在诱导青年智慧之发展，及其当前环境之为满足的适应，尤须注意充实其知识，训练其技艺，与夫情感生活之控制；乃以生理的成长，心理的发展，性器官的成熟诸过程最为剧急显著的青年，为其对象，而其施教目的，不外升入大学之准备，置身职业界前之训练，对青年期生活指导之协助，转移其兴趣至未来生活中的远者大者，对于成人生活需要，为最有效的预备。④

---

① 陈立夫. 发刊词 [J]. 中等教育季刊, 1941（1）：发刊词.
② 陈立夫. 发刊词 [J]. 中等教育季刊, 1941（1）：发刊词.
③ 钱穆. 文化与教育 [M]. 桂林：广西师范大学出版社, 2004：51.
④ 沈灌群. 战时中学教育之检讨 [J]. 新政治月刊, 1939（4）：41-49.

　　社会教育学家童润之则认为，"中等教育，是包括下面三点意义：（1）继续国民教育；（2）培养社会一般事业的中级中坚分子；（3）使受中等教育的青年有进修专门的学术的能力"①。而在教育家廖世承看来："无论升学或就业，中学教育的宗旨在充分发展各个人潜在的能力，使他或她成为一个最快乐和最有用的人。"②

　　无论是钱穆、沈灌群、童润之还是廖世承，在他们看来，作为个体一生教育之基础，中学教育深刻决定着学生个体的人格养成、习惯塑造和思想发展。简言之，理想的中学教育，应该最大程度地完善和促进学生的身心全面发展。无论是抗战前中学教育的办理抑或抗战时期国立中学的办学，其实都印证了上述学者关于中学教育的深刻认识。也正因为如此，当代学者傅国涌对于"过去的中学"有着很高的评价："过去许多成功的中学，它们之所以成功，无非就是最大限度地实施了人的教育，不是以培养考试能手、习题高手作为首要的教育目标，而是以培养人——具有独立思考的人、具有公民意识的公民为目的。"③

　　而能够对中学生的心智发展、思维习惯、学习理念和为人处世发挥润物无声和相对持久深远的独特而综合的影响，无疑当首推能够帮助其舒展个性、丰富和陶冶其情操、锻炼和培养其综合素养的学校精神。抗战时期国立中学的教育理念与办学实践无疑将这一特点体现得十分明显。因为对于战时办学设施长期和持续处于捉襟见肘之窘境的国立中学而言，其在艰难维系和保障师生基本生存物资之余，几乎没有所能依靠和利用的富余物质，但是恰恰在这种极为不堪和不利的办学处境中，国立中学办学者依然能够努力维持校政尽量平稳运作，为人师者依然能够认真和严格地实施教学，为学者依然能够心无旁骛地发愤攻读，全面抗战期间国立中学依然能够为战时高等教育输出大量优秀生源，依然能够为日后民族复兴作育大批杰出人才，如果一定要为这种看似矛盾和不合理的现象找到一个合理的解释，那只能将其归结为精神作用使然，即充分发挥精神影响在国立中学办学中的根本性和支配性作用。

　　抗战时期国立中学精神的培育并形成，其在深刻影响国立中学办学的同时，影响力也绵延于抗战结束之后，持续对其他学校办学发挥影响。1993年，国立二中迎来创校五十五周年纪念，抗战时期曾经就读于国立二中女中分校的薛耀球曾以国立二中精神为例对此有过论述：

---

① 童润之，张乃璇．中等教育之歧途与正路［J］．江西地方教育，1940（194-196）：19.
② 廖世承．中等教育改造的基本原则［M］//汤才伯．廖世承教育论著选．北京：人民教育出版社，1992：505-506.
③ 傅国涌．过去的中学［M］．增订本．北京：同心出版社，2012：9.

就我所知，用二中精神办学，已有不少成果。如女中分校俞钰校长，抗日胜利后任江苏省立苏州女子师范校长，她运用二中办学经验，把苏州女师办成了当地有名的学校。女子部江学珠主任，到台湾后任台北第一女中校长，现已成为台湾闻名的教育家。她把这所女中办成了台湾最出名的女中，毕业生都能保送或考取大学，而且多半是名牌大学。……台北第一女中也像二中一样，全面发展，不但学问好，文娱体音也好，乐仪队曾到许多国家去表演，蜚声国际。①

抗战时期国立中学办学体现出一个看似简单，实则不易践行的原则，那就是欲办理想之中学教育，则舍精神育人而无他。多年以后，吴俊升在回顾与总结战时中国教育之所以能够取得成功的若干原因时，同样将精神支配办学的巨大影响视为原因之一，这也从一个侧面印证了国立中学办学重视精神育人："由于强敌压境上下一心，教育界一致愿意刻苦牺牲、艰苦奋斗以达成教育救国的最高使命，纵有感觉不便，亦能相忍为国。"② 简言之，抗战时期国立中学在办学实践中形成了独特的国中精神，主要体现为爱国主义，艰苦奋斗、自强不息、全面发展、团结友爱。

三、爱国主义精神："那是一部爱国主义精神的教科书"

全面抗战爆发之初，孙东生已然明确指出，应该充分利用创办国立中学的机会针对全体师生进行民族意识教育，培植爱国主义精神。因为在他看来，国立中学师生来源之特殊与广泛，无疑为培植爱国主义精神提供了难得的宝贵机会：

这次抗战，为我国有史以来对异族侵略我们最大的战争，动员最多，战区最广，迁徙的人民也最众，这正是锻冶我们民族意识的好机会，熔铸我们民族感情的好机会。国立中学的教员和学生同受异族的蹂躏，同遭丧家的痛苦，最富有民族意识，抗战必胜的信念。使他们都聚于一堂，使之互相理解，互相结合，则不仅为知识的沟通，感情的熔铸，乃是民族团结，精神统一的基础。③

而国立中学有异于战前的管理体制，则为其孕育爱国主义精神，进而以此

---

① 上海薛耀球校友的发言 [Z]//国立二中校友联谊会总联络处．国立二中建校五十五周年纪念集．1994：12-13.
② 吴俊升．文教论评存稿 [M]．台北：正中书局，1983：52.
③ 孙东生．国立中学的几个基本问题 [J]．教育通讯，1939（34）：6-8.

辐射和影响社会，提供了行政和设施上的便捷：

> 我国兴办学校，已六十年了，还没造成一种新国风，民族新精神，只作知识的灌输，那（哪）能够建立一个现代国家，过去教育的失败，已无可掩饰了。现在国立中学学生，教养方面，全都仰赖政府，他们最富有国家观念、民族思想。若严格地施以三民主义的熏陶，造成一种学风，蔚成一种国风。建国的大业，教育不应当担负起来吗？因为国立中学的学生具有许多特质，可为精神陶冶的良好资据。否则弃才于地，就不免太可惜了。①

正是有鉴于以上两方面原因，孙东生力倡办理国立中学，其"教员和学生应以多省混合为原则""应特别注重精神的陶冶"。多年以后，吴俊升同样将"青年富于爱国热忱"视为战时中国教育能够取得成功的原因之一："青年富于爱国热忱，虽在物力艰难生活困苦情形之下，仍能发扬踔励，严守秩序，誓志向学，必要时并能投笔从戎，实地作战。"② 作为战时中国教育重要组成部分的国立中学自然也涵盖在内。

回顾抗战时期国立中学办学历史，其给广大国立中学学子留下最为深刻印象者，其办学之于国立中学学子身心影响最大者，无疑当首推爱国主义精神。

在诸多国立中学师生看来，一部国立中学办学史本身就是一部爱国主义教科书。董季康，抗战期间曾先后两次担任国立二十一中训育主任。时隔多年，已经95岁高龄的他仍然将自己两度任教国立二十一中归因为其所蕴含的浓厚的爱国主义情感：

> 二十一中的往事，是值得回忆的，我也曾想过能把过去的事写一写，那是一部爱国主义精神的教科书。那个时候，日本帝国主义侵略中国，广大青少年不愿做亡国奴，冒着生命危险，跑到后方上学，同学们喊出"读书救国"的口号，广大教师对这些来自沦陷区的青年学生，十分疼爱，"为国而教"的热情，在广大教师中形成。这其中有多少感人的故事啊！我为什么两次到这个学校任教，这是很重要的原因。在这种环境中，结下了深厚的感情，是磨灭不了的。③

梁尚志，曾经担任国立二十一中教务主任兼任物理教师，日后成为山东师

---

① 孙东生．国立中学的几个基本问题［J］．教育通讯，1939（34）：6-8.
② 吴俊升．文教论评存稿［M］．台北：正中书局，1983：52.
③ 董季康．我两次执教二十一中［Z］∥抗日烽火中的国立二十一中．编印年份不详：19.

范大学教授。多年以后，已是 91 岁高龄的他仍然将国立二十一中的执教经历形容为自己教书生涯中最难忘的经历。因为在他看来，国立二十一中生活之所以值得回忆，其意义首推爱国主义精神：

> 二十一中的那段学习生活，是值得回忆的。他的意义在于：当时的学生和教职工都是抗日爱国的，那种爱国热情应当成为今后爱国主义教育的一部分。看看二十一中的学生、教师当年是怎么样生活和学习的！学生是怎样立志读书，报效祖国的？后来在各条战线上，是怎样把自己的知识奉献给祖国的……①

邹雅林，1943 年进入国立二十一中就读高中直至 1946 年毕业，日后曾担任甘肃省政府副秘书长。多年以后，他直言国立二十一中办学所体现出的爱国主义精神堪称国立二十一中校魂："广大师生有一个共同的理想和追求，那就是抗击日寇、读书救国的伟大的民族气节和爱国主义精神。这就是我们的二十一中魂！"②

国立中学办学具有鲜明的爱国主义精神，固然与其成长于抗日战争这一时代大背景以及流亡师生背井离乡密切相关，但其办学者和师长有意识地将爱国主义教育贯穿于办学实践和融入教书育人全过程同样是非常重要的原因。

国立二中在草创之初就明确提出，学校办学要高度重视爱国主义教育和民族意识培养，而校方对此的重视甚至达到了其在校址选择方面都力争能够将民族意识和爱国情怀有机融入其中。1938 年，校长周厚枢在高中部开学典礼上的讲话中曾对此有过专门阐述：

> 我还感觉我们师生要互相勖勉的，我们这次大家出来受了刺激很大，因为国家受敌人欺侮而颠沛流离，可知无国家即无个人，无个人的一切，民族国家的利益，高于一切，所以我们今后的精神，当寄托在民族利益方面，孔子说：不愤不启，不悱不发。我们当向那个方向奋发而努力！……这次我们为什么将高中设在合川，还有特殊原因，就是因距离此地不远，有一个钓鱼城，那里在历史上很有意义，钓鱼城是宋末元初时抵抗元兵的地方，当时全国版图皆为元所有，只有那一块地方孤军抗战，经过许多年后，才为元所灭亡，那里的风景值得各位时常去瞻赏，陶冶精神，惕厉志

---

① 梁尚志. 回忆与祝愿［Z］∥抗日烽火中的国立二十一中. 编印年份不详: 21.
② 邹雅林. 八千里路云和月［Z］∥抗日烽火中的国立二十一中. 编印年份不详: 166.

气，才不负我们选在合川读书的意义……①

李锐，1932 年考入位于北平的国立东北中山中学南校——"知行中学"高中一年级就读，1933 年离校考入北平京华美术学院音乐系。虽然仅在知行中学学习和生活一年时间，但是多年以后，她仍然清晰地记得全校开会纪念"九一八"两周年时全体师生依次共饮黄连水的爱国主义教育场景：

> 记得我们入学不久，"九一八"二周年到了。全校开会纪念这个悲惨的日子。这天，师生们聚集在大操场上，操场中间放置着一大桶苦黄连水，桶旁的木凳上放着几只瓷杯。……从校长开始，每人按顺序走过来喝几口黄连苦水。每人都主动去喝，无一人躲避。当时动人的情景，我至今难以忘怀。无形中，我们全校师生受到了一次深刻的爱国主义教育。②

高叔眉，1941 年至 1946 年就读于国立东北中山中学，在此从初一就读至高二。时隔多年，已是资深翻译家的他仍然用"最难忘中山爱国切"来形容校歌对自己养成爱国情怀和民族意识的深远影响：

> 中山的校歌是一首庄严豪放、悲怆凝练而气势磅礴的诗，其中有两句："江山兮信美，仇痛兮难忘。"我们几乎每天都要唱一遍、几遍。不只唱唱而已，而是深领其意，变成我们学习的动力和做人的指南。③

丁耶，1936 年至 1942 年就读于国立东北中山中学，在此度过了自己的中学时光。多年以后，身为作家的他仍然对 1941 年校方利用"九一八"十周年纪念之际，通过举行东北物产、文物展览会来对全校学子实行爱国主义教育印象深刻。他在自传体小说《少年的磨难》中对此有过描绘：

> "九一八"十周年纪念日就要来临了。老校长对这个"九一八"十周年特别重视，要举行一个东北物产、文物展览会。他说有些家乡子弟，很早就离开东北老家，对关东这块宝地都出产什么好东西快要忘净了，要通过实物展览给他们来个爱祖国、爱家乡的教育。④

抗战时期国立中学办学者会根据学生们的思想波动和心理变化适时调整教

① 佚名. 周校长高中部开学训词 [J]. 川中校刊, 1938 (1)：10-13.

② 李锐. 忆中山北平南校 [Z]//国立东北中山中学校友会. 桃李报春晖：国立东北中山中学花甲纪念文集（1934—1994）. 自贡：新华印刷厂, 1993：453.

③ 高叔眉. 烽火·古刹·田园诗 [Z]//桃李荫长：国立东北中山中学校友抒怀之一. 国立东北中山中学沈阳校友会, 北京校友联谊会, 1988：105.

④ 丁耶. 少年的磨难 [M]. 长春：北方妇女儿童出版社, 1990：90.

育方式，以求将爱国主义教育落在实处。据曾经就读于国立一中一分校，高中毕业后考入国立西南联合大学的邢金钟回忆，在改为国立一中一分校之前，育德中学在河南西峡口办学一段时间以后，由于学习和生活环境远离战争，有鉴于同学们埋头学习，对于战争和流亡的感触逐渐淡漠，"学校采取了三项措施来加强对学生的爱国主义教育，培养大家的抗敌救亡奋发图强的民族意识和主人翁责任感"。"首先，从高年级抽了一批品学兼优的同学到低年级班内担任生活班组长，同吃同住，像保姆一样关心带领低年级同学。""第二项措施是由教务主任陈整民主持，组织高班的同学搞了一台收音机，每天晚上由他们在教务处轮流值班，收录延安新华社和重庆中央社发布的新闻，经过编排抄写，公布在墙上让大家看。""第三项措施是郝校长亲自作词，为学生创作了一首新的校歌，以激励教育新老同学。"[①] 邢金钟提及的郝校长正是前文已述曾经担任育德中学和国立一中一分校校长的郝仲青。正是由于郝仲青爱国立场鲜明，思想开明，包容爱国师生，不遗余力地在校内开展形式多样的爱国主义教育，以至于育德中学在西峡口办学时期当地流传着诸如"要爱国，上育德"这样的说法。[②]

国立一中实施的爱国主义教育给其学子造成了极深影响。师昌绪，抗战期间先后就读于国立一中师范部和一分校，身为两院院士的他日后坦言"在国立一中前后不过三年，但在我这一生中却留下了极为深刻的影响"。而在诸多影响中，首先就是热爱祖国：

> 首先，国立一中培养了我爱祖国的热忱。……记得在南阳聚集一堂，每唱到"我的家在松花江上……"时，就抱头痛哭，深感国家朝不保夕，激励着每个青年要立志为国家献身。十五年后，我能不顾美国的阻挠而千方百计地争取回国，不能说不与在这段时期内所受到的爱国教育有关。[③]

抗战时期国立中学办学善于将实施爱国主义教育巧妙地融入师生们喜闻乐见的生活方式中，日后频繁见之于国立中学师生回忆的唱歌就是典型代表。国立十三中校方注重通过音乐教育在校内开展爱国教育：

> 据旅台校友回忆：十三中的爱国教育，大多是以音乐教育去推行的，并非专用精神训话。……当时音乐老师贺师武、刘天浪、燕鸣等每得一首新歌，就练唱教唱传唱，迅速播展开来；各年级都有批热心分子，一接唱

---

① 邢金钟. 飘蓬记：兼忆育德、一分校的抗战教育 [Z] // 国立一中校友会. 千里逐飘蓬. 1988：13-14.
② 田禾. "布衣校长"郝仲青 [Z] // 国立一中校友会. 千里逐飘蓬：第5辑. 1999：21.
③ 师昌绪. 我在国立一中 [Z] // 国立一中校友会. 千里逐飘蓬. 1988：93.

就能熟练，音节分明，歌声嘹亮，带唱得教，学唱得传，迅速普及。……每当节假日的秋夜，一群江浙籍的女生围坐在书院前月光如洗的空坪上，用沉郁的音调唱起流亡三部曲，那阿侬吴语更显哀婉凄清；偶尔几个男生在前山巅"仰止亭"上，吼出《义勇军进行曲》，激烈雄壮，两相衬合，让人想马上奔驰沙场杀敌报国，音乐感人至深如此。①

国立中学学子们则在唱歌的同时潜移默化地受到爱国教育的熏陶，逐渐培养起自己的爱国情怀。1939年年初至1941年年初就读于国立六中四分校，日后成为"七月派"诗人代表的朱健就是其中的代表：

> 记得那时候一路上我们最爱唱的几首歌，一首叫《牺牲到了最后关头》，有一句歌词我现在还记得：向前走，别退后，牺牲到了最后关头；还有《大刀向鬼子头上砍去》《起来，不愿做奴隶的人们》《松花江上》等，这些歌唱起来让人格外有劲头，爱国的情怀就是在这样潜移默化的感染与真切的体会中培养起来的，对人的影响可以说是一辈子。②

从1942年春国立二十一中创建到1946年夏学校复员一直就读其中的王文兴同样深受唱歌影响。多年以后，已是中国工程院院士、著名环境化学家的他，仍然难忘当年在学校唱歌的场景：

> 国立二十一中重视爱国主义教育，确立学生抗战必胜的信念。一首首抗日爱国歌曲，如《大刀进行曲》《黄河大合唱》《松花江上》等，虽然时间已过去半个世纪了，但那时唱这些歌的情景还经常在我脑海中回荡。③

抗战时期国立中学教师善于将爱国教育有机融入课堂教学中，进而对学生实现潜移默化的影响。1943年至1946年高中就读于国立二十一中的邹雅林，时隔多年，仍然对学校那些善于寓爱国教育于课堂教学的师长们印象深刻：

> 地理老师孙崇基每讲到祖国某一地方时，除讲地形、地貌、气候、物产和秀丽风光，以引发同学们对祖国山河的热爱之情外，必然要讲到它在国防上的重要作用、战略上的重要意义。音乐老师王叔平是位热血沸腾的爱国青年，他用音乐呼唤青年的爱国热忱。他教我们唱的《保卫黄河》《祖

---

① 胡德明，胡晓加．抗战教育中的一朵奇葩：陈颖春教育思想初探［Z］∥国立十三中校友志编纂组．青原山人共忆录：第二集．1999：19-20．
② 朱健，肖欣．人生不满百：朱健九十自述［M］．上海：文汇出版社，2017：38．
③ 王文兴．怀念我的母校：国立二十一中［Z］∥抗日烽火中的国立二十一中．编印年份不详：178．

国之恋》《八百壮士》《嘉陵江上》等许多爱国歌曲，至今我都没有忘记。国立二十一中的同学们之所以有读书救国的爱国之心、奋发学习的动力，除了当时抗日的特殊环境外，和这些爱国老师的循循善诱、诲人不倦、不断启发是分不开的。①

毛邦基，抗战时期在国立三中度过了自己的中学时光，日后曾任中国国家统计局副局长。多年以后，当他撰文回忆自己的中学时光时，仍然对国立三中教师寓爱国教育于课堂教学进而有效影响学生发愤苦读印象深刻：

> 老师、同学还把民族危亡、国土沦丧、家破人散的仇恨变作动力，融化自教、学之中。……同学们对老师的一片苦心是很理解的，并把这作为增强学习自觉性的动力。正是这样，同学们刻苦求知的自觉性和积极性是很高的。②

黄惠群，1944年考入国立社会教育学院附中就读初中。多年以后，曾经担任中国中央电视台台长的她仍然对校方高度重视对学生进行爱国主义教育记忆犹新：

> 学校很重视对学生的思想教育，每逢国耻日，老师都会详细地讲解它的来龙去脉，激发我们的爱国心，要求我们牢记国耻，好好读书，长大后，一定要为祖国雪耻。……少年时代接受这样的教育很实际，没有高深的理论，适合少年，使学生们终身受益。③

正是由于国立中学办学者和教师重视通过课堂内外多种途径面向学生积极开展爱国主义教育，深受此影响的学子们也纷纷以报考大学工科专业和踊跃参军的方式来实现自己的爱国抱负。

廖湘恩，曾经就读于国立东北中山中学高30班，日后曾参与设计新中国第一代飞机"争气机"，其负责领导"争气机"四个方面辅机的设计和研制工作。多年以后，他曾回忆过国立东北中山中学爱国主义教育对其日后专业选择的深刻影响：

---

① 邹雅林. 八千里路云和月：忆母校国立第二十一中学［J］. 中共党史资料，2008（2）：95.

② 毛邦基. 留将几许写黔东：回忆学习情况片段［Z］//中国人民政治协商会议贵州省委员会铜仁地区工作委员会. 铜仁地区文史资料：第3辑. 铜仁：人民印刷厂，1993：217-218.

③ 黄惠群. 优良的传统 优秀的老师［M］//何俊昶，余以忠. 国立社教附中回忆录. 北京：中国文史出版社，2014：76.

颠沛流离逃亡的生活和老师给我们直接的教育，培植了我的爱国主义思想。在我的心中，产生过对那些勇于和日本帝国主义进行战斗的飞行员的敬慕，对友邦高度发达的航空生产力的崇敬。敬慕爱国者和高度评价友邦科技水平，给自己提出了一些要求：要么成为一名飞行员或者成为一名中国飞机的制造者。后面这个愿望，在新中国成立后我终于实现了。……中山中学这个大家庭对我进行的爱国主义教育的结果，使我走上了献身于国防教育和献身于祖国航天航空事业的振兴工作。①

安毅夫，1939 年春考入中大实校高中部实验班就读，1941 年高中毕业考入浙江大学机械系。多年以后，曾经担任贵州民族学院院长的他，直言中大实校两年半的学习和生活让自己在三个方面"最受教益"，其中就有"深刻的爱国主义教育"。而中大实校浓厚的爱国主义氛围直接影响到了他日后报考大学的专业选择：

在这种气氛下，爱国、救国的思想深刻地烙印在我们心中。有几个同学没等毕业就投笔从戎去了。后来，我学机械工程，除了自己喜爱数、理外，工业救国的思潮也起了很大作用。……中大实校时的爱国主义教育无疑对我影响甚深。②

宗心志，抗战期间就读于国立四中。他曾于日后的回忆中描绘过深受爱国主义教育熏陶的国立四中学子积极响应政府号召，毅然投笔从戎的感人场景：

谨试以民国三十三年，知识青年从军为例：全校师生不过八百多人，响应政府蒋委员长号召，报名从军男女同学，多达九十六人。相对比的省立阆中高中一千多学生，不过二人报名从军。此证明生育环境不同，青年的身心成长亦不同。③

多年以后，国立中学校友在编纂校史凝练学校精神时，仍然毫无例外地将爱国置于首位。2005 年，国立第七中学校史正式出版，在其总结的国立七中精神中，"爱国抗日"赫然排列首位。④ 1996 年，东北中山中学重新在沈阳复校。

① 廖湘恩. 我参与设计中国第一代飞机［Z］//国立东北中山中学校友会. 桃李报春晖：国立东北中山中学花甲纪念文集（1934—1994）. 自贡：新华印刷厂，1993：41-45.

② 安毅夫. 中大实校使我深受教益［M］//南京师范大学附属中学校友会. 青春是美丽的. 贵阳：贵州人民出版社，1992：118.

③ 宗心志. 国立四中精神［Z］//国立第四中学创校五十五周年纪念册. 1992：201.

④ 国立第七中学校友会校史编辑委员会. 国立第七中学校史（1938—1949）［M］. 香港：天马出版有限公司，2005：6.

1999 年，适逢国立东北中山中学创校六十五周年纪念，东北中山中学校方在凝练中山精神时，仍然将爱国主义精神置于首位①。1946 年秋，国立二中由四川合川复员江苏常熟，于 1953 年更名江苏省常熟中学。2013 年，常熟档案馆和常熟中学联合编纂出版国立二中档案史料旨在更好地传承国立二中精神，在凝练学校精神时，仍然将"二中人心系国家、自强不息的担当精神"置于首位②。

四、艰苦奋斗精神："在患难中成长，在最困苦的境域中求学"

黄崇圣，1940 年秋考入国立东北中山中学高中一年级就读，1943 年夏参加高中毕业全国会考曾获教育部颁发的优秀成绩奖金，高中毕业后考入国立西南联合大学物理系就读，1948 年毕业于北京大学物理系。多年以后，身为成都科技大学教授的他在对国立东北中山中学和国立西南联合大学的办学理念与实践进行对比后，发现两校在学校精神方面具有内在一致性：

> 我进校不久便发现，虽然西南联大同我们东北中山中学在办学层次、教学方式等方面有大的差异，但两校却都有某些非常一致的方面，值得我去联系思考。联大的校歌……除开没有"白山""黑水"等词，简直与我母校的校歌一个味！何以如此？两校的苦难经历、肩负使命、立足精神……这方面皆有共同之处！……联大同我们中山中学母校一样，都在努力把学生培养成有民族脊梁精神的人才，以为祖国中兴大业效力！③

在黄崇圣看来，国立西南联合大学和国立东北中山中学两校校歌之所以会给自己形成"简直一个味"的根本原因，就在于两校高度相似的流亡经历和抗战办学使命中体现出的艰苦奋斗和自强不息精神。正如黄崇圣所言："今天回忆起来，我们中山中学的教风、学风和整个学校的校风，都非常突出地体现了这种自强不息的精神。母校正是以此民族脊梁精神去教育培养她的学生的。"④

黄圣崇关于国立东北中山中学艰苦奋斗和自强不息精神的感受，日后也见诸国立东北中山中学其他学子的评价。邓兰儒，1934 年考入国立东北中山中学

---

① 王占国．再创东北中山辉煌［Z］//旅台校友会．国立东北中山中学创校六十五周年特刊．1999：13.

② 常熟市档案局（馆），江苏省常熟中学．国立第二中学（1938—1946）［M］．上海：上海科学技术文献出版社，2013：序言 1.

③ 黄崇圣．挺起胸膛 竖起脊梁［Z］//国立东北中山中学校友会．桃李报春晖：国立东北中山中学花甲纪念文集（1934—1994）．自贡：新华印刷厂，1993：75-76.

④ 黄崇圣．挺起胸膛 竖起脊梁［Z］//国立东北中山中学校友会．桃李报春晖：国立东北中山中学花甲纪念文集（1934—1994）．自贡：新华印刷厂，1993：70.

就读初中一年级。日后成为新中国最早的一批电力专业技术高级人才，曾任东北电业局规划处总工程师。多年以后，他也认为"刻苦学习和自强不息"是构成中山精神的重要内涵：

> 中山学生是在患难中成长，在最困苦的境域中求学，因而懂得人生道路艰辛。"宿街头，住岩洞，喝盐水，打赤脚"，这是中山的一部分学生的生活经历，但是，师长教导要勤奋，要自强不息，磨炼意志，砥砺品德，刻苦学习，充实自己。艰辛知人生，勤劳长才干。在中山中学的培育下，每个人都焕发出青春的绚丽光彩之"天行健自强不息"。①

廖湘恩，曾经就读于国立东北中山中学高30班，日后曾参与设计新中国第一代飞机"争气机"的设计和研制工作。多年以后，他同样将自强不息、艰苦奋斗形容为"中山精神"：

> 低班同学袭用高班同学的书籍和衣物，以染料水代墨水，自制草鞋代布鞋不都表现出中山人克服学程中生活困难的精神风貌吗！特别值得学习的是中山的一些老师，在颠沛流离的战争年代里，他们所表现出的那种艰苦创业精神。他们不怕条件不具备，也要修复那些经过长途运输而损坏的图书仪器，为教学所用。无论教学环境好坏，我们的老师都设法努力钻研课程，探索改进教学方法提高教学效果。……正是这么一大批富于爱国主义思想，勇于克服困难，充满了艰苦创业精神的老师，给了我们这些宝贵精神食粮，用这些沃土培育了我们，让这些学子茁壮地成长。所有这一切，这都是我们这些学子难以忘怀的，深为感谢的，也是我们中山中学需要继承和发扬的，更是我们这些年长者须及时向我们的后代传递的"中山精神"。②

上述黄崇圣、邓兰儒和廖湘恩关于母校师生自强不息、艰苦奋斗精神的评价，并不仅限于国立东北中山中学一校，其可谓是抗战时期国立中学精神的集中写照。

国立二中在草创之初就重视培养学生的吃苦耐劳意识和艰苦奋斗精神。1938年，校长周厚枢在高中部开学典礼上的讲话中曾专门寄语学子们要善于吃

---

① 邓兰儒. 东北中山中学的历史概述［Z］//旅台校友会. 国立东北中山中学创校六十五周年特刊. 1999：489.

② 廖湘恩. 我参与设计中国第一代飞机［Z］//国立东北中山中学校友会. 桃李报春晖：国立东北中山中学花甲纪念文集（1934—1994）. 自贡：新华印刷厂，1993：41-42.

苦和学会吃苦，希望国立二中学子都能成长为"吃苦的汉子"：

> 最后为了要使大家做一个优良的种子，我更提出二点，贡献给大家。
> （一）吃苦，在这个环境中各事都是训练吃苦，如别的学校有电灯，我们是菜油灯，别校有完美的校舍，很多的仪器及运动器具，我们都没有，都是要吃苦，我们是苦读书，从前与家庭在一起，父母兄弟团聚，是快乐的，现在父母虽失散了，但是有良师，有大自然的美景，虽苦而不算苦……我们要精神充实了，体格练强了，军事学好了，学业成就了，处处都需由吃苦得来的……苦是身体上受苦，多半属于物质的。青年最富于理想，物质上虽苦一点是无关宏旨的。但是精神上要展得开的……我们将来是撑持中华民国的好汉，要撑得起，担得住，有硬的脊梁，有铁的肩膀，才算得能吃苦的汉子。①

国立二中学子在校期间的表现有力回应了周厚枢在创校之初的殷殷期望，艰苦奋斗俨然成为其集体拥有的精神品质。马自天，抗战期间就读于国立二中，1949 年年初从南京中央大学参军，开始从事文艺创作。1955 年毕业于南京航天航空学院，日后任教于北京航空航天大学。多年以后，身为作家的他在撰文论及国立二中的光荣传统时，仍然将艰苦奋斗与爱国主义并称为国立二中两大精神：

> 那时生活之艰苦是二十一世纪中国中学生难以想象的，由于物资匮乏，经费不足，伙食水平日益下降，后来吃红苕煮糙米饭都吃不饱。有的同学抓青蛙，捉鳝鱼，躲到防空洞里用脸盆煮着吃。初中校长听说防空洞里有烟火，带人进入查看，见到这种情景，不禁泪流满腮。那时四川臭虫成灾，双人床各个缝隙里都是臭虫，夜里无法睡觉。学校只好修了水泥池子，架柴火烧开水，把一张张双人床放进去煮臭虫——这在今天是不可思议的怪事，可是我们亲身经历了。……还有更怪的事——以我个人为例，没有衣裳穿，捡个洋面口袋，洗干净，底部剪个洞，两边拆开，往头上一套，伸出胳膊，就是"圆领衫"。我的棉被只是一床破棉絮，哪有被里被面？冬天上早操没有棉衣，把棉絮披在身上，头从破洞里钻出来，非常可笑，可老师看着心酸，给我找了一件旧棉军服上身，我个子小，穿上像件大衣，松

① 佚名. 周校长高中部开学训词 [J]. 川中校刊, 1938 (1): 10—13.

垮垮的，袖子卷起好高，可是身上暖和了，照样快活，学习成绩一点不差。①

马自天的自述其实是抗战时期国立中学学子虽苦犹乐生活的真实写照：身处艰苦环境，依然精神高昂，发愤苦读。国立四中学子宗心志同样将艰苦奋斗视为国立四中精神的重要内涵：

> 同学们历尽千辛万苦，人人珍惜劫后余生，淬励奋苦用功读书，衣服穿破自己补，草鞋穿破自己做；夜以继日，在桐油灯下苦读不致稍懈。物质生活固然苦，大家的精神生活却非常充实愉快，师生有患难的感情，如父子兄弟一大家人，互相砥砺爱怜，研究学问，陶冶身心，所以人人能爱人如己，爱国无己，勇敢豪迈，乐观进取。凡此应是大时代的恩赐。是亦即国立四中精神。②

汪嘉平，1943年9月至1945年9月就读于国立九中高一分校，日后考入国立政治大学新闻系。多年以后，他仍然十分感慨地言道："九中，九中！这两年中，你给了我不畏艰苦、自强不息的精神淬励，给了我终身受益的知识品德。"他也在日后回忆中描绘过国立九中学子苦中作乐的难忘场景：

> 我们睡的是用两个竹马支起的一块竹凉板。竹节中空，遂成臭虫乐园，校区杂草丛生，无异蚊蚋天堂。这两种虫子，繁殖极快而咬人至痒无昼无夜，无冬无夏，时时扰人，提不胜提，并且传染疟疾疥疮等各种疾病，实为生活中的一大灾害。我们的教室，盖在四术祠分校本部的背后山坡上。粗竹立柱，茅草筑顶，竹篾为墙，涂以泥浆石灰。墙上窗口洞开不敷玻璃，阳光直射，采光极佳。但一年四季，风吹雨打，自由入侵不可阻挡。……到了晚上，上自修课时，课桌上点点油灯，荧荧如豆。……因为桐油须学生自备，为了省钱，常常是两个同学合用一盏。我们在半明不灭的油灯下切磋学业，其艰苦如此……苦中作乐，乐观向上，更是当时学生们的精神特色。……虽然食不果腹，衣不蔽体，却弦歌不辍，甘之如饴。③

国立社会教育学院附中学子艰苦奋斗和自强不息的精神面貌，同样给1944

---

① 马自天．谈谈国立二中的光荣传统［M］//郑锦涛．抗战时期国立中学的回忆．北京：中央文献出版社，2008：202-203.

② 宗心志．国立四中精神［Z］//国立第四中学创校五十五周年纪念册．1992：201.

③ 汪嘉平．难忘九中［Z］//相惟义．抗日战争时期国立第九中学建校六十周年纪念册．重庆：江津印刷厂，1998：47-48.

年考入附中就读初中的黄惠群留下了深刻印象：

> 尽管当时教学设备很差，生活也很艰苦，但这一切都阻挡不了师生们乐观向上、积极进取的精神，记得元旦时，我们曾在宿舍门口贴了一副对联，上联为：年年难过年年过；下联为：处处无家处处家。横批为：读书照常。这副对联出自一个初中一年级的少年之手，虽然颇显稚嫩，却充分反映了当时的精神境界。①

同国立中学学子一样，抗战时期任教于国立中学的教师们同样用自己认真和严格的教书育人行为默默践行着艰苦奋斗和自强不息精神。

吴振潮，抗战时期在国立八中完成了自己的中学学业。多年以后，他曾回忆过国立八中教师在教学设施极为简陋的情况下仍然兢兢业业教书育人的场景：

> 校舍简陋，根本谈不上教学设备，各科教本都没有，甚至连油印教本都很少，只靠教师口授，学生认真听和记。……学校保证教师相对稳定，坚持"缺一个补一个"；教师工作兢兢业业，传道、授业、解惑一丝不苟。因而，学生也学得异常认真。晚上，在昏暗的桐油灯下，同学们仍坚持看笔记，做练习。天刚放明，他们又已在田野、街巷，孜孜不倦地苦读。在参考书籍很少、图书仪器全无的情况下，由于学生刻苦努力、奋发图强，仍能保证学习质量。②

谭福薰，1939 年考入中大实校高中部实验班就读，1941 年夏高中毕业。多年以后，身为合肥工业大学教授的他仍然对当年教师教学之严格与认真印象深刻：

> 学习很紧张，语文和英语课经常要指定课文背诵，其他课程作业都得按时完成，每学期有四次月考一次大考，都是停课考试，对作弊的同学处理很严，一经"抓"到，立即开除学籍。老师们对同学要求严，对自己要求更严。认真备课，认真讲课，认真批改作业，认真……新中国成立后，我到合肥工大教书三十一年，生活条件是一天一天地在改善，比当年母校老师的生活条件强十倍、二十倍，可是对学生们极端负责的态度与当年我

① 黄惠群. 优良的传统 优秀的老师 [M]// 何俊昶，余以忠. 国立社教附中回忆录. 北京：中国文史出版社，2014：77.

② 吴振潮. 国立八中简况 [Z]// 中共花垣县委，花垣县人民政府. 故园情：国立八中校友与花垣的往事. 湖南省化工地质印刷厂，2001：44.

的老师相比，还是有一段差距。①

王鼎钧日后也在回忆中记述了1944年国立二十二中从安徽阜阳，穿越皖豫鄂陕四省，辗转抵达陕南安康复课后，在无教科书和教学设备仪器的情况下，教师仍然勤教，学生仍然苦学的场景：

> 没有教科书，老师吸着粉笔灰，满满的一黑板两黑板写出来的笔记，学生在如豆的桐油灯下，吸着污浊的油烟，一笔一画整理出来的笔记，要靠它毕业，靠它升学，靠它闯出一条生路的笔记。②

国立社会教育学院附中教师认真负责努力教学的态度同样给黄惠群留下了深刻印象：

> 教师们大多毕业于著名大学，特别注重为人师表的表率作用，不仅授课认真，讲解生动，批改作业也很仔细，批语写的既有鼓励又指出了缺点。常常是学生们已经熄灯睡觉了，而老师们还在煤油灯下批改作业。上下一节课时，我总能从老师手中拿到用红笔修改得很仔细的作业本，这对我来讲又是一次提高。③

蒋柏生，1939年9月考入国立二中高中部就读，高中毕业考入国立中央大学电机系。多年以后，作为南京航空航天大学筹建人之一的他曾对母校师生自强不息、艰苦奋斗的精神风貌有过简练的描绘："教师身教言传，学生刻苦勤奋，自觉向上，这是当时国立二中教师和学生的真实形象。"④ 蒋柏生的文字不仅是对国立二中师生真实形象的刻画，同样也是抗战期间国立中学师生整体教学和学习风貌的写照。

1939年，教育部部长陈立夫莅临国立安徽第二中学开学典礼并发表讲演，在其寄语全校师生的六点希望中，其中就有"全体师生不可忘尝胆卧薪之教训者"，充分表达了其希望广大国立中学师生能够发扬艰苦奋斗、自强不息精神的愿望：

---

① 谭福薰. 感谢母校培育 振作精神工作［Z］//南京师范学院附属中学校庆筹备处. 青春是美丽的，1981：100.

② 王鼎均. 怒目少年［M］. 北京：生活·读书·新知三联书店，2013：113.

③ 黄惠群. 优良的传统 优秀的老师［M］//何俊昶，余以忠. 国立社教附中回忆录. 北京：中国文史出版社，2014：76.

④ 蒋柏生. 我与国立二中［M］//黄作华，郑锦涛. 国立中学的回忆：第一辑. 北京：中央文献出版社，2007：58.

以流离转徙之经历言之，全体师生不可忘尝胆卧薪之教训、领袖之所期望于全国青年者……诸君自退出战区以来，转徙流离，备尝艰苦，享受则不待限制而自限制，刻苦即不欲躬行而已躬行，凡此皆颠沛流离之中，所无意得之之教训，抑其平时生活之愈能刻苦耐劳，习惯之愈能简单迅速者，其经历艰辛，亦必较能安之若素，此又自身历其境而知其甘苦，所得之教训，诸君过去之经验，既已使涤除旧染，用力不难，而振作生机，亦为道自易，则今后当于恪遵领袖谆谆教诫之辞，实践力行，所当养成者，必能更愿养成，所应革除者，必更勇于涤荡，以副领袖殷殷之期望。国立中学之设置，草创于人力物力拮据之中，缔构于国家民族艰危之日，其为不当更言享受，而尤应刻苦躬行，不待赘言而喻。①

结合上述国立中学师生抗战期间的教学和学习表现来看，他们并没有辜负陈立夫当年的期许和嘱托，同样未尝忘记卧薪尝胆之教训，同样倍加刻苦躬行！

五、全面发展精神："这正是我们母校当时所要求和所想造就我们每个人的无形标准"

除过上述爱国主义精神和艰苦奋斗、自强不息精神是构成抗战时期国中精神的内涵之外，全面发展同样是国中精神不可忽略的重要组成。抗战时期国立中学重视学生全面发展，既受抗战前中学办学传统的影响，又受到战时国立中学五项训练的影响，更与诸多国立中学校长自身的教育理念密不可分。

1938 年，时任校务委员会主席的许逢熙在国立四川中学高中部开学典礼所发表的讲演中，即引用蔡元培的话寄希望于全校师生能够真正理解和切实践行德智体三育合一的办学理念：

从前蔡孑民先生说，现在的青年都应该养成狮子般的体力、猿猴般的智慧，和骆驼般的脊梁。我想他的第一句话是说体育的，第二句话是说智育的，第三句话是说德育的。很盼望在座的师生，于明白国家对于我们的种种期望以后，照着这个方向做去。②

日后看来，国立二中在办学实践中切实践行学生全面发展的理念，给众多国立二中学子留下了深刻印象。马自天，抗战期间就读于国立二中。多年以后，身为作家的他在撰文论及国立二中的光荣传统时，仍然将全面发展视为国立二

---

① 陈立夫. 国立安徽第二中学开学典礼训词［J］. 国立九中校刊，1939（1）：3.

② 佚名. 许主席高中部开学训词［J］. 川中校刊，1938（1）：9-10.

中三大校风之一：

> 抗战时期国立二中的教育是德、智、体、美、劳全面发展，生动活泼，充满着勃勃生机。在体育方面，我们进行队列操练，田径、器械、球类……运动，还学习"初级拳"，每天坚持早操，课外活动上操场锻炼。我们画画，出墙报，练武术，各有爱好，课余文娱活动更是丰富多彩。……当时我们班上几乎"人手一胡"——用竹筒子蒙上牛皮纸蛇皮的二胡，经常演奏、登台。①

马自天也正是在积极参加校内外的各种课外活动中培养了影响自己终身的乐观个性和文艺爱好：

> 初中部定期举办讲演比赛，还另办了英文讲演比赛，我都参加了，屡获优胜。二中汇集全校文娱积极分子，排演抗日救亡大型话剧到城里去公演，也吸收我参加，演了一个卖报童子。到我们初四四秋班毕业时，我班演出话剧《铁血将军》，我是扮演女主角的演员……这一切给我后来在文工团里的那段生活奠定了基础，而且在转行理工后，一直到老我都是文娱积极分子，在我离休后还成了中国作家协会的会员——我的这些文艺爱好和乐观主义的个性都是在国立二中初中时代被培养起来的。②

马自天的回忆也在国立二中学子周炯那里得到了印证。周炯，1938 年考入国立四川中学就读高中一年级，1941 年高中毕业。多年以后，他也对学校重视学生全面发展感受深刻：

> 二中有个良好的办学方针，就是培养学生德、智、体、美、劳全面发展。校方除抓第一课堂的教与学外，对第二课堂也非常重视。校内各种"官助民办"的社团多如雨后春笋。话剧团、国乐队、口琴队、球队、文艺社、美术社均极活跃，各领风骚。……校内校外的篮球比赛也时常开展。我们年级组织的"火炬"球队便曾雄踞校园，夺得运动会篮球冠军。薛寅同学当年是级队的主力队员之一，我俩谈及此事时，不禁感慨万千，叹岁月之流逝，青年时光的美好。③

---

① 马自天. 谈谈国立二中的光荣传统 [M]// 郑锦涛. 抗战时期国立中学的回忆. 北京：中央文献出版社，2008：204-205.

② 马自天. 谈谈国立二中的光荣传统 [M]// 郑锦涛. 抗战时期国立中学的回忆. 北京：中央文献出版社，2008：205.

③ 周炯. 合川濮岩寺国立二中史话 [Z]// 国立二中校友联谊会总联络处. 抗战时期国立二中建校五十五周年纪念集. 1994：71.

周炯提及的薛寅，当年与其在国立二中同级就读，日后任职于中国社会科学院社会学研究所。

正是在国立中学校方的重视与因势利导下，全面发展的观念在当时深入人心，成为指导国立中学学子在校期间实现自身学业发展的重要观念。

徐有守，1943 年秋考入国立十三中高中一年级就读，1945 年秋刚刚读完高二的他，以同等学力考取国立中正大学政治系，日后担任台湾地区高级官员。时隔多年，他仍然对当年其与一位同学的对话记忆犹新：

> 我们勤奋学习，参加种种课余活动、练双杠、演戏、写文章、山前村散步，一个个都生龙活虎。我曾问过一位初中也在母校就读的同班同学王昆生："在十三中，要什么情形的学生才算是出了锋头？"他说："真正算出锋头的人，第一当然基本上必须要功课好；第二要会办事；第三要口才好；第四还要有点特长，例如文章特别好或英文特别好；第五最好还能耍一两样游艺。例如演戏、唱歌、拉二胡、玩器械操等等。"我听了后，想了半天说："光是功课好也没有用，这岂不是太难？"他说："难是难，但这种人在我们学校里也有的是，并不太少。"上面这段话，是三十年前的事了。如今人已中年，回想起来，当时虽然只是两名十几岁的高一学生闲聊天的话，但却至少描写出两点极为重要的事情来了：（一）这正是我们母校当时所要求和所想造就我们每个人的无形标准；（二）同学们在流亡痛苦艰困之余，那种乐观奋斗和多方学习锻炼的精神。①

日后看来，徐有守当年与同学的这段对话传递出两个很重要的观点：第一，国立十三中校方重视学生全面发展的办学理念，在当时显然已经被在校学子们高度认可并已然成为指导他们在校期间规划自身学业发展的无形标准。第二，国立中学学子虽然在校期间发愤苦读且蔚然成风，但是绝非日后想象的那般只是一群会攻读书本的书虫。相反，他们在校方的引导下恰恰非常注重自身的全面发展。

重视学生全面发展俨然成为抗战时期指导国立中学办学的基本理念，业已融入学校办学和育人的方方面面，即使连校歌歌词都对其有着直接体现。无论是国立一中校歌中的"五育锤成迸出万丈光焰"，国立二中校歌中的"讲科学，勤生产，练刀枪，把握时代的尖端，发挥潜的力量"，国立九中校歌中的"充实我学识，淬励我精神"，还是国立十中校歌中的"融三育以并进，合文武而兼

---

① 徐有守. 青原山精神和青原山之夜［Z］//国立十三中校友志编纂组. 青原之光：国立十三中学纪念文集. 2004：305-306.

长"，国立十一中校歌的"生产训练，人格教育，精神贵发扬"，都能从中直观感受到国立中学办学者迫切想通过校歌向校内师生和校外社会宣示该校重视学生全面发展的办学意愿。可以想象，在那个校内唱歌蔚然成风的年代，国立中学学子们正是在一遍遍吟唱校歌的过程中潜移默化地认同和加深了对于学校办学方针的理解，认识到全面发展之于自身成人成才的重要意义。

重视学生全面发展不仅使国立中学学子在校期间深受教益，同时也深远地影响到他们日后的事业发展与人生选择。

易国柱，1939 年至 1945 年就读于国立东北中山中学，在此度过了自己难忘的六年中学时光，高中毕业后考入国立中央大学医学院。多年以后，身为第四军医大学解剖学教授的他，仍然直言当年在国立东北中山中学接受的全面发展教育让自己受用终身：

> "中山"给我的更根本、更重大、更有实际意义的教育，使我终生受用不尽的还远不止这些。我认为：（一）强烈的爱国主义教育。……（二）老师们言传身教，以身作则，榜样的力量是无穷的。……（三）老师们教我们以处世做人之道。……（四）……锻炼了自己为全体同学服务和一定的组织能力，养成了蔑视困难和克服困难的勇气而且坚定了自己善于和其他同学团结协作和衷共济的信念。①

萧士雄，1942 年考入国立东北中山中学就读初中一年级，抗战结束后其转入国立青木关中学就读直至 1949 年高中毕业。多年以后，身为川剧编剧的他，仍然将包括自己在内的诸多中山学子在新中国成立后从事文艺工作归因为母校办学重视学生全面发展的影响：

> 学校常有文娱活动，通过演话剧、歌咏比赛等形式培养和涌现了许多艺术上的积极分子。这些活动也像在古老的静宁寺旧庙里绽开着朵朵时代的艺术鲜花。这种在艺术上的熏陶，对在建国（新中国成立）后从事艺术工作的校友来说（当然也包括我在内），不能说没有一点影响吧。②

王景山，1936 年考入中大实校就读，1943 年高中毕业于国立十四中，同年考入国立西南联合大学外文系，1948 年毕业于北京大学西语系。多年以后，自谓"高中阶段功课一般"的王景山直言，自己的文学创作历程恰恰起步于国立

---

① 易国柱. 浓荫［Z］//国立东北中山中学校友会. 桃李报春晖：国立东北中山中学花甲纪念文集（1934—1994）. 自贡：新华印刷厂，1993：135.
② 萧士雄. 能不忆静宁［Z］//国立东北中山中学校友会. 桃李报春晖：国立东北中山中学花甲纪念文集（1934—1994）. 自贡：新华印刷厂，1993：622.

十四中对于学生全面发展的鼓励：

> 我高中阶段功课一般，但酷爱文学。……我在课外则如饥似渴地大量阅读中国现代文学和外国文学作品。图书馆所藏这方面的书籍，我敢说至少我也读过了百分之八九十。我的第一篇小说习作《凯旋》，是把英语课本中保加利亚作家伐佐夫作 Is he coning？一文中的故事改为日本人民反战的内容，投寄贵阳中央日报《前路》副刊，随即分两次连载刊出的。因受到编辑张明女士的鼓励，一发而不可收，从高二到高三，先后有数十篇散文、评论、小说，乱署着鲁锋、青山、南明等笔名，陆续在《前路》和《贵州日报》副刊发表。①

杨翊，原名易鼎铭，1939 年夏考入国立十一中就读初中二年级，1944 年夏高中毕业。多年以后，身为新华社高级记者的他直言自己日后从事新闻工作，与在校期间积极参与相关课外活动关系密切：

> 国立十一中提倡用功读书，但不全是读死书。它强调学以致用，鼓励参加劳动，重视各项实验和学习。……我当时最感兴趣的是时事比赛和辩论会。我比较关心时事，特别是国内外战局的发展。除每天认真阅读报纸外，还找些有关当前形势与历史背景的书籍来看，如第一次世界大战的史料，包括《福煦元帅传》《霞飞元帅传》等。我几乎参加了学校举行的所有时事比赛，常获优胜。……但这段对时事的关注，对于我后来走上新闻工作岗位，是有一定关联的。②

六、团结友爱精神："国立中学是我家，我家就在国立中学"

> 在国立二中时代，校长、主任、老师、员工们都是学生的家长，对待学生比对待自己的孩子还亲，我冬天没有棉衣，一位老师就给我找来旧棉军装，我没有鞋子穿，打"光脚板"走路，又一位老师就给我找破布找人给我打草鞋，在寒冬的夜里，我出来上厕所时，总是看见班主任萧光勋老师窗前的灯光，近前窥视，萧老师深夜未眠，还在灯下一针一线地补破衣裳，那是孩子们穿的衣裳。他真是又是老师又是亲娘啊！……我们同学之

---

① 王景山．我和我们的学校［M］//南京师范大学附属中学校友会．青春是美丽的．贵阳：贵州人民出版社，1992：133.

② 易鼎铭（杨翊）．忆竹篙塘的五度春秋［Z］//政协邵阳市学习文史委，政协洞口县委员会．山高水长：忆创建在竹篙塘的国立十一中．邵阳：资江印刷厂，1999：154-155.

间真是亲如兄弟一般，大家同甘共苦，互相关心，互相帮助，建立了很深的感情，那是非常纯洁的感情。……在校师生亲如一家，不是亲人，胜似亲人，这种刻骨铭心的感情，不是我一篇文章能够表达得清楚的。①

上述文字是作家马自天多年以后回忆自己就读国立二中时的生活场景。马自天关于国立二中师生关系的感受并非孤例。王静宁，1941 年考入国立二中初中一年级就读，其父王刚时为国立二中初中部主任。多年以后，她提及的一件小事可以佐证马自天的观点：

在教学方面，我们拥有一流的教师，他们来自沦陷区的一流中学，他们既有高水平的教学质量，而且具有教书育人的高尚品德，课堂教学严谨，对学生要求高，但在生活上如同父母一样关爱他们的学生。曾听我父亲讲，初中部吕绍模同学患伤寒症，但他独自逃亡四川，无家人照顾，他的语文老师桂仙樵先生把他接回自己家中精心照顾、医治、调理，终于痊愈后回到班上参加学习。这样的老师胜似父母。②

马自天日后将国立二中师生之间和同学之间所体现出的真挚和友爱关系形容为国立二中的校风之一——团结友爱。日后看来，给马自天和王静宁留下深刻印象的这种师生关系和同学关系亦频频见诸抗战时期其他国立中学办学，堪称抗战时期国立中学办学的共有特点，国立一中校友阎培让甚至将国立中学"以校为家"的办学特点形容为其与普通学校办学的根本区别所在：

以校为家，这是国立中学与普通学校最大的区别和最显著的特点！……"国立中学是我家，我家就在国立中学。"国立中学的大多数同学和老师不像普通学校寒暑假有家可归，是学校为他们提供了生存、学习和成长的空间。国立中学的师生以校为家：老师犹如自己父母，学生犹如自己儿女，同学间亲如姐妹兄弟，同生死，共患难，组成一个亲密无间的大家庭。③

"以校为家"及其蕴含的团结友爱精神，之所以能够成为抗战时期国立中学具有代表性的学校精神，首先决定于国立中学旨在收容与救济战区流亡师生这一创办初衷，其次也与战时国立中学教导方针注重推行导师制密切相关，最后更与当时任教于国立中学的诸多师长自身的素养关系密切。

---

① 马自天. 谈谈国立二中的光荣传统［M］// 郑锦涛. 抗战时期国立中学的回忆. 北京：中央文献出版社，2008：206.

② 郑锦涛. 烽火弦歌到山城［M］. 沈阳：白山出版社，2015：85.

③ 郑锦涛，黄作华. 负笈千里山水间［M］. 北京：中央文献出版社，2011：71.

值得一提的是，阎培让一家十口，竟有八口和三代人曾在国立一中学习和工作。因此，他日后也直言"在全面抗战八年那段艰苦岁月里，可以说，没有国立一中就没有我们一家！就没有我们一家安身立命之所"。阎培让关于国立一中以校为家的看法并非其一己感受，日后也多见于国立一中其他师生的回忆之中。

李任佩，1938年国立一中创校时即入校任教直至1949年学校结束办学使命。1988年，国立一中迎来创校五十周年纪念，耄耋之年的李任佩在回顾国立一中办学历程时，仍然对其"既是学校，又是大家庭"的办学特色记忆犹新：

> 在同甘苦、共患难的生活中，老师言传身教，同学互相勉励，建立了亲密无间的感情，一人有事大家帮，一人有困难大家援助的事是不胜枚举的。一中"既是学校，又是大家庭"，是师生共同的感觉。有的师生患病在卫生室卧床数载，除校医体贴入微的护理外，师生送茶送饭者比比皆是。这些感人肺腑的事迹，在其他学校是不易见到的。所以离校的同学重返学校时，总是说"回到娘家了！"倍觉亲切。①

吴冶民，国立一中创校即任教于此直至1948年暑期离校。多年以后，已经年届八旬，身在台湾地区的他同样对国立一中以校为家的办学特色难以忘怀：

> 国立一中的师生，都是家乡沦陷，流亡在外的，所以彼此间的情谊，倍感亲切，整个学校就像一个大家庭。老师有病，同学们都自动地趋前侍候，煮汤煎药，照顾得无微不至。同学有事，老师们也像家长一样，予以关照。②

国立一中所形成的此种精神同样给先后就读于国立一中师范部和一分校的师昌绪留下了深刻印象，他日后将其形容为"集体主义精神"：

> 国立一中的生活有利于培养集体主义的精神。不管是在一中校本部或一分校，过的是"同吃、同住、同劳动"的生活，人与人间的感情非常真挚，做到互相关心、互相帮助。有几次班里的同学生病，都是自动组织起来，轮流值班精心照顾；即使是传染十分危险的脑膜炎症，也无一人畏缩不前。③

李斯连，1939年毕业于国立三中高中部，1943年毕业于国立西南联合大学

---

① 李任佩. 耄耋话一中 [Z]//国立一中校友会. 千里逐飘蓬. 1988：7.
② 吴冶民. 八十自述 [Z]//国立一中校友会. 千里逐飘蓬：第三辑. 1994：11.
③ 师昌绪. 我在国立一中 [Z]//国立一中校友会. 千里逐飘蓬. 1988：93.

经济系。多年以后，他在反思国立三中为何能够取得不寻常的办学成绩时曾经总结了三大原因，其中之一就是"师生间亲密的关系"：

> 国立三中教职员都把学生看成是自己的儿女，亲若骨肉。而学生把老师敬若父母，亲密无间。我在高中部只读了一年半就毕业了，在西南联大蹲上4年，但是，这一年半的情感远胜于4年。因为在三中时，我们衣、食、住、育、乐都在一起。老师为学生操尽心血，照顾教育宛如再造父母，有如在家里一样的温暖，周校长就是我的家长。①

李斯连口中的周校长即为前文已述的国立三中校长周邦道。当时有两件事给李斯连留下了深刻印象，一是有鉴于学校臭虫跳蚤很多，直接影响学生正常学习和生活，由于没有杀虫剂，校方只好用将木床床板置于开水中煮沸消杀的方式来消灭虫害。另一件事是当时国立三中乡村师范部一位名为毛香基的毕业生被分配至名叫堪盘的乡村任教，身染疟疾无药医治，周邦道闻讯后立即派人给她送去抗战时期甚为稀缺的奎宁为其治疗。多年以后，李斯连仍然感慨"以上两种事可以说明三中师生间的亲密情分，在微小处见真情"。

席泽宗，1941年8月考入国立七中二分校初中第十九班就读，在此度过了三年时光。多年以后，身为中国科学院院士、天文学史家的他，仍然对当年二分校十分融洽的师生关系记忆犹新：

> 在二分校，师生关系非常融洽。学校的教师几乎都是从各沦陷区逃出来的，全住在校园里，每人都有一间屋子，因此学生与教师接触的时间很多；放假时，由于没处去，我们也经常在一起；由于处于抗战时期，大家都在共赴国难，老师对学生也倍加关心。②

王明善，抗战期间就读于国立八中高二部。多年以后，他用"春燕筑巢，衔泥不止"来形容国立八中教师对学子们的关心和爱护：

> 我们的老师像春燕筑巢，衔泥不止。不但是"传道、授业、解惑"的先生，又是呵护成长，料理孩子们生活的父母。朝夕相处，早晚见面，形成一种既师又亲的特殊情感。③

---

① 李斯连．国立三中为什么能取得这样大的成就［Z］//中国人民政治协商会议贵州省委员会铜仁地区工作委员会．铜仁地区文史资料：第3辑．铜仁：人民印刷厂，1993：78-79.

② 席泽宗，郭金海．席泽宗口述自传［M］．长沙：湖南教育出版社，2011：43-44.

③ 王明善．纯真的怀念：河溪、永绥高二部记事［Z］//中共花垣县委，花垣县人民政府．故园情：国立八中校友与花垣的往事．2001：338.

王明善当年亲历的一件小事恰好印证其上述文字。1938 年，王明善在流亡至河溪的途中身患重病，头发脱落。一天，时任高二部主任的高达观在教室听课时无意中发现了容颜枯槁的王明善，便悄声提醒他晚饭后来其办公室。当与高达观素不相识的王明善心情忐忑地走进办公室时，高达观从抽屉中取出两张五元的纸币递给他，嘱咐他去学校附近的老中医那里及时诊疗服药，以便早日恢复健康，并嘱咐一名工友带他前去就诊。多年以后，当王明善行文至此时，他写下了如下文字："我的眼睛湿润了，不是父母，胜似父母，这件事使我终生难忘和感激。"①

魏诚，抗战期间在国立十中度过了五年时光。多年以后，他自谓这段经历给自己"留下了最深的印象"，其中就包括以校为家的学校精神：

> 十中的老师确实很好，大都有学问，待同学若子女。有困难找老师去借钱。天冷了到老师屋子里烤木炭火。迷失方向时老师给我们作向导，并给以鼓励和支持；难忘十中老师的恩情；他们不仅给我们以知识，而且教给我做人的道理。②

1944 年，国立二十二中被迫由安徽阜阳西迁陕南安康和汉阴办学。时任二分校主任的张秀峰在学校西迁途中无微不至地照顾学生的情景，时隔多年，仍然被国立二十二中学子王鼎钧铭记在心，日后他将其形容为"这是只有父亲和母亲才做得到的事情"：

> 西迁路上，张主任每夜都要到学生住宿的地方巡视一周，看他们睡好了没有。这是只有母亲才做得到的事情。学生到了内乡休整，学校经费中断，他取出自己的皮袍来卖掉，权充菜金，这是只有父亲才做得到的事情。③

张泗洋，抗战期间曾在国立十三中度过一年半高中时光。多年以后，已是著名莎士比亚戏剧研究专家、吉林大学教授的他在一篇悼念国立十三中同学的文章中，仍然对当年同学之间兄弟姐妹般的真挚友爱难以忘怀：

> 我说在青原山是我最幸福的时候，不仅由于生活有着落，学习条件好，

---

① 王明善．纯真的怀念：河溪、永绥高二部记事［Z］//中共花垣县委，花垣县人民政府．故园情：国立八中校友与花垣的往事．湖南省化工地质印刷厂，2001：337.
② 魏诚．国立十中求学记［Z］//清水县政协文史资料委员会，国立第十中学校友清水联谊会．清水文史：第 2 辑．1993：68.
③ 王鼎钧．怒目少年［M］．北京：生活·读书·新知三联书店，2013：111.

更重要的是得到全班同学的友爱，特别是你的兄弟般的真挚的情谊。①

和张泗洋一样在国立中学就读期间感受到同学之间亲如手足的还有黎维新。黎维新，1943 年插班进入国立二十中初中二年级就读，1945 年转学至国立三中高中部就读。多年以后，身为作家和诗人，历任湖南人民出版社社长、湖南省出版局副局长的黎维新，仍然对自己当年在国立二十中亲历的一件暖心小事终生感念：

> 1943 年夏，我大病一场，初诊为痢疾。学校和同学们把我送进芷江一家防疫医院就医。没想到住进医院后，拉得更厉害了，有时一天竟腹泻十几次，确诊为阿米巴痢疾。这种病拖久了，还会并发肝脓肿和肠穿孔。当时听说有特效药可治，但药价很贵，学校难以负担，我更是身无半文。我成天吃不下饭，睡不好觉，刚一上床，就得提着裤子上厕所。……医生竭尽全力，用中、西医药配合治疗，终于把腹泻止住，我可以下地行走了。出院时，我骨瘦如柴，头发脱光。从医院到窑塘湾仅四五里路，我竟走了大半天，来不及回三眼桥，就在窑湾塘一位同学的床上躺下了。原在二保育院的同班同学关佑兄，见我如此虚弱，便将他在保育院时发的"罗斯福布"上衣卖掉，称了一斤猪肉，熬了汤，送到床前，我禁不住热泪盈眶。这是多么难得的手足之情啊！②

诸如上述发生在抗战时期国立中学师生之间和同学之间的感人故事还有很多，难以在此逐一书写，但是这些故事背后却都蕴含着师友之间融洽和关爱的团结友爱精神。

> 战时的中学生：我晓得你们之间，应该有许多许多是由战区的故乡，或已陷入敌手的老家中随着母校流浪出来的。一些不错，学校是你们的家园——第二个家乡；课本是你们的精神食粮——随身的利器；师长和同学是你们的叔伯和兄妹。③

上述文字发表于 1940 年《胜利周刊》，日后看来，这段文字用来形容抗战时期国立中学以校为家的团结友爱精神可谓至为恰当。因为对于广大国立中学学子而言，国立中学也是"你们的家园"，国立中学师长和同学同样是"你们的叔伯和兄妹"！

---

① 张泗洋. 悼故友祖述 [Z] // 国立第十三中学台湾校友会. 青原山：29. 1999：35.
② 黎维新. 黎维新文集 [M]. 长沙：湖南人民出版社，2016：33.
③ 本鸿. 为战时中学生写 [J]. 胜利周刊，1940（63）：12.

参考文献

一、著作类

[1] 新潮社. 蔡孑民先生言行录 [M]. 北京：新潮社，1920.

[2] 舒新城. 中国新教育概况 [M]. 上海：中华书局，1928.

[3] 叶楚伧，汪懋祖，孟宪承. 初中国文：第五册 [M]. 南京：正中书局，1934.

[4] 王心湛. 吕氏春秋集解：上册 [M]. 上海：广益书局，1936.

[5] 中国文化建设协会. 十年来的中国 [M]. 上海：商务印书馆，1937.

[6] 袁哲. 抗战与教育 [M]. 长沙：商务印书馆，1937.

[7] 广东省立民众教育馆辅导组. 抗战书目 [M]. 出版地不详：广东省立民众教育馆，1938.

[8] 陈启天. 抗战与人生观改造问题 [M]. 重庆：国论出版社，1938.

[9] 李公朴. 抗战教育的理论与实践 [M]. 武汉：读书生活出版社，1938.

[10] 张佐华. 抗战教育论 [M]. 汉口：生活书店，1938.

[11] 陈立夫. 战时教育方针 [M]. 重庆：正中书局，1939.

[12] 邱昌渭. 抗战与教育 [M]. 桂林：民团周刊社，1939.

[13] 赵敏求. 跃进中的西北 [M]. 西安：新中国文化出版社，1941.

[14] 中国国民党中央执行委员会宣传部. 抗战六年来之教育 [M]. 重庆：国民图书出版社，1943.

[15] 吴俊升. 文教论评存稿 [M]. 台北：正中书局，1983.

[16] 方敬. 花环集 [M]. 重庆：重庆出版社，1983.

[17] 中国国民党中央委员会党史委员会. 战时教育方针 [M]. 台北：义盟印刷厂，1985.

[18] 汤才伯. 廖世承教育论著选 [M]. 北京：人民教育出版社，1992.

[19] 陈平原，夏晓虹. 北大旧事 [M]. 北京：生活·读书·新知三联书店，1998.

［20］金耀基．大学之理念［M］．北京：生活·读书·新知三联书店，2001.

［21］钱穆．文化与教育［M］．桂林：广西师范大学出版社，2004.

［22］张雪蓉．美国影响与中国大学变革（1915—1927）：以国立东南大学为研究中心［M］．北京：华龄出版社，2006.

［23］谢长法．中国中学教育史［M］．太原：山西教育出版社，2009.

［24］陈明远．那时的文化界［M］．太原：山西人民出版社，2011.

［25］东南大学高等教育研究所．郭秉文与东南大学［M］．南京：东南大学出版社，2011.

［26］傅国涌．过去的中学［M］．增订本．北京：同心出版社，2012.

［27］王安民．踏不灭的薪火：抗战国立中学的父辈们［M］．北京：中国文史出版社，2012.

［28］岱峻．风过华西坝：战时教会五大学纪［M］．南京：江苏文艺出版社，2013.

［29］杨倩如．冉昭德文存［M］．济南：山东大学出版社，2014.

［30］廉正祥．海天奇缘：王火和他的"大后方"［M］．成都：四川人民出版社，2014.

［31］余子侠，冉春．抗日战争时期中国教育研究［M］．北京：团结出版社，2015.

［32］黎维新．黎维新文集［M］．长沙：湖南人民出版社，2016.

［33］张钧．述林1：战争阴云下的年轻人：1931—1945中国往事［M］．桂林：广西师范大学出版社，2016.

［34］深町英夫．教养身体的政治：中国国民党的新生活运动［M］．深町英夫，译．北京：生活·新知·读书三联书店，2017.

［35］王立．黉府弦歌烽火中：抗战烽火中的湖北联中（1938—1946）［M］．北京：九州出版社，2018.

二、学位论文与报刊类

（一）博士与硕士学位论文

［1］王哲．国立第六中学研究（1937—1945）［D］．济南：山东大学，2020.

［2］崔增峰．抗战时期山东流亡学生内迁研究：以国立六中为个案［D］．聊城：聊城大学，2018.

［3］许咏怡．抗战时期的国立中学研究（1937—1945）［D］．台北：台湾

政治大学，2019.

[4] 马弘毅. 流亡学生的际遇与选择：以国立第二十二中学为例（1942—1949）[D]. 武汉：华中师范大学，2022.

（二）期刊论文

[1] 袁向东，范先信，郑玉颖. 王梓坤访问记 [J]. 数学的实践与认识，1990（4）.

[2] 路见可. 忆魏庚人教授：纪念魏老师逝世五周年 [J]. 中学数学教学参考，1996（12）.

[3] 胡三秀. 国立七中和山西教师服务团 [J]. 山西文史资料，1997（5）.

[4] 路见可. 为学生而教 [J]. 数学通报，1998（6）.

[5] 张友余. 教书一时 教人一世：记一群年逾古稀的老人痛悼他们的中学数学老师赵慈庚 [J]. 中学数学教学参考，1999（10）.

[6] 杨敬东. 诗人后裔院士情：记中国科学院湘籍院士、上海大学名誉校长黄宏嘉 [J]. 湘潮，2000（6）.

[7] 刘炳善. 永远做学生：我的求学之路 [J]. 外语与外语教学，2000（6）.

[8] 刘敬坤. 抗战西迁中的壮举：三千里的运书记 [J]. 世纪，2002（3）.

[9] 祖瑞年. 庐州中学与国立八中 [J]. 江淮文史，2003（2）.

[10] 余子侠. 抗战时期国立中学的创办及其意义 [J]. 近代史研究，2003（3）.

[11] 胡华玲. 吴天威教授：一位深爱中华民族的历史学家 [J]. 抗日战争研究，2005（3）.

[12] 孙晨. 李曦沐：一场战争和一个学子的命运 [J]. 中国新闻周刊，2005（31）.

[13] 贺数学家路见可先生85华诞 [J]. 宁夏大学学报（自然科学版），2006（2）.

[14] 李翰平. 抗战中的国立中学 [J]. 海内与海外，2007（9）.

[15] 吴文华. 抗日战争时期国立中学的职业教育 [J]. 中国职业技术教育，2007（29）.

[16] 邹雅林. 八千里路云和月：忆母校国立第二十一中学 [J]. 中共党史资料，2008（2）.

[17] 张振鹍. 抗日战争中沦陷区青年学生投奔大后方的回顾 [J]. 抗日战争研究，2008（3）.

[18] 席泽宗. 自叙年谱（1927—1994 年）[J]. 中国科技史杂志，2008（1）.

[19] 米鹤都. 爱国史学家吴天威 [J]. 纵横，2008（10）.

[20] 段绪彬. 重庆国立中学文化遗址保护初探 [J]. 重庆社会主义学院学报，2012，15（6）.

[21] 刘萍. 西南联大校友访谈录：陈昌笃教授 [J]. 大学教育科学，2013（5）.

[22] 刘信生，荆孝民，蒋大年. 西北联大附中时期的王浩 [J]. 丝绸之路，2014（20）.

[23] "梵天净土 桃源铜仁" 人物谱（二十三）周邦道 [J]. 铜仁学院学报，2014（5）.

[24] 郑秀娟. 国立东北中山中学始末 [J]. 哈尔滨学院学报，2014，35（8）.

[25] 胡剑. 国立四中的抗战传奇 [J]. 四川档案，2015（2）.

[26] 尤炜. 静默的力量：写给抗战中的中国中学 [J]. 人民教育，2015（17）.

[27] 李琳. 战火纷飞中的文化传承：记抗战初期的国立湖北中学 [J]. 湖北文史，2017（1）.

[28] 纪尧. 三代 "议员" 百年记 [J]. 江淮文史，2017（1）.

[29] 付宏. 抗战时期贵州的国立中学 [J]. 贵阳学院学报（社会科学版），2017，12（3）.

[30] 李定超. 国立九中走出的九位院士 [J]. 红岩春秋，2018（10）.

[31] 刘毅. 抗战时期东北中山中学考略 [J]. 地域文化研究，2021（1）.

[32] 黄伟. 抗战时期安徽省内迁教育研究：以国立九中为中心的考察 [J]. 安庆师范大学学报（社会科学版），2022，41（4）.

[33] 李力. "自治是生活底方法"：民国时期大学学生自治生活图景考论 [J]. 清华大学教育研究，2015，36（4）.

[34] 李力. "培育一种文化生活"：郭秉文时期南京高师与东南大学校园文化之形态及育人影响 [J]. 大学教育科学，2015（4）.

[35] 李力. 抗战时期国立第七中学在陕办学考论 [J]. 教育与考试，2021（6）.

[36] 李力. 私人记忆与历史重建：抗战时期国立第六中学大后方办学研究 [J]. 教育与教学研究，2022（7）.

（三）报纸

［1］戴元本院士逝世［N］. 光明日报，2020-09-27（2）.

［2］侯锋院士逝世［N］. 光明日报，2020-11-09（4）.

［3］程镕时院士逝世［N］. 光明日报，2021-02-09（4）.

［4］王元院士逝世［N］. 光明日报，2021-05-15（2）.

［5］徐悦东. 何兆武："能在思想里找到安慰，就足够了"［N］. 新京报，2021-05-29（7）.

［6］夏静，张悦，晏华华. 章开沅：史学浩海的远航者 桂子山上的传灯人［N］. 光明日报，2021-06-01（16）.

［7］黄熙龄院士逝世［N］. 光明日报，2021-06-17（4）.

［8］黄宏嘉院士逝世［N］. 光明日报，2021-09-25（3）.

［9］陈文新院士逝世［N］. 光明日报，2021-10-09（3）.

［10］潘际銮院士逝世［N］. 光明日报，2022-04-21（4）.

［11］徐叙瑢院士逝世［N］. 光明日报，2022-07-15（4）.

［12］尹文英院士逝世［N］. 光明日报，2024-01-07（3）.

［13］曾江. 抗战时期国立中学书写传奇［N］. 中国社会科学报，2015-09-09（2）.

［14］杨金丽. 寻找国立一中 走进历史现场［N］. 沧州日报，2022-12-16（5）.

三、资料类

（一）教育志、年鉴、工作报告、公报、档案资料汇编、校史、文史资料选辑

［1］"国史馆"中华民国史教育志编纂委员会. 中华民国史教育志：初稿［M］. 台北："国史馆"，1996.

［2］教育部教育年鉴编纂委员会. 第二次中国教育年鉴［M］. 上海：商务印书馆，1948.

［3］实用民国年鉴［M］. 桂林：文化供应社，1941.

［4］中国第二历史档案馆. 中华民国史档案资料汇编：第 5 辑·第 1 编·"教育"（1）［M］. 南京：凤凰出版社，1994.

［5］中国第二历史档案馆. 中华民国史档案资料汇编：第 5 辑·第 2 编·"教育"（1）［M］. 南京：凤凰出版社，1997.

［6］常熟市档案局（馆），江苏省常熟中学. 国立第二中学（1938—1946）

[M].上海：上海科学技术文献出版社，2013.

[7]陶英惠，张玉法.山东流亡学生史［M］.台北：山东文献社，2004.

[8]中国社会科学院近代史研究所近代史资料编辑部.近代史资料：总107号［M］.北京：中国社会科学出版社，2003.

[9]国立第七中学校友会校史编委会.国立第七中学校史（1938—1949）［M］.香港：天马出版有限公司，2005.

[10]《扬州中学校史资料长编》编委会.扬州中学校史资料长编·前编［M］.南京：凤凰出版社，2012.

[11]教育部公报［J］.1944（9）.

[12]教育部训令（第四七三三一号）［J］.教育部公报，1942（21、22）.

[13]佚名.院务概况［J］.国立西北师范学院校务汇报，1939（2）.

[14]教育部资料研究室.一九三七年以来之中国教育［Z］.1946.

[15]教育部统计室.中华民国二十六年度战区各级教育机关损失情形及政府办理救济状况［Z］.1938.

[16]教育部.教育部直属机关学校分类一览表［Z］.1947.

[17]教育部.教育报告［Z］.1938.

[18]教育部.战时各级教育实施方案纲要［Z］.1938.

[19]国民参政会第四届第一次大会教育部工作报告书［Z］.1945.

[20]陕西省政府教育厅.陕西省教育概况［Z］.1942.

[21]贵州省政府教育厅编审室.贵州省教育统计［Z］.1942.

[22]教育部.教育部二十七年度国立各院校统一招生委员会报告［Z］.1939.

[23]国立第一中学简史编辑小组.国立第一中学简史［Z］.1997.

[24]国立第二十二中学校史编辑委员会.国立第二十二中学校史述略［Z］.2002.

[25]国立第22中学校史编辑委员会.难忘的岁月：国立第22中学校史资料汇编：第一集至第四集［Z］.1999.

[26]天水市政协文史资料委员会.天水文史资料：第11辑［Z］.2004.

[27]中国人民政治协商会议贵州省委员会铜仁地区工作委员会.铜仁地区文史资料：第3辑［Z］.1993.

[28]政协邵阳市学习文史委，政协洞口县委员会.山高水长：忆创建在竹篙塘的国立十一中［Z］.1999.

[29]清水县政协文史资料委员会，国立第十中学校友清水联谊会.清水文

史：第2辑 [Z]. 1993.

[30] 中国人民政治协商会议湖北省政协文史和学习委员会. 湖北文史资料：总第19辑 [M]. 武汉：湖北人民出版社，1987.

[31] 中国人民政治协商会议浙江省龙泉市文史资料研究委员会. 龙泉文史资料：第13辑 [Z]. 1993.

[32] 中国人民政治协商会议四川省内江市委员会文史资料研究委员会. 内江文史资料：第2辑 [Z]. 1987.

[33] 中国人民政治协商会议四川省泸州市委员会文史资料工作委员会. 泸州文史资料选辑：第26辑 [Z]. 1995.

[34] 中国人民政治协商会议河北省安国县委员会文史资料研究委员会. 安国文史资料：第1辑 [Z]. 1988.

[35] 政协高安县文史资料研究委员会. 高安文史资料：总第3辑 [Z]. 1988.

[36] 中国人民政治协商会议江苏省溧阳县委员会文史资料研究委员会. 溧阳县文史资料：第2辑 [Z]. 1984.

（二）近代杂志

[1] 刘檀贵. 抗战建国中中等教育改造绪论 [J]. 轴心，1938（18）.

[2] 锦园. 一个国立中学素描：国立东北中山中学 [J]. 黑白，1935，3（1）.

[3] 王树槐. 别了陕中 [J]. 服务（陕西），1939（15）.

[4] 王咸武. 通讯：漫谈天水 [J]. 雍言，1943，3（4）.

[5] 鹿明. 西北师院附中在陕南 [J]. 建进，1943（16）.

[6] 毛鸿磐. 献给甘谷教育界人士的几个意见 [J]. 新甘谷，1938（10）.

[7] 王佐才. 活跃在湘川边界的国立八中 [J]. 中学生，1940（35）.

[8] 云光. 国立十三中学的剪影 [J]. 新青年，1941，5（7-8）.

[9] 卢晚移. 中国大后方的地理形势 [J]. 上海周报（上海1939），1940，1（25）.

[10] 李紫翔. "战时大后方工业"特载（一）：大后方战时工业鸟瞰 [J]. 经济周报，1945，1（6）.

[11] 易耳. 国立中学里的故事 [J]. 战时青年，1940，2（6）.

[12] 叶邪. 一间国立中学的内幕 [J]. 青年知识，1940，1（10）.

[13] 张小刀. 苦干中的国立四中 [J]. 学生之友，1941，3（3）.

[14] 佚名. 教育与文化：国立中学之沿革与近况 [J]. 教育通讯，1946，

复刊 1 (9).

　　[15] 流寓. 教部筹设国立陕甘两中学 [J]. 西北论衡, 1938, 6 (2).

　　[16] 柳诒徵. 三年来之中国文化教育 [J]. 江苏教育（苏州 1932）, 1935, 4 (1/2).

　　[17] 黄觉民. 改进大后方教育刍议 [J]. 教育通讯, 1941, 4 (5).

　　[18] 李肇瑞. 板桥镇国立东北中山中学访问记 [J]. 现代青年, 1937, 6 (4).

　　[19] 吴自强. 两年来之中国中学教育 [J]. 抗战月报, 1939 (8).

　　[20] 黄梦飞. 贡献给国立安徽中学 [J]. 安徽教育, 1939, 创刊号.

　　[21] 吴俊升. 中周信箱：设立国立中学的目的 [J]. 中央周刊, 1942, 4 (42).

　　[22] 长绥. 赴永绥（续）[J]. 安徽学生, 1939 (10).

　　[23] 吕恭. 国立七中速写 [J]. 中国青年, 1942, 6 (5).

　　[24] 英立. 青年动态：乡村宣传：国立安徽第一中学高中三社会服务的一幕 [J]. 青年月刊, 1939, 7 (6).

　　[25] 鲁夫. 国立西北师范学院附属中学速写 [J]. 城固青年, 1942, 2 (1).

　　[26] 吴肃. 短评：对于流亡同学的观感 [J]. 抗战教育, 1938 (5).

　　[27] 白劳. 救亡工作在阆中 [J]. 青年生活, 1939 (8/9).

　　[28] 叔永. 教育改革声中的师范教育问题 [J]. 独立评论, 1932 (28).

　　[29] 士升. 甘肃天水县概况 [J]. 开发西北, 1934, 1 (2).

　　[30] 佚名. 社会调查：甘肃天水县社会调查（续）[J]. 西北向导, 1936 (13).

　　[31] 虎客. 甘肃天水妇女的概况 [J]. 申报月刊, 1935, 4 (7).

　　[32] 秦星丹. 天水：陇南的重镇 [J]. 西北通讯, 1948, 2 (2).

　　[33] 单庆麟. 西北草原上的一支新军：建国剧团 [J]. 戏剧战线, 1940 (5).

　　[34] 佚名. 公告：孙维岳启事 [J]. 北大日刊, 1931 (2591).

　　[35] 褚衍明. 学府风光：抗战期中的国立第六中学 [J]. 读书通讯, 1941 (26).

　　[36] 马西岑. 国立安徽第二中学增设高级农艺班计划书 [J]. 安徽教育, 1939 (2).

　　[37] 佚名. 校闻：教部督学许逢熙先生莅校视察 [J]. 国立四川大学周

刊，1937，6（10）.

[38] 洪琴芳. 国立第十三中膳厅今昔观 [J]. 江西妇女，1941，6（1/2）.

[39] 刘克鹤. 青原山两日游 [J]. 旅行杂志，1943，17（6）.

[40] 佚名. 学校小景：国立十三中学 [J]. 正谊，1944，2（6）.

[41] 本鸿. 为战时中学生写：战时的中学生 [J]. 胜利，1940（63）.

[42] 佚名. 教育部奖励全国优良中学 [J]. 教育杂志，1940（9）.

[43] 史朗. 在国立四川中学 [J]. 学生半月刊，1938，2（2）.

[44] 姚宪章. 学校通讯：抗战期中的国立山西中学 [J]. 精诚半月刊，1939（6）.

[45] 佚名. 育德中学概况 [J]. 保定新青年，1934，1（3）.

[46] 徐桂林. 社会调查：甘肃天水社会概况 [J]. 明耻，1935，2（4）.

[47] 沈灌群. 战时中学教育之检讨 [J]. 新政治，1939，1（4）.

[48] 佚名. 教部嘉奖国立第三中学努力兼办社会教育 [J]. 广西教育通讯，1941，3（3/4）.

[49] 佚名. 国立九中举行献金竞赛大会：全校师生共献五十万元 [J]. 工作竞赛月报，1944，2（4）.

[50] 佚名. 本省增设国立第十三中学 [J]. 江西地方教育，1939（163）.

[51] 陈立夫. 发刊词 [J]. 中等教育季刊，1941，1（3）.

[52] 佚名. 会务：开封分会近讯 [J]. 复旦同学会会刊，1933（1）.

[53] 张鸿模. 清水县教育概况 [J]. 甘肃教育半月刊，1941（34）.

[54] 佚名. 启事：本校教育学系主任许逢熙教授著普通心理学出版 [J]. 国立中山大学日报，1936（2226）.

[55] 佚名. 本署拨发振衣十包，救济国立十中员生 [J]. 善后救济总署河南分署周报，1946（35）.

（三）国立中学校刊、概览、同学录

[1] 韩春暄. 本校成立三周年经过纪实 [J]. 国立东北中山中学校刊，1937（1）.

[2] 方龄贵，董毅之. 本校成立三周年纪念日纪实 [J]. 国立东北中山中学校刊，1937（2）.

[3] 佚名. 本校学则节录 [J]. 国立东北中山中学校刊，1937（5）.

[4] 佚名. 本校学则节录 [J]. 国立东北中山中学校刊，1937（6）.

[5] 佚名. 本校学则节录 [J]. 国立东北中山中学校刊，1937（7）.

[6] 佚名. 本校筹备成立经过 [J]. 川中校刊，1938（1）.

[7] 陈立夫. 国立安徽第二中学开学典礼训词 [J]. 国立九中校刊, 1939 (1).

[8] 杨德荣. 树立校风（校长训词）[J]. 国立第七中学校刊, 1941 (1).

[9] 发刊词 [J]. 资声月刊, 1941 (1).

[10] 龚楚发. 本校的新姿态 [J]. 资声月刊, 1941 (2).

[11] 蔡次薛. 国十一中的回忆 [J]. 资声月刊, 1941 (7).

[12] 本校高中部历届毕业学生动态表 [J]. 资声月刊, 1942 (4).

[13] 甘祥兴. 国立十一中素描 [J]. 资声月刊, 1942 (6).

[14] 杨宙康. 告别国十一中诸位先生诸位同学 [J]. 资声月刊, 1943 (1).

[15] 本校学生体育成绩考查办法 [J]. 资声月刊, 1943 (2-3).

[16] 非非. 校务剪影 [J]. 资声月刊, 1943 (4).

[17] 佚名. 校史 [J]. 国立十三中学校刊, 1941 (1)：18.

[18] 校闻：取消公费及贷金资格审查标准议定 [J]. 国师附中校刊, 1943 (11).

[19] 方钢, 于立天, 庞坚. 我们来自微山湖 [J]. 国立二十一中学校刊, 1944 (4).

[20] 怒涛. 学生文选：歌着吧 [J]. 国立二十一中学校刊, 1944 (7).

[21] 仝菊圃. 为本校招收学生及学生待遇事公开答复各界人士 [J]. 国立二十一中学校刊, 1944 (8).

[22] 刘炳善. 生活速写 [J]. 十中青年, 1944 (1).

[23] 国立第三中学. 国立第三中学五年制实验报告 [Z]. 1943.

[24] 国立第三中学. 国立第三中学概览 [Z]. 1940.

[25] 国立第六中学. 国立第六中学概况 [Z]. 1941.

[26] 国立第十一中学. 国立第十一中学周年概览 [Z]. 1940.

[27] 国立第十一中学. 国立第十一中学三周年概览 [Z]. 1942.

[28] 国立第十六中学. 国立第十六中学概览 [Z]. 1942.

[29] 国立第四中学. 国立四中师范第四班同学录 [Z]. 1941.

[30] 国立第四中学. 国立四中同学录 [Z]. 1945-9-3.

[31] 国立第十三中学. 国立第十三中学同学录 [Z]. 1945.

（四）口述史、回忆录、自传、传记、年谱、日记、小说

[1] 王元, 李文林, 杨静. 我的数学生活：王元访谈录 [M]. 北京：科学出版社, 2020.

[2] 成汤, 成英姝. 我曾是流亡学生 [M]. 台北：联合文学出版社, 2009.

[3] 章开沅，彭剑．章开沅口述自传［M］．北京：北京师范大学出版社，2015．

[4] 席泽宗，郭金海．席泽宗口述自传［M］．长沙：湖南教育出版社，2011．

[5] 刘国光，桁林，邢桂琴．刘国光［M］．北京：社会科学文献出版社，2017．

[6] 徐利治，袁向东，郭金海．徐利治访谈录［M］．长沙：湖南教育出版社，2009．

[7] 朱健，肖欣．人生不满百：朱健九十自述［M］．上海：文汇出版社，2017．

[8] 何兆武，文靖．上学记［M］．修订版．北京：生活·读书·新知三联书店，2008．

[9] 齐红深．流亡：抗战时期东北流亡学生口述［M］．郑州：大象出版社，2015．

[10] 陈立夫．拨云雾而见青天：陈立夫英文回忆录［M］．卜大中，译．台北：近代中国出版社，2005．

[11] 王鼎均．山里山外［M］．台北：洪范书店有限公司，1984．

[12] 王鼎钧．怒目少年［M］．北京：生活·读书·新知三联书店，2013．

[13] 胡秉正，杨豫馨．一片仁心照杏坛：胡秉正传［M］．台北：远流出版公司，1995．

[14] 沈克勤．从牧童到外交官［M］．台北：台湾学生书局，2012．

[15] 聂华苓．三生影像［M］．增订本．北京：生活·读书·新知三联书店，2012．

[16] 许燕吉．我是落花生的女儿［M］．长沙：湖南人民出版社，2013．

[17] 齐邦媛．巨流河［M］．北京：生活·读书·新知三联书店，2011．

[18] 乔兆坤．走过的大地：从贫寒、流亡、从军到教育工作四十年［M］．台北：慧明事业文化有限公司，2002．

[19] 王火．独特生涯［M］．深圳：海天出版社，2019．

[20] 裘法祖等．共和国院士回忆录．1［M］．上海：东方出版中心，2012．

[21] 张涤生等．共和国院士回忆录．2［M］．上海：东方出版中心，2012．

[22] 宁可．流年碎忆［M］．北京：北京师范大学出版社，2015．

[23] 刘可牧．七千里流亡［M］．济南：山东画报出版社，2015．

[24] 霍本田．逃亡流浪　流浪逃亡：抗日战争时期大后方生活纪实

[M]．西安：太白文艺出版社，2008．

　　[25] 吴良镛．良镛求索 [M]．北京：清华大学出版社，2016．

　　[26] 阎培素．悲欢园丁 [M]．北京：中国戏剧出版社，2000．

　　[27] 许靖华．孤独与追寻：我的青年时代 [M]．唐清蓉，译．北京：生活·读书·新知三联书店，2003．

　　[28] 马新生．徐叙瑢 [M]．北京：金城出版社，2011．

　　[29] 丁七玲．贺敬之传 [M]．南京：江苏人民出版社，2014．

　　[30] 刘晋．流亡之路 [M]．北京：中国青年出版社，1998．

　　[31] 王恒．王祝晨传 [M]．长春：吉林人民出版社，2004．

　　[32] 司胜利，孙仲康．尹文英 [M]．贵阳：贵州人民出版社，2011．

　　[33] 刘绍唐．民国人物小传：第2册 [M]．上海：上海三联书店，2014．

　　[34] 刘绍唐．民国人物小传：第3册 [M]．上海：上海三联书店，2014．

　　[35] 李广田．李广田文集：第五卷 [M]．济南：山东文艺出版社，1986．

　　[36] 王火．战争和人：三 [M]．北京：人民文学出版社，1993．

　　[37] 丁耶．少年的磨难 [M]．长春：北方妇女儿童出版社，1990．

　　[38] 赵淑敏．松花江的浪 [M]．哈尔滨：北方文艺出版社，1987．

　　[39] 李渔村，易岘庄．烽火弦歌 [M]．长春：时代文艺出版社，2006．

　　[40] 刘子暎．悟往追来集 [Z]．1995．

　　[41] 李洪山．西渡漫记 [Z]．1997．

　　[42] 史明．跟往事干杯 [Z]．2006．

　　[43] 胡维兴．风雨七十年（1924—1994） [Z]．2010．

（五）国立中学纪念文集

　　[1] 黄作华，郑锦涛．国立中学的回忆：第一辑 [M]．北京：中央文献出版社，2007．

　　[2] 郑锦涛，黄作华．国立中学的回忆：第二辑 [M]．北京：中央文献出版社，2008．

　　[3] 郑锦涛，黄作华．国立中学的回忆：第三辑 [M]．北京：中央文献出版社，2009．

　　[4] 郑锦涛，黄作华．负笈千里山水间 [M]．北京：中央文献出版社，2010．

　　[5] 何俊昶，余以忠．国立社教附中回忆录 [M]．北京：中国文史出版社，2014．

　　[6] 郑锦涛．烽火弦歌到山城 [M]．沈阳：白山出版社，2015．

[7] 旅台校友会. 国立东北中山中学创校六十周年纪念 [Z]. 1994.

[8] 旅台校友会. 国立东北中山中学创校六十五周年特刊 [Z]. 1999.

[9] 国立东北中山中学校友会. 桃李报春晖：国立东北中山中学花甲纪念文集（1934—1994）[Z]. 1993.

[10] 国立东北中山中学沈阳校友会，北京校友联谊会. 桃李荫长：国立东北中山中学校友抒怀之一 [Z]. 1988.

[11] 国立东北中山中学七十华诞纪念文集：上、下卷 [Z]. 2004.

[12] 国立一中校友会. 千里逐飘蓬 [Z]. 1988.

[13] 国立一中校友会. 千里逐飘蓬：续辑 [Z]. 1992.

[14] 国立一中校友会. 千里逐飘蓬：第3辑 [Z]. 1994.

[15] 国立一中校友会. 千里逐飘蓬：第4辑 [Z]. 1998.

[16] 国立一中校友会. 千里逐飘蓬：第5辑 [Z]. 1999.

[17] 国立一中校友会. 千里逐飘蓬：第6辑 [Z]. 2001.

[18] 靖玉璞. 原国立一中校友访问记 [Z]. 1995.

[19] 国立二中建校五十周年纪念集编辑出版委员会. 国立二中建校五十周年纪念集 [Z]. 1988.

[20] 国立二中校友联谊会总联络处. 抗战时期国立二中建校五十五周年纪念集 [Z]. 1994.

[21] 国立第四中学创校五十五周年纪念册 [Z]. 1992.

[22] 中共花垣县委，花垣县人民政府. 故园情：国立八中校友与花垣的往事 [Z]. 2001.

[23] 蚌埠市政协文史资料委员会. 1938—1946烽火弦歌：国立八中回忆录 [Z]. 2000.

[24] 相惟义. 抗日战争时期国立第九中学建校六十周年纪念册 [Z]. 1998.

[25] 南京师范学院附属中学校庆筹备处. 青春是美丽的 [Z]. 1981.

[26] 南京师范大学附属中学校友会. 青春是美丽的：第二册 [Z]. 1987.

[27] 南京师范大学附属中学校友会. 青春是美丽的 [M]. 贵阳：贵州人民出版社，1992.

[28] 许祖云. 青春是美丽的：续集 [M]. 北京：华夏出版社，1997.

[29] 许祖云. 青春是美丽的：第三集 [M]. 长春：吉林人民出版社，2002.

[30] 许祖云. 青春是美丽的：第四集 [M]. 广州：花城出版社，2007.

［31］许祖云．青春是美丽的：第五集［M］．南京：江苏科学技术出版社，2012.

［32］国立十三中校友志编纂组．青原山人共忆录［Z］．1998.

［33］国立十三中校友志编纂组．青原山人共忆录：第二集［Z］．1999.

［34］国立十三中校友志编纂组．青原山人共忆录：第三集［Z］．2000.

［35］国立十三中校友志编纂组．青原之光：国立十三中纪念文集［Z］．2004.

［36］国立十三中校友志编纂组．青原山人共忆录：第八集［Z］．2007.

［37］原国立第十三中学海燕级《海燕轶事》编委．海燕轶事：续集［Z］．2000.

［38］原国立第十三中学海燕级《海燕轶事》编委．海燕轶事：再续集［Z］．2002.

［39］国立第十三中学台湾校友会．青原山：1—30［Z］．1971—2001.

［40］抗日烽火中的国立二十一中［Z］．编印年份不详.

后　记

写完本书最后一章，搁笔算来，距离自己正式接触抗战时期国立中学已经过去六年时间。所谓正式接触，是指作为学术概念的抗战时期国立中学进入我的研究视野并引起自己的研究兴趣和持续关注。

那是在 2017 年的暑假，当时还在西安电子科技大学人文学院任教的我在为下一学期的相关课程进行教学准备的过程中，无意中发现了一本名为《国立第七中学校史（1938—1949）》的著作，而这本 2005 年 8 月出版的中学校史，之所以能够引起我的注意其实最初并非与学校本身有关，而是因为全面抗战时期它的办学所在地——洋县，也就是那个古称洋州，今称朱鹮之乡，位于陕西南部，地处汉中盆地东缘的普通县城。由于洋县与我的家乡——西乡，一个同样位于陕西南部，被喻为汉中东大门的普通县城毗邻，在好奇心的驱使下，我非常想知道 1938 年至 1949 年间，国立第七中学这所在日后看来显得陌生而普通的中学，究竟在与西乡接壤的洋县开展了哪些办学活动，培养了哪些人才，竟然值得在数十年后编撰和出版自己的校史。出于教育史研究者的专业习惯，本就喜好杂览的我原想随手翻一翻就将其束之高阁，没想到自己却在不知不觉中被其吸引，最终一气呵成地阅读完此书，以至于抗战时期国立中学最终演化为花费自己数年时间，投入自己大量精力不间断地持续关注和研究的学术对象。

日后想来，当时的自己之所以不愿意"放过"这本看似与自己的学术兴趣没有太大关系的中学校史，还是与自己的籍贯尤其是专业喜好密不可分。作为一名土生土长的陕南人，身为一名以教育史研究为志业的高校教师，自己竟然对全面抗战时期曾经扎根陕南艰难办学数载的一所国立中学茫然无知，自己竟然对曾经发生在家乡周边的这一段特殊的抗战教育史孤陋寡闻。随着日后自己对于国立中学的了解逐渐深入，每每念及最初邂逅国立中学的此种偶然方式，我仍然觉得十分庆幸，庆幸自己能够以学术研究的方式与抗战时期国立中学结缘，庆幸抗战时期国立中学能够成为自己学术研究经历中一个独特而重要的组成部分。如果当时自己仅仅通过书名加以判断就将其轻易"放过"的话，自己无疑将与一个重要的学术研究对象失之交臂。尤其是日后当我在收集资料的过程中发现 1944 年 9 月至 1945 年 9 月，国立第一战时中学曾经在我的家乡西乡县城东南 30 多里的堰口镇和午子山维持办学时，我更为自己能够以一种极为偶然的方式"发现"国立中学而深感荣幸。

至今我还无比清晰地记得，当年自己读完国立第七中学校史时的那种兴奋与激动，除过收获诸多新知和冥冥中感到其本身所具有的特殊的学术研究价值以外，带给自己更大震撼乃至冲击的是其在全面抗战期间弦歌不辍的感人办学史实和堪称卓越的育人成就。正是这样一所由沦陷区和战区流亡师生临时组建，吃不饱，穿不暖，几乎谈不上后世所谓的办学条件的战时中学，却在 1938 年至 1949 年间培养了包括初中、高中、师范和职业中学在内的各类毕业生共 3000 余人，其中最为杰出者当首推三位院士，他们分别是席泽宗（著名天文学史家、中国科学院院士）、张树庭（著名蕈菌学家、瑞典世界文学与科学院院士）、侯锋（著名黄瓜育种专家、中国工程院院士）。一所战时中学，没有因为战火纷飞和流离失所而自降办学水准和教学质量，教师和学生在极端恶劣的办学条件下仍然能够以奋发进取的精神面貌去施教和求学，尤其是日后能够从这所存世仅数载的中学相继走出三位院士，即使放在今天的中学而言也同样难能可贵。掩卷沉思之余，自己的脑海中自然而然地浮现出一个问题，那就是为什么这样一所在物质方面至陋至简的战时中学，却能够在办学和育人方面做出如此不俗的成就？这个问题套用国立第七中学校歌歌词来说，就是究竟是什么办学秘诀使得国立第七中学全体师生能够在艰苦卓绝的办学条件下，孜孜不倦地"钻研于秦岭汉水之间，阔怀于陕甘川楚之边"。我急迫地想知道关于这个问题的答案，虽然那时的我模糊地感觉到要获得关于这个问题的答案可能并不轻松。可以说，正是对于这个问题的执念，直接催生了自己想要更为深入地认识和了解抗战时期国立中学的想法，当然也为自己主持申报获批 2019 年度教育部人文社会科学研究青年基金项目提供了最为原始的兴趣与动力。

值得一提的是，自己在产生上述疑问之后之所以有底气以抗战时期国立中学大后方办学为题去申报教育部人文社会科学研究青年基金项目，其中一个很重要的原因就在于，自己本科学习教育学专业，硕士和博士在教育史专业从事研究的经历。因为在日后深入研究抗战时期国立中学的过程中，我发现关于它的研究其实并非学界空白。早于 2003 年，华中师范大学余子侠教授就在《近代史研究》发表了题为《抗战时期国立中学的创办及其意义》的长文对抗战时期国立中学的产生、发展与办学意义进行过研究。但是在日后与国立中学相关的诸多研究中，大多数研究均从历史学角度对其产生和发展进行考证和论述，但是从教育史的专业视角来对其加以审视，尤其是从学校办学和作育人才的研究视角来对其进行系统阐述和细说考论的研究其实并不多见，而这一点在我基于自己的专业训练看来，其实恰恰是研究抗战时期国立中学不可回避和必须予以正视的关键所在，也是当下回望和反思抗战时期国立中学办学育人的意义和价值所在。

让自己围绕抗战时期国立中学办学进行思考进而形成学术研究题目，最终鼓起勇气去申报教育部人文社会科学研究青年基金项目的第二个原因，在于已有关于国立中学的研究尚有较大推进和拓展空间。关于抗战时期国立中学研究的学术史回顾、存在问题和研究维度，我在本书的第一章已经进行过详细论述。值得一提的是，当我基于国立第七中学校史所形成的兴趣尝试着去检索已有相关研究时，不无惊讶地发现与抗战时期国立中学本身的重要意义极不相称的是现有研究并不丰厚，甚至可以说比较薄弱，无论是学术论文还是学术专著，均不理想。起初我将这种看似反常的现象归因为国立中学的研究资料不易获得，但是，随着日后自己研究国立中学的程度逐渐深入，收集与国立中学相关的文献资料的范围逐渐扩大，我才发现作为抗战教育史重要组成部分的国立中学办学研究之所以相对薄弱，既有研究资料获取方面的原因，更有时代背景、政治立场和历史评价等诸多方面的因素。初涉抗战时期国立中学办学研究的我，当时对于这些因素的存在与作用，以及由此而来加之于国立中学研究的困难程度其实浑然不知。当然，等我对这一切已经有一定程度的了解的时候，项目已经获批立项，没有回头路可走，只能硬着头皮迎难而上。

基于以上原因考虑，2018年9月，我以"抗战时期国立中学大后方办学研究（1937—1945）"为题主持申报2019年度教育部人文社会科学研究青年基金项目，有幸于2019年3月获批立项。值得一提的是，这是自我2012年主持获批教育部人文社会科学研究青年基金项目"中国近代大学校园文化之形态与功能研究：基于人才培养与大学发展的分析"，并于2016年结题以来，第二次主持申报再行获批，而且两次获批项目均以教育史研究为主题。可以说，自博士毕业至今近十三年的科研经历中，自己的科研能力增长和水平提升与两次主持教育部人文社会科学研究项目密不可分，因此，我对于自己能够再次获批教育部人文社会科学研究项目倍感珍视和荣幸。

日本文化研究专家李兆忠曾在《喧闹的骡子：留学与中国现代文化》一书中这样描述过自己研究留学生文学的心路历程：

当时只觉得这个题目有趣而且重要，上手之后，才发现自己掉入了一个陷阱。凭自己可怜的知识学养，要想说清楚这个涵盖古今中西的题目，简直太难了。起初真是无从措手，中间几次都想放弃。能够坚持下来，完全是出于职业道德的鞭策，那种艰难，犹如西绪弗斯推着巨石上山。①

之所以要在此处不厌其烦地引用李兆忠书中的上述文字，是因为用这段话来形容我之于抗战时期国立中学大后方办学研究的心路历程同样十分贴切，尽管我远未达到李兆忠自述的"中间几次都想放弃"那种程度。

自2017年暑期初识抗战时期国立中学至2018年暑期开始撰写项目申报书，我对于抗战时期国立中学大后方办学的研究主要是以整理已有相关研究为主，同时开始着手收集各类文献资料，研究形式尚停留在思考和酝酿阶段，尚未开始实质性研究。截至撰写项目申报书时，我对于国内学界关于抗战时期国立中学的研究现状与进展已经有了比较明确的掌握，也积累了一定数量的文献资料。但是，在项目正式获批立项、短暂的欣喜过后，我发现自己接下来需要应对的问题很多，其中一个最为根本的问题就是，面对34所办学特色各异的国立中学，自己究竟应该以哪种方式去"发现"并"进入"它，进而以此为基础找到既符合自己学力基础，又契合自己研究特长和表达特点的言说方式去"还原"和"再现"它。简言之，我亟须找到一种恰切的方式让自己从之前单纯出于兴趣感性地看待抗战时期国立中学，迅速地转变为眼下出于学术研究责任理性地审视抗战时期国立中学，这样做的目的当然只有一个，那就是更好地揭示抗战时期国立中学大后方办学育人的特色、经验与成就。基于上述考虑，我发现无论是自己对于已有研究的思考深度，还是对于文献资料的收集广度，均远未达到理想的程度。由于一时难以理清头绪，加之文献资料也需要一点一滴地逐渐发现和积累，倍感焦虑的我顿时便有了李兆忠自述的"掉入陷阱"和"无从措手"之感。

项目申报顺利获批立项，得益于申报前自己关于选题的充分构思与酝酿，而这与此期间自己任教的西安电子科技大学具有的宽松的学术研究氛围关系密切。自2011年6月博士毕业入职西安电子科技大学，至2018年6月因家庭原因自动申请调离学校，自己能够从研究生身份顺利过渡到教师身份，能够相对独立地从事学术研究，均得益于西安电子科技大学的工作经历。我至今很感念西安电子科技大学原高等教育研究所杜希民所长对初任教职的我自主选择与确定学术研究方向的鼓励与宽容，以及对我个人生活乃至成家的关心和帮助。我很感念西安电子科技大学人文学院原院长漆思教授对我学术职业发展的鼎力帮助与积极扶持。他对于学术研究的执着与理想，对于学校人文学科的设计与改造，至今给我留下了深刻的印象。

---

① 李兆忠. 喧闹的骡子：留学与中国现代文化［M］. 北京：人民文学出版社，2010：自序6.

2019 年 3 月正式立项以后，我主要从两个方面着手推进项目研究：一是尽可能广泛地收集与研究有任何关系的文献资料；二是积极展开个案研究。之所以采用这两种方式，我有着自己的考虑。正如前文已述，虽然在项目未正式获批以前，我已经积累了一定的研究资料，但是显然不足以支撑研究的深入开展和最终成形。因此，我将资料收集的范围扩大至自传、口述史、回忆录、回忆文集、抗战时期各类期刊、国立中学校刊、概览、同学录、国立中学纪念文集、地方文史资料选辑等，这样做的目的主要还是围绕本研究最主要的关键词"办学育人"，因为从上述文献资料中更易于获得能够直观呈现和生动凸显关乎国立中学办学育人的管理者、教师和学生以及围绕他们所展开的管理、教学和学习行为。正是基于此种考虑，加之个人时间和精力所限，我最终没有将太多的时间和精力放在同样与国立中学办学相关的档案资料上，毕竟，在不影响抗战时期国立中学办学史实准确性的前提下，挖掘、整理和重述国立中学设计者、校长、教师和学生等的教育言行与故事及其背后蕴含的理念与精神，可能更能反映出抗战时期国立中学的办学特色和育人精神，而这些资料无疑更多地隐藏在原始档案文献以外的诸多类型的研究文献之中。正如何兆武先生在《上学记》中所言："真正的历史是要把人的精神写出来"，"写历史最重要的也是要把'精神'写出来，堆多少资料也堆不出活生生的人"①。毕竟自己是研究"国立中学办学"而非单纯的"国立中学研究"，虽然二者仅有两字之差，但是背后蕴含的研究指向和侧重点还是大为不同。当然，基本而必要的档案文献研究与分析仍然必不可少，在这方面，由中国第二历史档案馆主编的《中华民国史档案资料汇编》无疑发挥了重要作用，无论是战时教育概况还是战时中等教育政策与措施，抑或国立中学办学，均能由此获得完整印象。

收集研究资料不易，逐字逐句地阅读和消化研究资料同样不易。李兆忠在自述中对此曾有过描绘：

> 由于拙于理论思辨，只好采取最笨拙的办法：一遍又一遍地细读文本和相关历史文献，发现蛛丝马迹，摸着石头过河。惨淡经营十余年，弄出这么一个东西。②

我在研究国立中学办学的过程中，同样能够体会到李兆忠所谓的"一遍又

---

① 何兆武，文靖. 上学记［M］. 修订版. 北京：生活·读书·新知三联书店，2008：189-190.

② 李兆忠. 喧闹的骡子：留学与中国现代文化［M］. 北京：人民文学出版社，2010：自序 6.

一遍地细读文本和相关历史文献，发现蛛丝马迹，摸着石头过河"。这并非自夸之语，而是涉及国立中学办学研究不得不采取的必然研究方式。全面抗战期间先后有 34 所国立中学存世，既然是研究国立中学大后方办学，那么尽可能完整地顾及所有的国立中学便势在必行，而每一所国立中学均不同程度地积累了大量相关文献，有的办学成效卓著的国立中学一校所累积形成的相关文献甚至超过了几校之和。如何在成书过程中既能够尽量覆盖全部国立中学，又能够着重凸显在办学育人方面富有特色与成效的知名国立中学，无疑成为自己在研究时必须加以考虑和权衡的因素。而要达于此的方法只有一个，那就是如李兆忠所言完整地细读文本，因为只有读过之后才有可能发现哪些资料最富有价值，最需要着重利用。回顾整个研究历程，仅逐一阅读与国立中学办学相关的文献就占据了自己很大一部分时间。行文至此，我不禁想起了著名历史学家黄仁宇在他那本极负盛名的《万历十五年》中也曾描绘过的类似场景。黄仁宇自述在完成博士学位论文后，有鉴于自己对于明代财政税收制度还有不少困惑，为了解惑，他开始收集各类研究资料，进而开启了不无单调、枯燥而漫长的阅读文献历程：

当时正值台北影印出版了《明实录》，此书为明代史料的渊薮，自然在所必读。全书 133 册，又无索引可资利用，所以只好硬着头皮，在教书之余每周阅读一册。这一走马观花式的阅览就花去了两年半。除此而外，参考奏疏笔记、各地方志，搜寻国内外有关的新旧著作，费时更多。①

每每想到连黄仁宇这样的学术大家尚且如此，自己这样的普通研究者又复何言！当然，漫长的耙梳文献过程，细致入微的阅读历程，在考验自己研究耐心和磨炼自己研究耐性的同时，也是研究框架逐渐明朗和研究结构逐渐清晰的过程，不过这个过程是在不知不觉中悄然发生和进行。正如本书目前所呈现出的结构，即自己在反复阅读各类文献资料的过程中，认为是最能体现抗战时期国立中学办学特色、育人成就与教育精神的最终结果。

在收集、阅读、理解和消化文献的同时，我开始从个案研究入手来实质性地介入和推进项目研究。这样做的考虑主要有以下几个方面：第一，在对国立中学整体办学尚无完整把握的情况下，从一所具体的国立中学办学入手，是比较切实可行和易于操作的研究方式；第二，个案研究虽然呈现出的是某一所国立中学具体的教育理念与办学实践，但是从中依然能够有效感知和把握全面抗战时期各个国立中学整体办学的某些共同特质，毕竟在收容与救济流亡员生方

---

①　黄仁宇. 万历十五年［M］. 北京：生活·读书·新知三联书店，1997：自序 1.

面，在校务、教导和训育制度方面，抗战时期国立中学办学基本大同小异；第三，构成完整的国立中学研究其实也需要相应数量的个案研究予以支撑，面对为数众多的国立中学，毕竟这样才能更为完整地呈现抗战时期国立中学的整体办学风貌；第四，基于扎实的个案研究来逐步推进和深化学术史研究其实在学界也早有先例。著名逻辑史专家、易学专家周山就曾自述，其进行中国逻辑史研究、中国哲学史研究，始终坚持以个案研究为基础①。

　　基于以上考虑，我首先选择自己最先接触的国立第七中学进行研究，最终形成了题为《抗战时期国立第七中学在陕办学考论》的学术论文，对于国立第七中学的办学历程、教育特色与历史地位进行论述，并有幸在 2019 年 11 月 16日—17 日，由华中师范大学教育学院主办的"第十三届海峡两岸暨港澳地区教育史论坛"的分论坛上进行主旨发言。这篇论文日后发表于《教育与考试》2021 年第 6 期。值得一提的是，正是在参加此次论坛的过程中，我的本科和硕士研究生老师，在陕甘宁边区教育史研究领域卓有成就的栗洪武教授，得知我研究抗战时期国立中学获批教育部立项后不仅对我十分鼓励，而且建议我可以尝试着寻找和采访当年曾经受教于国立中学的学生，并及时用影像技术加以保存，因为这具有宝贵的口述史料价值。其实在日后整理文献资料的过程中，自己完全有机会和条件按照栗老师的建议进行实践，但是由于工作和家庭种种原因，最终还是未能如愿。2023 年 9 月，自己在华东师范大学参加"第十四届海峡两岸暨港澳地区教育史论坛"时再次遇见栗老师，栗老师仍然十分关心我的课题研究进展并给予我诸多宝贵的建议，在此感谢栗洪武教授的指点和帮助！

　　也正是在参加此次论坛的过程中，在厦门大学张亚群教授的引介下，我在与台湾师范大学教育学系周愚文教授的交谈中得知，2019 年 1 月，由其和台湾政治大学历史学系刘维开教授共同指导的硕士研究生许咏怡撰写的硕士学位论文恰好也是以抗战时期国立中学作为研究对象。这篇题为《抗战时期的国立中学研究（1937—1945）》的硕士学位论文是台湾地区近年来并不多见的关于抗战时期国立中学的代表性研究。其一大特色即作者利用位于台北的"国家发展委员会档案管理局"所藏的"教育部档案"中诸多与抗战时期国立中学办学相关的档案文献展开立论与分析，这无疑为本书写作提供了有益的补充，在此感谢周愚文教授的赐教！

　　自己的第二篇个案研究围绕抗战时期在四川绵阳、罗江等地办学的国立第六中学展开，最终研究成果以《私人记忆与历史重建：抗战时期国立第六中学大后方办学研究》为题发表于 2022 年第 7 期《教育与教学研究》。相较于国立

---

① 周山. 忧喜与共：周山回忆录［M］. 北京：海豚出版社，2015：196.

第七中学研究，这篇研究更多地基于包括国立六中师生在内的众多私人记忆来还原其办学图景，再现其教育精神，因此无论在谋篇布局方面，还是在言说方式乃至论文体量方面均明显有别于国立七中办学研究。令自己备受鼓舞的是，这篇两万字左右，行文方式比较个性化的长文不仅受到了期刊匿名评审专家的肯定，而且被置于当期篇首，在此感谢《教育与教学研究》编辑部与匿名评审专家对于论文所提的宝贵意见！

此后，自己又选择国立第五中学作为个案进行研究。之所以选择其作为研究对象，是因为 2019 年我曾有机会前往甘肃省天水市，而这正是抗战时期国立第五中学办学所在地。国立第五中学从 1938 年 5 月在天水玉泉观正式办学，直至 1946 年 6 月奉命解散，扎根此地办学八年有余。2022 年 11 月 5 日至 6 日，"第七届中国抗战大后方研究高端论坛"在线上举行。我将国立第五中学研究以《一所流亡中学的抗战办学史：抗战时期国立第五中学在甘办学述论》为题，在论坛的第三组"大后方的社会与教育"进行了主旨发言，并与与会专家进行交流。

虽然受制于条件，我无法前往当年国立中学办学所在地逐一进行实地考察与感受体验，但是基于个案研究明晰研究思路进而形成研究框架的方式之于我却愈加坚定，自己不仅在连续不断的个案研究中找到了独属于国立中学办学研究的乐趣，同时对于国立中学办学研究的价值和意义的认识也愈发明晰。随着个案研究成果的日积月累，自然而然便有了本书第二部分"前传"所呈现的国立东北中山中学办学研究与第四部分"撷英"所呈现的八部分内容。虽然我无法在本书中逐一呈现全部 34 所国立中学各具特色的办学图景（其实我非常愿意这样做，因为每所国立中学其实都值得大书特书），但还是希望能够通过所选取的九所国立中学尽可能完整地向世人呈现抗战时期散布在不同地域的国立中学的办学风貌与教育精神。

此次研究还有一个特别之处值得一提，那就是抗战时期国立中学办学研究之于我既是学术研究对象，同时也是支撑和维系个人精神生活的重要存在。2018 年 6 月，为了解决两地分居以便抚养刚满一岁的幼子，我主动选择离开已经工作七年的西安电子科技大学，调入本省一所地方普通本科院校，直至 2022 年 2 月再次调入陕西理工大学工作。对我而言，这三年半可谓自己学术生活的艰难时刻，虽然做出工作调动的选择完全是自己的自主和自愿行为。正是在此种境遇中，抗战时期国立中学办学研究在某种程度上成为我将自己遁入精神世界的寄托。我也正是在与文献中众多的勤教苦学、苦中作乐的国立中学师生的神交中不断得到精神慰藉，至今我依然很庆幸自己这三年半的学术生活中能够有抗战时期国立中学存在，因为是它给自己提供了特有的精神港湾和莫大的安慰与支持！在此，我要感谢杨科正教授在校期间对自己的提携和关爱。记得新入职第一天上课恰逢他来听课，至今我仍然记得他利用课间与我交流大学历史与文化相关问题的场景。我非常感谢西安外国语大学孙华教授对我的信任与理解，在自己精神苦闷时期，虽然他与我素不相识，但仅凭着基于简历对我的了解与判断，依然愿意为接纳我而操心和忙碌。

出于工作和家庭等原因综合考虑，我于 2022 年 2 月调入陕西理工大学教育科学学院工作。如果说全面抗战时期中国的西南和西北等大后方接纳了诸多国立中学驻地办学，那么陕西理工大学所在的汉中便与国立中学有着不解之缘。全面抗战期间国立第七中学不仅始终扎根洋县办学，国立西北师范学院附中也曾在城固办学多年。1944 年 4 月，全面抗战爆发后最早创办，始终在河南淅川办学的国立第一中学也因为战局紧张迁至城固继续办学，直至抗战胜利。抗战时期国立中学大后方办学研究的成书工作能够在抗战时期的大后方所在地完成，也算是对于本项目研究的一种别样纪念。感谢教育科学学院袁书卷院长对我的信任与接纳。入职以来，自己能够较快进入状态安心工作，能够全身心地投入时间和精力从事本书的撰写工作，离不开袁院长对我从事教学和科研工作的宽容、理解与支持以及对我家庭生活的关心。感谢张晓华副院长、陈海儒老师对自己开展教育史研究的帮助和指点。2023 年 9 月，本人有幸被聘任为陕西理工大学首批"青年汉江学者"，本书能够顺利出版同样得到陕西理工大学"青年汉江学者"专项经费的科研支持与资助。

自从 2001 年 9 月进入陕西师范大学教育科学学院学习教育学专业，开始接触教育史，至今自己已经在教育史的研习之路上探索和行进了二十二年有余。回顾过往，自己之所以能够培养起关于教育史的爱好与兴趣，与陕西师范大学教育史专业诸位师长的教诲与示范息息相关，他们是刘新科教授、栗洪武教授、田建荣教授、杨洁教授、李延平教授和朱智斌教授，正是由于他们扎实的学术研究、精彩的课堂讲授以及悉心的示范指导，在中学就喜爱历史的我最终在教育学科中找到了自己愿意为之付出时间和精力的专业研究领域。我尤其要感谢自己的本科毕业论文指导教师和硕士学位论文指导教师田建荣教授，正是他的宽容与鼓励，让我直观地感受到学术研究的魅力所在，也是从他身上我深切地感受到一名优秀教师在指导学生学业发展时所应具有的风范和修养。2023 年 9 月，自己在南京参加第二十二届"科举制与科举学"国际学术研讨会时再次遇见田老师，他依然十分关心我的课题研究进展并在书稿出版方面给予我指点与帮助，在此感谢田老师！

如果说自己的教育史研究道路起步于陕西师范大学就读本科和硕士期间，那么，2008 年至 2011 年在厦门大学教育研究院教育史专业攻读博士学位则是自已教育史学术训练的强化和提升阶段。当时厦门大学教育研究院浓郁的学术研究氛围，教育史研究所刘海峰院长、张亚群教授、郑若玲教授等诸位师长对于科举考试、高考制度和中国近现代高等教育研究的执着、勤奋和孜孜不倦，生动直观地为我诠释了学术研究的魅力、价值和意义。我尤其要感谢自己的博士学位论文指导教师张亚群教授，正是在跟随张老师读书的三年时间里，正是在张老师的严格要求与悉心指导下，自己对于何为学术研究的理解更为深刻，也为自己博士毕业任教后能够较为独立地从事学术研究奠定了坚实基础。时至今日，张老师仍然十分关心我的工作和生活情况，时时加以了解和指导，令我感念不已。感谢张老师在百忙之中通读书稿，提出诸多宝贵意见并拨冗赐序。

值得一提的是，课题研究能够顺利完成也离不开陕西师范大学栗洪武教授、田建荣教授、杨洁教授，西安外国语大学孙华教授，浙江大学李木洲研究员在通读书稿后所提出的诸多宝贵意见，在此一并向他们表示感谢！

言及自己需要感谢的师友还有很多，但是最值得自己铭记和感恩的特殊师友是我的母亲，虽然她已经离开我八载有余。言及铭记和感恩，并不仅仅是因为母亲给我生命，养育我成人，更是因为在自己的成长、求学与工作历程中，母亲始终扮演着慈母、严师和诤友多重角色。自己能够坚持在自己喜爱的专业中努力钻研，离不开母亲从小到大对我的教诲、示范与理解。她的勤于工作、以身作则、吃苦耐劳、好学不已和严慈相济至今仍深刻地影响我为学、从教和教子。这种亦师亦友的母子关系在我的身边其实并不多见，这和母亲长期从事幼儿教育教学和管理工作，深谙教育心理关系密切。这不仅是她超越一般母亲的过人之处，同时也是对我身心发展影响至深至远之处，我谨将这部书稿献给母亲。

我同样要感谢我的妻子和儿子。我能够在自己钟爱的专业领域不计成本地投入时间和精力，与妻子的理解密不可分。她对于我的工作选择和专业兴趣爱好的尊重与支持在我们相识之初已然明显体现。虽然日后成家生子，家庭事务日渐增多，但是她的这种理解没有任何改变。2017 年 1 月，儿子的出生在很大程度上改变了我们的生活和工作状态，已经七岁的他聪明活泼，可爱调皮，本书能够顺利完成离不开他的"支持"。记不清楚有多少次，我在书房一如既往地为撰写本书伏案写作，而他则安静地在客厅独自玩耍玩具，不吵不闹，仿佛知道自己的父亲不想被打扰似的，这一幕至今仍不时会浮现在我的脑海里。

李力

2023 年 3 月 10 日初稿于汉中

2024 年 2 月 24 日修改于汉中